国家社科基金
GUOJIA SHEKE JIJIN HOUQI ZIZHU XIANGMU
后期资助项目

最优资产配置理论研究

模型及其比较

Research on Optimal Asset Allocation Theory:

Models and Comparisons

丁元耀 著

北京大学出版社
PEKING UNIVERSITY PRESS

图书在版编目(CIP)数据

最优资产配置理论研究：模型及其比较/丁元耀著. —北京：北京大学出版社，2021.10

国家社科基金后期资助项目

ISBN 978-7-301-32485-1

Ⅰ ①最… Ⅱ ①丁… Ⅲ. ①投资管理—研究 Ⅳ. ①F830.593

中国版本图书馆 CIP 数据核字(2021)第 182458 号

书　　名	最优资产配置理论研究：模型及其比较 ZUIYOU ZICHAN PEIZHI LILUN YANJIU：MOXING JI QI BIJIAO
著作责任者	丁元耀　著
责任编辑	裴　蕾
标准书号	ISBN 978-7-301-32485-1
出版发行	北京大学出版社
地　　址	北京市海淀区成府路 205 号　100871
网　　址	http://www.pup.cn
微信公众号	北京大学经管书苑（pupembook）
电子信箱	em@pup.cn
电　　话	邮购部 010-62752015　发行部 010-62750672　编辑部 010-62752926
印 刷 者	北京溢漾印刷有限公司
经 销 者	新华书店
	730 毫米×1020 毫米　16 开本　20.25 印张　373 千字 2021 年 10 月第 1 版　2021 年 10 月第 1 次印刷
定　　价	65.00 元

国家社科基金后期资助项目
出版说明

后期资助项目是国家社科基金设立的一类重要项目，旨在鼓励广大社科研究者潜心治学，支持基础研究多出优秀成果。它是经过严格评审，从接近完成的科研成果中遴选立项的。为扩大后期资助项目的影响，更好地推动学术发展，促进成果转化，全国哲学社会科学工作办公室按照“统一设计、统一标识、统一版式、形成系列”的总体要求，组织出版国家社科基金后期资助项目成果。

全国哲学社会科学工作办公室

目　　录

第1章 绪　　论

1.1 研究意义

风险资产配置是政府和企业乃至居民都要面对的现实问题。对资产配置相关理论的研究不仅可以指导不确定条件下的投资决策、解释投资者行为，也可以帮助政府、企业和居民管理有限的自然资源、生产要素，实现资产的增值，提高资本的投资效率，分散投资中的风险。在资产配置优化问题中，投资决策者(可以是企业经理、证券市场交易者、基金管理者、家庭户主等)在不确定的环境资源约束下，依据一定的准则选择以适当比例持有多种风险资产，这些资产可以是股票、债券、基金等有价证券，也可以是外汇、不动产和私人资本等，还可以是各种金融衍生产品、实业投资计划、人力资本等。资产配置优化问题还可以是社会资源的优化利用，企业新产品的生产计划安排，养老金计划的制订，养老基金、保险基金的再投资管理，公共资源的合理开发等。

关于风险资产配置优化的准则有期望效用准则、随机占优准则、均值-风险准则、安全首要(Safety-First, SF)准则等，详细介绍可参考 Elton 和 Gruber (1987)以及 Wang 和 Xia (2002)。其中在应用中最受欢迎的准则之一就是均值-方差(Mean-Variance, M-V)准则。均值-方差准则被认为是 Markowitz (1952)提出并经后人发展起来的，投资者按照收益-方差准则进行资产配置，使得持有的最优资产组合同时具有尽可能大的期望收益以及尽可能小的收益方差。均值-方差准则是均值-风险准则的一种形式。由于将方差作为风险度量的标准具有局限性，关于风险度量的研究在 20 世纪一度成为研究的热点，研究者们从不同的角度认识风险，提出了许多度量风险的方法。在实践中如何选择恰当的风险度量和收益-风险模型，至今没有方便的手册供实际工作者参考。因此，总结和比较既有的风险度量以及相应的收益-风险模型，具有一定的实用价值。

安全首要准则是由 Roy(1952)、Telser (1955)和 Kaotaoka(1963)等提出的另一种比较常用的不确定性决策准则。虽然，基于均值-方差准则的模型理论已经在企业或公司的投资实践中被广泛接受和应用，但是相关理论指引的投资决策无法控制极端灾害发生的风险。从1997年的亚洲金融危机,到2007年的美国次贷危机,再到2011年由于融资约束的影响在中国浙江地区出现的中小企业关门“跑路”的现象,都与不确定投资的科学决策和资产配置的优化相关,相关的问题包括:如何确定企业的负债比例,如何控制风险产品的投资规模,怎样的投融资结构是合理的,以及投资选择决策对货币政策工具的敏感性如何,等等。正因如此,安全首要的极端灾害风险控制思想已经逐步引起重视,并且在金融风险监管的新巴塞尔协议框架中得到应用体现。然而,经典的安全首要准则也存在局限性,Levy和Levy(2009)的进一步研究表明,安全首要准则在投资决策中扮演重要的角色,可以解释风险厌恶、前景理论等不能解释的个体选择行为,但不能单独利用安全首要准则解决这些问题。因此,进一步拓展经典的安全首要准则,研究基于安全首要准则的资产配置优化方法及其相关的理论,具有重要的理论意义和应用指导价值。

1.2　均值-风险模型的研究进展

理性的投资者在对风险资产进行投资选择的决策时不仅仅要考虑投资收益,还要权衡与收益相伴的风险。依据均值-风险准则的投资者,一方面追求期望收益尽可能大,另一方面希望承受的风险尽可能小。Markowitz(1952)首次将均值-风险准则运用于投资组合选择问题的研究,他用收益分布的方差度量收益的不确定性风险,建立了投资组合选择的均值-方差模型理论。之后,Tobin(1958)在对均值-方差有效前沿分析的基础上发现无风险资产的存在改变了投资组合的有效前沿的形式,得到了现代投资组合理论中的两基金分离定理,即当存在无风险资产时投资者进行投资组合的选择可以分两步走:第一步是确定风险资产的投资组合;第二步是确定最优风险资产组合和无风险资产(货币)的比例。Sharpe(1964)和Lintner(1965)在Tobin工作的基础上,分别独立地证明了风险资产的最佳组合就是市场组合,并且得到了风险资产收益和市场组合收益的关系模型,即资本资产定价模型(Capital Asset Pricing Model,CAPM),从而可以利用市场组合为各种风险资产定价。CAPM深入揭示了资本市场定价的内在机理,并改变了人们对风险的认识和度量方法,其中的贝塔系数已经成为度量金融市场风险、资产系统性风险的主要指标,同时因其直观、易于操作、可供检验的特点,CAPM曾在专业投资家圈中广为流传。

建立在均值-方差模型基础上的现代投资组合选择理论和资产定价理论逐步发展成为现代金融的两大核心内容。然而,均值-方差模型理论自其产生以来也引起了许多争议，其原因主要在于如下两个方面(Levy and Markowitz，1979；Giorgi，2002)：第一，方差作为风险的度量把高于预期收益和低于预期收益同等看待，而实际的投资者可能更倾向于规避低于预期收益的部分；第二，均值-方差准则只有在风险资产的收益服从联合正态分布，或者投资者具有二次效用的情形下与期望效用方法才是一致的。在随后的几十年中，研究者们从应用的角度在均值-方差模型理论的基础上对投资组合选择模型进行不断的改进和发展，提出了许多不同的均值-风险模型并取得了很多理论成果，极大地丰富和发展了现代投资组合选择理论，主要表现在以下几个方面：

第一，从模型的计算复杂性角度考虑，学者们改进和发展了 Markowitz 的均值-方差模型。均值-方差模型提出以后，在当时的技术条件下模型的计算相当烦琐，从而引发了人们对简化模型的研究。Sharpe(1963)提出了单指数模型，利用单指数模型，各风险资产的协方差矩阵成为对角阵，这使得均值-方差模型中需要估计的参数个数从原来的$(n+1)(n+2)/2$减少到$3n+2$个，大大简化了 Markowitz 的均值-方差模型的计算量。Sharpe(1971)又进一步在单指数模型的基础上研究了均值-方差模型的近似线性规划求解方法。马永开和唐小我(1998，2000a，2000b)利用 CAPM 和套利定价模型对均值-方差模型进行简化，讨论允许持有无风险资产和不允许卖空情形下的均值-方差模型的求解方法。Konno 和 Yamazaki(1991)用平均绝对差替代方差提出了均值-绝对差模型，该模型使投资组合的选择可以通过求解线性规划得到。但是，在允许卖空的条件下均值-绝对差模型并不能像均值-方差模型那样给出有效投资组合以及有效前沿的显性解析表示。姚海祥 等(2005)结合概率论和代数的方法在无套利假设下研究了当方差-协方差矩阵是奇异矩阵时风险资产投资组合有效边界的本质特征，并提出了有效的、操作性强的投资策略。王建华 等 (2014)针对传统的均值-方差模型在实际应用中计算量庞大及协方差矩阵为奇异矩阵的特点，在允许卖空的条件下，以期望收益为约束，建立以风险最小化为目标函数的基于分块矩阵的均值-方差模型。

随着计算技术的发展以及计算机运行速度的提高，在建立或改进投资组合的选择模型时已经不需要重点关注计算的复杂性问题，计算复杂性只是比较模型时要考虑的一个方面。

第二，通过提出不同的风险度量方法，学者们采用收益-风险的分析范式，建立和发展了许多新的均值-风险模型。不同的投资者对于风险的认识和理论观点不可能完全一致，不同投资对象的分布特征也不可能完全相同，因此人们提出了不同的风险度量和不同的均值-风险模型。Konno(1988，

1990)提出了均值-绝对差模型。Konno 和 Yamazaki(1991)、郭文旌等(2003)和刘宣会(2003)等对均值-绝对差模型进行了比较研究。Shalit 和 Yitzhaki(1984,1989)研究均值-基尼平均差模型,并得到了类似标准 CAPM 的资本资产定价模型。Okunev(1998)以及 Shalit 和 Yitzhaki(2005)对均值-基尼平均差模型和均值-方差模型进行了比较。Danielsson 和 Vries(1998)、荣喜民等(2005)、姚京和李仲飞(2010)等研究了投资组合选择的均值- VaR 模型,并与均值-方差模型的有效前沿进行了比较。Rochafeller 和 Uryasev(2000)、Gordon 和 Baptista(2002)、刘小茂 等(2003)、张卫国(2007)等研究了投资组合选择的均值- CVaR 模型,并与均值-方差模型有效边界进行了比较;丁元耀和贾让成(1999)提出了均值-级差模型;Young(1998)提出了均值- Minimax 模型;Ding(2006)提出了 Maxmin 模型;彭越和杨永愉(2012)以及 Brandtner(2013)提出了均值-谱风险模型;郑勇和刘超(2014)提出了均值-熵风险模型等。这方面的文献非常丰富,不一而足。

均值-风险模型理论已经成为现代投资组合选择理论的核心内容。在均值-风险模型理论的研究中,对风险的认识及度量显然是模型建立、分析和应用的关键。在已有的投资组合选择模型中,不同风险度量的提出往往基于不同的理论、不同的研究对象、不同的研究目的以及对投资行为特征和风险的不同认识,投资者选择不同的模型进行决策的结果一般不会相同,于是就产生了这样的问题:选择什么样的风险度量和投资组合模型才是恰当的? 为了回答这个问题,学者们进行了大量的研究。一方面,大量研究寻找合适风险度量应该满足的性质。Bell(1995)、Pedersen 和 Satchell (1998)、Artzner 等(1999)以及 Rockafellar 等(2002)在理论上提出了合适风险度量需要具有的性质和应该满足的标准,其中 Artzner 等(1999) 提出的相容性风险(coherent risk)度量及其应该满足的四条公理假设,一度成为金融保险领域实际工作者判断风险度量是否"好"的常用参考标准。Acerbi 和 Tasche(2002)研究了 VaR、TVaR、ES 作为风险度量的相容性。Rockafellar 等(2002)提出了合理的偏差风险度量满足的公理假设体系以及期望限制性风险度量的概念,研究了偏差度量在投资组合选择中的重要性。Föllmer 和 Schied (2002) 认为合理的风险度量不必满足相容性公理假设,而只需满足稍弱的包含凸性公理的假设体系。Albrecht (2003)、Cheng 等(2004) 综述了部分常见风险度量所满足的公理化性质。另一方面,大量研究比较了均值-风险模型的随机占优特性或与期望效用准则的一致性。Ogryczak 和 Ruszczynski(1999,2001)在理论上研究了均值-中心下偏矩模型与随机占优准则或期望效用准则的一致性。Gotoh 和 Konno(2000) 研究了三阶下偏矩(下方偏度)的随机占优性以及相应的均值-风险模型的有效前沿。Yamai 和 Yoshiba(2002)比较了 VaR 与 ES 等尾部下方风险度量与期望效用准则的一致性特征。Giorgi (2004)分别定义报酬和风险的公理化度量,并研究了相应报酬-风险度量的性质及其与随机占优的一致性问题。Danielsson 等 (2005)根据一阶、二阶随机占优性质对方差、下方矩、VaR 和 ES 等几种风险度量进行了比较。

关于风险度量的性质及其新研究进展,可以参阅 Song 和 Yan(2009)、Emmer 等(2014)、Bellini 等(2014)、Wang 等 (2015)、郑承利和姚银红(2017a,2017b)以及苏辛等(2018)的研究。由于没有统一的选择标准,至今尚未发现一种被一致认为最优的风险度量。

第三,学者们对均值-方差模型基于放宽传统假设条件进行了拓展研究。Levy 和 Markowitz (1979)、Kroll 等(1984) 基于历史数据研究了不同效用函数与均值-方差模型的近似关系。由于 Markowitz(1952, 1959, 1987)的均值-方差模型的相关理论结果是在单阶段投资和无摩擦市场条件下得到的,随后的研究者们放宽了假设,使均值-方差模型更加贴近现实。Steinbach (2001)研究了基于离散情景(离散收益分布)的多阶段均值-方差投资组合选择问题。Sadjadi 等(2004)研究了不相关风险资产的动态均值-方差模型,在不允许卖空和考虑交易费用情形下,运用连续时间的动态规划算法得到了有效前沿的解。Li 和 Ng(2000)用嵌入的方法把多阶段均值-方差投资组合选择问题变为一个能用动态规划处理的问题,从而得到了有效策略及有效前沿的解析表达式。Zhou 和 Li(2000),用嵌入方法以及在随机控制领域中发展起来的不定二次最优控制的理论解决了连续时间均值-方差问题。Zhu 等(2003)还研究了多阶段均值-方差投资组合选择的短视有效性问题。Xia 等(2001)研究了考虑 V 形交易费用的均值-方差模型,其中利用单指数模型省略非系统风险的方式对 Markowitz 的均值-方差模型进行了简化。Wang 和 Xia (2002)研究了考虑税率、红利和交易费用的有摩擦市场的投资组合选择的均值-方差模型。Deng 等(2005)考虑到单个风险资产期望收益估计的不确定性对均值-方差模型进行改进,并研究了相应市场均衡时的定价关系。Xue 等(2006) 研究了考虑一般凹函数交易费用的均值-方差模型,给出了求解模型的算法。Basak 和 Chabakauri (2010), Björk 等(2014)将均值-方差模型扩展到连续时间动态的情形,并在博弈理论的框架下寻找动态均衡的投资策略。Gao 和 Zhou 等 (2017)将均值- LPM 模型和均值- CVaR 模型扩展到连续时间动态的情形。Zhou 和 Gao 等 (2017)则研究了连续时间情形下的动态均值- VaR 模型。姚海祥 等(2017)的专著《基于均值和风险的投资组合选择》,则比较系统地展示了均值-风险模型在放宽条件下的其他研究进展。

第四,从投资者的认知局限性以及投资者面临市场外部的不确定性(背景风险)角度,学者们改进和发展了均值-风险框架下的投资组合模型理论。其中有的研究基于可能性或者模糊性理论、区间数理论对风险资产收益的分布(参数)进行了新的刻画,提出不同的模糊均值-风险模型。近十多年来,这方面的研究已经取得了丰富的成果。张卫国(2007)的专著《现代投资组合理论:模型、方法及其应用》对作者之前取得的系列成果进行了总结。Zhang 等(2009)、付云鹏 等(2013)基于可能性或模糊性理论对均值与方差进行不同的模糊度量,建立相应的可能性均值-方差模型。李淼和胡永宏(2016)则基于可信性和模糊性理论对均值和 CVaR 进行度量,研究了均值-CVaR 的投资组合优化。有的研究则在传统的均值-风险模型中引入背景风险,分析背景风险对投资者行为的影响,如 Jiang 等 (2010)、Huang 和 Wang (2013)以及李佳 等(2017)等。还有一些研究将两者结合起来,研究存在背景风险的不确定性或者模糊性时均值-风险投资组合的选择模型,如 Li 等(2015)、Jia 和 Bai (2017)。

1.3　安全首要模型的研究进展

在投资组合选择的方法和应用研究中,除了均值-方差准则,另一类典型的决策准则就是安全首要准则。安全首要的思想首先由 Roy (1952)提出(RSF),后来 Telser (1956)和 Kataoka (1963)提出了安全首要准则的不同形式(TSF 和 KSF)。Roy 认为投资者选择的投资组合应该使其投资收益低于最低可接受的生存水平(或灾害水平、保障收益水平)发生的概率达到最小。Telser 认为投资者选择的投资组合应该在控制极端情形发生概率的基础上具有最大的期望收益。而 Kataoka 则认为投资者应该在控制极端情形发生概率的基础上追求尽可能高的收益水平。在后来的半个多世纪中,基于安全首要准则的投资组合理论的研究取得了非常丰富的成果,主要表现在以下几个方面:

第一,关于 RSF 模型的理论及比较。在有效市场假设下,Roy(1952)证明了由 RSF 模型得到的投资组合是均值-方差有效的,但由均值-方差模型得到的投资组合如果期望收益不高于给定保障收益水平则不会是 RSF 有效的。Schnabel(1979)在 Roy(1952)的基础上得到了市场均衡下的 CAPM。Diez-Canedo(1982)比较了 RSF 准则和 M-V 准则在思想上、实践意义上的差别,并得到了两者在数学形式上的联系。以上研究都没有考虑无风险资产的存在。Sharpe 和 Tint(1990)、Keel 和 Müller(1995)引入了债务资产,并分析债务对安全首要投资组合有效前沿的影响。Li 等(1998)把 RSF 的单期模型推广到多阶段的情形,讨论了模型的求解问题。李仲飞和姚京(2004)考虑连续时间金融市场的最优资产组合选择问题,在 Black-Scholes 金融市场设置下,利用 RSF 模型,导出了最优常数再调整的资产组合投资策略的显式表达。Bayraktar 和 Young(2007)研究了添加借贷约束对 RSF 投资组合策略的影响。Chiu 和 Li(2009)、Li 等(2010)以及 Chiu 等(2012)研究了连续时间和多期动态的 RSF 投资组合选择模型,并比较了 M-V 模型与 EU 模型的关系,将其应用于资产和负债管理问题。

第二,关于 TSF 模型的理论及比较。Arzac(1974)、Arzac 和 Bawa(1977)分析了 TSF 模型的性质及最优投资组合的存在性条件,并在收益服从正态分布或稳定帕累托分布情形下证明了市场均衡时"两基金分离"现象依然成立,并得到了 CAPM。Hagigi 和 Kluger(1987)利用 TSF 思想对美国养老金投资的收益和风险进行了评价。Bawa 和 Lindenberg(1977)、Harlow 和 Rao(1989)以及 Harlow(1991)等比较了 TSF 及其推广的 M-LPM(均值-下方矩)与 M-V 模型下的投资行为的区别。Ortobelli 和 Rachev(2001)给出了求解 TSF 投资组合有效前沿的一种方法,并在一类特殊的分布情形下对投资组合有效前沿的性质进行了讨论。Engels(2004)在椭球分布情形下给出了允许卖空的 TSF 模型的解析解。李仲飞和陈国俊(2005)对于 TSF 模型在正态分布下用直观法求解并进行了讨论。易江和李楚霖(2001)讨论了多期投资中 TSF 最优投资组合的选择问题,并给出了一种计算方法。Baptista(2008,2012)将背景风险和心理账户引入 TSF 模型,研究了投资组合有效前沿的存在条件及其性质特点,并与均值-方差模型有效前沿进行了比较。Yao 等(2015)将一种非参数估计方法用于讨论基于 TSF 模型的投资组合问题。Lin 和 Wu(2018)研究了带有机制转换状态的多期 TSF 投资组合选择模型,证明了最优组合策略的存在性,并得到了封闭形式的最优组合策略。

第三,关于 KSF 模型的理论及比较。Elton 和 Gruder(1987)在正态分布情形下给出了允许卖空的 KSF 模型的几何求解方法。丁元耀(2002)在正态分布假定下给出了不允许卖空的 KSF 模型最优解的一种迭代求解算法。丁元耀(2003)在正态分布假定下给出了允许卖空的 KSF 模型最优解的显式表达。丁元耀和张波(2008)、Ding 和 Zhang(2009a,2009b)研究了椭球分布条件及完备市场情形下经典 KSF 模型的相关性质(有效前沿的存在性条件及其几何特性、基金分离现象以及风险资产定价等)、椭球分布条件以及不允许卖空情形下经典 KSF 模型最优投资组合的存在条件及其求解问题、分布不规则或者分布信息不充分的情形下经典 KSF 模型的求解算法等。刘慧宏和丁元耀(2011)应用 KSF 思想研究了外来务工人员社会保障组合制度的设计。

第四,关于 SF 与期望效用的联系。Plye 和 Tuversky(1970)的研究表明,当存在无风险资产时经典的 SF 投资者行为与传统的期望效用理论不一致。Levy 和 Sarnat(1972)的研究表明,当不存在无风险贷款且灾害水平等于财富现值时,SF 投资者的最优组合就是 CAPM 切点组合。Levy 和 Levy(2009)的研究表明,安全首要准则在投资决策中扮演重要的角色,可以解释风险厌恶、前景理论等不能解释的个体选择行为,然而不能单独使用安全首要准则解决这些问题。

第五,关于经典 SF 模型的综合改进。正如 Levy 和 Levy(2009)所述,三个经典安全首要准则的单独使用均存在局限性,而像国家社会保障基金的投资,不仅需要注意安全,还要追求保值增值,同时兼顾保障水平的提高,因此 Ding(2008)提出了改进的安全首要(Modified Safety First, MSF)投资组合选择模型。Ding 和 Liu(2011a)讨论了仅存在无风险借出情形的投资组合选择,给出了 MSF 有效投资组合存在的条件。Ding 和 Liu(2011b)讨论了仅存在无风险贷人情形的投资组合选择,给出了投资者最优债务结构及其存在条件,并比较了投资组合有效前沿与经典 SF、M-V 模型结果的区别。Ding 和 Yu(2012)研究了无风险借贷利率相等情形下的 MSF 投资组合选择,有效前沿及其与经典 SF、M-V 模型结果的区别。丁元耀和卢祖帝(2015)在无风险借贷利率不相等和存在贷款限制的条件下,得到了有效前沿的性质。Ding 和 Lu(2016)讨论了 MSF 模型下无风险储蓄和风险资产组合选择的条件和时机。

1.4　研究内容和主要观点

资产配置的优化方法很多,但研究最多和最常用的是收益-风险模型方法和安全首要模型方法,风险度量是收益-风险模型方法的关键,安全首要思想更适合于极端风险的控制与防范。本研究在前期研究的基础上,系统介绍与比较了在资产配置的收益-风险分析中最常运用的风险度量,并从均值-风险模型与随机占优一致性的角度,指出在资产配置优化中选择风险度量及其对应的均值-风险模型的建议;在对经典安全首要模型的优化模型进行深入研究和比较的基础上,建立基于改进的安全首要模型的资产配置优化的系列理论,并分析利率政策、融资约束、背景风险等对安全首要投资者的决策行为的影响。

1.4.1　研究内容

本书作为国家社科基金后期资助项目“最优资产配置理论研究：模型及其比较”（项目编号：16FJY002）的研究成果，是在博士论文《风险度量比较与投资组合选择理论的研究》、浙江省自然科学基金资助项目“改进的安全首要投资组合理论研究”（项目编号：LY12G01006）研究成果的基础上，对基于改进的安全首要模型的资产配置理论的补充和完善。全书内容包括四个部分，即常用风险度量及均值-风险模型的理论比较，经典安全首要模型的理论及其比较，改进的安全首要模型的理论及其比较，心理账户和背景风险的影响——基于 MSF 框架的理论及其比较。

第 2 章和第 3 章，是关于常用风险度量及均值-风险模型的理论比较研究。其中，第 2 章在文献研究的基础上，介绍在资产配置的均值-风险模型研究及其应用中最常用到的风险度量，系统总结和证明其公理体系特征和随机占优性质，帮助读者充分认识不同风险度量的局限性及其与投资者效用偏好的相适性，提出常用风险度量的选择建议。第 3 章在文献研究的基础上，通过检验均值-风险模型有效解的（强）随机占优一致性、凸性、弱随机占优一致性等性质，综合期望效用准则和分散风险，给出在优化资产配置中选择合适的均值-风险模型的建议。

第 4 章和第 5 章，是关于经典安全首要模型的理论及其比较研究。其中，第 4 章在文献分析的基础上，从最优投资组合的存在性条件以及最优投资组合的业绩（夏普比率）两个方面，对经典的三种安全首要模型进行比较，指出 Telser（1955）提出的安全首要模型（TSF 模型）与 Kataoka（1963）提出的安全首要模型（KSF 模型）相对于 Roy（1952）提出的安全首要模型（RSF 模型）而言，在应用中能够适应更为广泛的投资者，而且基于 KSF 模型的投资组合业绩优于 TSF 模型投资组合的业绩。第 5 章在前期已完成工作的基础上，系统阐释了基于 KSF 模型的风险资产优化配置的理论体系，包括最优投资组合存在的充分必要条件、最优投资组合的显式解析表示、KSF 有效前沿的显式解析表示以及几何性质、两基金分离现象定理、基于安全基金的资本资产定价模型、不允许卖空的求解程序以及分布信息不充分或者未知时求解次优投资组合的方法等。

第 6 章至第 9 章，是关于改进的安全首要模型（MSF 模型）的理论及其比较研究。其中，第 6 章考虑的金融市场只包含风险资产，在前期已有研究的基础上，建立了风险资产优化配置的 MSF 模型，得到了风险资产配置的 MSF 有效前沿理论，并与 M-V 模型进行了比较。第 7 章考虑的金融市场除了包括风险资产,还包含一种不受借贷限制的无风险资产,建立了借贷利率相等时的 MSF 模型理论,包括 MSF 有效前沿存在条件及其几何性质、切点组合与基金分离定理以及资本资产定价模型理论,并与 M-V 模型的相应结果进行了比较。第 8 章考虑的金融市场除了包括风险资产,还包含借与贷两种不同利率的无风险资产,建立了借贷利率不等时的 MSF 有效前沿理论。同时,第 8 章在无市场摩擦的条件下,研究储蓄、贷款与风险资产的优化配置,给出了最优资产配置存在的充分必要条件、最优资产组合的显式解析表示、MSF 有效前沿的解析表达及其几何特征,分析了投资者在风险资产配置中储蓄行为、贷款行为的时机选择,并与均值-风险模型的相关结果进行比较。第 9 章是存在融资约束时的 MSF 模型理论及其比较研究。第 9 章以中国证券市场融资融券业务的开放为背景,在前期研究的基础上,建立了同时考虑借贷利率差异和贷款额度限制的 MSF 模型,在期望收益给定时得到了最优资产配置的存在条件及其显式解析表示,给出了 MSF 有效前沿的解析表达及其几何特征,分析了融资约束对投资者行为和投资效率的影响,得到了有关利率、信贷政策设定的若干政策启示。

第 10 章至第 11 章,是心理账户和背景风险的影响——基于 MSF 框架的理论及其比较研究。其中,第 10 章是存在多心理账户时的 MSF 模型理论及其比较研究。第 10 章以第 7 章的理论为基础,建立了考虑多心理账户的 MSF 模型,分别针对不存在无风险借贷、存在无风险借贷且利率相等的情形,研究了独立子账户 MSF 有效策略与总账户有效策略的关系,分析了心理子账户的存在对总账户 MSF 资产配置有效性的影响,给出了利用心理账户的关联性改进由于不允许无风险借贷造成的配置效率损失的途径或算法。第 11 章是存在背景风险时的 MSF 模型理论及其比较研究。在第 8 章的基础上,第 11 章以宏观经济不确定性等可能导致收入存在不确定性为问题背景,建立了包含加法形式的背景风险的 MSF 模型,证明了其与均值-方差资产配置模型的理论联系,得到了最优资产配置的显式解析表示、基于均值-方差模型的资产配置有效前沿、MSF 有效前沿存在的充分必要条件,分别分析了不相关背景风险和完全相关背景风险对均值-方差有效前沿、MSF 有效前沿以及投资者资产配置决策行为的影响。

1.4.2 主要观点

本书的主要观点可以概括为以下几个方面。

第一,从与期望效用理论的一致性角度看,在最优资产配置的均值-风险模型中,同时满足凸性公理和单调性公理的风险度量 $BT_k(\cdot,\tau)$、$ES_\alpha(\cdot)$和

$ML(\cdot)$是合适的风险度量。其次，满足单调性公理的$PBT(\cdot,\tau)$和$VaR_\alpha(\cdot)$是较为合适的风险度量。最后，满足凸性公理的风险度量$BM_k(\cdot)$是相对合适的风险度量。然而，由于在非连续分布情形下，本书的$CVaR_\alpha(\cdot)$既不满足凸性公理也不满足单调性公理，在连续分布情形下$CVaR_\alpha(\cdot)=ES_\alpha(\cdot)$，因此仅在连续分布情形下$CVaR_\alpha(\cdot)$才是适合的风险度量。

第二，在三种经典的安全首要模型中，KSF模型具有更广泛的适用性。首先，在一些风险资本市场环境下，基于RSF模型和TSF模型无法找到有限的最优资产配置，然而KSF模型却存在有限的最优资产配置。其次，基于KSF模型的最优资产配置的绩效不会差于基于TSF模型的最优资产配置的绩效(夏普比率含义下)。在KSF模型框架下得到的基于安全首要风险基金(简称安全基金)的资产定价模型，虽然形式上类似于在均值-方差模型框架下的零贝塔CAPM，但这里的安全基金不同于市场组合，可能是均值-方差非有效的。

第三，改进的安全首要准则兼顾三种经典安全首要的思想，可以适用于包含无风险资产在内的资产配置优化问题，与均值-方差模型相比也更能体现投资者个体心理特质的差异。MSF有效前沿上的资产组合一定是均值-方差有效的资产组合，但是一个均值-方差有效的资产组合可能是MSF非有效的。在MSF模型框架下，"两基金分离"现象同样存在，可以得到类似的但是存在差别的资本资产定价模型理论。假设两个不同的投资者，他们同时依据M-V模型决策时得到的投资策略相同，但是他们对极端损失风险的容忍程度存在差别，那么他们同时依据MSF模型进行决策时也可能会采取不同的有效投资策略。

第四，基于MSF模型的最优资产配置理论表明：(1) 利率政策应该与市场协同变化，过高的借贷利率，不利于鼓励创新和风险投资。市场风险资产收益的相关性及其统计分布确定了一个存贷利率的市场稳定性边界，只有低于稳定性边界的存款利率才可以有效调节投资者自有资金在预防储蓄和风险资产之间的配置，有利于经济实体的融资和发展。只有低于市场稳定性边界的贷款利率，才可以有效缓解投资者的资金短缺问题，激发投资者选择有效的投资行为。(2) 借贷利差的存在以及贷款利率的调节，可以维护资本市场的有效运行，也可以预防投资过度造成的金融风险。与不存在利差相比，利差的存在吸引了更多的投资者参与有效率的资本市场投资，既能更好地发挥金融机构的资金融通的服务功能，也能提高市场运行效率。借贷利差的存在还可以抑制一部分高风险投资者的贷款行为，使得这部分投资者利用自有资金选择相对于不存在利差情形具有较低投资效率的投资策略,避免因过度投资而产生贷款违约的风险。金融机构通过调节贷款利率可以在提高市场效率和降低过度投资产生的金融风险之间做出权衡。(3) 贷款限制政策,可能导致部分投资者损失投资效率,但也能抑制投资过热现象的发生,当贷款利率超过市场稳定性边界时,贷款限制政策失灵。因此,宽松的信贷政策(降低贷款利率,放松贷款限制等)有利于减少市场投资效率损失,紧缩的信贷政策(扩大借贷利差、提高贷款利率、严格贷款限制等)则有利于预防信贷风险。

第五,在市场条件相同的情况下,M-V 有效前沿与投资者对极端损失风险的态度无关,然而 MSF 有效前沿则因投资者对极端损失风险的态度不同而存在差别。因此,当采用极端损失风险的容忍度(发生极端损失的概率)α 来区别不同的心理账户时,我们发现:(1) 在不存在市场摩擦的条件下,心理子账户的投资有效性与总账户的投资有效性一致。(2) 在存在市场摩擦的条件下,心理子账户的投资有效性与总账户的投资有效性会出现分歧,这不仅与市场收益特征有关,也与心理账户特征有关。但是,当子账户愿意分担总账户因市场摩擦引起的投资效率损失时,则能减少因受市场摩擦带来效率损失的子账户数量,在改善子账户投资效率的同时又能保障子账户合成的总投资策略有效。

第六,完全不相关或者独立的背景风险的存在,不影响均值-方差有效资产配置或均值-方差投资者的决策行为,也不影响 MSF 有效前沿存在的充分必要条件,但是却影响 MSF 有效资产配置或者安全首要投资者的决策行为。依据 MSF 模型框架的分析,完全不相关的背景风险既可能是互补的,也可能是替代的,其不仅取决于投资者的效用或决策准则,也取决于金融市场自身。更具体地,在无风险储蓄利率低于市场稳定性边界(由市场风险资产的收益相关性及其分布确定)时,完全不相关或者独立的背景风险的存在,减少了投资者对其他风险的厌恶,即背景风险具有互补效应;在无风险储蓄利率高于市场稳定性边界时,完全不相关或者独立的背景风险的存在,增加了投资者对其他风险的厌恶,即背景风险具有替代效应。

第七,可完全对冲的背景风险,不影响 MSF 有效前沿存在的充分必要条件,但影响均值-方差有效前沿和 MSF 有效前沿,也影响投资者在资产配置时对风险资产的厌恶趋向。可完全对冲的背景风险,与其他风险资产可能是互补的也可能是替代的,这与背景风险和其他风险的相关方向以及相关程度有关。

1.5　研究方法和主要贡献

1.5.1　研究方法

在本书的研究过程中，主要运用的研究方法包括文献分析、综合归纳、规范研究、对比分析、逻辑推演、举例反证、数值分析与直观图示。

在常用风险度量的比较研究中，本书通过对文献的分析与回顾，综合归纳常用风险度量的概念、公理体系等，根据逻辑推演和举例反证的方式论证风险度量的有关性质，在对比分析的基础上，提出选择合适的风险度量的参照依据。

在常用均值-风险模型的比较研究中，本书以文献的分析为基础，采用逻辑推演的方法论证有关模型的性质，结合对比分析，给出实践中应用均值-风险模型的选择建议。

在对经典安全首要模型的比较研究中，本书通过文献分析，借鉴相关概念、理论，结合逻辑推演、数值算例和直观图示，在对比分析的基础上，指出 KSF 模型的相对优越性。

在对 KSF 模型理论的比较研究中，本书借鉴和对比均值-方差模型的相关理论，采用逻辑推演、数值分析和直观图示的方法，系统提出基于 KSF 模型的资产配置的优化理论。

在对 MSF 资产配置优化理论及其比较研究中，本书主要采用规范研究的思路，即以现实问题为背景构建模型，以逻辑推演为手段求解模型、分析模型和比较模型，并辅以数值算例和直观图示展现相关理论性质及其应用。

在对包含心理子账户的 MSF 模型的研究中，本书主要采用逻辑推演的方法，分析和论证心理子账户和与其关联的总账户在资产配置有效性之间的关系，以及包含心理子账户的 MSF 模型可以改善投资效率，减少市场摩擦造成的损失，并辅以数值算例进行直观的解释。

在对考虑背景风险的 MSF 模型的理论及其比较研究中，本书采用逻辑推演得到相关理论，并用解析分析的方法比较与解释背景风险的影响及其在均值-方差模型与 MSF 模型之间存在的区别。

1.5.2　主要贡献

本书所作的研究，以对常用的均值-风险模型的比较研究和对经典的安全首要模型的比较研究为基础，提出了 MSF 模型的基本思想，构建了改进的

MSF 资产配置模型，在不同的市场条件和现实背景下，研究和分析了 MSF 有效资产配置的存在条件、MSF 有效前沿的性质理论，并与均值-方差模型的相关结果进行比较。主要的学术贡献和应用价值如下。

第一，对常用均值-风险模型和经典安全首要模型进行了深入系统的比较，给出了实践者在采取均值-风险准则进行资产配置时选择合适的风险度量的理论依据，证明了在经典安全首要模型的应用中 KSF 模型具有的相对优越性。

第二，建立了基于 KSF 模型的安全首要资产配置优化的系列理论，包括有效前沿性质、切点组合存在性和基于安全基金的风险资产定价模型，指出了与经典 CAPM 的区别，丰富了基于经典安全首要模型的资产配置优化理论。

第三，考虑单一的经典安全首要模型的局限性，结合投资者的实际需求和现实政策背景，提出一种改进的安全首要思想，构建了适用于不同情形的优化资产配置的 MSF 模型，建立了基于 MSF 模型的资产配置优化的系列理论，包括有效前沿及其性质、市场组合的存在性、基金分离现象、CAPM、利率利差与贷款限制的影响等，并与均值-方差模型的有关结果进行了比较，解释了 MSF 模型理论的政策含义，为政府设计宏观货币政策、减少市场投资效率损失、预防信贷风险提供部分理论依据。

第四，在金融市场包含一种无风险资产的情形下，分析了不同心理子账户的 MSF 有效策略和与其关联的总账户的 MSF 有效策略之间的联系，得到的结论对于国家和公司治理中的制度设计具有一定的理论参考价值。在无市场摩擦条件下，子账户（地方政府或子公司）采取 MSF 有效的资产配置可以实现总账户内（国家或母公司）MSF 有效的资产配置，总账户和子账户的目标能同时实现最优。在存在市场摩擦（不允许无风险贷款）的情形下，总账户和子账户的目标不能同时实现最优，但是可以利用子账户与总账户的关联性，在实现总账户投资效率的同时，减少受市场摩擦影响的子账户数量，改善子账户的投资效率，即降低因市场摩擦造成的子账户投资效率损失。

第五，在存在借贷利差和贷款限制的情形下，建立考虑背景风险的 MSF 资产配置模型，证明了其与均值-方差模型有效前沿的关系定理，在不同市场条件下得到了有效资产配置的封闭解析解及其存在的条件，给出了 MSF 有效前沿和均值-方差有效前沿在均值-方差平面上的解析表示，分析和比较了独立的背景风险和完全可对冲的背景风险对 MSF 投资者行为与有效前沿的影响，指出了其与已有观点的相同和区别。

第 2 章　常用的风险度量及其比较

由于不确定性的存在，风险的定义及其度量成为经济行为人在进行风险资产配置时必须首先面对的基本问题。可以说，资产配置理论的发展及其应用与风险度量的研究息息相关。Markowitz（1952）首次把管理科学、数学和统计学的方法运用于解决风险资产的配置问题，采用收益率的方差（或标准差）作为风险的度量，建立了著名的选择最优组合资产的均值-方差（M-V）模型，从此奠定了现代数理金融的基础。随后的半个多世纪里，关于风险资产配置问题和风险度量的研究一直是国内外学术界和实际工作者极其关注的活跃领域，并取得了丰硕的理论和应用成果。均值-风险分析方法已成为风险资产配置研究的常用方法，不同学科领域的研究者相继提出了众多不同的风险度量指标，从而建立了不同的投资组合选择的均值-风险（M-R）模型。Pedersen 和 Stachell（1998）、Cheng 等（2004）等介绍了有关风险度量理论方面的研究进展和主要的风险度量的公理化性质。孟生旺（2004）认为满足相容性公理性质的风险度量并不是最优的风险度量。

本章将在已有文献[①]工作的基础上，系统介绍资产配置中常见的风险度量，并从公理化体系和随机占优性质方面对其进行比较性评述，为投资决策者在选择风险度量工具时提供方便的参考依据。

2.1　风险的概念

由于研究目的不同，关于风险本质的理解以及认识风险的角度不同，学者们对风险下过许多定义。王明涛（2003）对经济学、统计学、决策学、金融保险学中关于风险的多种不同定义进行了概括，归纳出四种基本的观点：第一种是以事物未来可能结果的不确定性定义风险；第二种是以损失发生的可能性定义风险；第三种是从可能损失程度的角度定义风险；第四种是从损失的不确定性方面定义风险。我们认为这四种基本观点本质上反映了人们对风险的两类不同理解和认识，即风险是事物未来可能结果的不确定性（即持第

① 丁元耀．风险度量比较与投资组合选择模型的理论研究[D]．北京：中国人民大学，2006．

一种基本观点的人对风险的认识）和风险是未来可能结果中与损失或不利结果有关的不确定性（即持其他三种基本观点的人对风险的认识）。在投资组合选择的理论研究中，由于分析问题的出发点不同、研究对象不同，以及决策的目的不同，这两种关于风险的不同认识同时存在并且被实际应用。王明涛(2003)在分析总结前人对风险定义的基础上，提出了一种较新的风险定义，该定义表述如下：所谓风险，指在决策过程中，由于各种不确定性因素的作用，决策方案在一定的时间内出现不利结果的可能性以及可能损失的程度。它包括损失的概率、可能损失的数量以及损失的变异性三个方面，其中可能损失的数量处于重要的地位。

由于损失或不利结果是与经济行为主体的感受相联系的，在大部分情形下，未来结果低于经济行为主体的预期被认为是不利的，但有时未来结果高于经济行为主体的预期也是不利的，比如在生产计划的安排、社会资源的配置等问题中，稳定、和谐、持续性等也是管理决策者需要考虑的。因此在定义风险时仅仅考虑损失是不合适的，要给风险下一个既准确又全面的统一定义也是比较困难的。在综合文献的基础上，本书对风险的概念理解如下：

风险是事物未来可能结果的不确定性，这种不确定性有导致实际结果与经济行为主体的预期产生偏差的可能性。如果不存在不确定性或者实际与预期完全一致，则不存在风险。风险又是由客观存在的不确定因素所引起的，风险潜伏于由一系列不同的可能结果及它们未来将要发生的可能性所共同确定的风险事态之中，风险的后果隶属于某一经济行为主体。

2.2　常用的风险度量

自 20 世纪 50 年代以来，在资产配置理论的发展过程中，学者们根据自己对于风险概念的理解给出了许多不同的风险度量指标，极大地丰富和发展了现代投资组合理论。如果考虑风险度量所涉及的不确定性的范围，我们可以将在资产配置问题研究中所使用的主要风险度量分为两类：一类风险度量既考虑不利结果的不确定性也考虑有利结果的不确定性；另一类风险度量仅仅考虑损失或不利结果的不确定性。前一类风险度量常被称为双侧风险度量(Two-Sided Risk Measures)或全局风险度量(Overall Risk Measures)，后一类风险度量常被称为下方风险度量(Downside Risk Measures)。本节仅介绍在关于 M-R 模型理论的研究中相对频繁出现的风险度量。

2.2.1　双侧风险度量

(R1) 收益的标准差(Standard Deviation，SD)。Markowitz(1952)采用投

资组合收益率的方差(或标准差)度量风险,得到了著名的均值-方差投资组合选择模型,成为现代投资组合理论的开创者。标准差作为风险度量定义如下:

$$\mathrm{SD}(R_x) \equiv \sqrt{E(R_x - E(R_x))^2}, \tag{2.1}$$

在本章中,R_x 为资产(组合)x 的实际投资收益,$E(\cdot)$为期望算子函数。

方差(或标准差)作为风险的度量将风险视为实际收益与平均收益的偏差,这是最经典的风险度量指标。均值-方差模型在投资组合模型理论的研究中常作为标准模型用于模型的比较。均值-方差模型由于其相关理论的发展比较成熟,目前仍然在投资组合选择的理论研究及组合投资实践中被广泛使用。

(R2) 收益的平均绝对偏差(Mean Absolute Deviation, MAD)。从认识的角度讲,将风险视为实际收益与平均收益的偏差,方差(或标准差)并不是天然的风险度量,真正的风险度量应该是所有实际收益与平均收益的绝对偏差之和。Konno(1988)提出在投资组合的选择中可以用平均绝对偏差作为投资组合的风险度量。MAD 用收益的实际值与其均值的绝对偏差取代 SD 中的平方偏差,MAD 定义如下:

$$\mathrm{MAD}(R_x) \equiv E \mid R_x - E(R_x) \mid . \tag{2.2}$$

Konno 和 Yamazaki(1991)比较了 MAD 与 SD 的关系, Ogryczak 和 Ruszczynski(1999)研究了 MAD 与随机占优理论的联系。

(R3) 收益的 k 阶平均绝对偏差(Root of kth Order Mean Absolute Deviation, MAD_k)。Kijima 和 Ohnishi(1993) 考虑了 k-阶平均绝对偏差,MAD_k 定义如下:

$$\mathrm{MAD}_k(R_x) \equiv (E \mid R_x - E(R_x) \mid^k)^{1/k}, \tag{2.3}$$

其中 $k \geqslant 1$。

显然, MAD 和 SD 分别是 MAD_k 在 $k=1$ 和 $k=2$ 时的特例。MAD_k 以收益的均值作为投资者衡量风险的心理预期,同时平等地看待实际收益与心理预期的正负偏离。

(R4) 收益的加权平均绝对偏差(Root of kth Order Weighted Mean Absolute Deviation, WMAD_k)。该风险度量指标也由 Kijima 和 Ohnishi (1993) 提出,WMAD_k 定义如下:

$$\mathrm{WMAD}_k(R_x \mid a,b) \equiv (E(\theta(R_x - E(R_x)))^k)^{1/k}. \tag{2.4}$$

其中,对于任意的 $a>0, b>0$ 和 $k \geqslant 1$, $\theta(z)$定义为

$$\theta(z) = a\max(0,z) + b\max(0,-z) = \begin{cases} az, & \text{当 } z > 0 \\ 0, & \text{当 } z = 0 \\ b \mid z \mid, & \text{当 } z < 0. \end{cases}$$

Konno(1990)以及 Zenios 和 Kang(1993)研究了 WMAD_k 当 $k=1$ 时的投资组合选择模型及其应用问题。Rockafellar 等(2002)说明了 WMAD_k 是一个偏差度量。

加权平均绝对偏差虽然仍以收益的均值作为投资者衡量风险的心理预期,但是区别看待实际收益与心理预期的正负偏离的作用。正偏离和负偏离给投资者形成的危害系数分别为 $a>0,b>0$。更多的投资者认为负偏离的危害大于正偏离的危害,这对应 $a<b$。显然,MAD_k 又是 WMAD_k 在 $a=b=1$ 时的特例。由于 WMAD_k 同时考虑了实际收益与预期收益的正负偏离,因而也是双侧风险度量。

(R5) 基尼平均差(Gini Mean Difference, GMD)。基尼平均差定义为可能取值的两两差异的平均数的一半,是测度随机变量取值差异性变化的一种指标,在社会经济统计中常用来比较收入的不平等性。如果 Y 是连续的随机变量,则 Y 的基尼平均差可以表示为

$$\mathrm{GMD}(Y) \equiv \frac{1}{2}\int_{-\infty}^{\infty}\int_{-\infty}^{\infty} | x-y | f(x)f(y)\mathrm{d}x\mathrm{d}y, \tag{2.5}$$

其中 $f(y)$ 为 Y 的概率密度函数。

在 Y 是离散分布的情形下,$P(Y=y_i)=p_i(i=1,2,\cdots,T)$,则 Y 的基尼平均差可以表示为

$$\mathrm{GMD}(Y) \equiv \frac{1}{2}\sum_{i=1}^{T}\sum_{j=1}^{T} | y_i-y_j | p_ip_j.$$

Yitzhaki(1982)研究了基尼平均差的随机占优性质。Shalit 和 Yitzhaki(1984)在投资组合选择的 M-GMD 模型的基础上得到了资产定价关系模型(MG-CAPM)。Okunev(1988)、Shalit 和 Yitzhaki(1989)对 M-V 模型和 M-GMD 模型进行了比较。Shalit 和 Yitzhaki(2005)研究了 M-GMD 投资组合有效前沿的算法。

除了在投资组合选择的模型研究中较为常见的上述风险度量,双侧风险度量还包括基于信息熵(Entropy)理论的熵风险度量(李华和李兴斯,2003;Ou,2005);基于谱(Spectral) 函数理论的谱风险度量(Adam, et al.,2008)。

2.2.2　下方风险度量

(R6) 收益低于目标值的概率(Probability of Below Target, PBT)。在投资者把收益低于设定的某个固定目标水平 τ 的事件视为风险事件的条件下,Roy(1952) 在研究投资组合的选择时采用风险事件发生的概率来度量风险的大小。该风险的定义如下:

$$\mathrm{PBT}(R_x,\tau) \equiv P(R_x \leqslant \tau). \tag{2.6}$$

Telser(1956)、Arzac 和 Bawa(1977)以及李仲飞和陈国俊(2005)等均在这种风险度量下研究了投资组合选择的均值-风险模型。

(R7) 收益的下半标准差(Lower Semi Standard Deviation, LSSD)。投资者以收益的均值作为参照,把收益出现下方偏离视为风险,并用下方标准差或半标准差来表示下方偏离的程度。这种风险度量的定义如下:

$$\mathrm{LSSD}(R_x) \equiv \sqrt{E(\max(0,E(R_x)-R_x))^2}. \tag{2.7}$$

Markowitz(1959)、Mao(1970)、吕锋和倪志红(1995)、荣喜民 等(1998)以及 Konno 等(2002)等讨论了均值-下半方差投资组合选择模型。

(R8) 收益的下半绝对差(Lower Semi Absolute Deviation, LSAD)。该风险度量的定义如下:

$$\mathrm{LSAD}(R_x) \equiv E(\max(0,E(R_x)-R_x)). \tag{2.8}$$

LSAD 与 LSSD 的含义基本相同,不同的地方仅在于计算处理的方法,LSAD 用期望收益下方的平均偏离来度量风险的大小。

Kenyon 等(1999)证明了 LSAD 与 MAD 的等价性。Konno 等(2002)比较了若干均值-下方风险(包括 LSAD)的投资组合选择模型的计算效率。徐绪松等(2002)通过计算有效前沿比较研究了均值-下半绝对差模型相对均值-方差模型、均值-绝对差模型存在的优点。赵贞玉和欧阳令南(2004)也对均值-下半绝对差投资组合选择模型与均值-方差投资组合选择模型进行了比较。

(R9) 收益低于其均值的 k 阶下偏矩(Root of kth Order Lower Partial Moment Below Mean, BM_k)。Bawa 和 Lindenberg(1977)提出了如下的风险度量指标:

$$\mathrm{BM}_k(R_x) \equiv (E(\max(0,E(R_x)-R_x))^k)^{1/k}, \tag{2.9}$$

其中 $k \geqslant 1$。

显然该风险度量指标是 LSSD 和 LASD 的推广形式,LSAD 和 LSSD 分别是 BM_k 在 $k=1$ 和 $k=2$ 时的特例。

(R10) 收益低于固定目标值的 k 阶下偏矩(Root of kth Order Lower Partial Moment Below Fixed Target, BT_k)。该风险度量定义如下:

$$\mathrm{BT}_k(R_x,\tau) \equiv (E(\max(0,\tau-R_x))^k)^{1/k}, \tag{2.10}$$

其中 $k \geqslant 1$,τ 为投资者的目标收益,是固定的常数。

Bawa (1975)和 Fishburn(1975)首先给出了下偏矩(Lower Partial Moment, LPM) 的定义,BT_k 是 LPM_k 的 k 次方根,其中的 k 被称为投资者的风险容忍值(Risk Tolerance Value),与投资者的风险偏好有关。Bawa (1975) 讨论了 $k=1,2$ 时 LPM_k 与随机占优的关系。Fishburn(1975)研究了包括

$0<k<1$ 的更一般的情形。Markowitz(1959)首先提出在研究投资组合选择问题时,BT_2 是一个可选的风险度量形式。Hogan 和 Warren(1972)给出 M-LPM_2 投资组合选择模型有效前沿的算法。Hogan 和 Warren(1974)在 M-LPM_2 框架下得到了 CAPM。Konno 等(2002)研究了 $k=1,2$ 情形下的均值-风险投资组合选择问题。Barbosa 和 Ferreira(2004)对 BT_k 的性质进行了研究。显然,$BM_k(\cdot)=BT_k(\cdot,E(\cdot))$。与 BT_k 不同的是,BM_k 以风险资产(组合)的期望收益作为投资者衡量损失参考的目标收益,并不是主观确定的固定常数目标,而是由风险资产(组合)的随机收益的分布客观确定的变数。

(R11) 最大损失(Maximum of Loss, ML)。Young(1998) 提出了最小收益最大化的投资组合选择模型,其对应的风险度量就是最大损失。该风险度量定义如下:

$$ML(R_x) = \sup(-R_x) \equiv -\inf(R_x) = -\sup\{\tau \mid P(R_x \leqslant \tau) = 0\}. \tag{2.11}$$

该风险度量以损失的最大值(即最坏结果) 作为风险的大小,没有相对参考值,也没有考虑最坏结果发生的可能性。

Young(1998)基于 ML 度量在均值-风险分析的框架下提出了基于历史数据的 Minimax 模型。刘志新和牟旭涛(2000)对最大损失风险度量下的均值-风险模型和均值-方差模型进行了比较研究。

(R12) 风险价值(Value at Risk, VaR)。风险价值是 1993 年 J. P. Morgon 在考察衍生产品的基础上提出的一种风险度量方法,是当前金融市场风险度量的主流方法。VaR 是在给定的概率下对一单位的风险资产或资产组合的投资可能发生的最大损失。用公式定义如下:

$$VaR_\alpha(R_x) \equiv -\sup\{\tau \mid P(R_x \leqslant \tau) \leqslant \alpha\}, \tag{2.12}$$

其中 $0<\alpha<1$。在此定义中损失的大小相对于 0 而言,在置信水平 $100(1-\alpha)\%$ 下,收益不低于 $-VaR_\alpha$,或损失不超过 VaR_α。Alexander 和 Baptista (2002) 在正态分布条件下研究了最小 VaR 投资组合的特征以及 M-VaR 投资组合有效前沿的性质。由定义易见:

$$\lim_{\alpha \to 0} VaR_\alpha(R_x) = ML(R_x).$$

如果损失的大小是相对于期望收益而言的,则也可以采用下式右端作为 VaR 的定义:

$$VaR_\alpha(R_x - E(R_x)) = E(R_x) - \sup\{\tau \mid P(R_x \leqslant \tau) \leqslant \alpha\}.$$

如果投资者对 N 种风险资产设定参考收益基准 $b=(b_1,b_2,\cdots,b_N)'$,则也可以采用下式右端作为 VaR 的定义:

$$\mathrm{VaR}_\alpha(R_x - b'x) = b'x - \sup\{\tau \mid P(R_x \leqslant \tau) \leqslant \alpha\}.$$

在投资组合的均值-风险模型研究中主要采用式(2.12)作为定义。

(R13) 条件风险价值(Conditional Value at Risk, CVaR)。CVaR 是对 VaR 的一种修正,将比 VaR 更坏的结果考虑到风险度量中去,定义为超过 VaR 部分的条件期望损失:

$$\mathrm{CVaR}_\alpha(R_x) \equiv -E(R_x \mid -R_x \geqslant \mathrm{VaR}_\alpha(R_x)), \tag{2.13}$$

其中 α 为给定的概率水平,$0<\alpha<1$。

CVaR 实际上就是(相对于参考基准收益为 0 的)损失超过在 $100(1-\alpha)\%$的置信水平下的临界值 VaR_α 的条件期望。

CVaR 有时也被称为尾部条件期望(Tail Conditional Expectation, TCE)或者尾部风险价值(Tail Value at Risk, Tail-VaR),后者由 Artzner 等(1999)定义。Rockafellar 和 Uryasev (2000) 还认为 CVaR 与后面的期望亏空也是同义词。Konno 等(2002) 比较了 M-LSAD、M-BT_1、M-LSSD 以及 M-CVaR 等均值-风险投资组合选择模型的特征及其大规模数据的计算复杂性。林旭东和巩前锦(2004)、刘小茂等(2005)等讨论了正态分布假设下 M-CVaR 投资组合选择模型的有效前沿。Alexander 和 Baptista(2004)在正态分布假设下比较了 M-VaR 模型与 M-CVaR 模型的投资组合边界以及有效前沿条件。

容易证明:

$$\lim_{\alpha\to 0}\mathrm{CVaR}_\alpha(R_x) = \mathrm{ML}(R_x).$$

显然有 $\mathrm{CVaR}_\alpha(R_x) \geqslant \mathrm{VaR}(R_x)$,且

$$\mathrm{CVaR}_\alpha(R_x) = \mathrm{VaR}_\alpha(R_x) - \frac{E(\min(0, R_x + \mathrm{VaR}_\alpha(R_x)))}{P(R_x \leqslant -\mathrm{VaR}_\alpha(R_x))}.$$

类似于 VaR,可以给出考虑一般基准收益的 CVaR 风险度量:

$$\mathrm{CVaR}_\alpha(R_x - b'x) = b'x - E(R_x \mid -R_x \geqslant \mathrm{VaR}_\alpha(R_x)).$$

Bertsimas 等(2004)研究了 $\mathrm{CVaR}_\alpha(R_x - E(R_x))$的性质及其相应的 M-CVaR 投资组合问题。

(R14) 期望亏空(Expected Shortfall, ES)。采用 Acerbi 和 Tasche (2002) 的定义,期望亏空 ES_α 指最坏的 $100\alpha\%$损失的平均值,可以用如下公式来计算:

$$\begin{aligned}\mathrm{ES}_\alpha(R_x) \equiv \frac{1}{\alpha}(&E(-R_x \mathrm{I}(-R_x \geqslant \mathrm{VaR}_\alpha(R_x))) \\ &- \mathrm{VaR}_\alpha(R_x)(P(-R_x \geqslant \mathrm{VaR}_\alpha(R_x)) - \alpha)),\end{aligned} \tag{2.14}$$

其中 $0<\alpha<1$, $\mathrm{I}(\cdot)$为示性函数。ES_α 也可用下面等价的公式定义或计算:

$$\mathrm{ES}_\alpha(R_x) \equiv \frac{1}{\alpha}(E(-R_x \mathrm{I}(-R_x > \mathrm{VaR}_\alpha(R_x)))$$

$$- \mathrm{VaR}_\alpha(R_x)(P(-R_x > \mathrm{VaR}_\alpha(R_x)) - \alpha)).$$

显然,在连续分布情形,有

$$\mathrm{ES}_\alpha(R_x) = \frac{1}{\alpha}E(-R_x \mathrm{I}(-R_x \geqslant \mathrm{VaR}_\alpha(R_x))) = \mathrm{CVaR}_\alpha. \quad (2.15)$$

但需注意的是在离散情形,可能会有 $\frac{1}{\alpha}\mathrm{I}(-R_x \geqslant \mathrm{VaR}_\alpha(R_x)) > \alpha$,此时 $\mathrm{ES}_\alpha(R_x) \neq \mathrm{CVaR}_\alpha$。

Acerbi 和 Tasche(2002)证明了:

$$\mathrm{ES}_\alpha(R_x) = \frac{1}{\alpha}\int_0^\alpha \mathrm{VaR}_p(R_x)\mathrm{d}p, \quad (2.16)$$

式(2.16)也常作为 ES 的定义式。

根据定义,容易证明:

$$\lim_{\alpha \to 0}\mathrm{ES}_\alpha(R_x) = \mathrm{ML}(R_x).$$

而且

$$\mathrm{ES}_\alpha(R_x) = \mathrm{VaR}_\alpha(R_x) - \frac{1}{\alpha}E(\min(0, R_x + \mathrm{VaR}_\alpha(R_x))), \quad (2.17)$$

$$\mathrm{ES}_\alpha(R_x) = \mathrm{CVaR}_\alpha(R_x) + (\lambda - 1)(\mathrm{CVaR}_\alpha(R_x) - \mathrm{VaR}_\alpha(R_x)),$$

其中 $\lambda = \frac{1}{\alpha}P(R_x \leqslant -\mathrm{VaR}_\alpha(R_x)) \geqslant 1$。从而有

$$\mathrm{VaR}_\alpha(R_x) \leqslant \mathrm{CVaR}_\alpha(R_x) \leqslant \mathrm{ES}_\alpha(R_x).$$

为了直观地理解 VaR、CVaR 和 ES 的计算及其关系式,下面我们给出一个数值算例。

[例 2.1] 已知收益 R 的分布如下:

R	-2	$-1/3$	1	2
$P(R=r_i)$	$1/8$	$1/4$	$1/4$	$3/8$

设定 $\alpha = 1/4$,由于

$$P(R < -1/3) = P(R = -2) = 1/8 < \alpha,$$

$$P(R \leqslant -1/3) = P(R = -2) + P(R = -1/3) = 1/8 + 1/4 = 3/8 > \alpha,$$

则根据 VaR 定义式(2.12) 得

$$\mathrm{VaR}_\alpha(R) = -(-1/3) = 1/3.$$

而由 CVaR 定义式(2.13) 得

$$\mathrm{CVaR}_\alpha(R) = \frac{2(1/8) + (1/3)(1/4)}{3/8} = \frac{8}{9}.$$

再由 ES 定义式(2.14) 可得

$$\mathrm{ES}_\alpha(R)=\frac{2(1/8)+(1/3)(1/4)-(1/3)(3/8-1/4)}{1/4}=\frac{7}{6}.$$

可见，

$$\mathrm{VaR}_\alpha(R)\leqslant\mathrm{CVaR}_\alpha(R)\leqslant\mathrm{ES}_\alpha(R).$$

为了方便下面的叙述，现简记 $\mathrm{VaR}_\alpha(R_x)=\mathrm{VaR}$。由于 $P(R_x\leqslant-\mathrm{VaR})\geqslant\alpha$，对于任意的实常数 c，有

$$\begin{aligned}&\mathrm{ES}_\alpha(R_x)-\left(c-\frac{1}{\alpha}E(\min(R_x+c,0))\right)\\&\quad=\mathrm{VaR}-c+\frac{1}{\alpha}E[(R_x+c)\mathrm{I}(R_x\leqslant-c)].\end{aligned}$$

于是，如果 $c\leqslant\mathrm{VaR}$，则有

$$\begin{aligned}&\mathrm{ES}_\alpha(R_x)-\left[c-\frac{1}{\alpha}E(\min(R_x+c,0))\right]\\&\quad\leqslant\mathrm{VaR}-c+\frac{1}{\alpha}[-\mathrm{VaR}\cdot P(R_x\leqslant-\mathrm{VaR})\\&\qquad+c\cdot P(-\mathrm{VaR}<R_x\leqslant-c)+c\cdot P(R_x\leqslant-c)]\\&\quad=\mathrm{VaR}-c+\frac{1}{\alpha}[(c-\mathrm{VaR})\cdot P(R_x\leqslant-\mathrm{VaR})]\leqslant 0。\end{aligned}$$

如果 $c\geqslant\mathrm{VaR}$，则有 $P(R_x\leqslant-c)\leqslant\alpha$，从而有

$$\begin{aligned}&\mathrm{ES}_\alpha(R_x)-\left[c-\frac{1}{\alpha}E(\min(R_x+c,0))\right]\\&\quad\leqslant\mathrm{VaR}-c+\frac{1}{\alpha}(-\mathrm{VaR}\cdot P(R_x\leqslant-c)+c\cdot P(R_x\leqslant-c))\\&\quad=\mathrm{VaR}-c+\frac{1}{\alpha}((c-\mathrm{VaR})\cdot P(R_x\leqslant-c))\leqslant 0.\end{aligned}$$

因此，对于任意的实常数 c，均有

$$\mathrm{ES}_\alpha(R_x)-\left[c-\frac{1}{\alpha}E(\min(R_x+c,0))\right]\leqslant 0. \tag{2.18}$$

结合式(2.17)和式(2.18)，可以得到 ES 的另一个等价定义式：

$$\mathrm{ES}_\alpha(R_x)=\min_c\left(c-\frac{1}{\alpha}E(\min(R_x+c,0))\right). \tag{2.19}$$

式(2.19)也是 Rockafaller 等(2002)对于 CVaR 的定义。

在上面 ES 的定义中，所谓损失也是相对于收益为 0 而言的。类似于 VaR，也可以给出考虑一般基准收益的 ES 风险度量。

需要注意的是，国外的很多文献中使用的 CVaR 与 ES 是同一个风险度量的不同名称，多数指本书中的 ES，不要与本书中的 CVaR 混淆。虽然 CVaR 和 ES 的本质含义略有不同，但由式(2.15)知，在连续分布情形下两者

是一致的。因此在国内的一些文献中所研究的 CVaR 和 ES 虽然定义表述可能有差异,但在实际处理上均指本书中的 ES。文凤华 等(2001)将本书中的 CVaR 和 ES 同等看待。高全胜(2004)提到的 CVaR 和 ES 的公式实际上是本书中 ES 的两个不同定义。而胡利琴和曾子岚(2003)、陈学华和杨辉耀(2003)给出的 ES 定义就是本书中 CVaR 的定义,但是实际处理的是本书中的 ES。

2.3 风险度量的公理化体系特性

为了构造合理的风险度量并对风险的好坏进行比较,关于风险度量应该满足的基本条件引起了人们的关注,文献中提出了许多风险度量的公理体系。本节我们对常见风险度量所满足的公理体系特征进行全面考察。首先介绍有关风险度量的公理和公理体系,然后验证和比较上节所述的常见风险度量的公理性质。

2.3.1 风险度量公理与公理体系

设 Y 为风险资产或资产组合的收益(或资产净值) 函数,是定义在某一概率空间上的随机变量。Ψ 为所有定义在同一概率空间的随机变量构成的凸集合,即所有风险资产或资产组合的收益函数集。任何一个风险度量 $\rho(\cdot)$是定义在 Ψ 上的实值函数。

文献中提出的关于风险度量的基本特性包括如下公理化条件。

非负性(Nonnegativity):(a) 对任意的 $Y\in\Psi$,有 $\rho(Y)\geqslant 0$。(a1) 对任意的 $Y\in\Psi$,有 $\rho(Y)\geqslant 0$,且对于 $Y\geqslant 0$,有 $\rho(Y)=0$。

正齐次性(Positive Homogeneity):(b)对于任意的常数 $c\geqslant 0$ 和 $Y\in\Psi$,有 $\rho(cY)=c\rho(Y)$。

次可加性(Subadditivity):(c) 对于所有的 $Y_1\in\Psi$ 与 $Y_2\in\Psi$,有 $\rho(Y_1+Y_2)\leqslant\rho(Y_1)+\rho(Y_2)$。

凸性(Convexity):(d) 对于任意的 $\lambda\in[0,1]$以及任意的 $Y_1\in\Psi$ 与 $Y_2\in\Psi$,有 $\rho(\lambda Y_1+(1-\lambda)Y_2)\leqslant\lambda\rho(Y_1)+(1-\lambda)\rho(Y_2)$。

平移不变性(Translation Invariance):(e1) 对于任意的常数 c 和 $Y\in\Psi$,有 $\rho(Y+c)=\rho(Y)$。(e2) 对于任意的常数 c 和 $Y\in\Psi$,有 $\rho(Y+c)\leqslant\rho(Y)$。(e3) 对于任意的常数 c 和 $Y\in\Psi$,有 $\rho(Y+c)=\rho(Y)-c$。

单调性(Monotonicity):(f) 对于任意的 $Y_1\in\Psi$ 与 $Y_2\in\Psi$,如果 $Y_1\leqslant Y_2$,则 $\rho(Y_1)\geqslant\rho(Y_2)$。

期望限制性(Expectation-Boundedness)：(g) 对于任意的 $Y\in\Psi$，有 $\rho(Y)\geqslant -E(Y)$，且当 Y 为常量时，有 $\rho(Y)=-E(Y)$。

非负性公理(a) 表明，如果某资产存在风险，则风险的大小应该用一个非负值来表示。当风险大小反映实际结果与某参考值偏离的绝对大小时，非负性公理(a)是一个非常自然的要求。非负性公理(a1)则表明，风险的大小仅依赖于损失(负的收益)，而且应该用一个非负的数值来表示。这与“风险是损失的不确定”的认识是一致的。显然，公理(a1)比公理(a)的要求要强，即满足公理(a1)的风险度量必然满足公理(a)。

正齐次性公理(b)表明，风险的度量不应受计量单位的影响。当持有的风险资产扩大一定倍数时，风险也相应扩大一定倍数，而且有 $\rho(0)=0$。

次可加性公理(c)表明，资产组合的风险不应大于单个资产风险的总和。如果风险度量值用于反映投资者为了弥补不确定性或风险危害而必须准备的资本数量，次可加性公理则表明持有两个风险资产的组合需要的风险准备金不高于持有单个资产需要的风险准备金。根据次可加性公理，组合投资是受到鼓励的。

凸性公理(d) 表明，风险度量 $\rho(\cdot)$应该是一个凸函数，其含义是资产的分散化不会引起风险的增加。如果 $\rho(\cdot)$同时满足正齐次性公理(b)和次可加性公理(c)，则 $\rho(\cdot)$也满足凸性公理(d)。

平移不变性公理(e1)表明，如果给风险资产的收益增加一个常数收益，风险的大小不变。其含义是，风险不应依赖于初始财富，只与最终收益的不确定性(分布)有关(Bell,1995)。平移不变性公理(e2)表明，如果给风险资产的收益增加一个常数收益，相应的风险大小不会增加。该公理假设由 Pedersen 和 Satchell(1998) 提出。其含义是，同样的风险收益，对于初始财富多的投资者而言的风险大小不应高于对于初始财富较少的投资者而言的风险的大小。显然平移不变性公理(e2)实际上是比(e1)弱的条件，即如果 $\rho(\cdot)$满足公理(e1)，则 $\rho(\cdot)$也满足公理(e2)。平移不变性公理(e3)由 Artzner 等(1999)提出。其含义是，如果风险资产的收益增加一个确定的数量，则其相应的风险减少相同的数量。如果风险度量值用于反映投资者为了弥补不确定性或风险危害而必须准备的资本数量，则当一个风险资产的收益有一个确定数量的增加时，该风险资产需要的准备金也可以减少相应的确定数量。反之，当风险资产的收益减少一个确定的数量时，风险也增加相应的确定数量，或者说投资者需要的风险准备金也增加相应的数量。

单调性公理(f)表明，如果对于任何的自然状态 $\omega\in\Omega$(状态空间)，有 $Y_1(\omega)\leqslant Y_2(\omega)$，则 Y_1 对应的资产具有较大的风险，这是对风险度量的一个比较自然的要求。

期望限制性公理(g)由 Rockafellar(2002)提出,其含义是,任何风险资产的风险度量值不应低于该风险资产的期望损失(期望收益的负值)。

在有关如何构造风险度量以及判断一个风险度量的合理性的研究中,不同的研究者提出了不同的公理体系,如果一个风险度量满足相应的公理体系,则该风险度量被认为逻辑上是合理的,不同的公理体系确定了不同的风险度量函数集。主要的风险度量公理体系如下。

(1) 弱相容性公理体系。Studer(1997)指出一个合适的风险度量需要满足公理(a1)、公理(b) 和公理(c)。

定义 2.1(弱相容性风险度量,Weakly Coherent Risk Measures)　如果 $\rho(\cdot)$满足非负性公理(a1)、正齐次性公理(b)和次可加性公理(c),则称 $\rho(\cdot)$为弱相容性风险度量。

[注 2.1]　设 $\rho(\cdot)$是弱相容性风险度量,如果 $Y_1 \leqslant Y_2$,则由非负性公理(a1) 和次可加性公理(c)可得

$$\rho(Y_2) = \rho(Y_1 + (Y_2 - Y_1)) \leqslant \rho(Y_1) + \rho(Y_2 - Y_1) = \rho(Y_1),$$

即 $\rho(\cdot)$满足单调性公理(f)。

(2) 偏差度量公理体系。Pedersen 和 Satchell (1998)认为一个合适的风险度量需要满足公理(a)、公理(b) 、公理(c)和公理(e2),这四条公理简称 PS 公理体系。Rockafellar 等(2002)提出的偏差度量公理体系则包含公理(a)、公理(b)、公理(c)和公理(e1)。在 Rockafellar 等(2002)的定义中原来的非负性条件比公理(a)要强一些,在公理(a)的基础上增加了对于任意的常数 c,$\rho(c)=0$,但实际上这是多余的。

定义 2.2(偏差度量,Deviation Measures)　如果 $\rho(\cdot)$满足非负性公理(a)、正齐次性公理(b)、次可加性公理(c)和平移不变性公理(e1),则称 $\rho(\cdot)$为偏差度量。①

[注 2.2]　设 $\rho(\cdot)$满足 PS 公理体系,c 为任意常数,则由正齐次性公理(b)知 $\rho(0)=0$,从而由平移不变性公理(e2) 得 $\rho(c)=\rho(0+c)\leqslant\rho(0)=0$,结合非负性公理(a)即得,对于任意的常数 c,$\rho(c)=0$。再由次可加性公理(c)可得,

$$\rho(Y) = \rho(Y + c - c) \leqslant \rho(Y + c) + \rho(-c) = \rho(Y + c).$$

结合平移不变性公理(e2)得,$\rho(Y+c)=\rho(Y)$,即 $\rho(\cdot)$满足公理(e1)。因此 $\rho(\cdot)$也是偏差度量。这说明偏差度量公理体系与 PS 公理体系是等价的。

---

①　参考 Cheng 等(2004)。

(3) 相容性公理体系。Artzber 等(1999)提出的相容性公理体系(简称 ADEH 公理体系)包括公理(b)、公理(c)、公理(e3)和公理(f)。

定义 2.3(相容性风险度量,Coherent Risk Measures)　如果 $\rho(\cdot)$满足正齐次性公理(b)、次可加性公理(c)、平移不变性公理(e3)以及单调性公理(f),则称 $\rho(\cdot)$为相容性风险度量。

[注 2.3]　显然,满足平移不变性公理(e3)的弱相容性风险度量 $\rho(\cdot)$也是相容性风险度量。

(4) RUZ 公理体系。Rockafellar 等(2002)提出的风险度量公理体系(简称 RUZ 公理体系)包括公理(b)、公理(c)、公理(e3) 和公理(g)。

定义 2.4(期望限制的风险度量,Expectation-Bounded Risk Measures)　如果 $\rho(\cdot)$满足正齐次性公理(b)、次可加性公理(c)、平移不变性公理(e3)以及期望限制性公理(g),则称 $\rho(\cdot)$为期望限制的风险度量。如果再满足单调性公理(f),则称 $\rho(\cdot)$为期望限制下的相容性风险度量。

[注 2.4]　如果 $\rho_1(\cdot)$满足 PS 公理体系,令 $\rho_2(\cdot)=\rho_1(\cdot)-E(\cdot)$,则 $\rho_2(\cdot)$满足 RUZ 公理体系。如果 $\rho_1(\cdot)$还满足非负性公理(a1),即对于任意的 $Y\geqslant 0$ 有 $\rho_1(Y)=0$,则 $\rho_2(\cdot)$也是相容性风险度量。Rockafellar 等(2002)证明了 $\rho_2(\cdot)$是相容性风险度量的充分必要条件是,对于所有的 $Y\in\Psi$ 有 $\rho_1(Y)\leqslant E(Y)-\inf\{Y\}$。

(5) 凸风险公理体系。Föllmer 和 Schied(2002)提出的凸风险度量公理体系(简称 FS 公理体系)包括公理(d)、公理(e3)和公理(f),是比 ADEH 公理体系弱的公理体系。

定义 2.5(凸风险度量,Convex Risk Measures)　如果 $\rho(\cdot)$满足凸性公理(d)、平移不变性公理(e3)和单调性公理(f),则称 $\rho(\cdot)$为凸风险度量。

[注 2.5]　相容性风险度量必是凸风险度量。

2.3.2　常见风险度量的公理体系特性

通过考察双侧风险度量的公理体系特征,我们发现有如下的共性结论。

定理 2.1　双侧风险度量 $\mathrm{WMAD}_k(\cdot|a,b)$(包括其特例标准差 SD($k=2,a=b$)、平均绝对差 MAD($k=1,a=b$)和 k 阶平均绝对偏差 $\mathrm{MAD}_k(a=b)$等)以及 GMD 满足 PS 公理体系,但不满足 ADEH、RUZ 等其他几个公理体系。

[证明]　我们首先验证 $\mathrm{WMAD}_k(\cdot|a,b)$所具有的公理性质。

显然 $\mathrm{WMAD}_k(\cdot|a,b)$满足非负性公理(a),但是不满足非负性公理(a1)。

由于对任意的常数 $c \geqslant 0$,

$$\begin{aligned}\mathrm{WMAD}_k(cY) &= [E(\theta(cY - E(cY)))^k]^{1/k} = [E(c\theta(Y - E(Y)))^k]^{1/k} \\ &= c\mathrm{WMAD}_k(Y).\end{aligned}$$

因此,$\mathrm{WMAD}_k(\cdot \mid a, b)$满足正齐次性公理(b)。又由于 $a>0, b>0$,因此对任意的 Y_1 和 Y_2,有

$$\begin{aligned}0 \leqslant \theta(Y_1 + Y_2) &= a\max(0, Y_1 + Y_2) + b\max(0, -Y_1 - Y_2) \\ &\leqslant a[\max(0, Y_1) + \max(0, Y_2)] + b[\max(0, -Y_1) + \max(0, -Y_2)] \\ &= \theta(Y_1) + \theta(Y_2),\end{aligned}$$

从而利用 Minkowski 不等式,我们有

$$\begin{aligned}\mathrm{WMAD}_k(Y_1 + Y_2) &= [E(\theta(Y_1 + Y_2 - E(Y_1 + Y_2)))^k]^{1/k} \\ &\leqslant [E(\theta(Y_1 - E(Y_1)) + \theta(Y_2 - E(Y_2)))^k]^{1/k} \\ &\leqslant [E(\theta(Y_1 - E(Y_1)))^k)^{1/k} + (E(\theta(Y_2 - E(Y_2)))^k]^{1/k} \\ &= \mathrm{WMAD}_k(Y_1) + \mathrm{WMAD}_k(Y_2).\end{aligned}$$

于是 $\mathrm{WMAD}_k(\cdot \mid a, b)$满足次可加性公理(c)。从而 $\mathrm{WMAD}_k(\cdot \mid a, b)$也满足凸性公理(d)。

设 c 为任意的常实数,由于

$$\begin{aligned}\mathrm{WMAD}_k(Y + c) &= [E(\theta(Y + c - E(Y + c)))^k]^{1/k} \\ &= [E(\theta(Y - E(Y)))^k]^{1/k} = \mathrm{WMAD}_k(Y), \quad (2.20)\end{aligned}$$

因此,$\mathrm{WMAD}_k(\cdot \mid a, b)$满足平移不变性公理(e1)和公理(e2),但不满足公理(e3)。而单调性公理(f)和期望限制性公理(g)是显然无法满足的,可分别由方差的特点和式(2.20)得到验证。

综上可得,$\mathrm{WMAD}_k(\cdot \mid a, b)$满足风险度量公理(a)、公理(b)、公理(c)、公理(d)、公理(e1)、公理(e2),不满足公理(a1)、公理(e3)、公理(f)、公理(g)。

下面验证基尼平均差(GMD)所满足的风险度量公理性质。

显然,GMD 满足非负性公理(a),不满足非负性公理(a1)。注意到 GMD 也可以表示为如下的形式:

$$\mathrm{GMD}(Y) = \frac{1}{2}E \mid Y - \hat{Y} \mid,$$

其中 $\hat{Y}$ 是与 Y 独立同分布的随机变量。易得 GMD 满足正齐次性公理(b)。

对任意的随机变量 Y_1 和 Y_2,记 $Z = Y_1 + Y_2$,可以构造 Z 的独立同分布随机变量 $\hat{Z} = \hat{Y}_1 + \hat{Y}_2$,其中 $\hat{Y}_1$ 和 $\hat{Y}_2$ 分别是与 Y_1 和 Y_2 独立同分布的随机变量。从而可得

$$\mathrm{GMD}(Z) = \frac{1}{2}E \mid (Y_1 - \hat{Y}_1) + (Y_2 - \hat{Y}_2) \mid$$

$$\leqslant \frac{1}{2}E \mid Y_1 - \hat{Y}_1 \mid + \frac{1}{2}E \mid Y_2 - \hat{Y}_2 \mid$$

$$= \mathrm{GMD}(Y_1) + \mathrm{GMD}(Y_2).$$

即 GMD 满足次可加性公理(c)，因此也满足凸性公理(d)。

以同样方式可得，对任意的常数 c，有

$$\mathrm{GMD}(Y+c) = \frac{1}{2}E \mid (Y-c) - (\hat{Y}-c) \mid$$

$$= \frac{1}{2}E \mid Y - \hat{Y} \mid = \mathrm{GMD}(Y),$$

即 GMD 满足平移不变性公理(e1)，从而满足公理(e2)，不满足公理(e3)。

为说明 GMD 不满足单调性，看下面的例 2.2。

［**例 2.2**］　定义 Y_1 和 Y_2 如下(其中 $0<\varepsilon<1$)：

Ω	P	Y_1	Y_2
ω_1	0.5	-1	-1
ω_2	0.25	0	0.5ε
ω_3	0.25	1	$1+\varepsilon$

显然 $Y_1 \leqslant Y_2$。由定义公式可得

$$2\mathrm{GMD}(Y_1) = 1 \times 0.25 \times 0.5 + 1 \times 0.25 \times 0.25 + 2 \times 0.5 \times 0.25$$
$$= 1.75 \times 0.25,$$

$$2\mathrm{GMD}(Y_2) = (1 - 0.5\varepsilon) \times 0.25 \times 0.5 + (1 - 0.5\varepsilon) \times 0.25 \times 0.25$$
$$+ (2+\varepsilon) \times 0.5 \times 0.25$$
$$= 1.75 \times 0.25 + 0.5\varepsilon \times 0.0625.$$

因此 $\mathrm{GMD}(Y_1) < \mathrm{GMD}(Y_2)$。此外，易见

$$\mathrm{GMD}(Y_1) = 0.875 \times 0.25 < -E(Y_1) = 0.25.$$

例 2.2 表明 GMD 不满足单调性公理(f)和期望限制性公理(g)。从而定理 2.1 得证。□

定理 2.1 表明在 PS 公理体系要求下，$\mathrm{WMAD}_k(\cdot \mid a,b)$和 GMD 是合理的风险度量。

$\mathrm{WMAD}_k(\cdot \mid a,b)$所解释的是实际收益与期望收益的 k 阶平均偏离程度。而 GMD 则解释的是实际收益两两比较的平均差异。根据定义 2.2，$\mathrm{WMAD}_k(\cdot \mid a,b)$和 GMD 均属于偏差度量①，但既不是相容性风险度量，也不是凸风险度量。

---

① Rockafellar 等(2002)对 $\mathrm{WMAD}_k(\cdot \mid a,b)$是偏差度量进行了验证。

显然,PBT(· ,τ)除满足非负性公理(a)和单调性公理(f)之外,不满足其他公理。

关于收益低于其均值的 k 阶下偏矩 BM_k(·),我们给出下面的结果。

定理 2.2　BM_k(·)包括 LSSD(·)和 LSAD(·)满足 PS 公理体系,不满足 ADEH、RUZ 等其他几个公理体系。

[证明]　显然 BM_k(·)满足非负性公理(a),不满足公理(a1)。

对于任意的常数 $c \geqslant 0$,由于

$$\begin{aligned}BM_k(cY) &= [E(\max(0,E(cY)-cY))^k]^{1/k}\\ &= [E(c\max(0,E(Y)-Y))^k]^{1/k}\\ &= c[E(\max(0,E(Y)-Y))^k]^{1/k} = cBM_k(Y),\end{aligned}$$

因此 BM_k(·)满足正齐次性公理(b)。

对于任意的 Y_1 和 Y_2,应用 Minkowski 不等式得,当 $k \geqslant 1$ 时,

$$\begin{aligned}BM_k(Y_1+Y_2) &= [E(\max(0,E(Y_1+Y_2)-(Y_1+Y_2)))^k]^{1/k}\\ &= [E(\max(0,E(Y_1)-Y_1)+\max(0,E(Y_2)-Y_2))^k]^{1/k}\\ &\leqslant [E(\max(0,E(Y_1)-Y_1))^k]^{1/k}\\ &\quad +[E(\max(0,E(Y_2)-Y_2))^k]^{1/k}\\ &= BM_k(Y_1)+BM_k(Y_2).\end{aligned}$$

因此 BM_k(·) ($k \geqslant 1$)满足次可加性公理(c);因其同时满足公理(b)和公理(c),从而也满足凸性公理(d)。

又由于对任意常数 c,有

$$\begin{aligned}BM_k(Y+c) &= [E(\max(0,E(Y+c)-(Y+c)))^k]^{1/k}\\ &= [E(\max(0,E(Y)-Y))^k]^{1/k} = BM_k(Y),\end{aligned}$$

因此,BM_k(·)满足平移不变性公理(e1)和公理(e2),不满足公理(e3)。

显然 BM_k(·)不满足单调性公理(f)和期望限制性公理(g)。

综上,BM_k(·)满足非负性公理(a)、正齐次性公理(b)、次可加性公理(c)、凸性公理(d)、平移不变性公理(e1)和公理(e2),不满足单调性公理(f)和期望限制性公理(g)。□

定理 2.2 表明,虽然 BM_k(·)度量的是相对于期望收益的下方风险,但是与双侧风险度量 $WMAD_k$(· $|a,b$)等具有相同的公理性质,仅在 PS 公理体系下是合理的风险度量,即 BM_k(·)是偏差度量,而不是凸风险度量或相容性风险度量。

虽然 BT_k(· ,τ)的形式与 BM_k(·)相同,但因其衡量风险的相对基准不同于 BM_k(·),导致其满足的公理性质与 BM_k(·)有明显的差异。

定理 2.3　低于任意固定常数的目标收益 τ 的下偏矩 BT_k(· ,τ)满足非

负性、凸性和单调性等三个公理，但不满足 PS、RUZ、FA、ADEH 中的任何一个公理体系，既不是偏差度量，也不是期望限制性风险度量和相容性风险度量，且仅当 $\tau=0$ 时是弱相容风险度量①。

［证明］ 显然，$\mathrm{BT}_k(\cdot,\tau)$满足非负性公理(a)，仅当 $\tau\leqslant 0$ 满足公理(a1)。对于任意的常数 $c\geqslant 0$，

$$\begin{aligned}\mathrm{BT}_k(cY,\tau)&=[E(\max(0,\tau-cY))^k]^{1/k}=[E(c\max(0,\tau/c-Y))^k]^{1/k}\\&=c[E(\max(0,\tau/c-Y))^k]^{1/k}=c\mathrm{BT}_k(Y,\tau/c),\end{aligned}$$

当且仅当目标收益 $\tau=0$ 时 $\mathrm{BT}_k(\cdot,\tau)$满足正齐次性公理(b)。

对于任意的 Y_1 和 Y_2，如果 $\tau\geqslant 0$，则

$$\begin{aligned}\mathrm{BT}_k(Y_1+Y_2,\tau)&=[E(\max(0,\tau-(Y_1+Y_2)))^k]^{1/k}\\&\leqslant[E(\max(0,2\tau-(Y_1+Y_2)))^k]^{1/k},\end{aligned}$$

从而由 Minkowski 不等式得

$$\mathrm{BT}_k(Y_1+Y_2,\tau)\leqslant\mathrm{BT}_k(Y_1,\tau)+\mathrm{BT}_k(Y_2,\tau),$$

即当 $\tau\geqslant 0$ 时 $\mathrm{BT}_k(\cdot,\tau)$满足次可加性公理(c)；但是当 $\tau<0$ 时，不能得到 $\mathrm{BT}_k(\cdot,\tau)$满足次可加性公理(c)。

对于任意的 $\lambda\in[0,1]$以及 Y_1 和 Y_2，由于

$$\begin{aligned}&\mathrm{BT}_k(\lambda Y_1+(1-\lambda)Y_2,\tau)\\&\quad=[E(\max(0,\tau-(\lambda Y_1+(1-\lambda)Y_2)))^k]^{1/k}\\&\quad=[E(\max(0,\lambda(\tau-Y_1)+(1-\lambda)(\tau-Y_2)))^k]^{1/k}\\&\quad\leqslant[E(\max(0,\lambda(\tau-Y_1))+\max(0,(1-\lambda)(\tau-Y_2)))^k]^{1/k}\\&\quad\leqslant[E(\max(0,\lambda(\tau-Y_1)))^k]^{1/k}+[E(\max(0,(1-\lambda)(\tau-Y_2)))^k]^{1/k}\\&\quad=\lambda\mathrm{BT}_k(Y_1,\tau)+(1-\lambda)\mathrm{BT}_k(Y_2,\tau),\end{aligned}$$

于是 $\mathrm{BT}_k(\cdot,\tau)$满足凸性公理(d)。

对任意常数 $c<0$，

$$\begin{aligned}\max(0,\tau-c-Y)&\leqslant\max(0,\tau-Y)+\max(0,-c)\\&=\max(0,\tau-Y)-c,\end{aligned}$$

利用 Minkowski 不等式得

$$\mathrm{BT}_k(Y+c,\tau)\leqslant(E(\max(0,\tau-Y)-c)^k)^{1/k}\leqslant\mathrm{BT}_k(Y,\tau)-c,$$

其中第二个不等式在 $k>1$ 时严格成立，第一个不等式在 $Y>\tau$ 时严格成立。因此，$\mathrm{BT}_k(\cdot,\tau)$不满足平移不变性公理(e3)，同时由于

$$\max(0,\tau-c-Y)>\max(0,\tau-Y),$$

可见 $\mathrm{BT}_k(\cdot,\tau)$不满足公理(e1)和公理(e2)。

---

① Barbosa 和 Ferreira(2004)证明了 $\mathrm{BT}_k(\cdot,\tau)$不是相容性风险度量。

又对于 $Y_1 \leqslant Y_2$,由于

$$\tau - Y_1 \geqslant \tau - Y_2, \quad \max(0, \tau - Y_1) \geqslant \max(0, \tau - Y_2) \geqslant 0,$$

从而

$$\begin{aligned} \mathrm{BT}_k(Y_1, \tau) &= [E(\max(0, \tau - Y))^k]^{1/k} \\ &\geqslant [E(\max(0, \tau - Y_2))^k]^{1/k} = \mathrm{BT}_k(Y, \tau), \end{aligned}$$

即 $\mathrm{BT}_k(\cdot, \tau)$满足单调性公理(f)。显然,$\mathrm{BT}_k(\cdot, \tau)$不满足期望限制性公理(g)。

综上得,$\mathrm{BT}_k(\cdot, \tau)$满足公理(a)、公理(d)、公理(f)等,但不满足公理(e1)、公理(e2)、公理(e3)、公理(g)。除外,仅当 $\tau=0$ 时同时满足非负性公理(a1)、正齐次性公理(b)和次可加性公理(c),从而是弱相容风险度量。而当 $\tau<0$ 时仅满足公理(a1)。当 $\tau>0$ 时仅满足次可加性公理(c)。□

显然 $\mathrm{ML}(\cdot)$不满足非负性公理(a)、公理(a1)、平移不变性公理(e1)、公理(e2)。但是我们可以得到如下的结论。

定理 2.4 $\mathrm{ML}(\cdot)$满足正齐次性公理(b)、次可加性公理(c)、凸性公理(d)、平移不变性公理(e3)、单调性公理(f)以及期望限制性公理(g),从而 $\mathrm{ML}(\cdot)$是凸风险度量、相容性风险度量和期望限制风险度量。

[证明] 对于任意常数 $c \geqslant 0$ 及任意 Y,有 $\inf(cY) = c\inf(Y)$,即 $\mathrm{ML}(cY) = c\mathrm{ML}(Y)$,从而 $\mathrm{ML}(\cdot)$满足正齐次性公理(b)。对于任意的 Y_1 和 Y_2,由于

$$\inf(Y_1 + Y_2) \geqslant \inf(Y_1) + \inf(Y_2),$$

即

$$\mathrm{ML}(Y_1 + Y_2) \leqslant \mathrm{ML}(Y_1) + \mathrm{ML}(Y_2),$$

从而 $\mathrm{ML}(\cdot)$满足次可加性公理(c)。又因同时满足公理(b)和公理(c),从而满足凸性公理(d)。

又对任意常数 c 和 Y,有

$$\mathrm{ML}(Y + c) = -\inf(Y + c) = -\inf(Y) - c = \mathrm{ML}(Y) - c,$$

即 $\mathrm{ML}(\cdot)$满足公理(e3)。

对于任意的 Y_1 和 Y_2,如果 $Y_1(\omega) \leqslant Y_2(\omega)$, $\forall \omega \in \Omega$,则有

$$\inf\{Y_1(\omega) \mid \omega \in \Omega\} \leqslant \inf\{Y_2(\omega) \mid \omega \in \Omega\},$$

即 $\mathrm{ML}(Y_1) \geqslant \mathrm{ML}(Y_2)$,$\mathrm{ML}(\cdot)$满足公理(f)。

显然 $\inf(Y) \leqslant E(Y)$,因此 $\mathrm{ML}(Y) \geqslant -E(Y)$,即 $\mathrm{ML}(\cdot)$满足公理(g)。□

接下来,我们考察 VaR、CVaR 和 ES 的公理性质。显然,它们均不满足非负性公理(a)和公理(a1)。

对于任意常数 $c \geqslant 0$,由于

$$\mathrm{VaR}_\alpha(cY) = -\sup\{\tau \mid P(cY \leqslant \tau) \leqslant \alpha\} = -\sup\{\tau \mid P(Y \leqslant \tau/c) \leqslant \alpha\}$$

$$=-c\sup\{\tau/c \mid P(Y\leqslant \tau/c)\leqslant \alpha\} = c\mathrm{VaR}_\alpha(Y).$$

从而有

$$\begin{aligned}\mathrm{CVaR}_\alpha(cY) &= E(-cY \mid -cY \geqslant \mathrm{VaR}_\alpha(cY)) \\ &= E(-cY \mid -Y \geqslant \mathrm{VaR}_\alpha(Y)) = \mathrm{CVaR}_\alpha(Y).\end{aligned}$$

$$\mathrm{ES}_\alpha(cY) = \mathrm{CVaR}_\alpha(cY) + (\lambda-1)(\mathrm{CVaR}_\alpha(cY) - \mathrm{VaR}_\alpha(cY)) = c\mathrm{ES}_\alpha(Y),$$

其中

$$\lambda = P(cY \leqslant -\mathrm{VaR}(cY))/\alpha = P(Y \leqslant -\mathrm{VaR}(Y))/\alpha.$$

因此，VaR、CVaR 和 ES 均满足正齐次性公理(b)。

下面举例说明 VaR 和 CVaR 均不满足次可加性公理(c)和凸性公理(d)。①

[例 2.3]　设 Y_1 和 Y_2 为两个独立的标准正态分布随机收益，则 Y_1+Y_2 服从均值为 0，方差为 2 的正态分布，

$$\mathrm{VaR}_\alpha(Y_1) = \mathrm{VaR}_\alpha = -z_\alpha,$$

其中 $z_\alpha=\Phi^{-1}(\alpha)$为标准正态分布的下方 α 分位数，

$$z_{0.5}=0,\quad \mathrm{VaR}_\alpha(Y_1+Y_2) = -\sqrt{2}z_\alpha.$$

注意虽然在 $\alpha<0.5$ 时，$z_\alpha<0$，从而

$$\mathrm{VaR}_\alpha(Y_1+Y_2) < \mathrm{VaR}_\alpha(Y_1) + \mathrm{VaR}_\alpha(Y_2),$$

但是在 $\alpha>0.5$ 时，$z_\alpha>0$，从而

$$\mathrm{VaR}_\alpha(Y_1+Y_2) = -\sqrt{2}z_\alpha > -2z_\alpha = \mathrm{VaR}_\alpha(Y_1) + \mathrm{VaR}_\alpha(Y_2),$$

即 $\mathrm{VaR}_\alpha(\cdot)$在$>0.5$ 时不满足次可加性。②

再看一个离散的例子。

[例 2.4]　设定 $0.25<\alpha<0.5$，并定义 Y_1 和 Y_2 以及 Y_1+Y_2 如下：

Ω	P	Y_1	Y_2	Y_1+Y_2
ω_1	0.25	−1	0	−1
ω_2	0.25	0	−1	−1
ω_3	0.5	0	0	0

由于

$$\mathrm{VaR}_\alpha(Y_1) = -\sup\{\tau \mid P(Y_1\leqslant\tau)\leqslant\alpha\} = 0,$$
$$\mathrm{VaR}_\alpha(Y_2) = -\sup\{\tau \mid P(Y_2\leqslant\tau)\leqslant\alpha\} = 0,$$

① Acerbi 和 Tasche(2002)给了一个离散分布的例子说明 VaR 和 CVaR 不满足次可加性。

② 梁四安和李琼(2005)在文中提到在连续对称分布情形，$\mathrm{VaR}_\alpha(\cdot)$是相容性风险度量，从该例看出这种说法至少在没有 $\alpha<0.5$ 的限制下不是严格的。

$$\mathrm{VaR}_\alpha(Y_1+Y_2)=-\sup\{\tau \mid P(Y_1+Y_2\leqslant\tau)\leqslant\alpha\}=1,$$

因此

$$\mathrm{VaR}_\alpha(Y_1+Y_2)>\mathrm{VaR}_\alpha(Y_1)+\mathrm{VaR}_\alpha(Y_2).$$

因此,$\mathrm{VaR}_\alpha(\cdot)$不满足次可加性。

由于

$$\mathrm{CVaR}_\alpha(Y_1)=1\times0.25/1=0.25=\mathrm{CVaR}(Y_2),$$
$$\mathrm{CVaR}_\alpha(Y_1+Y_2)=1\times0.5/0.5=1,$$

因此

$$\mathrm{CVaR}_\alpha(Y_1+Y_2)>\mathrm{CVaR}_\alpha(Y_1)+\mathrm{CVaR}_\alpha(Y_2).$$

因此,$\mathrm{CVaR}_\alpha(\cdot)$不满足次可加性。

由于

$$\mathrm{VaR}_\alpha(0.5Y_1+0.5Y_2)=0.5,$$
$$\mathrm{CVaR}_\alpha(0.5Y_1+0.5Y_2)=0.5\times0.5/0.5=0.5,$$

从而

$$0.5\mathrm{VaR}_\alpha(Y_1)+0.5\mathrm{VaR}_\alpha(Y_2)=0<\mathrm{VaR}_\alpha(0.5Y_1+0.5Y_2),$$
$$0.5\mathrm{CVaR}_\alpha(Y_1)+0.5\mathrm{CVaR}_\alpha(Y_2)=0.25<\mathrm{CVaR}_\alpha(0.5Y_1+0.5Y_2).$$

因此, $\mathrm{VaR}_\alpha(\cdot)$和$\mathrm{CVaR}_\alpha(\cdot)$均不满足凸性公理(d)。□

Acerbi 和 Tsche(2002)对$\mathrm{ES}_\alpha(\cdot)$的次可加性给出了证明。由于$\mathrm{ES}_\alpha(\cdot)$同时满足正齐次性公理(b)和次可加性公理(c),因而也满足凸性公理(d)。即$\mathrm{ES}_\alpha(\cdot)$是凸风险度量。

由于对任意常数c,有

$$\begin{aligned}\mathrm{VaR}_\alpha(Y+c)&=-\sup\{\tau \mid P(Y+c\leqslant\tau)\leqslant\alpha\}=-\sup\{\tau \mid P(Y\leqslant\tau-c)\leqslant\alpha\}\\&=-\{c+\sup\{\tau-c \mid P(Y\leqslant\tau-c)\leqslant\alpha\}\}=\mathrm{VaR}_\alpha(Y)-c,\end{aligned}$$

即$\mathrm{VaR}_\alpha(\cdot)$满足平移不变性公理(e3)。分别利用$\mathrm{CVaR}_\alpha(\cdot)$和$\mathrm{VaR}_\alpha(\cdot)$的关系以及$\mathrm{ES}_\alpha(\cdot)$与$\mathrm{VaR}_\alpha(\cdot)$的关系,可得$\mathrm{CVaR}_\alpha(\cdot)$与$\mathrm{ES}_\alpha(\cdot)$均满足平移不变性公理(e3)。

对于任意的$Y_1\leqslant Y_2$,由于$P(Y_2\leqslant\tau)\leqslant P(Y_1\leqslant\tau)$对任意的$\tau$成立,如果$P(Y_1\leqslant\tau)\leqslant\alpha$,则$P(Y_2\leqslant\tau)\leqslant\alpha$,因此

$$\{\tau \mid P(Y_1\leqslant\tau)\leqslant\alpha\}\subseteq\{\tau \mid P(Y_2\leqslant\tau)\leqslant\alpha\},$$
$$\sup\{\tau \mid P(Y_1\leqslant\tau)\leqslant\alpha\}\leqslant\sup\{\tau \mid P(Y_2\leqslant\tau)\leqslant\alpha\},$$

即$\mathrm{VaR}_\alpha(Y_1)\geqslant\mathrm{VaR}_\alpha(Y_2)$,表明$\mathrm{VaR}_\alpha(\cdot)$满足单调性公理(f)。于是

$$\mathrm{ES}_\alpha(Y_1)=\alpha^{-1}\int_0^\alpha\mathrm{VaR}_p(Y_1)\mathrm{d}p\geqslant\alpha^{-1}\int_0^\alpha\mathrm{VaR}_p(Y_2)\mathrm{d}p=\mathrm{ES}_\alpha(Y_2),$$

即$\mathrm{ES}_\alpha(\cdot)$也满足单调性公理(f)。

在连续分布情形下，$\mathrm{CVaR}_\alpha(\cdot)$与 $\mathrm{ES}_\alpha(\cdot)$相同，从而也满足单调性。但是，在离散分布情形下，$\mathrm{CVaR}_\alpha(\cdot)$不满足单调性，这可以从下面的例子得到说明。

[例 2.5]　定义 Y_1 和 Y_2 如下(其中 $0<\varepsilon<1$)：

Ω	P	Y_1	Y_2
ω_1	0.5	-1	$-1+\varepsilon$
ω_2	0.25	0	ε
ω_3	0.25	0	1

显然 $Y_1 \leqslant Y_2$。当 $0.5<\alpha<0.75$ 时，由式(2.12)得

$$\mathrm{VaR}_\alpha(Y_1) = 0, \quad \mathrm{VaR}_\alpha(Y_2) = -\varepsilon.$$

从而由式(2.13)得

$$\mathrm{CVaR}_\alpha(Y_1) = \frac{1\times 0.5 + 0 \times 0.5}{0.5+0.5} = 0.5,$$

$$\mathrm{CVaR}_\alpha(Y_2) = \frac{-(-1+\varepsilon)\times 0.5 - \varepsilon \times 0.25}{0.5+0.25} = \frac{2}{3} - \varepsilon.$$

因此，当取 $0<\varepsilon<\frac{1}{6}$时，有

$$\mathrm{CVaR}_\alpha(Y_2) > \frac{3}{6} = \mathrm{CVaR}_\alpha(Y_1),$$

即

$$Y_1 \leqslant Y_2 \Rightarrow \mathrm{CVaR}_\alpha(Y_1) < \mathrm{CVaR}_\alpha(Y_2).$$

所以 $\mathrm{CVaR}_\alpha(\cdot)$不满足单调性公理(f)。□

从例 2.4 容易看出，$\mathrm{VaR}_\alpha(\cdot)$不满足期望限制性公理(g)。但是由于

$$-\mathrm{CVaR}_\alpha(Y) = E(Y \mid Y \leqslant -\mathrm{VaR}_\alpha(Y)) \leqslant E(Y)\mathrm{ES}_\alpha(\cdot) \geqslant \mathrm{CVaR}_\alpha(\cdot),$$

因此 $\mathrm{CVaR}_\alpha(\cdot)$和 $\mathrm{ES}_\alpha(\cdot)$均满足期望限制性公理(g)。

综上，我们得到 $\mathrm{VaR}_\alpha(\cdot)$、$\mathrm{CVaR}_\alpha(\cdot)$和 $\mathrm{ES}_\alpha(\cdot)$均满足正齐次性公理(b)、平移不变性公理(e3)；$\mathrm{VaR}_\alpha(\cdot)$和 $\mathrm{ES}_\alpha(\cdot)$同时满足单调性公理(f)；$\mathrm{CVaR}_\alpha(\cdot)$和 $\mathrm{ES}_\alpha(\cdot)$同时满足期望限制性公理(g)。此外，只有 $\mathrm{ES}_\alpha(\cdot)$满足次可加性公理(c)和凸性公理(d)。于是有如下定理。

定理 2.5　在没有任何分布的限制下，$\mathrm{ES}_\alpha(\cdot)$是期望限制的相容性风险度量，因而也是凸风险度量。但 $\mathrm{VaR}_\alpha(\cdot)$和 $\mathrm{CVaR}_\alpha(\cdot)$既不是相容性风险度量也不是凸风险度量和期望限制性风险度量。①

至此，我们已经对上述常见风险度量所满足的公理体系特征进行了验证，上述结果概括为表 2.1。

① Acerbi 和 Tasche(2002)曾指出，ES 是相容风险度量，但 $\mathrm{VaR}_\alpha(\cdot)$和 $\mathrm{CVaR}_\alpha(\cdot)$因不满足次可加性而不是相容风险度量。

表 2.1　常用风险度量的公理体系特征比较

风险度量	风险度量公理									
	(a)	(a1)	(b)	(c)	(d)	(e1)	(e2)	(e3)	(f)	(g)
SD(・)	√	×	√	√	√	√	√	×	×	×
MAD(・)	√	×	√	√	√	√	√	×	×	×
MAD_k(・)	√	×	√	√	√	√	√	×	×	×
$WMAD_k$(・)	√	×	√	√	√	√	√	×	×	×
GMD(・)	√	×	√	√	√	√	√	×	×	×
PBT(・,τ)	√	×	×	×	×	×	×	×	√	×
LSAD(・)	√	×	√	√	√	√	√	×	×	×
LSSD(・)	√	×	√	√	√	√	√	×	×	×
BM_k(・)	√	×	√	√	√	√	√	×	×	×
BT_k(・)	√	$\tau\leqslant 0$	$\tau=0$	$\tau\geqslant 0$	√	×	×	×	√	×
ML(・)	×	×	√	√	√	×	×	√	√	√
VaR_α(・)	×	×	√	×	×	×	×	√	√	×
$CVaR_\alpha$(・)	×	×	√	×	×	×	×	√	×	√
ES_α(・)	×	×	√	√	√	×	×	√	√	√

2.4 风险度量的随机占优特性

投资组合的收益-风险分析范式最初考虑的主要是基于收益-风险权衡、风险分散和控制以及便于理解和计算等方面的原因,并没有直接把它们与更一般的决策理论联系起来。众所周知,Von Neuman 和 Morgenstern(1944)提出了不确定性决策的期望效用最大化准则。Debreu (1954)证明了期望效用的存在性定理:在任何一种情况下,只要决策者对风险事件选择对象的优序偏好满足完备性、自反性、独立性和连续性等基本公理体系,那么他的偏好结构就可以由一个具有期望效用形式的连续的效用函数(简称 vNM 效用函数)来表示。期望效用最大化准则由于是建立在关于人类选择行为的优序偏好公理之上的,因而成为被普遍接受的不确定决策的基础理论范式。

根据决策者的优序偏好结构确定具体的效用函数是十分困难的。效用函数本身的抽象性和多样性,使得直接基于期望效用准则的投资组合选择方法在实际中不具有可操作性,但是这并不影响期望效用理论的基础地位。期望效用准则常作为研究者们评价风险度量或不确定条件下的决策模型的一个理论比较标准。如果一个风险度量能够保持期望效用最大化准则下的投资机会集的优劣序,则认为该风险度量与期望效用最大化准则是一致的,即在期望效用理论框架下认为该风险度量是合理的。在期望效用的框架下比较两个投资机会的优劣序,是数学上的随机序问题,广泛采用的理论工具是在 1969—1970 年由 Hadar 和 Russell(1969)、Hanoch 和 Levy(1969)、Rothschild 和 Stiglitz (1970)以及 Whitmore (1970)等发展起来的随机占优(Stochastic Dominance, SD)理论。通过对风险度量的随机占优特征的考察,一方面可以判断风险度量是否与期望效用最大化准则一致,另一方面也可以清楚风险度量适合的投资者类型。

2.4.1 随机占优的有关概念

设 Y 为一个风险资产的收益变量,相应的一阶分布函数 $F_Y^{(1)}$ 定义为其右连续的累积分布函数:

$$F_Y^{(1)}(\eta) = F_Y(\eta) = P(Y \leqslant \eta) = \int_{-\infty}^{\eta} P_Y(\mathrm{d}\xi), \quad \forall \eta \in (-\infty, +\infty).$$

二阶分布函数 $F_Y^{(2)}$ 定义为

$$F_Y^{(2)}(\eta) = \int_{-\infty}^{\eta} F_Y(\xi)\mathrm{d}\xi, \quad \forall \eta \in (-\infty, +\infty).$$

k 阶分布函数函数 $F_Y^{(k)}(k=3,4,\cdots)$定义为

$$F_Y^{(k)}(\eta)=\int_{-\infty}^{\eta}F_Y^{(k-1)}(\xi)\mathrm{d}\xi,\quad \forall\,\eta\in(-\infty,+\infty).$$

定义 2.6[①] 设 Y_1、Y_2 为两个风险资产(组合)的收益变量，$E|Y_i|^{k-1}<\infty$,($i=1,2;k=1,2,3,\cdots$),则 k 阶随机占优(k^{th} Degree Stochastic Dominance)关系 $\geqslant_{(k)\text{SD}}$ 定义如下：

$$Y_1\geqslant_{(k)\text{SD}}Y_2\Leftrightarrow F_{Y_1}^{(k)}(\eta)\leqslant F_{Y_2}^{(k)}(\eta),\quad \forall\,\eta\in(-\infty,+\infty).$$

k 阶严格随机占优关系 $>_{(k)\text{SD}}$ 定义如下：

$$Y_1>_{(k)\text{SD}}Y_2\Leftrightarrow F_{Y_1}^{(k)}(\eta)\leqslant F_{Y_2}^{(k)}(\eta),\ \forall\,\eta\in(-\infty,+\infty),$$

且至少存在一点使得严格不等式成立。

显然,如果 $Y_1>_{(k-1)\text{SD}}Y_2$,则 $Y_1>_{(k)\text{SD}}Y_2$,即低阶随机占优必然是更高阶随机占优。最常用的随机占优是一阶随机占优(常简称 FSD)、二阶随机占优(常简称 SSD)和三阶随机占优(常简称 TSD)。如下的定义说明了随机占优与期望效用的关系。

定义 2.7 记 vNM 效用函数集 $U_k=\{u(x)\,|\,(-1)^i u^{(i)}(x)\leqslant 0,\ i=1,2,\cdots,k\}$,则

$$Y_1\geqslant_{(k)\text{SD}}Y_2\Leftrightarrow E(u(Y_1))\geqslant E(u(Y_2)),\quad \forall\,u(x)\in U_k,$$

$$Y_1>_{(k)\text{SD}}Y_2\Leftrightarrow E(u(Y_1))\geqslant E(u(Y_2)),\quad \forall\,u(x)\in U_k,$$

且至少存在一个效用函数 $u_0(x)\in U_k$,使得 $E(u_0(Y_1))>E(u_0(Y_2))$,其中 $u^{(i)}$ 表示 u 的 i 阶导数。

显然，$U_k\subseteq U_{k-1}$,其中 U_1 表示单调非减的效用函数类,适合于非餍足的投资者类型;U_2 表示单调非减的凹效用函数类(边际效用不增型),适合于非餍足的风险厌恶的投资者类型;U_3 是 U_2 中二阶导数非增的效用函数类,适用于非餍足的且阿罗绝对风险厌恶递减(Decreasing Absolute Risk Aversion, DARA)的投资者类型。

定义 2.7[②] 中的 k 阶随机占优与效用函数类型 U_k 下的期望效用最大化是一致的,随机占优的阶数越高,需要的条件越强。随机占优概念的应用使得我们不需要明确效用函数的具体形式就可以对风险资产(组合)进行优劣排序比较,因而给期望效用最大化准则的实践应用提供了一种更加方便的途径。需要注意的是,随机占优并不能给所有的风险资产(组合)进行优劣排

---

① 该定义见 Ogryczak 和 Ruszczynski(2001)。如果收益变量的取值在有限的闭区间$[a,b]$内,则为了使得基于概率分布函数的随机占优定义与基于期望效用的定义保持一致,在定义 $k\geqslant 3$ 时的随机占优时必须增加矩条件:$\int_a^b F_{Y_1}^{(i)}(x)\mathrm{d}x\geqslant\int_a^b F_{Y_2}^{(i)}(x)\mathrm{d}x,\ i=1,2,\cdots,k-2$。但这不影响后文中的结论。更多内容可以参阅 Levy(1998)。

② 关于定义 2.6 与定义 2.7 的等价性,参阅 Levy(1998)。

序，高阶随机占优要求的条件较强，因而与较低阶随机占优相比可以对更多的风险资产(组合)排出优劣序。但是，低阶随机占优适用更大的效用函数类，因而适应更大范围的决策者。

Hadar 和 Russell(1969)给出了 FSD 和 SSD 的定义，其定义同定义 2.6，并证明了其与效用偏好的等价关系，其结果与定义 2.7 一致。Hanoch 和 Levy(1969)给出的 FSD 的定义与定义 2.7 一致，并证明了其与分布函数的关系，其结果与定义 2.6 一致。Rothschild 和 Stiglitz(1970)则证明了 SSD 的定义 2.6 与定义 2.7 的等价性。Whitmore (1970)对在有限闭区间上取值的随机变量给出了 TSD 的定义 2.6，并证明了其与定义 2.7 的等价性。

定义 2.8　对于风险度量 $\rho(\cdot)$，Y_1 和 Y_2 为任意两个可行的风险资产(组合)，如果

$$Y_1 \geqslant_{(k)\mathrm{SD}} Y_2 \Rightarrow \rho(Y_1) \leqslant \rho(Y_2),$$

我们称 $\rho(\cdot)$与 k 阶随机占优是一致的[①](Consistent)，或者在 k 阶随机占优准则下 $\rho(\cdot)$是合适的(Congruent)，也称 $\rho(\cdot)$为 k 阶随机占优风险度量($k=1,2,\cdots$)。

根据定义 2.8 知，假设 $\rho(\cdot)$是 k 阶随机占优的，则对任意的 Y_1 和 Y_2，如果在 k 阶随机占优意义下 Y_1 优于 Y_2，则 Y_1 具有更小的风险。反之，如果不存在比 Y_2 风险更小的资产，则在 k 阶随机占优意义下没有比 Y_2 更好的资产，即 Y_2 是非劣的，从而 Y_2 在期望效用最大化意义下也是非劣的(帕累托最优的)。换句话说，对于随机占优一致的风险度量，风险最小化的资产一定是随机占优意义下或者相应的期望效用最大化意义下的有效资产。

由定义 2.7 和定义 2.8 可知，如果风险度量 $\rho(\cdot)$与 $k+1$ 阶随机占优是一致的，则必然与 k 阶随机占优是一致的，即高阶随机占优风险度量必然是低阶随机占优风险度量，因此从随机占优的角度看，FSD 是风险度量的基本要求。

2.4.2　常见风险度量的随机占优性

为了考察常见风险度量的随机占优特性，我们首先给出如下的引理：

引理 2.1　任何同时满足非负性公理(a)和正齐次公理(b)但不满足非负性公理(a1)的风险度量都不可能是随机占优风险度量，即不是 FSD 风险度量。

[证明]　设某风险度量 $\rho(\cdot)$满足非负性公理(a)和正齐次性公理(b)，

---

① 参见 Yamai 和 Yoshiba(2010)。

则对于任意的常数 $0<c<1$ 以及任意的风险资产(组合)收益 Y,有 $\rho(cY)=c\rho(Y)\leqslant\rho(Y)$;特别地,如果 $\rho(Y)>0$,则 $\rho(cY)<\rho(Y)$。

如果 $\rho(\cdot)$不满足非负性公理(a1),则存在 $Y>0,\rho(Y)>0$,从而 $\rho(cY)=c\rho(Y)<\rho(Y)$,且 $cY<Y$。于是对任意单调非减函数 $u(x)\in U_1$,有 $E(u(cY))\leqslant E(u(Y))$,根据定义 2.7 得 $Y\geqslant_{(1)\mathrm{SD}}cY$。

假设 $\rho(\cdot)$是与 FSD 一致的,则根据定义 2.8 得,$\rho(Y)\leqslant\rho(cY)$,于是导致了矛盾结果 $\rho(Y)<\rho(Y)$。因而 $\rho(\cdot)$不可能与 FSD 一致。□

定理 2.6　对于任意 $\tau\in(-\infty,+\infty)$, $\mathrm{PBT}(\cdot,\tau)$是一阶随机占优(FSD)风险度量。

[证明]　根据定义 2.6,如果 $Y_1\geqslant_{(1)\mathrm{SD}}Y_2$,则 $F_{Y_1}^{(1)}(\eta)\leqslant F_{Y_2}^{(1)}(\eta)$, $\forall\eta\in(-\infty,+\infty)$,即对任意的实常数 η 有 $P(Y_1\leqslant\eta)\leqslant P(Y_2\leqslant\eta)$,亦即 $\mathrm{PBT}(Y_1,\eta)\leqslant\mathrm{PBT}(Y_2,\eta)$。因此,对于任意 $\tau\in(-\infty,+\infty)$,$\mathrm{PBT}(\cdot,\tau)$是一阶随机占优风险度量。□

定理 2.7　双侧风险度量 $\mathrm{WMAD}_k(\cdot)$ $(k\geqslant1)$、$\mathrm{GMD}(\cdot)$以及下方风险度量 $\mathrm{BM}_k(\cdot)$不是随机占优风险度量。

[证明]　结合引理 2.1 和表 2.1 即可得证。□

引理 2.2 [①]　设 $k\geqslant1$ 且 $E|Y|^k<\infty$,则对于任意的 $\eta\in(-\infty,+\infty)$,有

$$F_Y^{(k+1)}(\eta)=\frac{1}{k!}\int_{-\infty}^{\eta}(\eta-\xi)^k\mathrm{d}F_Y(\xi)=\frac{1}{k!}E(\max(0,\eta-Y))^k.\quad(2.21)$$

[证明]　首先,当 $k=0$ 时,由于 $0!=1$,式(2.21)由分布函数的定义可直接得到。采用归纳法,假设第 k 步成立,即下式成立:

$$F_Y^{(k)}(\eta)=\frac{1}{(k-1)!}\int_{-\infty}^{\eta}(\eta-\xi)^{k-1}\mathrm{d}F_Y(\xi)=\frac{1}{(k-1)!}E(\max(0,\eta-Y))^{k-1},$$

下面证明对第 $k+1$ 步成立,只需证明式(2.21)的第一个等号成立。此时,由于

$$\begin{aligned}F_Y^{(k+1)}(\eta)&=\int_{-\infty}^{\eta}F_Y^{(k)}(\xi)\mathrm{d}\xi=\int_{-\infty}^{\eta}\frac{1}{(k-1)!}\int_{-\infty}^{\xi}(\xi-t)^{k-1}\mathrm{d}F_Y(t)\mathrm{d}\xi\\&=\int_{-\infty}^{\eta}\frac{1}{(k-1)!}\int_{t}^{\eta}(\xi-t)^{k-1}\mathrm{d}\xi\mathrm{d}F_Y(t),\end{aligned}$$

$$F_Y^{(k+1)}(\eta)=\frac{1}{(k-1)!}\int_{-\infty}^{\eta}\frac{1}{k}(\xi-t)^k\Big|_t^{\eta}\mathrm{d}F(t)=\frac{1}{k!}\int_{-\infty}^{\mu}(\eta-t)^k\mathrm{d}F_Y(t),$$

此即式(2.21)。故引理得证。□

定理 2.8　对于任意 $\tau\in(-\infty,+\infty)$, $\mathrm{BT}_k(\cdot,\tau)$是 $k+1$ 阶随机占优风

---

① 该引理参考 Ogryczak 和 Ruszczynski(2001)。

险度量($k\geqslant 1$)。①

［证明］　由引理 2.2 知，如果 $Y_1 \geqslant_{(k+1)\mathrm{SD}} Y_2$，则

$$E(\max(0,\tau - Y_1))^k \leqslant E(\max(0,\tau - Y_2))^k,$$

从而有

$$\mathrm{BT}_k(Y_1,\tau) \leqslant \mathrm{BT}_k(Y_2,\tau), \quad \forall \tau \in (-\infty,+\infty).$$

因此，对任意的 $\tau\in(-\infty,+\infty)$，$\mathrm{BT}_k(\cdot,\tau)$是 $k+1$ 阶随机占优风险度量($k\geqslant 1$)。□

定理 2.9　对于任意 $\alpha\in(0,1)$，$\mathrm{VaR}_\alpha(\cdot)$是与 FSD 一致的风险度量。②

［证明］　如果 $Y_1\geqslant_{(1)\mathrm{SD}}Y_2$，$\alpha\in(0,1)$，对任意的实常数 τ 有 $P(Y_1\leqslant\tau)\leqslant P(Y_2\leqslant\tau)$，由此得

$$\sup\{\tau \mid P(Y_1 \leqslant \tau) \leqslant \alpha\} \geqslant \sup\{\tau \mid P(Y_2 \leqslant \tau) \leqslant \alpha\},$$

因此 $\mathrm{VaR}_\alpha(Y_1)\leqslant\mathrm{VaR}_\alpha(Y_2)$。从而 $\mathrm{VaR}_\alpha(\cdot)$是与 FSD 一致的风险度量。□

但是，一般情形的 $\mathrm{VaR}_\alpha(\cdot)$并不是与 SSD 一致的风险度量。③ 为了说明这一点，我们看一个离散分布的算例。

［例 2.6］　设随机收益变量 Y_1 和 Y_2 定义④如下：

状态空间	基本事件概率	随机收益 Y_1	随机收益 Y_2
ω_1	0.5	−1	−1
ω_2	0.125	−0.75	−1
ω_3	0.125	−0.25	0
ω_4	0.25	4	4

易见 $E(Y_1-Y_2)=0$，且经过简单计算可得

$$F_{Y_1}^{(1)}(x) = \begin{cases} 0, & x < -1 \\ 0.5, & -1 \leqslant x < -0.75 \\ 0.625, & -0.75 \leqslant x < -0.25 \\ 0.75, & -0.25 \leqslant x < 4 \\ 1, & 4 \leqslant x. \end{cases}$$

---

① Barbosa 和 Ferreira(2004)给出该定理的结果。Fishburn(1977)对下偏矩 LPM_k 与随机占优的关系给出了类似结果。

② 参考 Levy 和 Kroll(1978)，Yamai 和 Yoshiba(2010)。

③ Yamai 和 Yoshiba(2010)、Guthoff 等(1997)对连续分布用图示解释了 VaR_k 与 SSD 的不一致性。Yamai 和 Yoshiba(2010)证明了在正态分布情形下 VaR_α 也是 SSD 风险度量。

④ 该变量定义参考 Giorgi(2004)。

$$F_{Y_2}^{(1)}(x)=\begin{cases}0, & x<-1\\ 0.625, & -1\leqslant x<0\\ 0.75, & 0\leqslant x<4\\ 1, & 4\leqslant x.\end{cases}$$

利用式(2.21)经计算可得

$$F_{Y_1}^{(2)}(x)=\begin{cases}0, & x<-1\\ 0.5+0.5x, & -1\leqslant x<-0.75\\ 0.21875+0.125x, & -0.75\leqslant x<4\\ -0.21875+0.25x, & 4\leqslant x.\end{cases}$$

$$F_{Y_2}^{(2)}(x)=\begin{cases}0, & x<-1\\ 0.625+0.625x, & -1\leqslant x<0\\ 0.625+0.125x, & 0\leqslant x<4\\ 0.125+0.25x, & 4\leqslant x.\end{cases}$$

显然，对任意的 x，有 $F_{Y_1}^{(2)}(x)\leqslant F_{Y_2}^{(2)}(x)$，即 $Y_1\geqslant_{SSD}Y_2$。但是由 VaR_α 的定义式(2.12)易得，当 $0.625<\alpha<0.75$ 时，$\mathrm{VaR}_\alpha(Y_1)=0.25$，$\mathrm{VaR}_\alpha(Y_2)=0$，从而 $\mathrm{VaR}_\alpha(Y_1)>\mathrm{VaR}_\alpha(Y_2)$，因此 $\mathrm{VaR}_\alpha(\cdot)$不是与 SSD 一致的风险度量。

由于

$$\begin{aligned}\mathrm{VaR}_\alpha(X)&=-\sup\{x\mid P(X\leqslant x)\leqslant\alpha\}=-\inf\{x\mid P(X\leqslant x)\geqslant\alpha\}\\&=-q_\alpha(X),\end{aligned}$$

Levy 和 Kroll(1978)得到了如下结果：如果 X 和 Y 是连续型随机变量，则 $X\geqslant_{SSD}Y$ 的充分必要条件是 $\mathrm{CVaR}_\alpha(X)\leqslant\mathrm{CVaR}_\alpha(Y)$对任意的 $\alpha\in(0,1)$成立。对于一般情形，我们可以证明 ES_α 也是与 SSD 一致的风险度量，但 CVaR_α 并不是与 SSD 一致的风险度量。

定理 2.10　对于任意 $\alpha\in(0,1)$，如果 $Y_1\geqslant_{SSD}Y_2$，则 $\mathrm{ES}_\alpha(Y_1)\leqslant\mathrm{ES}_\alpha(Y_2)$，$\mathrm{ML}(Y_1)\leqslant\mathrm{ML}(Y_2)$。即 ES_α 和 ML 均是与 SSD 一致的风险度量。① 但是离散分布情形下的 CVaR_α 不是与 SSD 一致的风险度量。

[证明]　由定义 2.7 知，如果 $Y_1\geqslant_{SSD}Y_2$，则对任意的(可积的)单调凹函数 $u(x)\in U_2$，有 $E(u(Y_1))\geqslant E(u(Y_2))$。

对任意的常数 $\alpha\in(0,1)$和 $c\in(-\infty,+\infty)$，构造函数 $u_{(\alpha,c)}(x)=-c+\alpha^{-1}\min(x+c,0)$。显然 $u_{(\alpha,c)}(x)\in U_2$，因此

$$E(u_{(\alpha,c)}(Y_1))\geqslant E(u_{(\alpha,c)}(Y_2)),$$

---

① Daiielsson 等(2005)认为 ES_α 不是与 SSD 一致的风险度量，文中的证明不够严格。Yamai 和 Yoshiba (2010)认为仅在连续分布情形下 ES_α 是与 SSD 一致的。

$$-c+\alpha^{-1}E(\min(Y_1+c,0)) \geqslant -c+\alpha^{-1}E(\min(Y_2+c,0)),$$

$$c-\alpha^{-1}E(\min(Y_1+c,0)) \leqslant c-\alpha^{-1}E(\min(Y_2+c,0))$$

从而有

$$\min_c(c-\alpha^{-1}E(\min(Y_1+c,0))) \leqslant \min_c(c-\alpha^{-1}E(\min(Y_2+c,0))),$$

即 $\mathrm{ES}_\alpha(Y_1) \leqslant \mathrm{ES}_\alpha(Y_2)$。两边再令 $\alpha \to 0$，即得 $\mathrm{ML}(Y_1) \leqslant \mathrm{ML}(Y_2)$。因此 ES_α 和 ML 均是与 SSD 一致的风险度量。

如果 Y_1 和 Y_2 由例 2.6 给出，则 $Y_1 \geqslant_{\mathrm{SSD}} Y_2$。但由例 2.6 中的计算进一步可得

$$\mathrm{CVaR}_\alpha(Y_1)=\frac{0.5\times1+0.125\times0.75+0.125\times0.30}{0.5+0.125+0.125}=\frac{0.63125}{0.75},$$

$$\mathrm{CVaR}(Y_2)=\frac{0.5\times1+0.125\times1+0.125\times0}{0.5+0.125+0.125}=\frac{0.625}{0.75},$$

从而 $\mathrm{CVaR}_\alpha(Y_1) > \mathrm{CVaR}_\alpha(Y_2)$。因此 CVaR_α 并不是与 SSD 一致的风险度量。□

那么需要回答的问题是，在一般情况下，CVaR_α 是不是与 FSD 一致的风险度量呢？我们的结论也是否定的。

定理 2.11　在连续分布情形，CVaR_α 作为风险度量是与 SSD 一致的。而在离散分布情形，CVaR_α 作为风险度量不是与 FSD 一致的。

[证明]　在连续分布情形下，$\mathrm{CVaR}_\alpha = \mathrm{ES}_\alpha$。根据定理 2.10 知，$\mathrm{CVaR}_\alpha$ 作为风险度量是与 SSD 一致的。

回首本章给出的例 2.4，我们已经得到当 $0<\varepsilon<\frac{1}{6}$ 且 $0.5<\alpha<0.75$ 时，有 $\mathrm{CVaR}_\alpha(Y_1) < \mathrm{CVaR}_\alpha(Y_2)$，此表明在 CVaR_α 风险最小的意义下 Y_1 严格优于 Y_2。然而，易验证对任意的 η，$P(Y_1 \leqslant \eta) \geqslant P(Y_2 \leqslant \eta)$。根据定义 2.6 得 $Y_1 \leqslant_{\mathrm{FSD}} Y_2$，表明在一阶随机占优准则下 Y_1 不优于 Y_2。因此 CVaR_α 与 FSD 不是一致的。□

我们用表 2.2 对上述关于常见风险度量的随机占优性质进行概括。

表 2.2　随机占优一致的常见风险度量

风险度量	一阶随机占优	二阶随机占优	三阶以上随机占优
双侧风险度量	无	无	无
下方风险度量	$\mathrm{PBT}(\cdot,\tau)$ $\mathrm{VaR}_\alpha(\cdot)$	$\mathrm{ML}(\cdot)$ $\mathrm{ES}_\alpha(\cdot)$ $\mathrm{BT}_1(\cdot,\tau)$	$\mathrm{BT}_k(\cdot,\tau)(k\geqslant2)$

通过与 2.3 节风险度量的公理体系特征结合，我们发现一个现象：与随

机占优一致的风险度量均具有单调性公理性质,而其他风险度量均不满足单调性公理。实际上这并不是偶然的。

定理 2.12 如果一个风险度量 $\rho(\cdot)$ 是与 (k)SD 一致的 $(k\geqslant 1)$,则 $\rho(\cdot)$ 必然满足单调性公理。

[证明] 设 $Y_1\geqslant Y_2$,即对于任意的 $\omega\in\Omega$, $Y_1(\omega)\geqslant Y_2(\omega)$。则对任意的 $\eta\in(-\infty,+\infty)$,有 $\{\omega|Y_1(\omega)\leqslant\eta\}\subseteq\{\omega|Y_2(\omega)\leqslant\eta\}$,即 $P(Y_1\leqslant\eta)\leqslant P(Y_2\leqslant\eta)$,从而 $Y_1\geqslant_{(1)\mathrm{SD}}Y_2$。根据定义 2.6,则有 $Y_1\geqslant_{(k)\mathrm{SD}}Y_2$ $(\forall k\geqslant 1)$。又因 $\rho(\cdot)$ 是与 (k)SD 一致的 $(k\geqslant 1)$,从而根据定义 2.8 得 $\rho(Y_1)\leqslant\rho(Y_2)$,于是 $\rho(\cdot)$ 满足单调性公理。□

定理 2.12 反映了单调性公理性质在定义合适的风险度量和研究风险度量性质时的重要性。

2.5 关于风险度量的选择建议

2.5.1 从公理体系特性看

在下方风险度量中 $\mathrm{BM}_k(\cdot)$,包括 LSAD$(\cdot)$ 和 LSSD$(\cdot)$ 与双侧风险度量满足的公理体系特征相同。虽然从对风险认识的角度讲,它们不是同一类型,但从统计上看它们均是反映收益分布的分散程度或取值差异程度的指标,在 PS 公理体系下它们是合适的风险度量,而且仅从公理性质还无法判断它们的“好”与“不好”。

仅当 $\tau=0$ 时 $\mathrm{BT}_k(\cdot)$ 是弱相容风险度量。

若根据相容性公理体系标准要求,只有 $\mathrm{ES}_\alpha(\cdot)$ 和 ML$(\cdot)$ 是合适的风险度量。

如果从单调性和非负性公理性质考虑,只有低于固定目标的概率 PBT$(\cdot,\tau)$ 和低于固定目标的平均损失 $\mathrm{BT}_k(\cdot)$ 是合适的选择。

虽然 $\mathrm{VaR}_\alpha(\cdot)$ 和 $\mathrm{CVaR}_\alpha(\cdot)$ 具有非常明确的经济含义,但是若仅从满足公理体系的要求来看,它们并不是合适的选择。

2.5.2 从随机占优一致性看

从与随机占优准则一致性的角度看,投资者在应用中可以参考如下关于常见风险度量的选择依据。

• 在满足期望效用最大化的意义下,低于固定目标的损失概率 PBT$(\cdot,\tau)$、低于固定目标的下偏矩 $\mathrm{BT}_k(\cdot,\tau)$、风险价值 $\mathrm{VaR}_\alpha(\cdot)$、最大损失 ML(·)和期望亏空 ES_α(·)等是合适的风险度量。本章讨论的其他风险度量并不是合适的风险度量。

- PBT(· ,τ)和 VaR_α(·)因为是与 FSD 一致的,所以适合于所有具有非减效用函数的(非餍足的)投资者选择。
- ML(·)、ES_α(·)和 BT_1(· ,τ)因为是与 SSD 一致的,所以适合于所有具有非减凹效用函数的(即非餍足的且风险厌恶的) 投资者选择。
- BT_2(· ,τ)因为是与三阶随机占优一致的,所以适合所有绝对风险厌恶递减的投资者。

第 3 章　均值-风险模型的特征比较

在资产配置问题中，投资者（市场交易者、基金管理者、个体投资者）在特定市场条件下通过持有金融资产组合满足其需求或实现其效用最大化。资产配置问题就是不确定条件下的最优组合投资问题，最著名也是最常用的资产配置方法就是 Markowitz(1952) 提出的均值-方差（M-V）模型方法及后来发展起来的更一般化的均值-风险（M-R）模型方法。投资者通过收益和风险的权衡，在给定投资约束条件下找到一个满意的资产组合作为最优资产配置。

在上一章，我们考察了在资产配置的理论研究中最常用的风险度量，并比较了其与随机占优的一致性问题。如果一个风险度量与随机占优一致，则根据风险最小化准则得到的帕累托有效的投资组合也将是随机占优准则下的帕累托有效投资组合，从而该风险度量可被认为是一个合适的风险度量。然而，根据均值-风险模型方法进行风险资产的有效配置，不仅要考虑风险的最小化，而且要考虑（期望）收益的最大化，这实际上是一个二元准则的优化问题。本章中我们将把常用风险度量置于均值-风险模型分析的理论框架之中，对不同风险度量对应的均值-风险模型进行评述性比较。①

3.1　均值-风险模型的一般形式

设市场上有 N 种可供投资选择的风险资产，第 i 种资产 S_i（$i=1,2,\cdots,N$）的未来收益可以用随机变量 R_i 表示，期望值为 $E(R_i)=\mu_i$。投资者拟将其财富在这 N 种不同的资产间进行配置，用 x_i 表示分配于第 i 种资产 S_i 的财富比例，$x_1+x_2+\cdots+x_N=1$，则 $x=(x_1,x_2,\cdots,x_N)'$ 形成一个投资组合。显然投资组合 x 的未来收益是不确定的，若用随机变量 R_x 表示，则有 $R_x=x_1R_1+x_2R_2+\cdots+x_NR_N$。

如果用 $\rho(R_x)$ 表示投资组合 x 的某种风险度量，根据收益-风险分析原则，最优的资产配置问题可以用如下的二元准则（双目标）优化模型表示：

① 丁元耀. 风险度量比较与投资组合选择模型的理论研究[D]. 北京：中国人民大学，2006.

$$\begin{aligned} &\min_{x} \quad \rho(R_x) \\ &\max_{x} \quad E(R_x) \\ &\text{s.t.} \quad \begin{cases} x_1 + x_2 + \cdots + x_N = 1 \\ x_i \geqslant 0,\ i = 1,2,\cdots,N. \end{cases} \end{aligned} \tag{3.1}$$

即投资者同时追求期望收益的最大化和风险的最小化。

对于一个可行投资组合,如果存在另一个具有较大均值和不变风险或者较小风险和不变均值的可行投资组合,则该可行投资组合不是均值-风险有效的投资组合,否则该可行投资组合是有效的投资组合。模型(3.1)的任何一个解,是一个均值-风险有效的投资组合,所有模型(3.1)解的集合构成了资产配置的均值-风险有效组合前沿。

在资产配置的理论和应用研究中,模型(3.1)通常被转化为如下形式的模型(3.2)或模型(3.3)进行求解或讨论。

$$\begin{aligned} &\max_{x} \quad E(R_x) - \lambda\rho(R_x) \\ &\text{s.t.} \quad \begin{cases} x_1 + x_2 + \cdots + x_N = 1 \\ x_i \geqslant 0, \quad i = 1,2,\cdots,N. \end{cases} \end{aligned} \tag{3.2}$$

其中 $\lambda \in [0, +\infty)$,反映了投资决策者的收益-风险替换系数,与风险厌恶程度有关。对于一个具体的投资者,存在一个确定的参数 λ,从而由模型(3.2)可以求解投资者满意的最优投资组合。

$$\begin{aligned} &\min_{x} \quad \rho(R_x) \\ &\text{s.t.} \quad \begin{cases} E(R_x) \geqslant m \\ x_1 + x_2 + \cdots + x_N = 1 \\ x_i \geqslant 0,\ i = 1,2,\cdots,N. \end{cases} \end{aligned} \tag{3.3}$$

其中 $m \in [\min\limits_{1\leqslant i\leqslant N}(\mu_i), \max\limits_{1\leqslant i\leqslant N}(\mu_i)]$,反映投资者对期望收益的最低要求。对于一个具体的投资者,存在一个确定的预期收益 m,从而由模型(3.3)可以求解投资者满意的最优投资组合。

当市场允许卖空时,非负约束 $x_i \geqslant 0$ 不起作用。当 $\rho(R_x) = \mathrm{Var}(R_x)$时,模型(3.3)就是 Markowitz(1952)最初讨论的 M-V 模型。它表明在收益的预期值满足投资者的最低要求 m 的投资组合中,投资者倾向于选择具有最小方差的投资组合 x。

上述模型虽然会因风险度量 $\rho(\cdot)$的具体形式不同而不同,但都是基于均值-风险准则建立的,因此统称为投资组合选择的均值-风险模型。

3.2　均值-风险模型与随机占优的一致性

依据随机占优准则,如果一个可行的投资组合是 k 阶随机占优准则下的有效投资组合,那么不可能存在另一个可行的投资组合严格 k 阶随机占优于该可行投资组合。

定义 3.1　对于任意的可行投资组合 x 和 y,如果

$$R_x \geqslant_{(k)\mathrm{SD}} R_y \Rightarrow E(R_x) \geqslant E(R_y),\quad \rho(R_x) \leqslant \rho(R_y),$$

则称 M-R 模型(3.1)与 k 阶随机占优准则是一致的($k=1,2,\cdots$)。

根据定义 3.1,如果均值-风险准则与 k 阶随机占优准则是一致的,则由相应的 M-R 模型(3.1)至模型(3.3)得到的 M-R 有效的投资组合(除均值和风险都相同的投资组合外)一定也是 l 阶随机占优准则下的有效投资组合($l=1,2,\cdots,k$)。由此可得,如果 x 是 M-R 模型(3.1)至模型(3.3)的唯一解,则 x 必是 l 阶随机占优准则下的有效投资组合($l=1,2,\cdots,k$)。

事实上,注意到由 $E(R_x)\geqslant E(R_y)$, $\rho(R_x)\leqslant\rho(R_y)$ 可得,对于任意 $\lambda\geqslant 0$,有 $E(R_x)-\lambda\rho(R_x)\geqslant E(R_y)-\lambda\rho(R_y)$ 成立。因此只需对模型(3.3)进行解释。

设可行投资组合 x^* 是由 M-R 模型(3.3)得到的均值-风险有效的投资组合,但不是 l 阶随机占优准则下的有效投资组合($l=1,2,\cdots,k$),则存在 x^0,使 $x^0\geqslant_{(l)\mathrm{SD}}x^*$,从而 $x^0\geqslant_{(k)\mathrm{SD}}x^*$。若均值-风险准则与 k 阶随机占优准则是一致的,则根据定义得 $E(R_{x^0})\geqslant E(R_{x^*})$,$\rho(R_{x^0})\leqslant\rho(R_{x^*})$,而由于 x^* 是模型(3.3)的解且是均值-风险有效的,其中的严格不等式不可能成立。不然的话,如果 $\rho(R_{x^0})<\rho(R_{x^*})$, $E(R_{x^0})\geqslant E(R_{x^*})$,则与 x^* 是模型(3.3)的解矛盾,因此 $\rho(R_{x^0})=\rho(R_{x^*})$。如果 $E(R_{x^0})>E(R_{x^*})$,且 $\rho(R_{x^0})=\rho(R_{x^*})$,这又与 x^* 是均值-风险有效的相矛盾。于是 $E(R_{x^0})=E(R_{x^*})$,$\rho(R_{x^0})=\rho(R_{x^*})$。从而除均值、风险都相同的投资组合外,不存在严格 l 阶随机占优于 x^* 的投资组合,即 x^* 是 l 阶随机占优准则下的有效投资组合($l=1,2,\cdots,k$)。

设 x^* 是 M-R 模型(3.3)的唯一解,如果存在 x^0,使 $x^0\geqslant_{(l)\mathrm{SD}}x^*$,则因相应的均值-风险准则是与 k 阶随机占优一致的,我们可得 $E(R_{x^0})\geqslant E(R_{x^*})\geqslant m$ 且 $\rho(R_{x^0})=\rho(R_{x^*})$,从而 x^0 也是模型(3.3)的解,于是 $x^*=x^0$。

由定义 3.1 和定义 2.8,我们可以得到如下的结论。

定理 3.1　当且仅当一个风险度量 $\rho(\cdot)$ 是与 k 阶随机占优一致的,相应的均值-风险准则(模型)是与 k 阶随机占优准则一致的($k=1,2,\cdots$)。

[证明]　为证定理,我们需要如下结论:对于 $k\geqslant 1$,

$$Y_1 \geqslant_{(k)\mathrm{SD}} Y_2 \Rightarrow E(Y_1) \geqslant E(Y_2). \tag{3.3'}$$

对于 $k\geqslant 2$，式(3.3′) 由 Ogryczak 和 Ruszczynski(2001)中的命题 5(Proposition 5)给出。

如果 $Y_1 \geqslant_{(1)\mathrm{SD}} Y_2$，则由定义 2.6 得，对于任意的 $\eta\in(-\infty,+\infty)$，$F_{Y_1}(\eta)\leqslant F_{Y_2}(\eta)$。因此有

$$E(Y_1)-E(Y_2)=\int_{-\infty}^{\infty}[F_{Y_1}(\eta)-F_{Y_2}(\eta)]\mathrm{d}\eta\geqslant 0,$$

即 $E(Y_1)\geqslant E(Y_2)$。因此，式(3.3′)对于 $k=1$ 成立。

从而根据定义 3.1、定义 2.8 和关系式(3.3′)，即可得到定理 3.1。□

结合在 2.4 节中得到的常见风险度量的随机占优特征和定理 3.1，我们有模型选择的如下建议：

(1) 以 $\mathrm{BT}_k(\cdot,\tau)$作为风险度量的均值-风险(M-$\mathrm{BT}_k$)模型与 $k+1$ 阶随机占优准则是一致的($k=1,2,\cdots$)，从而与期望效用最大化准则一致。即对于任意的 $\tau\in\mathbb{R}$，根据以 $\mathrm{BT}_k(\cdot,\tau)$ 作为风险度量的 M-R 模型(3.2)和模型(3.3)得到的解在 l 阶随机占优准则下是有效的投资组合($l=1,2,\cdots,k+1$)。

(2) 以 $\mathrm{ES}_\alpha(\cdot)$和以 $\mathrm{ML}(\cdot)$作为风险度量的均值-风险模型与 SSD 是一致的①，即由相应的 M-R 模型(3.2)和模型(3.3)得到的解在 SSD 准则下是有效的。

(3) 以 $\mathrm{PBT}(\cdot,\tau)$、$\mathrm{VaR}_\alpha(\cdot)$等作为风险度量的均值-风险模型与 FSD 是一致的，即由相应的 M-R 模型(3.2)和模型(3.3)得到的解在 FSD 准则下是有效的。

(4) 由于低阶随机占优的均值-风险有效投资组合可能包含高阶随机占优的非有效解，以 $\mathrm{BT}_k(\cdot,\tau)$为风险度量的 M-R 模型可以排除更多的随机占优非有效解，从而更有利于快速地进行决策选择。

3.3　均值-风险模型有效前沿的凸性

在第 2 章讨论的常用风险度量中，除了 $\mathrm{PBT}(\cdot,\tau)$、$\mathrm{VaR}_\alpha(\cdot)$、$\mathrm{CVaR}_\alpha(\cdot)$外的其他风险度量均满足凸性公理。下面的定理给出了基于满足凸性公理风险度量的均值-风险模型的最优解性质。

定理 3.2　设 $\rho(\cdot)$是满足凸性公理的风险度量，x_* 为唯一的具有最小风险度量 $\rho(R_{x_*})$的可行投资组合，记 $\mu_*=E(R_{x_*})$，$\mu^*=\max\limits_{1\leqslant i\leqslant N}(\mu_i)$。则下列结论成立。

---

① Young(1998)通过构造效用函数说明了 M-ML 模型与期望效用理论的近似一致性。

(1) 均值-风险模型(3.3)等价于如下的均值-风险模型：

$$\min_x \quad \rho(R_x)$$
$$\text{s.t.} \quad \begin{cases} E(R_x) = m \\ x_1 + x_2 + \cdots + x_N = 1 \\ x_i \geqslant 0,\ i = 1,2,\cdots,N, \end{cases} \tag{3.4}$$

其中 $m \in [\mu_*, \mu^*]$。且模型(3.3)在 $m < \mu_*$ 时的解与模型(3.4)在 $m = \mu_*$ 时的解一致。

(2) 对于 $m \in [\mu_*, \mu^*]$的不同取值，由模型(3.4)的解给出的投资组合是均值-风险有效的。

(3) 由模型(3.4)得到的均值-风险有效前沿在 $m-\rho$ 直角坐标平面上是凸的(如图 3.1)。

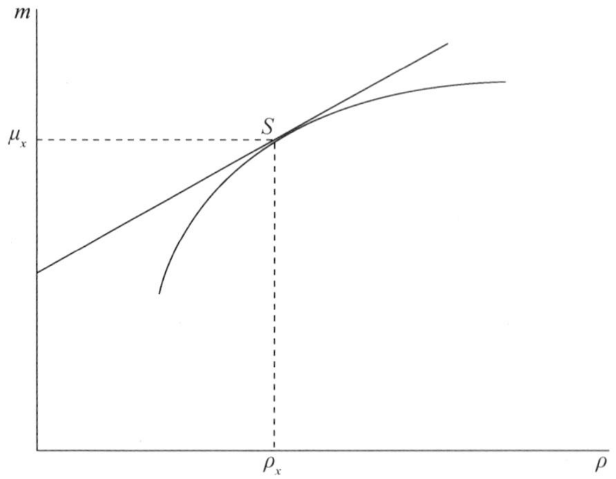

图 3.1　风险度量满足凸性公理的均值-风险有效前沿

[证明]　(1) 设 x_0 为模型(3.3)的解，$E(R_{x_0}) = \mu_0 \geqslant m$，$\rho(R_{x_0}) = \rho_0$。

假设 $\mu_0 < \mu_*$，则 x_* 满足模型(3.3)的约束条件，从而 $\rho(R_{x_*}) \leqslant \rho_0$。如果等号成立，则 x_0 具有最小风险，由唯一性得 $\mu_0 = \mu_*$，产生矛盾。如果 $\rho(R_{x_*}) < \rho_0$，这又与 x_0 是模型(3.3)的解矛盾。因此必有 $\mu_0 \geqslant \mu_*$。

显然 x_0 是模型(3.4)在 $m = \mu_0$ 时的解。此外，当 $m \leqslant \mu_*$ 时，如果 $\mu_0 > \mu_*$，则由于 x_* 满足模型(3.3)的约束条件，所以 $\rho_0 \leqslant \rho(R_{x_*})$。又因 $\rho(R_{x_*}) \leqslant \rho_0$，所以 $\rho_0 = \rho(R_{x_*})$，即 x_0 具有最小风险，根据唯一性得 $\mu_0 = \mu_*$，模型(3.3)在 $m < \mu_*$ 时的解与模型(3.4)在 $m = \mu_*$ 时的解一致。

反过来，假设 x 是模型(3.4)的解，$E(R_x) = m$，$\rho_x = \rho(R_x)$，但 x 不是模型(3.3)的解，则存在 x' 是模型(3.3)的解。由上面的讨论知 x' 也是模型

(3.4)的解,从而 $E(R_{x'})=m$, $\rho(R_{x'})=\rho(R_x)$。又因为 x 也是模型(3.3)的可行解,所以 x 是模型(3.3)的解,从而自相矛盾。因此(1) 成立。

下面证明(2)。设 x 是模型(3.4)的任意解, $E(R_x)=m\in[\mu_*,\mu^*]$, $\rho(R_x)=\rho_x$。由定理 3.2 的(1)知,x 也是模型(3.3)的解。假设 x 不是均值-风险有效的,则存在 x'使 $E(R_{x'})\geqslant m$, $\rho(R_{x'})\leqslant\rho_x$,且至少一个不等式成立。如果 $E(R_{x'})>m$,则 x'满足模型(3.4)的约束条件但不是模型(3.3)的解,即 $\rho(R_{x'})>\rho_x$ 与 $\rho(R_{x'})\leqslant\rho_x$ 矛盾。如果 $\rho(R_{x'})<\rho_x$,则又与 x 是模型(3.3)的解相矛盾。因此,x 必是均值-风险有效的。

现在证明(3)。记模型(3.4)在 $m-\rho$ 直角坐标平面上的均值-风险有效前沿为$\{(m,\rho)\mid\rho=f(m),m\in[\mu_*,\mu^*]\}$。设$(m_y,\rho_y)$和$(m_z,\rho_z)$为有效前沿上的任意不同的两点,则存在 y 和 z 是模型(3.4)的两个不同的解,使得 $E(R_y)=m_y$, $E(R_z)=m_z$, $f(m_y)=\rho_y=\rho(R_y)$, $f(m_z)=\rho_z=\rho(R_z)$。

对于任意的 $\gamma\in(0,1)$,令 $x=\gamma y+(1-\gamma)z$,则 $R_x=\gamma R_y+(1-\gamma)R_z$, $E(R_x)=\gamma\mu_y+(1-\gamma)\mu_z$。

若记 $\mu_x=\gamma\mu_y+(1-\gamma)\mu_z$,则 $\mu_x\in[\mu_*,\mu^*]$。由于 $\rho(\cdot)$满足凸性公理,我们有

$$\rho(R_x)\leqslant\gamma\rho(R_y)+(1-\gamma)\rho(R_z).$$

如果将模型(3.4)对应于 $m=\mu_x$ 的解记为 $\tilde{x}$,则 $E(R_{\tilde{x}})=\mu_x$, $f(\mu_x)=\rho(R_{\tilde{x}})=\rho_x$,且

$$f(\mu_x)\leqslant\rho(R_x)\leqslant\gamma\rho(R_y)+(1-\gamma)\rho(R_z)=\gamma f(m_y)+(1-\gamma)f(m_z).$$

从而均值-风险有效前沿曲线 $f(m)$是 m 的凸函数。□

定理 3.2 表明,如果风险度量满足凸性公理,则均值-风险有效前沿在均值-风险平面上是凸的。因而,存在“两基金分离”现象。任何两个均值-风险有效的投资组合的线性组合仍然是均值-风险有效的。

3.4　给定均值条件下的随机占优一致性

根据风险度量的随机占优性特征以及定理 3.1 知,除 $\mathrm{PBT}(\cdot,\tau)$、$\mathrm{BT}_k(\cdot,\tau)$、$\mathrm{ES}_\alpha(\cdot)$、$\mathrm{ML}(\cdot)$和 $\mathrm{VaR}_\alpha(\cdot)$以外,其余几种风险度量对应的 M-R 模型不是与 FSD 一致的,即由对应的 M-R 模型(3.1)得到的解可能是随机占优准则下的非有效解(劣解)。在研究以 $\mathrm{BT}_k(\cdot,\tau)$作为风险度量的均值-风险模型与随机占优一致性的关系时,Ogryczak 和 Ruszczynski(1999,2001)提出了较弱的随机占优一致的概念。

定义 3.2　设 $\alpha>0$ 为某给定常数,如果对任意的可行投资组合 x 和 y,

$R_x \geqslant_{(k)\mathrm{SD}} R_y \Rightarrow E(R_x) \geqslant E(R_y)$，　$E(R_x) - \alpha\rho(R_x) \geqslant E(R_y) - \alpha\rho(R_y)$，
则称均值-风险模型(3.1)与 k 阶随机占优准则是 α 一致的(α Consistent)。

显然,如果一个风险度量相应的 M-R 模型是与 k 阶随机占优准则一致的,对任意的 $\alpha>0$,该 M-R 模型都是与 k 阶随机占优准则 α 一致的。但反过来不一定成立。因此相对于定义 3.1 中的一致,定义 3.2 中的 α 一致是较弱的一致。

对于随机收益 X 和 Y，Yitzhaki(1982)证明了 $X \geqslant_{\mathrm{SSD}} Y$ 的必要条件是

$$E(X) - \mathrm{GMD}(X) \geqslant E(Y) - \mathrm{GMD}(Y).$$

Ogryczak 和 Ruszczynski(2001) 证明了 $X \geqslant_{(k+1)\mathrm{SD}} Y$ 的必要条件是

$$E(X) - \mathrm{BM}_k(X) \geqslant E(Y) - \mathrm{BM}_k(Y).$$

因此,以 GMD(·)为风险度量的 M-R 模型是与二阶随机占优准则 1 一致的,以 BM_k(·)为风险度量的 M-R 模型是与 $k+1$ 阶随机占优准则 1 一致的。进一步可得(Ogryczak and Ruszczynski, 1999),当 $0<\lambda\leqslant 1$ 时,以 GMD(·)作为风险度量的 M-R 模型(3.2)的解如果存在而且唯一的话,则其必是 SSD 有效的;以 BM_k(·)作为风险度量的 M-R 模型(3.2)的解如果存在而且唯一的话,则其必是($k+1$)SD 有效的。这说明对于收益-风险替代系数 $\lambda>1$ 的投资者,使用 M-R 模型(3.2)可能会选择在随机占优准则下的非有效投资组合。因此运用 M-GMD 模型和 M-BM_k 模型时只有 $0<\lambda\leqslant 1$ 时才不会制定非理性的决策,即 M-GMD 模型和 M-BM_k 模型仅适合于部分风险厌恶的投资决策者($0<\lambda\leqslant 1$),而且 BM_k($k>1$) 相对于 GMD 可以包含更多的随机占优有效的投资组合(更高阶的风险厌恶的投资者适应的投资组合)。

此外,由于对任意分布的随机变量 X,有 $E(X-E(X))=0$,即

$$E(\max(0, X-E(X))) = E(\max(0, E(X)-X)) = \mathrm{LSAD}(X),$$

于是有

$$\mathrm{MAD}(\cdot) = 2\mathrm{LSAD}(\cdot) = 2\mathrm{BM}_1(\cdot), \quad \mathrm{WMAD}_1(\cdot) = (a+b)\mathrm{LSAD}(\cdot).$$

从而由

$$E(R_x) - \mathrm{BM}_1(R_x) \geqslant E(R_y) - \mathrm{BM}_1(R_y),$$

可得

$$E(R_x) - \frac{1}{2}\mathrm{MAD}(R_x) \geqslant E(R_y) - \frac{1}{2}\mathrm{MAD}(R_y),$$

$$E(R_x) - \frac{1}{a+b}\mathrm{WMAD}_1(R_x) \geqslant E(R_y) - \frac{1}{a+b}\mathrm{WMAD}_1(R_y).$$

因此 M-MAD 模型与 SSD 是$\frac{1}{2}$一致的[①]，M-WMAD$_1$ 模型与 SSD 是$\frac{1}{a+b}$一致的。这说明对于 $\lambda=1/2$ 的投资者而言，求解 M-MAD 模型(3.2)得到的唯一最优投资组合是 SSD 有效的；对于 $\lambda=\frac{1}{a+b}$ 的投资者而言，求解 M-WMAD$_1$($\cdot$ $|a,b$)模型(3.2)得到的唯一最优投资组合是 SSD 有效的。

结合定理 3.2 及定义 3.2，如果均值-风险模型(3.1)与(k)SD 是 α 一致的，即在均值-风险有效前沿上，如图 3.1，点 $S(\mu_x,\rho_x)$是对应于 $\lambda=\alpha$ 时模型(3.2)的解，则在 S 点的右方的有效前沿上的投资组合也是(k)SD 有效的，但在 S 点的左方的均值-风险有效组合不一定是(k)SD 有效的。

根据均值-风险模型(3.4)，投资者在期望收益为某一给定常数的投资组合中选择风险最小的投资组合作为自己的投资决策方案。下面给出另一个随机占优"一致"的概念。

定义 3.3　对于任意具有相同期望收益的投资组合 x 和 y，即 $E(R_x)=E(R_y)$，如果

$$R_x \geqslant_{(k)\mathrm{SD}} R_y \Rightarrow \rho(R_x) \leqslant \rho(R_y),$$

则称以 $\rho(\cdot)$作为风险度量的均值-风险模型(3.1)与(k)SD 是给定均值条件下一致的(Mean-Preserving Consistent) ($k=1,2,\cdots$)。

显然，如果一个风险度量相应的 M-R 模型(3.1)是与(k)SDα 一致的，则该 M-R 模型与(k)SD 也是给定均值条件下一致的。但反过来不一定成立。因此"给定均值条件下一致"与"α 一致"相比是更弱的"一致"。于是 M-BT$_k$($k>1$)模型也是与($k+1$)SD 在给定均值条件下一致的，M-BM$_k$($k>1$)模型也是与($k+1$)SD 在给定均值条件下一致的。

定理 3.3　以 BM$_k$($k\geqslant1$)作为风险度量的均值-风险模型与($k+1$)SD 是给定均值条件下一致的。特别地，均值-下半绝对差(M-LSAD)模型、均值-下半标准差(M-LSSD)模型分别是给定均值条件下与 SSD 一致的和给定均值条件下与 TSD 一致的。

[证明]　这里给出一个直接的证明。设 $k\geqslant1$，$Y_1\geqslant_{(k+1)\mathrm{SD}}Y_2$，则由定义 2.6 和引理 2.2 得

$$E(\max(0,\eta-Y_1))^k\leqslant E(\max(0,\eta-Y_2))^k,\quad \forall\, \eta\in(-\infty,+\infty).$$

如果进一步假设 $E(Y_1)=E(Y_2)=\mu\in(-\infty,+\infty)$，则

$$E(\max(0,E(Y_1)-Y_1))^k \leqslant E(\max(0,E(Y_2)-Y_2))^k.$$

从而有

---

① 该结论由 Ogryczak 和 Ruszczynski(2001)给出。

$$\begin{aligned}\mathrm{BM}_k(Y_1) &= (E(\max(0,E(Y_1)-Y_1))^k)^{1/k}\\ &\leqslant (E(\max(0,E(Y_2)-Y_2))^k)^{1/k} = \mathrm{BM}_k(Y_2).\end{aligned}$$

于是定理 3.3 得证。□

下面我们证明均值-k 阶平均绝对差(M-MAD$_k$)模型是与 SSD 给定均值条件下一致的。为此,我们需要如下的引理。

引理 3.1　对于任意两个方差存在的随机变量 Y_1 和 Y_2,如果 $E(Y_1)=E(Y_2)$,则

$$Y_1 \geqslant_{\mathrm{SSD}} Y_2 \Rightarrow \mathrm{Var}(Y_1) \leqslant \mathrm{Var}(Y_2).$$

[证明]　参考 Ogryczak 和 Ruszczynski(1999)。□

引理 3.2　如果 $E|X|<\infty$, 则有

$$F_X^{(2)}(\eta) = \int_{-\infty}^{\eta}(\eta-\xi)\mathrm{d}F_X(\xi),\quad \lim_{\eta\to-\infty}F_X^{(2)}(\eta)=0,$$

$$F_X^{(2)}(\eta)-(\eta-E(X)) = \int_{\eta}^{\infty}(\xi-\eta)\mathrm{d}F_X(\xi),$$

$$\lim_{\eta\to\infty}[F_X^{(2)}(\eta)-(\eta-E(X))]=0.$$

[证明]　参考 Ogryczak 和 Ruszczynski(1999)。□

引理 3.3[①]　如果 $E|X|^k<\infty$, $k\geqslant 1$,则有

$$\lim_{\eta\to-\infty}|\eta|^{k-1}F_X^{(2)}(\eta)=0,\quad \lim_{\eta\to\infty}|\eta|^{k-1}[F_X^{(2)}(\eta)-(\eta-E(X))]=0.$$

[证明]　由 $E|X|^k<\infty$, $k\geqslant 1$ 可得

$$\lim_{\eta\to-\infty}\int_{-\infty}^{\eta}|\xi|^k\mathrm{d}F_X(\xi)=0,\quad \lim_{\eta\to-\infty}|\eta|^kF_X(\eta)=0,$$

$$\lim_{\eta\to\infty}\int_{\eta}^{\infty}|\xi|^k\mathrm{d}F_X(\xi)=0,\quad \lim_{\eta\to\infty}|\eta|^k[1-F_X(\eta)]=0.$$

因此, 对于 $\eta<0$ 有

$$\begin{aligned}|\eta|^{k-1}F_X^{(2)}(\eta) &= |\eta|^{k-1}\int_{-\infty}^{\eta}(\eta-\xi)\mathrm{d}F_X(\xi)\\ &\leqslant |\eta|^kF_X(\eta)+\int_{-\infty}^{\eta}|\xi|^k\mathrm{d}F_X(\xi).\end{aligned}$$

对于 $\eta>0$ 有

$$\begin{aligned}|\eta|^{k-1}[F_X^{(2)}(\eta)-(\eta-E(X))] &= |\eta|^{k-1}\int_{\eta}^{\infty}(\xi-\eta)\mathrm{d}F_X(\xi)\\ &\leqslant \int_{\eta}^{\infty}|\xi|^k\mathrm{d}F_X(\xi)-|\eta|^k(1-F_X(\eta).\end{aligned}$$

从而对上边两式的两边分别取极限 $\lim\limits_{\eta\to-\infty}$ 和 $\lim\limits_{\eta\to\infty}$即可证得引理结论。□

---

① Ogryczak 和 Ruszczynski(1999)中的命题 2(Proposition 2)给出了 $k=1$ 的证明。

定理 3.4　对于 $k\geqslant 1$,如果 $E|X|^k<\infty$, $E|Y|^k<\infty$,则

$$E(X)=E(Y)=\mu,\quad X\geqslant_{\text{SSD}}Y\Rightarrow \text{MAD}_k(X)\leqslant \text{MAD}_k(Y).$$

［**证明**］　设 $k\geqslant 2$,如果 $E|X|^k<\infty$, $E|Y|^k<\infty$, $E(X)=E(Y)=\mu$,则利用引理 3.3 采用分部积分得

$$\begin{aligned}
E\mid X-\mu\mid^k-E\mid Y-\mu\mid^k &= \int_{-\infty}^{\infty}\mid \xi-\mu\mid^k \mathrm{d}(F_X(\xi)-F_Y(\xi))\\
&=\int_{-\infty}^{\mu}(\mu-\xi)^k\mathrm{d}(F_X(\xi)-F_Y(\xi))+\int_{\mu}^{\infty}(\xi-\mu)^k\mathrm{d}(F_X(\xi)-F_Y(\xi))\\
&=\int_{-\infty}^{\mu}k(\mu-\xi)^{k-1}\mathrm{d}\left[\int_{-\infty}^{\xi}(F_X(t)-F_Y(t))\mathrm{d}t\right]-\\
&\quad\int_{\mu}^{\infty}k(\xi-\mu)^{k-1}\mathrm{d}\left[\int_{-\infty}^{\xi}(F_X(t)-F_Y(t))\mathrm{d}t\right]\\
&=\int_{-\infty}^{\mu}k(k-1)(\mu-\xi)^{k-2}(F_X^{(2)}(\xi)-F_Y^{(2)}(\xi))\mathrm{d}\xi+\\
&\quad\int_{\mu}^{\infty}k(k-1)(\xi-\mu)^{k-2}(F_X^{(2)}(\xi)-F_Y^{(2)}(\xi))\mathrm{d}\xi\\
&=\int_{-\infty}^{\mu}k!(F_X^{(k)}(\xi)-F_Y^{(k)}(\xi))\mathrm{d}\xi+\int_{\mu}^{\infty}k!(-1)^k(F_X^{(k)}(\xi)-F_Y^{(k)}(\xi))\mathrm{d}\xi.
\end{aligned}$$

假设 $X\geqslant_{\text{SSD}}Y$,则由定义知对任意的 $\xi\in(-\infty,+\infty)$,有

$$F_X^{(2)}(\xi)\leqslant F_Y^{(2)}(\xi).$$

从而可得, $E|X-\mu|^k\leqslant E|Y-\mu|^k$, $(E|X-\mu|^k)^{1/k}\leqslant(E|Y-\mu|^k)^{1/k}$。可知对于 $k\geqslant 2$,

$$X\geqslant_{\text{SSD}}Y,\quad E(X)=E(Y)\Rightarrow \text{MAD}_k(X)\leqslant \text{MAD}_k(Y).$$

又由于平均绝对差 MAD$=$MAD$_1$ 与 SSD 是 1/2 一致的,从而是与 SSD 在给定均值条件下一致的,即 $X\geqslant_{\text{SSD}}Y$, $E(X)=E(Y)\Rightarrow \text{MAD}_1(X)\leqslant \text{MAD}_1(Y)$。因此定理成立。□

定理 3.4 表明,对于 $k\geqslant 1$, M-MAD$_k$ 模型是与 SSD 在给定均值条件下一致的。但对于 $k>2$,根据

$$\begin{aligned}
E\mid X-\mu\mid^k-E\mid Y-\mu\mid^k=&\int_{-\infty}^{\mu}k!(F_X^{(k)}(\xi)-F_Y^{(k)}(\xi))\mathrm{d}\xi\\
&+\int_{\mu}^{\infty}k!(-1)^k(F_X^{(k)}(\xi)-F_Y^{(k)}(\xi))\mathrm{d}\xi,
\end{aligned}$$

则可以构造分布 X 和 Y, $F_X^{(3)}(\eta)\leqslant F^{(3)}Y(\eta)$,但是 $E|X-\mu|^3-E|Y-\mu|^3>0$,也就是说 M-MAD$_k$ 模型与 TSD 准则不会是在给定均值条件下一致的。

下面我们将证明对于 $k\geqslant 1$, M-WMAD$_k$ 模型与 SSD 也是在给定均值条件下一致的。我们首先进一步推广引理 3.3 得到如下的引理:

引理 3.4　设 $u\in U_2'=\{u(x)\mid u^{(2)}(x)\leqslant 0,\forall x\in\mathbb{R}\}$。如果 $E|u(X)|<\infty$，$E|X|<\infty$，则

(1) $\lim\limits_{\eta\to-\infty}|u(\eta)|F_X(\eta)=0$，$\lim\limits_{\eta\to\infty}|u(\eta)|(1-F_X(\eta))=0$，

(2) $\lim\limits_{\eta\to-\infty}|u^{(1)}(\eta)|F_X^{(2)}(\eta)=0$，$\lim\limits_{\eta\to\infty}|u^{(1)}(\eta)|[F_X^{(2)}(\eta)-(\eta-E(X))]=0$。

[证明]　(1) 对于 $u(x)\in U_2'$，存在 $x_0\in\mathbb{R}$ 使得当 $x<x_0$ 时 $u^{(1)}(x)\geqslant 0$，当 $x>x_0$ 时 $u^{(1)}(x)\leqslant 0$。由 $E|u(X)|<\infty$ 可得

$$\lim_{\eta\to-\infty}\int_{-\infty}^{\eta}|u(x)|\,\mathrm{d}F_X(x)=0,\quad \lim_{\eta\to\infty}\int_{\eta}^{\infty}|u(x)|\,\mathrm{d}F_X(x)=0.$$

如果 $u(x)\geqslant 0$，$\forall x\leqslant x_0$，则当 $\eta\leqslant x_0$ 时，$0\leqslant u(\eta)\leqslant u(x_0)$。从而有

$$\lim_{\eta\to-\infty}|u(\eta)|F_X(\eta)\leqslant\lim_{\eta\to-\infty}u(x_0)F_X(\eta)=0.$$

如果存在 $\eta_0\leqslant x_0$ 使 $u(\eta_0)\leqslant 0$，则当 $x\leqslant\eta\leqslant\eta_0$ 时 $u(x)\leqslant u(\eta)\leqslant 0$，即 $|u(x)|\geqslant|u(\eta)|$，从而有

$$\begin{aligned}\lim_{\eta\to-\infty}|u(\eta)|F_X(\eta)&=\lim_{\eta\to-\infty}\int_{-\infty}^{\eta}|u(\eta)|\,\mathrm{d}F_X(x)\\&\leqslant\lim_{\eta\to-\infty}\int_{-\infty}^{\eta}|u(x)|\,\mathrm{d}F_X(x)=0.\end{aligned}$$

于是 $\lim\limits_{\eta\to-\infty}|u(\eta)|F_X(\eta)=0$。

如果 $u(x)\geqslant 0$，$\forall x\geqslant x_0$，则当 $\eta\geqslant x_0$ 时，$0\leqslant u(\eta)\leqslant u(x_0)$，从而有

$$\lim_{\eta\to\infty}|u(\eta)|(1-F_X(\eta))\leqslant\lim_{\eta\to\infty}u(x_0)(1-F_X(\eta))=0.$$

如果存在 $\eta_1\geqslant x_0$ 使 $u(\eta_1)\leqslant 0$，则当 $x\geqslant\eta\geqslant\eta_1$ 时，$u(x)\leqslant u(\eta)\leqslant 0$ 即 $|u(x)|\geqslant|u(\eta)|$，

$$\begin{aligned}\lim_{\eta\to\infty}|u(\eta)|(1-F_X(\eta))&=\lim_{\eta\to\infty}\int_{\eta}^{\infty}|u(\eta)|\,\mathrm{d}F_X(x)\\&\leqslant\lim_{\eta\to\infty}\int_{\eta}^{\infty}|u(x)|\,\mathrm{d}F_X(x)=0.\end{aligned}$$

于是
$$\lim_{\eta\to\infty}|u(\eta)|(1-F_X(\eta))=0.$$

(2) 设 $x\leqslant\eta\leqslant\min(0,x_0)$，$u^{(1)}(x)\geqslant 0$，则 $0\leqslant u^{(1)}(\eta)\leqslant u^{(1)}(x)$，$u(x)\leqslant u(\eta)$，根据泰勒展开公式有

$$u(\eta)-u(x)=u^{(1)}(x)(\eta-x)+o(\eta-x),$$

即得

$$u^{(1)}(x)(\eta-x)=u(\eta)-u(x)-o(\eta-x).$$

从而有

$$|u^{(1)}(\eta)|F_X^{(2)}(\eta)=|u^{(1)}(\eta)|\int_{-\infty}^{\eta}(\eta-x)\mathrm{d}F_X(x)$$

$$\leqslant \int_{-\infty}^{\eta} u^{(1)}(x)(\eta - x)\mathrm{d}F_X(x)$$

$$\leqslant \int_{-\infty}^{\eta} (|u(\eta)| + |u(x)| + |x|)\mathrm{d}F_X(x).$$

在 $E|X|<\infty$时，利用引理 3.4 的(1) 可得

$$\lim_{\eta\to-\infty} |u^{(1)}(\eta)| F_X^{(2)}(\eta) \leqslant \lim_{\eta\to-\infty} |u(\eta)| F_X(\eta) + \int_{-\infty}^{\eta} |u(x)| \mathrm{d}F_X(x) + \int_{-\infty}^{\eta} |x| \mathrm{d}F_X(x) = 0.$$

类似地，在 $E|X|<\infty$时，利用引理 3.4 的(1) 可得

$$\begin{aligned}
&\lim_{\eta\to\infty} |u^{(1)}(\eta)| [F_X^{(2)}(\eta) - (\eta - E(X))] \\
&= \lim_{\eta\to\infty} |u^{(1)}(\eta)| \int_{\eta}^{\infty} (x-\eta)\mathrm{d}F_X(x) \\
&\leqslant \lim_{\eta\to\infty} \int_{\eta}^{\infty} |u^{(1)}(x)(x-\eta)| \mathrm{d}F_X(x) \\
&\leqslant \lim_{\eta\to\infty} |u(\eta)| F_X(\eta) + \int_{\eta}^{\infty} |u(x)| \mathrm{d}F_X(x) + \int_{\eta}^{\infty} |x| \mathrm{d}F_X(x) = 0.
\end{aligned}$$

至此，引理 3.4 得证。□

在引理 3.4 的基础上，我们可得如下定理①。

定理 3.5　设 $u\in U_2' = \{u(x) \mid u^{(2)}(x)\leqslant 0, \forall x\in\mathbb{R}\}$。如果 $E(X)=E(Y)$ 存在，且 $E|u(\cdot)|<\infty$，则 $X\geqslant_{\mathrm{SSD}}Y \Leftrightarrow E(u(X))\geqslant E(u(Y))$。

［证明］　由于 $E(X)=E(Y)$存在，且 $E|u(\cdot)|<\infty$，根据引理 3.4，利用分部积分得

$$\begin{aligned}
E(u(X)-u(Y)) &= \int_{-\infty}^{\infty} u(x)\mathrm{d}(F_X(x) - F_Y(x)) \\
&= \int_{-\infty}^{\infty} (F_X^{(2)}(x) - F_Y^{(2)}(x))u^{(2)}(x)\mathrm{d}x.
\end{aligned}$$

注意到 $u\in U_2'$，对于任意的 $x\in\mathbb{R}$有 $u^{(2)}(x)\leqslant 0$，因此根据定义 2.6 得

$$X \geqslant_{\mathrm{SSD}} Y \Leftrightarrow F_X^{(2)}(x) \leqslant F_Y^{(2)}(x), \quad \forall x\in\mathbb{R} \Leftrightarrow E(u(X)) \geqslant E(u(Y)). \quad \square$$

定理 3.5 表明，对于所有具有凹效用函数的投资者，在均值给定的条件下，二阶随机占优准则与期望效用准则是等价的。根据定理 3.5，可以得到如下的结果。

定理 3.6　设 $u\in U_2' = \{u(x) \mid u^{(2)}(x)\leqslant 0, \forall x\in\mathbb{R}\}$，如果 $E|X|^k<\infty$，$E|Y|^k<\infty$，则

---

①　由 Rothschild 和 Stiglitz(1970) 首先得到，本书给出了不同的证明。

$$E(X)=E(Y)=\mu,\quad X\geqslant_{\mathrm{SSD}}Y\Rightarrow \mathrm{WMAD}_k(X)\leqslant \mathrm{WMAD}_k(Y).$$

即最优资产配置的 M-WMAD$_k$ 模型是与 SSD 在给定均值条件下一致的。

［证明］ 如果 $E(X)=E(Y)=\mu$，构造函数

$$u(x)=-[a\max(0,x-\mu)+b\max(0,-(x-\mu))]^k,$$

$$a>0,\ b>0,\ k\geqslant 1,$$

则容易验证 $u^{(2)}(x)<0,\ \forall x\neq\mu$。如果 $X\geqslant_{\mathrm{SSD}}Y$，则由定理 3.5 可得

$$E(u(X))\geqslant E(u(Y)),$$

即

$$-E(\theta(X-\mu))^k\geqslant -E(\theta(Y-\mu))^k,$$

从而

$$E(\theta(X-\mu))^k\leqslant E(\theta(Y-\mu))^k,$$

于是

$$\mathrm{WMAD}_k(X)=(E(\theta(X-\mu))^k)^{1/k}\leqslant (E(\theta(Y-\mu))^k)^{1/k}=\mathrm{WMAD}_k(Y),$$

其中 $\theta(\cdot)$如前文定义。□

由于给定均值条件下的 SSD 准则是由 Rothschild 和 Stiglitz(1970) 提出的，因此通常被记为 RS-SSD 准则。我们已经证明了 M-MAD$_k$ 模型和 M-WMAD$_k$ 是与 RS-SSD 一致的，因此 M-MAD$_k$ 模型和 M-WMAD$_k$ 模型的均值-风险前沿上的有效投资组合都是 RS-SSD 有效的，即对于任意均值-风险有效的投资组合，不存在与其均值相等而且所有的风险厌恶者都认为更好的投资组合，但是可能存在与其均值不同且所有风险厌恶的投资者都认为更好的投资组合。

由于当 $k\geqslant 2$ 时，M-MAD$_k$ 模型和 M-WMAD$_k$ 不可能像 M-BM$_k$ 一样与三阶及其以上的随机占优准则是在给定均值条件下一致的，因此对于高阶的风险厌恶者选择 M-BM$_k$ 为风险度量比 M-MAD$_k$ 模型和 M-WMAD$_k$ 更合适。

3.5　均值-风险模型的比较及其选择建议

风险度量是最优资产配置的均值-风险模型的理论基础，投资组合的有效前沿分析是均值-风险模型理论的核心内容。众所周知，期望效用准则作为理性经济人在进行随机决策时最基本的理论范式原则，经常被用来评价具体决策的合理性。随机占优准则是在期望效用准则基础上提出的，可以作为群体决策的行为范式。根据随机占优准则，一类群体会制定一致的决策，既符合期望效用准则又不依赖于效用函数的形式。因此，与随机占优准则一致的决策必然符合期望效用原理。随机占优一致性成为理论上判断一个决策优劣和实用性的常用途径。

第2章的结果表明，与随机占优一致的几种风险度量均满足单调性公理，单调性公理是风险度量与FSD一致的必要条件。本章的定理3.1则表明与随机占优一致的风险度量对应的均值-风险模型，其均值-风险有效前沿组合是随机占优有效的。同时，我们得到：(1) PBT(· ,τ)和 VaR_α(·)是FSD一致的风险度量，对应的M-R模型(3.1)—模型(3.3)的均值-风险有效前沿组合可能包含SSD非有效的投资组合，因此适合所有具有单调增的效用函数的投资决策者类型，但由于不满足次可加性公理，分散投资降低风险的效果不是很好。(2) ES_α(·)和ML(·)满足偏差度量公理体系、期望限制风险度量公理体系和相容性风险度量公理体系，既是相容性风险度量，也是FSD、SSD一致的风险度量，但相应的均值-风险模型(3.1)—模型(3.3)的均值-风险有效前沿组合可能包含TSD非有效的投资组合，因此适合所有具有单调增的、凹效用函数的投资决策者类型。同时，其满足凸性公理，可以起到分散投资、降低风险的效果，模型的有效前沿是凸的，而且可以由模型(3.4)求得。(3) BT_k(· ,τ)同时满足凸性公理、单调性公理和非负性公理，是(l+1)SD一致的风险度量(l=1,2,…,k)，对应的均值-风险模型(3.1)—模型(3.3)的均值-风险有效前沿是凸的，而且可以由模型(3.4)求得。因此，M-BT_1 模型适合所有具有单调增的、凹效用函数的投资决策者类型；M-BT_k($k\geqslant 2$)适合所有具有单调增的、凹效用函数、绝对风险厌恶递减的投资决策者类型。

本章的定理3.2表明，风险度量只要满足凸性公理，应用相应的均值-风险模型进行最优资产配置就可以达到分散风险的目的，相应的均值-风险有效前沿是凸的，而且可通过求解模型(3.4)得到。根据第2章风险度量的公理体系特征知，双侧风险度量 WMAD_k(· ,a,b)、GMD和下方风险度量中的 BM_k(·)均满足PS公理体系，且不满足非负性公理(a1)，是偏差度量，因此不可能是FSD一致的风险度量。但是结合本章的结果可知，所有偏差度量的均值-风险模型都是与RS-SSD一致的，因此适合于具有凹效用函数的投资决策者。

在所有偏差度量的M-R模型中，M-BM_k($k\geqslant 1$)模型与(k+1)SD是1一致的，因而在相应的均值-风险有效前沿上(形式如图3.1所示)，切线斜率为1的S点的右方部分为(l+1)SD有效的(l=1,2,…,k)，S点左方的部分仅是RS-SSD有效的。M-GMD模型与SSD是1一致的，M-WMAD_k(· ,a,b)模型与SSD是$\dfrac{1}{a+b}$一致的，有效前沿具有与M-BM_1 模型类似的特征，但是M-WMAD_1(· ,a,b)模型的有效前沿可能包含更多的

SSD非有效投资组合。因此,在偏差度量中 BM_k 和 GMD 是相对合适的选择。

于是,从期望效用理论的一致性角度看,在最优资产配置的均值-风险模型较常使用的风险度量中,我们认为同时满足凸性公理和单调性公理的风险度量 $BT_k(\cdot,\tau)$、$ES_\alpha(\cdot)$ 和 $ML(\cdot)$ 是最优资产配置中相对最合适的风险度量。满足单调性公理的 $PBT(\cdot,\tau)$ 和 $VaR_\alpha(\cdot)$ 是相对较合适的风险度量。满足凸性公理的风险度量 BM_k 是相对合适的风险度量。然而,由于在非连续分布情形下,本书的 $CVaR_\alpha(\cdot)$ 既不满足凸性公理也不满足单调性公理,在连续分布情形下有 $CVaR_\alpha(\cdot)=ES_\alpha(\cdot)$,因此 $CVaR_\alpha(\cdot)$ 仅在连续分布情形下才是适合的风险度量。

第 4 章　经典安全首要模型及其应用比较

在资产配置或者投资组合的研究中，安全首要(Safety-First, SF)准则成为除均值-风险准则外最受广泛关注的一个准则。Roy(1952)提出投资组合选择的安全首要模型，认为投资者应选择资产组合或进行资产配置使得收益水平低于保障生存水平即破产发生的概率尽可能地小。之后 Telser (1955)和 Kataoka (1963)又相继提出了其他两种形式的安全首要模型，我们把这三种形式的安全首要模型统称为经典安全首要模型。安全首要思想以及基于安全首要准则的投资选择理论是行为金融学发展的理论基础之一，在保险领域也具有重要的应用价值。Pyle 和 Turnovsky (1970)指出，在不存在无风险资产的市场，Roy 的安全首要(简称 RSF)准则与仅包含期望收益与收益方差两个参数的效用最大化准则是一致的，即所有 RSF 准则下的有效投资组合都是均值-方差有效的。Levy 和 Sarnat(1972)指出，当收益率的破产水平与无风险利率水平相等时，应用 RSF 准则与应用均值-方差准则将得到相同的资产配置结果。而 Gressis 和 Remaley(1974)则评论指出，Levy 和 Sarnat (1972)得到的结果仅适合于市场不包含无风险资产的情形。Bawa(1978)将 RSF 准则推广到 n 阶 SF 准则，并考察了其与随机占优的联系，证明了 RSF 准则与 FSD 准则是一致的。Telser(1955)的安全首要(TSF)思想认为投资者在优化资产配置的不确定决策中，不仅要考虑控制破产发生的可能性(反映投资者的安全意识)，而且会追求期望收益的最大化。Hagigi 和 Kluger (1987)分别采用夏普比率和 TSF 准则对资产组合的绩效进行比较，通过数值算例发现，这两种业绩测度仅在一种情形下是等价的，当保障收益水平等于无风险收益水平而且所有资产都是“不安全”的，即当破产发生的概率大于控制水平时，这两种绩效测度得到的最优结果是一致的。他们同时认为基金管理者的安全意识越强(即保障收益水平越低，破产发生的可能性越低)，这两种测度的一致性越高。尽管许多文献对 TSF 准则做了进一步的理论和应用研究，但是几乎都是采用切比雪夫不等式(Chebysheff Inequality)近似转换后才给出最优投资组合的显式数学解析表达(Engels, 2004；李仲飞和陈国俊, 2005)。与 TSF 准则不同，Kataoka (1963)的安全首要(KSF)准则不是最大化期望收益，而是最大化保障收益水平(最低可接受的收益水平，也称生存收益水平、保险收益水平)。Ding 和 Zhang (2009a)对 KSF 有效前沿的性质进行了详细讨论和研究。

本章系统介绍经典安全首要模型,给出经典安全首要模型的最优解的解析表达形式,并对 RSF、TSF 和 KSF 模型的应用条件和最优投资组合的绩效进行比较,为应用者选择模型提供参考。

4.1　模型假设与参数说明

考虑由 n 种风险资产形成的资本市场,投资者期初将自有的可支配投资资金在 n 种风险资产间进行配置。在单个投资期末,风险资产的实际收益率向量记为 $R=(R_1,R_2,\cdots,R_n)'$,期望收益率向量记为 $\mu=(\mu_1,\mu_2,\cdots,\mu_n)'$。假设各个风险资产在一个投资期末的期望收益率不全相等,$\Sigma=(\sigma_{ij})_{n\times n}>0$ 表示收益率向量 R 的正定的协方差矩阵,投资者的投资本金在 n 种风险资产上的配置为一个投资组合,用 $x=(x_1,x_2,\cdots,x_n)'$表示,即 x_i 为投资本金在第 i 种风险资产上的权重,且 $e'x=1$,其中 $e=(1,1,\cdots,1)'$是分量全为 1 的 n 维向量。在投资期末,投资组合 x 的实际收益率为 $R_x=R'x$,期望收益率为 $\mu_x=E(R_x)=\mu'x$,收益率的方差为 $\sigma_x^2=x'\Sigma x$。

在 Roy(1952)和 Telser(1955)中,切比雪夫概率不等式被用来转化模型求解最优投资组合。在 Kataoka(1963)中,R 被假设服从 n 元正态分布。本章则参照 Pyle 和 Turnovsky(1970),假设 R_x 服从两参数位置-刻度分布,且 $\frac{(R_x-\mu_x)}{\sigma_x}$的分布函数为已知的单调连续函数 $F(\cdot)$,即有 $P((R_x-\mu_x)/\sigma_x\leqslant z)=F(z)$。实际上,如果 R 服从 n 元正态分布,则 $F(z)=\Phi(z)$为标准正态分布的分布函数。当 R 服从 n 元 Laplace 分布,甚至一般的 n 元椭球分布时,R_x 均服从两参数位置-刻度分布。关于椭球分布及其性质,可以参考 Landsman 和 Valdez (2003)。

后文记 $A=\mu'\Sigma^{-1}\mu$, $B=\mu'\Sigma^{-1}e$, $C=e'\Sigma^{-1}e$, $D=AC-B^2$,则有 $A>0$, $C>0$,$D>0$。

4.2　经典 SF 模型的解及其存在条件

4.2.1　RSF 模型及其解的存在条件

依据 RSF 准则,投资者在进行资产的最优配置时,会尽量降低灾害发生(实际收益低于生存水平)的可能性。设 R_d 为事先给定的投资收益率的一个生存水平(Subsistence Level)或者灾害水平(Disaster Level)。根据 RSF 准则,投资者选择一个投资组合 x,在资源约束下使得目标函数即损失概率 $P(R_x\leqslant R_d)$达到最小。RSF 模型可以表示为如下的规划问题:

$$\begin{aligned}\min_x\quad & P(R_x \leqslant R_d)\\ \text{s.t.}\quad & e'x = 1.\end{aligned}\tag{4.1}$$

由于 $F(\cdot)$是单调的,且 $P(R_x\leqslant R_d)=F\left(\frac{R_d-\mu_x}{\sigma_x}\right)$,因此模型(4.1)等价于

$$\begin{aligned}\max_x\quad & \frac{\mu_x - R_d}{\sigma_x}\\ \text{s.t.}\quad & e'x = 1.\end{aligned}\tag{4.2}$$

模型(4.2)正是 Roy(1952)表述的 RSF 模型形式。[①] 求解模型(4.2)得到的最优解,本书称之为 RSF 投资组合,记为 x_{rsf}。

记$\frac{\mu_x-R_d}{\sigma_x}=k$,则 $\mu_x=R_d+k\sigma_x$ 表示在 $\sigma-\mu$ 平面上斜率为 k 的过点$(0, R_d)$的直线。可见,模型(4.2)也等价于下述模型:

$$\begin{aligned}\max_x\quad & k\\ \text{s.t.}\quad & \mu'x - R_d - k\sqrt{x'\Sigma x} = 0,\quad e'x - 1 = 0.\end{aligned}\tag{4.3}$$

采用拉格朗日乘数法,即可以得到模型(4.3)的解析解。

定理 4.1　(i) 当且仅当 $R_d<\frac{B}{C}$时,模型(4.2)、模型(4.1)的有限最优解存在而且唯一。最优的 RSF 投资组合可以表示为[②]

$$x_{\text{rsf}} = \frac{\Sigma^{-1}\mu - R_d\Sigma^{-1}e}{B - R_dC}.\tag{4.4}$$

对应的最优目标值为

$$k = \sqrt{A - 2BR_d + CR_d^2},\quad P(R_x \leqslant R_d) = F(-\sqrt{A - 2BR_d + CR_d^2}).$$

(ii) 当 $R_d\geqslant B/C$ 时,模型(4.2)、模型(4.1)存在有限的目标值,分别为

$$k = +\sqrt{D/C},\quad P(R_x \leqslant R_d) = F(-\sqrt{D/C}).$$

[**证明**]　令 $\tilde{\mu}=\mu-R_de$,则

$$\tilde{\mu}'\Sigma^{-1}e = \mu'\Sigma^{-1}e - R_de'\Sigma^{-1}e = B - R_dC,$$

$R_d<\frac{B}{C}$等价于 $\tilde{\mu}'\Sigma^{-1}e>0$,且

---

① 当分布未知时,应用切比雪夫不等式,也可以将模型(4.1)转化为模型(4.2)。

② Ortobelli 和 Rachev (2001)在椭球分布假设下给出了 $R_d<B/C$ 时的 RSF 模型的显式解。

$$\sup_{e'x=1}\frac{\mu_x-R_d}{\sigma_x}=\sup_{e'x=1}\frac{\tilde{\mu}'x}{\sqrt{x'\Sigma x}}.$$

根据 Maller 和 Turkington(2002),有如下结论:

$$\sup_{e'x=1}\frac{\tilde{\mu}'x}{\sqrt{x'\Sigma x}}=\begin{cases}+\sqrt{\tilde{\mu}'\Sigma^{-1}\tilde{\mu}}, & \tilde{\mu}'\Sigma^{-1}e>0\\ +\sqrt{\tilde{\mu}'\Sigma^{-1}\tilde{\mu}-(\tilde{\mu}'\Sigma^{-1}e)^2/(e'\Sigma^{-1}e)}, & \tilde{\mu}'\Sigma^{-1}e\leqslant 0.\end{cases}$$

且有当 $x=\frac{\Sigma^{-1}\tilde{\mu}}{e'\Sigma^{-1}\tilde{\mu}}=\frac{\Sigma^{-1}\mu-R_d\Sigma^{-1}e}{B-R_dC}=x_{\text{rsf}}$ 时,$\frac{\tilde{\mu}'x}{\sqrt{x'\Sigma x}}=\sqrt{\tilde{\mu}'\Sigma^{-1}\tilde{\mu}}=\sqrt{A-2BR_d+CR_d^2}$。因此(i)成立。

由于

$$\tilde{\mu}'\Sigma^{-1}\tilde{\mu}-(\tilde{\mu}'\Sigma^{-1}e)^2/(e'\Sigma^{-1}e)=(AC-B^2)/C=D/C,$$

故(ii)成立。定理得证。 □

从几何上看,如图 4.1 所示,当 $R_d<B/C$ 时,在 σ - μ 平面上,如果过$(0,R_d)$的直线与均值-方差有效前沿相切,则直线的斜率为 $k=\sqrt{A-2BR_d+CR_d^2}$,因此切点 S 对应的切点组合就是 RSF 投资组合。①

定理 4.1 表明,如果事先给定生存收益水平 R_d,则当 $R_d\geqslant B/C$ 时,由经典的 RSF 模型找不到有限的投资组合。在 $R_d<B/C$ 时,RSF 模型存在有限的投资组合,此时出现破产的概率随着生存收益水平的提高而增大,但不会超过 $R_d\geqslant B/C$ 时的最低破产概率 $F(-\sqrt{D/C})$。

特别地,如果 $R_d=0$,则当且仅当 $B>0$ 时,RSF 模型存在有限的投资组合 $x_{\text{rsf}}=\Sigma^{-1}\mu/B$,最低破产概率为 $F(-\sqrt{A})$。

4.2.2 KSF 模型及其解的存在条件

在 RSF 准则中,生存收益水平或保障收益水平被事先确定,投资者的决策是使得破产发生的可能性最小。而依据 KSF 准则,投资者事先并不知道生存收益水平 R_d,因此在选择投资组合时,希望在满足安全性要求即 $P(R_x\leqslant R_d)\leqslant\alpha$ 的同时最大化可以接受的最小实际收益水平(即生存水平)R_d。KSF 准则的模型化形式如下:

$$\max_x\quad R_d$$
$$\text{s.t.}\quad\begin{cases}P(R_x\leqslant R_d)\leqslant\alpha\\ e'x=1.\end{cases}\qquad(4.5)$$

① Elton 和 Gruber (1987)等文献仅给出 RSF、TSF 和 KSF 的几何解法,但都没有给出本书的解析解。

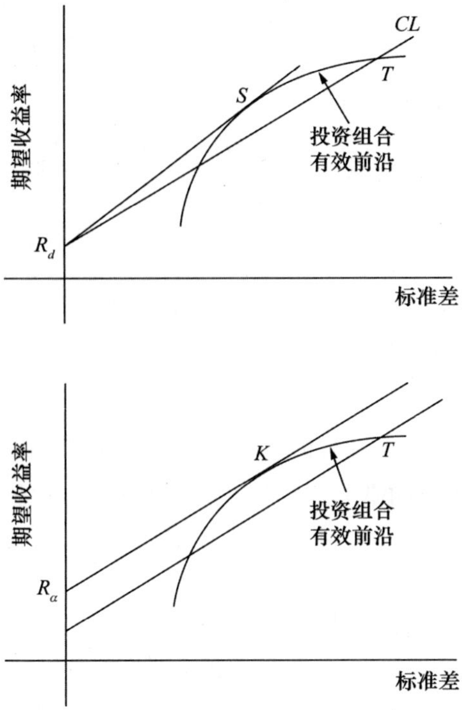

图 4.1 RSF 投资组合、TSF 投资组合和 KSF 投资组合的关系

这里，α 是事先确定的正实数，但 R_d 是要优化的目标。对于给定的 α，我们记 KSF 模型的最优解即 KSF 投资组合为 x_{ksf}，最优的可接受收益水平为 R_α。

由于 $P(R_x \leqslant R_d) \leqslant \alpha$ 等价于 $\mu_x + k_\alpha \sigma_x \geqslant R_d$，其中 $F(k_\alpha) = \alpha$，即 $k_\alpha \equiv F^{-1}(\alpha)$。因此，模型(4.5)可等价于如下的函数极值问题[①]：

$$\begin{aligned} \max_{x} \quad & \mu' x + k_\alpha \sqrt{x' \Sigma x} \\ \text{s.t.} \quad & e' x = 1. \end{aligned} \tag{4.6}$$

对于任何一个分布，均存在一个临界值 α^* 使得 $F^{-1}(\alpha^*) = 0$，且在 $\alpha < \alpha^*$ 时 $F^{-1}(\alpha) < 0$，在 $\alpha > \alpha^*$ 时有 $F^{-1}(\alpha) > 0$。α^* 与 R_x 的分布关于其均值的对称性有关，当 $\alpha^* = 0.5$ 时 R_x 的分布关于其均值是对称的。通常，投资者事先确定的 α 往往很小，只要 R_x 的分布不是太偏，就有 $k_\alpha < 0$，此时模型(4.6)为凹函数的最大值问题。

定理 4.2[②] 当且仅当 α 满足 $-\infty < k_\alpha < -\sqrt{\dfrac{D}{C}}$ 时，模型(4.5)存在唯一

---

① 可参考 Pyle 和 Turnovsky (1970)。

② Ding 和 Zhang (2009b)在椭球分布假设下得到了 KSF 模型的解析解。

的有限解,且 KSF 投资组合 x_{ksf} 可以用如下的解析式给出:

$$x_{\mathrm{ksf}} = \frac{1}{\sqrt{Ck_\alpha^2 - D}}\left(\Sigma^{-1}\mu + \frac{-B + \sqrt{Ck_\alpha^2 - D}}{C}\Sigma^{-1}e\right). \tag{4.7}$$

最优的可接受收益水平为 $R_\alpha = \frac{B - \sqrt{Ck_\alpha^2 - D}}{C}$, x_{ksf} 的期望收益和标准差分别为

$$\mu_{\mathrm{ksf}} = \frac{B}{C} + \frac{D}{C\sqrt{Ck_\alpha^2 - D}}, \tag{4.8}$$

$$\sigma_{\mathrm{ksf}} = \frac{-k_\alpha}{\sqrt{Ck_\alpha^2 - D}}. \tag{4.9}$$

[证明] 注意到 $k_\alpha = 0$ 时,模型(4.6)不存在有限的全局最优解,除非所有风险资产具有相同的预期收益,即 μ 所有的分量都相等。

若 $k_\alpha > 0$,模型(4.6)是由线性方程等式约束的可微分凸函数的最大化。因此,也不存在一个有限的全局最优解。

于是,我们下面只需考虑 $k_\alpha < 0$。令

$$L(x,\lambda) = \mu' x + k_\alpha \sqrt{x'\Sigma x} + \lambda(x'e - 1)$$

为模型(4.6)的拉格朗日函数,那么模型(4.6)存在有限全局最优解的充分必要条件是存在 x 和 λ 满足如下方程:

$$\frac{\partial L}{\partial x} = \mu + k_\alpha \frac{\Sigma x}{\sqrt{x'\Sigma x}} + \lambda e = 0, \tag{4.10}$$

$$\frac{\partial L}{\partial \lambda} = x'e - 1 = 0. \tag{4.11}$$

式(4.10)等价于

$$x = -\frac{1}{k_\alpha}\Sigma^{-1}(\mu + \lambda e)\sqrt{x'\Sigma x}. \tag{4.12}$$

于是由式(4.12)并将其代入式(4.11)可分别得

$$C\lambda^2 + 2B\lambda + (A - k_\alpha^2) = 0, \tag{4.13}$$

$$k_\alpha = -(B + C\lambda)\sqrt{x'\Sigma x}. \tag{4.14}$$

当且仅当判别式 $\Delta = 4B^2 - 4C(A - k_\alpha^2) = 4(-D + Ck_\alpha^2) \geqslant 0$,即 $k_\alpha \leqslant -\sqrt{D/C}$ 时,存在 λ 满足式(4.13)。然而当 $k_\alpha = -\sqrt{D/C}$ 时,由式(4.13)解得 $\lambda = -B/C$,代入式(4.14)得 $k_\alpha = 0$,矛盾。

当 $-\infty < k_\alpha < -\sqrt{D/C}$ 时,由式(4.13)解得

$$\lambda = \lambda_{1,2} \equiv \frac{-B \pm \sqrt{Ck_\alpha^2 - D}}{C}. \tag{4.15}$$

显然 $\lambda=\lambda_2$ 不满足式(4.14)，因为 $B+C\lambda_2<0$。将 $\lambda=\lambda_1$ 代入式(4.14)得

$$\sqrt{x'\Sigma x}=-\frac{k_\alpha}{B+C\lambda_1}=-\frac{k_\alpha}{\sqrt{Ck_\alpha^2-D}}. \tag{4.16}$$

将式(4.16)和式(4.15)代入式(4.12)即得

$$x=x_{\text{ksf}}\equiv\frac{1}{\sqrt{Ck_\alpha^2-D}}\left(\Sigma^{-1}\mu+\frac{-B+\sqrt{Ck_\alpha^2-D}}{C}\Sigma^{-1}e\right).$$

于是当且仅当 $-\infty<k_\alpha<-\sqrt{D/C}$ 时，存在唯一的 x 和 λ 满足式(4.10)和式(4.11)，从而模型(4.6)存在唯一的有限最优解由式(4.7)给出。

将 $x=x_{\text{ksf}}$ 代入相应的 μ_x 和 σ_x 定义，即得式(4.8)和式(4.9)，从而得到

$$\mu_{\text{ksf}}+k_\alpha\sigma_{\text{tsf}}=(B-\sqrt{Ck_\alpha^2-D})/C. \tag{4.17}$$

定理得证。□

从图形上看，如图 4.1 所示，在均值-标准差平面上，KSF 投资组合就是切点 K 对应的投资组合，切点 K 是过点$(0,R_\alpha)$且斜率为 $-k_\alpha=-F^{-1}(\alpha)$ 的直线与均值-方差有效前沿曲线的切点。

定理 4.2 表明，如果事先给定非零的破产概率 α，则最优的生成水平 $R_d=R_d(\alpha)\equiv R_\alpha$ 是 α 的单调增函数。仅在 $0<\alpha<F^{-1}(-\sqrt{D/C})$ 时，存在最优的有限 KSF 投资组合，其对应的生成水平满足 $R_\alpha<B/C$。

4.2.3　TSF 模型及其解的存在条件

根据 TSF 准则，一个投资者选择自己的行动，即最优的资产组合 x，在使得 $P(R_x\leqslant R_d)\leqslant\alpha$ 的同时最大化投资的期望收益，$E(R_x)\equiv\mu'x$。这里，R_d 和 α 是事先确定的固定值。TSF 模型可以表示为如下的规划问题：

$$\begin{aligned}&\max_x\quad \mu_x=\mu'x\\&\text{s.t.}\quad\begin{cases}P(x'R\leqslant R_d)\leqslant\alpha\\x'e=1.\end{cases}\end{aligned} \tag{4.18}$$

由于 $P(R_x\leqslant R_d)\leqslant\alpha$ 等价于 $\dfrac{R_d-\mu_x}{\sigma_x}\leqslant F^{-1}(\alpha)$ 或者 $\mu_x+F^{-1}(\alpha)\sigma_x\geqslant R_d$，因此 TSF 模型(4.18)等价于

$$\begin{aligned}&\max_x\quad \mu'x\\&\text{s.t.}\quad\begin{cases}\mu'x+k_\alpha\sqrt{x'\Sigma x}\geqslant R_d\\e'x=1,\end{cases}\end{aligned} \tag{4.19}$$

其中 $k_\alpha\equiv F^{-1}(\alpha)$，$\alpha>0$。模型(4.18)或者模型(4.19)的最优解被称为 TSF

投资组合，记为 x_{tsf}。①

定理 4.3　(i) 当且仅当 $-\infty<k_\alpha<-\sqrt{\dfrac{D}{C}}$ 且 $R_b\leqslant(B-\sqrt{Ck_\alpha^2-D})/C$ 时，TSF 模型(4.18)或者模型(4.19)存在唯一的有限最优解，TSF 投资组合 x_{tsf} 可以表示为

$$x_{\text{tsf}}=\frac{1}{D}\Sigma^{-1}[(Ae-B\mu)+(C\mu-Be)\widetilde{E}],\tag{4.20}$$

其中

$$\widetilde{E}=\frac{Bk_\alpha^2-DR_d+\sqrt{Dk_\alpha^2(A-2BR_d+CR_d^2-k_\alpha^2)}}{Ck_\alpha^2-D}.\tag{4.21}$$

(ii) 如果 $R_d=(B-\sqrt{Ck_\alpha^2-D})/C$ 且 $-\infty<k_\alpha<-\sqrt{\dfrac{D}{C}}$，则

$$x_{\text{tsf}}=\frac{\Sigma^{-1}\mu-R_d\Sigma^{-1}e}{B-CR_d},\tag{4.22}$$

$$\widetilde{E}=\frac{B}{C}+\frac{D}{C(B-CR_d)}.\tag{4.23}$$

更特别地，如果 $R_d=0$ 且 $k_\alpha=-\sqrt{A}$，则 $x_{\text{tsf}}=\dfrac{\Sigma^{-1}\mu}{B}$。

[证明]　图 4.1 展示了 TSF 投资组合的确定方法。图中斜率为 $-k_\alpha$ 的直线和均值-方差模型的有效前沿曲线界定了模型(4.5)的可行区域。TSF 投资组合就是直线 CL 与曲线相交的 T 点对应的投资组合。根据定理 4.2，TSF 投资组合存在的充分必要条件是 α 满足 $-\infty<k_\alpha<-\sqrt{\dfrac{D}{C}}$ 且 $R_d\leqslant R_\alpha\equiv\dfrac{B-\sqrt{Ck_\alpha^2-D}}{C}$，此时 $k_\alpha^2\leqslant A-2BR_d+CR_d^2$。

设 TSF 投资组合具有期望收益 $\widetilde{E}$ 和标准差 $\widetilde{\sigma}$，则

$$\widetilde{E}=R_d-k_\alpha\widetilde{\sigma},\tag{4.24}$$

$$\frac{\widetilde{\sigma}^2}{\dfrac{1}{C}}-\frac{\left(\widetilde{E}-\dfrac{B}{C}\right)^2}{\dfrac{D}{C^2}}=1.\tag{4.25}$$

式(4.24)表明 TSF 投资组合位于直线 CL 上，式(4.25)表明 TSF 投资组合位于均值-方差组合前沿上。

---

① Telser (1955)假设不知道 R 的分布形式，采用切比谢夫不等式将概率约束转化为模型(4.5)中类似的形式，其中 $k_\alpha=-1/\sqrt{\alpha}$；李仲飞和陈国俊(2005)讨论了此种形式的图形解法。Engels (2004)将生存水平取为初始财富的负值并讨论了模型的求解，但并没有给出模型最优解的存在条件。

将式(4.24)代入式(4.25),消去 $\tilde{\sigma}$,可得

$$(Ck_\alpha^2 - D)\tilde{E}^2 + 2(DR_d - Bk_\alpha^2)\tilde{E} + (Ak_\alpha^2 - DR_d^2) = 0. \quad (4.26)$$

由于式(4.26)的判别式为

$$\begin{aligned}\tilde{\Delta} &= 4(DR_d - Bk_\alpha^2)^2 - 4(Ck_\alpha^2 - D)(Ak_\alpha^2 - DR_d^2) \\ &= 4Dk_\alpha^2(A - 2BR_d + CR_d^2 - k_\alpha^2) \geqslant 0,\end{aligned} \quad (4.27)$$

故式(4.26)存在有限解:

$$\tilde{E} = \tilde{E}_{1,2} \equiv \frac{Bk_\alpha^2 - DR_d \pm \sqrt{Dk_\alpha^2(A - 2BR_d + CR_d^2 - k_\alpha^2)}}{Ck_\alpha^2 - D}. \quad (4.28)$$

由于 TSF 模型的最优解具有较大的期望值,因此取 $\tilde{E} = \tilde{E}_1$,即式(4.21)对应的均值-方差前沿组合 $x = x_{\text{tsf}}$ 为模型(4.19)的最优解,其由式(4.20)给出。至此得到(i)。

如果 $R_d = (B - \sqrt{Ck_\alpha^2 - D})/C$ 且 $-\infty < k_\alpha < -\sqrt{\dfrac{D}{C}}$,则 $k_\alpha^2 = A - 2BR_d + CR_d^2$,从而

$$\tilde{E} = \frac{Bk_\alpha^2 - DR_d}{Ck_\alpha^2 - D} = \frac{B}{C} + \frac{D}{C\sqrt{Ck_\alpha^2 - D}} = \frac{B}{C} + \frac{D}{C(B - CR_d)},$$

此即式(4.23)。代入式(4.20)得到式(4.22),于是(ii)成立。定理得证。□

定理 4.3 表明,当 $R_d \geqslant B/C$ 时,经典的 TSF 模型不存在有限的最优投资组合。而当 $R_d < B/C$ 时,当且仅当 $-\sqrt{A - 2BR_d + CR_d^2} \leqslant k_\alpha < -\sqrt{D/C}$ 时,经典的 TSF 模型才存在有限的最优投资组合 x_{tsf},其由式(4.20)给出。

4.3　经典 SF 投资组合的夏普比率

在 Markowitz(1952,1959)均值-方差模型的分析框架下,夏普比率作为风险资产的投资业绩指标最早由 Sharpe(1966)在研究共同基金的业绩评价时提出。后来该指标得到了广泛的关注,在引用中常被给予不同的名称,如报酬-波动比率(Reward-to-Variability Ratio)、夏普指标(Sharpe Index)、夏普比率等(Sharpe, 1994)。夏普比率一般定义为风险资产(组合)x 的期望超额收益与收益的波动性或者风险之比,通常用公式表示为

$$\text{SR}_x = \frac{E(R_x - R_b)}{\sqrt{\text{Var}(R_x)}}. \quad (4.29)$$

这里 R_b 为参考资产(组合)的期望收益(率),收益(率)的标准差用来测度风险。

一般地,夏普投资组合指具有最优夏普比率的资产组合。如果 R_b 是给

定的常数,则夏普投资组合(Haley and McGee, 2006)是如下模型的最优解 x_{sh}:

$$\begin{aligned}&\max_{x} \quad \frac{\mu' x - R_b}{\sqrt{x'\Sigma x}} \\ &\text{s.t.} \quad e'x = 1.\end{aligned} \tag{4.30}$$

在应用中,人们习惯于将风险资产(组合)的收益与 0 或者无风险资产的收益相比,因此常用的情形是取 $R_b=0$ (Durand, et al., 2010)或者 $R_b=r_f$ 即无风险资产的收益率。

4.3.1 RSF 投资组合的夏普比率

比较模型(4.2)和模型(4.30)可见,只要 $\mu_x=\mu' x>R_b=R_d$,夏普投资组合 x_{sh}与 RSF 投资组合 x_{rsf}是一致的(Haley and McGee, 2006),因此具有相同的夏普比率。为了方便,本节中取 R_b 和 R_d 两个事先确定的常数为同一的值。

如果 $R_b=0$,则由 Maller 和 Turkington (2002)知,当 $B>0$ 时最大的夏普比率为 $\mathrm{SR}_{\mathrm{rsf}}=+\sqrt{A}$,相应的 RSF 投资组合或者夏普投资组合为 $x_{\mathrm{sh}}\equiv x_{\mathrm{rsf}}=\frac{\Sigma^{-1}\mu}{B}$。当 $B\leqslant 0$ 时,最大的夏普比率为 $\mathrm{SR}_{\mathrm{rsf}}=+\sqrt{D/C}$,但不存在有限的 RSF 投资组合或者夏普投资组合。

如果 $R_b\neq 0$ 时,则由定理 4.1 知,当 $B/C>R_b$ 时,最大的夏普比率为

$$\mathrm{SR}_{\mathrm{rsf}} = \sqrt{A-2BR_b+CR_b^2}, \tag{4.31}$$

相应的 RSF 投资组合或者夏普投资组合为

$$x_{\mathrm{rsf}} \equiv x_{\mathrm{sh}} = \frac{\Sigma^{-1}\mu - R_b\Sigma^{-1}e}{B-R_bC}.$$

当 $B/C\leqslant R_b$ 时,最大的夏普比率为$+\sqrt{D/C}$,但不存在有限的 RSF 投资组合或夏普投资组合。

4.3.2 TSF 投资组合的夏普比率

由定理 4.3 及式(4.24)知,TSF 投资组合 x_{tsf}如果存在的话,则其满足:

$$\frac{\mu' x_{\mathrm{tsf}} - R_d}{\sqrt{x'_{\mathrm{tsf}}\Sigma x_{\mathrm{tsf}}}} = -k_\alpha. \tag{4.32}$$

因此,当取 $R_b=R_d$ 时, TSF 投资组合的夏普比率为

$$\mathrm{SR}_{\mathrm{tsf}} = -k_\alpha. \tag{4.33}$$

根据定理 4.3,由于 $R_b=R_d<B/C$, $-\sqrt{A-2BR_b+CR_b^2}\leqslant k_\alpha<-\sqrt{\frac{D}{C}}$等

价于 $k_\alpha<-\sqrt{\dfrac{D}{C}}$ 且 $R_b\leqslant(B-\sqrt{Ck_\alpha^2-D})/C$，式(4.33)成立。比较式(4.31)和式(4.33)知，当给定 $R_b=R_d<B/C$ 时，当且仅当 $k_\alpha=-\sqrt{A-2BR_b+CR_b^2}$，有 $\mathrm{SR}_{\mathrm{rsf}}=\mathrm{SR}_{\mathrm{tsf}}$，即 TSF 准则和 RSF 准则得到同样绩效的投资组合。即只存在唯一的 α，使 TSF 和 RSF 等价，对其余的 α 所得到的 TSF 投资组合的绩效即夏普比率低于 RSF 投资组合的绩效。

特别地，当 $R_b=R_d=0$ 且 $k_\alpha=-\sqrt{A}$ 时，TSF 投资组合与 RSF 投资组合相同，其解析表示为 $x_{\mathrm{rsf}}=x_{\mathrm{tsf}}=\dfrac{\Sigma^{-1}\mu}{B}$。其余情形即 $-\sqrt{A}<k_\alpha<-\sqrt{D/C}$ 时，TSF 投资组合存在，但其夏普比率均低于 RSF 的夏普比率。

Hagigi 和 Kluger(1987)用 TSF 准则评价投资组合的业绩，并与夏普比率作为业绩评价指标进行了对比，通过数值算例，发现存在一种特殊情形，即 $R_d=R_b$，且 α 使得所有的基金都是"不安全的"，两种业绩评价的结果是一致的。这里我们则从理论的角度证明了 TSF 准则与夏普比率准则的一致性取决于基准收益 $R_b=R_d$ 和不安全的概率水平 α。

4.3.3　KSF 投资组合的夏普比率

由定理 4.2 知，KSF 投资组合 x_{ksf} 满足 $\dfrac{\mu' x_{\mathrm{ksf}}-R_\alpha}{\sqrt{x'_{\mathrm{ksf}}\Sigma x_{\mathrm{ksf}}}}=-k_\alpha$，KSF 投资组合的夏普比率为

$$\mathrm{SR}_{\mathrm{ksf}}=\frac{\mu_{\mathrm{ksf}}-R_b}{\sigma_{\mathrm{ksf}}}=\frac{\mu_{\mathrm{ksf}}-R_\alpha+R_\alpha-R_b}{\sigma_{\mathrm{ksf}}}=-k_\alpha+\frac{R_\alpha-R_b}{\sigma_{\mathrm{ksf}}},\tag{4.34}$$

其中 $\mu_{\mathrm{ksf}}=\dfrac{B}{C}+\dfrac{D}{C\sqrt{Ck_\alpha^2-D}}$，$\sigma_{\mathrm{ksf}}=\dfrac{-k_\alpha}{\sqrt{Ck_\alpha^2-D}}$，$R_\alpha=\dfrac{B}{C}-\dfrac{\sqrt{Ck_\alpha^2-D}}{C}$。当取 $R_b=0$ 时，KSF 投资组合的夏普比率为

$$\mathrm{SR}_{\mathrm{ksf}}^0=\frac{\mu_{\mathrm{ksf}}}{\sigma_{\mathrm{ksf}}}=-\frac{D+B\sqrt{Ck_\alpha^2-D}}{Ck_\alpha}=\sqrt{\frac{D}{C}}\sqrt{\frac{D}{Ck_\alpha^2}}+\frac{B}{\sqrt{C}}\sqrt{1-\frac{D}{Ck_\alpha^2}}.$$

记 $g(y)=\sqrt{\dfrac{D}{C}}y+\dfrac{B}{\sqrt{C}}\sqrt{1-y^2}\ (0<y<1)$，则

$$g'(y)=\frac{\mathrm{d}g(y)}{\mathrm{d}y}=\sqrt{\frac{D}{C}}-\frac{B}{\sqrt{C}}\frac{y}{\sqrt{1-y^2}}.$$

于是，当 $k_\alpha<-\sqrt{\dfrac{D}{C}}$ 和 $R_b=0$ 时 x_{ksf} 存在有限，且 x_{ksf} 的夏普比率为 $\mathrm{SR}_{\mathrm{ksf}}^0=g\left(\sqrt{\dfrac{D}{Ck_\alpha^2}}\right)$。

定理 4.4 如果 $B\leqslant 0$, $R_b=0$, $k_\alpha<-\sqrt{\frac{D}{C}}$,则 KSF 投资组合 x_{ksf}的夏普比率 $\mathrm{SR}^0_{\mathrm{ksf}}$具有如下性质:

(i) $\mathrm{SR}^0_{\mathrm{ksf}}$作为 α 的函数是严格单调增加的。

(ii) $\lim\limits_{\alpha\uparrow F^{-1}(-\sqrt{D/C})}\mathrm{SR}^0_{\mathrm{ksf}}=\sqrt{\frac{D}{C}}$, $\lim\limits_{\alpha\downarrow 0}\mathrm{SR}^0_{\mathrm{ksf}}=\frac{B}{\sqrt{C}}$。

(iii) $\frac{B}{\sqrt{C}}<\mathrm{SR}^0_{\mathrm{ksf}}<\sqrt{\frac{D}{C}}$。

[**证明**] (i) 当 $B\leqslant 0$ 时,显然 $g'(y)=\frac{\mathrm{d}g(y)}{\mathrm{d}y}>0$ ($\forall\, 0<y<1$),因此 $g(y)$是 y 的严格增函数。

令 $y=\sqrt{\frac{D}{Ck_\alpha^2}}$,则对于任意的 $k_\alpha<-\sqrt{\frac{D}{C}}$ 有 $0<y<1$。显然作为 α 的函数,$y=\sqrt{\frac{D}{Ck_\alpha^2}}$也是严格增加的。由于 $\mathrm{SR}^0_{\mathrm{ksf}}=g\left(\sqrt{\frac{D}{Ck_\alpha^2}}\right)$,因此其作为 α 的函数在满足 $k_\alpha<-\sqrt{\frac{D}{C}}$的定义域上也是严格增加的。

(ii) 由于 $\lim\limits_{\alpha\to 0+}k_\alpha=-\infty$, $\lim\limits_{k_\alpha\to-\infty}y=0$, $\lim\limits_{y\to 0+}g(y)=0$,故 $\lim\limits_{\alpha\to 0+}\mathrm{SR}^0_{\mathrm{ksf}}=\lim\limits_{y\to 0+}g(y)=\frac{B}{\sqrt{C}}$。由于 $\lim\limits_{\alpha\to F^{-1}(-\sqrt{D/C})}k_\alpha=-\sqrt{\frac{D}{C}}$, $\lim\limits_{k_\alpha\to-\sqrt{D/C}}y=1$, $\lim\limits_{y\to 1-}g(y)=\sqrt{\frac{D}{C}}$,故 $\lim\limits_{\alpha\to F^{-1}(-\sqrt{D/C})}\mathrm{SR}^0_{\mathrm{ksf}}=\lim\limits_{y\to 1-}g(y)=\sqrt{\frac{D}{C}}$。

(iii) 结合(i)和(ii)可得到(iii)。□

注意到对于具有最小方差的投资组合 $x_{\min}$,其相应的相对于零基准收益率的夏普比率为 $\mathrm{SR}^0_{\min}=B/\sqrt{C}$。而 Maller 和 Turkington (2002)证明了当 $B\leqslant 0$ 时,不存在有限的投资组合达到最大的夏普比率。定理 4.4 表明,当 $B\leqslant 0$, $R_b=0$, $-\infty<k_\alpha<-\sqrt{\frac{D}{C}}$时, KSF 投资组合的夏普比率介于最小方差投资组合的夏普比率和最大的夏普比率之间,而且 KSF 投资组合可以无限逼近具有最大夏普比率的 RSF 投资组合,即

$$x_{\mathrm{rsf}}^{\infty}\equiv\lim_{k_\alpha\uparrow-\sqrt{D/C}}x_{\mathrm{ksf}}=\lim_{k_\alpha\uparrow-\sqrt{D/C}}\frac{1}{\sqrt{Ck_\alpha^2-D}}\left(\Sigma^{-1}\mu+\frac{-B+\sqrt{Ck_\alpha^2-D}}{C}\Sigma^{-1}e\right).$$

定理 4.5 如果 $B>0$, $R_b=0$, $-\infty<k_\alpha<-\sqrt{\frac{D}{C}}$,则 KSF 投资组合 x_{ksf}

的夏普比率 SR_{ksf}^0 具有如下性质：(i) $SR_{ksf}^0 \leqslant \sqrt{A}$；(ii) 当且仅当 α 满足 $k_\alpha = -\sqrt{A}$ 时，$SR_{ksf}^0 = \sqrt{A}$。

[证明]　(i) 当 $B>0$ 时，令 $g'(y)=\frac{\mathrm{d}g(y)}{\mathrm{d}y}=\sqrt{\frac{D}{C}}-\frac{B}{\sqrt{C}}\frac{y}{\sqrt{1-y^2}}=0$，得到 $\frac{B}{\sqrt{D}}y=\sqrt{1-y^2}$，于是 $\frac{AC}{D}y^2=1$，从而 $y=\sqrt{\frac{D}{AC}}$。注意到 $\frac{y}{\sqrt{1-y^2}}$ 关于 y $(0<y<1)$ 严格单调递增，于是有

当 $0<y<\sqrt{\frac{D}{AC}}$ 时，我们有

$$g'(y)=\sqrt{\frac{D}{C}}-\frac{B}{\sqrt{C}}\frac{y}{\sqrt{1-y^2}}>\sqrt{\frac{D}{C}}-\frac{B}{\sqrt{C}}\frac{\sqrt{D}}{\sqrt{B^2}}=0.$$

当 $\sqrt{\frac{D}{AC}}<y<1$ 时，我们有

$$g'(y)=\sqrt{\frac{D}{C}}-\frac{B}{\sqrt{C}}\frac{y}{\sqrt{1-y^2}}<\sqrt{\frac{D}{C}}-\frac{B}{\sqrt{C}}\frac{\sqrt{D}}{\sqrt{B^2}}=0.$$

从而函数

$$g(y)=\sqrt{\frac{D}{C}}y+\frac{B}{\sqrt{C}}\sqrt{1-y^2}$$

在 $y=\sqrt{\frac{D}{AC}}$ 时达到最大值 $g\left(\sqrt{\frac{D}{AC}}\right)=\frac{D+B^2}{C\sqrt{A}}=\sqrt{A}$。因此 $SR_{ksf}^0=g\left(\sqrt{\frac{D}{Ck_\alpha^2}}\right)\leqslant\sqrt{A}$。

(ii) 由于 α 满足 $k_\alpha<-\sqrt{\frac{D}{C}}$，$y=\sqrt{\frac{D}{Ck_\alpha^2}}$ 作为 α 的函数是严格单调增加的。由 $\sqrt{\frac{D}{AC}}=\sqrt{\frac{D}{Ck_\alpha^2}}$ 得到 $k_\alpha=-\sqrt{A}$。又当 $R_b=0$ 时，KSF 投资组合 x_{ksf} 的夏普比率为 $SR_{ksf}^0=g\left(\sqrt{\frac{D}{Ck_\alpha^2}}\right)$，故当且仅当 α 满足 $k_\alpha=-\sqrt{A}$ 时，

$$SR_{ksf}^0=g\left(\sqrt{\frac{D}{Ck_\alpha^2}}\right)=g\left(\sqrt{\frac{D}{AC}}\right)=\sqrt{A}.$$ □

定理 4.5 表明，类似于 TSF 模型，当 $B>0$，$R_b=0$ 时，当且仅当 $k_\alpha=-\sqrt{A}$ 时或者 $\alpha=F(-\sqrt{A})$ 时，$x_{ksf}=x_{rsf}$，即 KSF 模型的投资组合达到最大夏普比率 $SR_{rsf}^0=\sqrt{A}$。而对于任意给定的 $\alpha\neq F(-\sqrt{A})$，均有 $SR_{ksf}^0<SR_{rsf}^0=\sqrt{A}$。

该部分更一般的结果发表在 *Journal of Industrial & Management Op-*

timization 上,有兴趣的读者可以参阅 Ding 和 Lu(2020)。

4.4　三种经典 SF 模型的综合比较

4.4.1　适用场合的比较

首先,比较定理 4.1—定理 4.3,我们可以发现三种经典 SF 模型的适用市场条件不同。

(1) 对于一个事先给定的生存收益水平 R_d,当且仅当市场参数满足 $B/C>R_d$ 时,RSF 模型可以提供一个最优的投资组合 x_{rsf},该投资组合的收益超过生存收益水平的概率大于其他的投资组合,且

$$P(R'x_{\mathrm{rsf}}>R_d)=1-F(-\sqrt{A-2BR_d+CR_d^2}).$$

(2) 对于一个事先给定的生存收益水平 R_d,TSF 模型和 RSF 模型一样,不适用于市场参数满足 $B/C\leqslant R_d$ 的情形。然而,即使在市场参数满足 $B/C>R_d$ 的情形下,也当且仅当投资者的安全控制水平 α 同时满足

$$F(-\sqrt{A-2BR_d+CR_d^2})\leqslant\alpha<F(-\sqrt{D/C})$$

时,TSF 模型才能提供一个有限的投资组合 x_{tsf},在满足安全性要求即 $P(R'x\leqslant R_d)\leqslant\alpha$ 的所有投资组合 x 中,x_{tsf} 具有最大的期望收益,即 $\mu'x_{\mathrm{tsf}}\geqslant\mu'x$,其等号仅当 $x=x_{\mathrm{tsf}}$ 时成立。

(3) KSF 模型不受市场条件的限制,且当且仅当投资者的安全控制水平 α 满足 $0<\alpha<F(-\sqrt{D/C})$ 时,才能利用 KSF 模型提供一个有限的投资组合 x_{ksf},在满足安全性要求即 $P(R'x\leqslant R_d)\leqslant\alpha$ 的所有投资组合 x 中,x_{ksf} 具有最高的安全收益水平 R_α,即 $P(R'x_{\mathrm{ksf}}\leqslant R_\alpha)\leqslant\alpha$,且 $R_\alpha\geqslant R_d$。其等号仅在 $x=x_{\mathrm{ksf}}$ 时成立。

总之,在三种经典的 SF 模型中,KSF 模型适用的范围最广,RSF 模型次之,TSF 模型的适用范围最小。TSF 模型适用的投资者,RSF 模型均能适用,即利用后者能够帮助投资者找到一个安全的投资组合。RSF 模型适用的投资者,KSF 模型均能适用,即利用后者能够帮助投资者找到一个安全的投资组合。然而,存在 RSF 模型和 TSF 模型不适用的市场条件,比如当取 $R_d=0$ 时,RSF 模型和 TSF 模型不能适用于 $B\leqslant 0$ 的市场,但 KSF 模型则可以适用。即使在 $B>0$ 的市场,TSF 模型也仅适用于 $F(-\sqrt{A})\leqslant\alpha<F(-\sqrt{D/C})$ 的投资者,不适用于 $0<\alpha<F(-\sqrt{A})$ 的投资者,但是 KSF 模型则适用于 $0<\alpha<F(-\sqrt{D/C})$ 的所有投资者。

4.4.2　投资绩效的比较

为方便比较,假设在计算夏普比率中采用的基准收益率等于在 RSF 模型和 TSF 模型中事先确定的可接受的最小收益水平,即 $R_b=R_d$。

由定理 4.2 和定理 4.3 知,当 $-\infty<k_\alpha<-\sqrt{D/C}$ 时,如果 TSF 模型和 KSF 模型均存在有限最优解,则 $R_d\leqslant(B-\sqrt{Ck_\alpha^2-d})/C=R_\alpha$。再比较式(4.33)和式(4.34),可得

$$\mathrm{SR}_{\mathrm{ksf}}=\mathrm{SR}_{\mathrm{tsf}}+\frac{R_\alpha-R_b}{\sigma_{\mathrm{ksf}}}\geqslant\mathrm{SR}_{\mathrm{tsf}}. \tag{4.35}$$

由于当且仅当 $k_\alpha=-\sqrt{A-2BR_b+CR_b^2}$ 和 $R_b<B/C$ 时 $R_b=R_\alpha=(B-\sqrt{Ck_\alpha^2-D})/C$。再比较式(4.35)和式(4.31),即得

$$\mathrm{SR}_{\mathrm{ksf}}=\mathrm{SR}_{\mathrm{tsf}}=\mathrm{SR}_{\mathrm{rsf}}=\sqrt{A-2BR_b+CR_b^2}. \tag{4.36}$$

总之,由定理 4.1—定理 4.3 知,当 $R_b<B/C$ 且

$$F(-\sqrt{A-2BR_b+CR_b^2})<\alpha<F(-\sqrt{D/C})$$

时,三种模型的有限最优解均存在,RSF 投资组合的绩效指标夏普比率最大,TSF 投资组合的绩效指标夏普比率最小,即 $\mathrm{SR}_{\mathrm{tsf}}\leqslant\mathrm{SR}_{\mathrm{ksf}}\leqslant\mathrm{SR}_{\mathrm{rsf}}$。而且只存在唯一的情形,即 $R_b<B/C$ 且 $\alpha=F(-\sqrt{A-2BR_b+CR_b^2})$ 时,$\mathrm{SR}_{\mathrm{tsf}}=\mathrm{SR}_{\mathrm{ksf}}=\mathrm{SR}_{\mathrm{rsf}}$。因此,从资产的投资绩效指标夏普比率的角度看,KSF 投资组合的绩效不会低于 TSF 投资组合的绩效,KSF 准则优于 TSF 准则。在 $R_b<B/C$ 时,对于风险容忍水平 α 满足 $F(-\sqrt{A-2BR_b+CR_b^2})<\alpha<F(-\sqrt{D/C})$ 的投资者,KSF 准则下的最优资产配置将优于 TSF 准则下的最优资产配置。

特别地,当 $R_b=R_d=0$ 时,存在唯一的情形,即 $B>0$ 且 $\alpha=F(-\sqrt{A})$,三种安全首要模型的投资决策不存在差别。当 $F(-\sqrt{A})<\alpha<F(-\sqrt{D/C})$ 时,KSF 准则下的最优资产配置将优于 TSF 准则下的最优资产配置。

4.5　数 值 算 例

4.5.1　算例 1: $\dfrac{B}{C}>R_b$

考虑三种风险资产(证券、债券基金、房地产代码分别为 1B0010、1B0011、1B0006)的市场,利用大智慧数据库中 2003 年 6 月—2011 年 12 月的月度数据,估算出三种风险资产在投资期内的(月)期望收益率和协方差如表 4.1 所示。由于数据不能拒绝正态分布的假设,因此我们用正态分布作为三

种资产收益率的联合分布。

表 4.1 三种风险资产的期望收益率和协方差

协方差	1B0010	1B0011	1B0006	期望收益率
1B0010	0.00863	0.00657	0.00830	0.00497
1B0011	0.00657	0.00609	0.00648	0.01214
1B0006	0.00830	0.00648	0.01390	0.00613

经计算，$A=0.06703$，$B=2.40884$，$C=168.23326$，$D=5.47400$，因此 $B/C=0.01432$，$\sqrt{D/C}=0.18038$。

取事先确定的收益水平(R_d 或 R_b)等于同期的银行存款月利率,同期的存款平均月利率为 0.00210。由于 $B/C>R_b$,由定理 4.1 知 RSF 投资组合存在，

$$x_{\text{rsf}}=(-2.51889,3.51014,0.00875)'.$$

对应的损失概率为 $P(Rx_{\text{rsf}}\leqslant 0.00210)\approx 0.40512$。由于 $\sqrt{A-2BR_b+CR_b^2}=0.24011$,因此 x_{rsf}的夏普比率 $\text{SR}_{\text{rsf}}=0.24011$。

由定理 4.3 及其后面的说明可知,仅当

$$0.40512\leqslant\alpha<0.42843=\Phi(-0.18038)\text{ 时},$$

TSF 投资组合存在。如对于 $\alpha=0.41000$ 的投资者，

$$x_{\text{tsf}}(0.41000)=(-4.95741,5.94221,0.01520)',$$

其夏普比率为 $\text{SR}_{\text{tsf}}(0.41000)=0.22754$。

由定理 4.2 知,当事先给定的 α 满足 $\alpha<0.42843=\Phi(-0.18038)$时,KSF 投资组合存在且唯一。

如对于 $\alpha=0.41000$ 的投资者，

$$x_{\text{ksf}}(0.41000)=(-2.83436,3.82477,0.00959)',$$

其夏普比率为 $\text{SR}_{\text{ksf}}(0.41000)=0.23960$。显然

$$\text{SR}_{\text{ksf}}(0.41000)>\text{SR}_{\text{tsf}}(0.41000).$$

对于 $\alpha=0.40000$ 的投资者,KSF 投资组合存在，

$$x_{\text{ksf}}(0.40000)=(-2.27740,3.26928,0.00811)'.$$

其夏普比率为 $\text{SR}_{\text{ksf}}(0.40000)=0.23971$。

而对于 $\alpha=0.10000$ 的投资者,KSF 投资组合存在，

$$x_{\text{ksf}}(0.10000)=(-0.58263,1.57900,0.00363)'.$$

其夏普比率为 $\text{SR}_{\text{ksf}}(0.10000)=0.18229$。

图 4.2 描述了 $\text{SR}_{\text{ksf}}(\alpha)$的特征。图 4.2 反映了在 $B/C>R_b$ 的情形下,当 $\alpha=0.40512$ 时 KSF 投资组合的夏普比率达到最大,其值恰是 RSF 投资组合

的夏普比率。当 $\alpha<0.40512$ 时，KSF 投资组合的夏普比率随着 α 的减少而减少，表明投资者在决策时必须在安全和绩效之间权衡，过分强调安全的投资组合决策必然伴随绩效的损失。当 $\alpha>0.40512$ 时，KSF 投资组合的夏普比率随着 α 的增大而减少，表明放松安全性也并不能改善绩效。图 4.2 给出了一个启示：如果投资者在投资决策时既要高安全又要高绩效，则 $\alpha<0.40512$ 部分的曲线为安全水平-夏普比率有效的，而 $\alpha>0.40512$ 部分的曲线是非有效的。

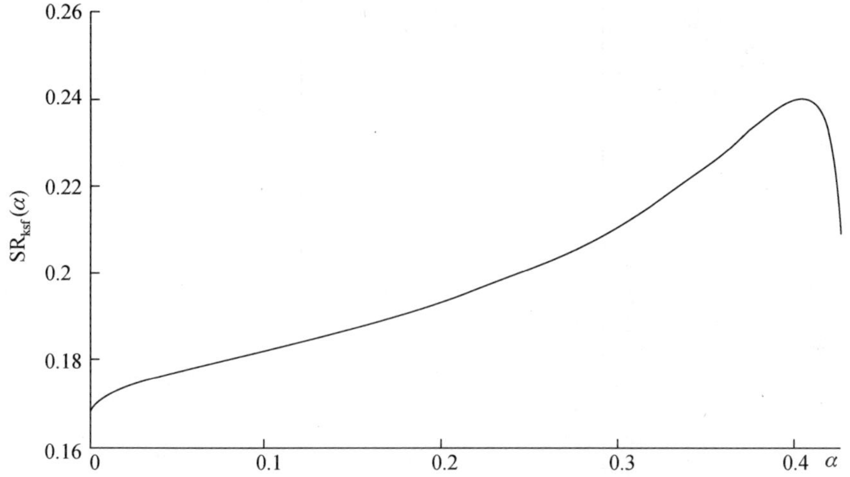

图 4.2　KSF 投资组合的夏普比率与安全控制水平的关系

4.5.2　算例 2：$\frac{B}{C}<R_b$

考虑五种风险资产（S1 - S5），用正态分布作为这五种资产收益的联合分布，并假设其在投资期内的（月）期望收益率和协方差如表 4.2 所示。

经计算，$A=0.15994$，$B=29.87016$，$C=13441.80372$，$D=1257.69763$。因此 $B/C=0.00222$，$\sqrt{D/C}=0.30589$。

现在取 $R_b=R_d=0.00482$，则有 $B/C<R_b$。根据定理 4.1—定理 4.3，RSF 模型和 TSF 模型不存在有限最优解，而 KSF 模型在 $\alpha<0.37985=\Phi(-0.30589)$ 时存在最优解。表 4.3 给出了一组 KSF 投资组合的计算结果，以及相应的夏普比率。可以看出，这组投资组合的夏普比率随着安全控制水平 α 趋近于 0.37985，越来越接近于最大的夏普比率 0.30589。

表 4.2　五种风险资产的期望收益率和协方差

协方差	S1	S2	S3	S4	S5	期望收益率
S1	$8.62e^{-5}$	$1.07e^{-4}$	$-4.22e^{-5}$	$-5.38e^{-5}$	$-5.25e^{-5}$	0.00246
S2	$1.07e^{-4}$	$1.72e^{-4}$	$-1.62e^{-4}$	$-1.61e^{-4}$	$-5.79e^{-5}$	0.00351
S3	$-4.22e^{-5}$	$-1.62e^{-4}$	0.00863	0.00657	0.00830	0.00497
S4	$-5.38e^{-5}$	$-1.61e^{-4}$	0.00657	0.00609	0.00648	0.01214
S5	$-5.25e^{-5}$	$-5.79e^{-5}$	0.00830	0.00648	0.01390	0.00613

表 4.3　一组 KSF 投资组合的计算结果及其夏普比率

	α						
	0.10000	0.20000	0.30000	0.35000	0.36000	0.37000	0.37981
x_1	1.21251	1.07523	0.76327	0.20470	−0.11043	−0.81445	−93.92237
x_2	−0.24424	−0.11734	0.17103	0.68736	0.97865	1.62943	87.69587
x_3	−0.05544	−0.07397	−0.11610	−0.19151	−0.23406	−0.32912	−12.90054
x_4	0.08093	0.11220	0.18327	0.31053	0.38232	0.54272	21.75489
x_5	0.00624	0.00388	−0.00148	−0.01107	−0.01648	−0.02858	−1.62785
SR	−0.21947	−0.16942	−0.06622	0.05969	0.10400	0.16515	0.30287

第 5 章 风险资产配置的 KSF 模型理论

在安全首要准则下，风险被认为是造成损失或未达到预期的最大可能性，并以潜在的损失概率来测度。投资者在进行投资决策时优先控制未来收益低于某一水平的概率。由于安全首要准则的出发点是风险控制，因此其更适合养老金和其他社会保险基金的投资管理(Norkina and Boyk, 2012)。

第 4 章对三种经典的安全首要准则资产配置模型进行了比较，结果表明 KSF 准则模型不仅比 RSF 准则和 TSF 准则具有更广泛的适用性，而且比 TSF 具有更好的投资绩效(夏普比率)。此外，KSF 准则的特殊性还体现在如下方面。第一，不同于 RSF 模型和 TSF 模型事先给定一个确定的基准收益水平，KSF 模型中的资产配置既满足破产概率尽可能小，也满足可接受收益水平(安全收益水平或生存水平、保障水平)尽可能大，这尤其符合国家社会保障基金风险投资的基本要求。第二，RSF 模型与 TSF 模型均可以纳入均值-风险分析框架(Arzac and Bawa, 1977)，但 KSF 模型无法纳入均值-风险分析的框架体系。第三，关于均值-风险框架下的投资组合选择理论的研究文献相当丰富，关于 RSF 模型和 TSF 模型的研究也比较成熟，然而可以查到的有关 KSF 模型的研究成果寥寥无几。Katoka(1963)提出了 KSF 模型思想，但仅在正态分布情形下讨论了不允许卖空的 KSF 模型求解方法。Elton 和 Gruder(1987)也只在正态分布情形下给出了允许卖空的 KSF 模型的几何求解方法。

在第 4 章中，我们已经介绍了 KSF 模型及其解的存在条件。本章将以丁元耀和张波(2008)、Ding 和 Zhang (2009a, 2009b)为基础，进一步系统阐述 KSF 模型下的最优资产配置理论，包括有效前沿理论、基金分离与切点组合定理以及资本资产定价定理等。同时，考虑市场不允许卖空、分布形式未知的情形，本章给出了求解最优 KSF 投资组合、满意投资组合的计算程序或者分析处理的方法。

5.1 KSF 投资组合的有效前沿性质

本章沿用第 4 章的市场假设和参数说明。定理 4.2 给出了 KSF 模型的最优解及其存在的条件，我们将 KSF 模型的全部最优解所构成的集合称为 KSF 有效前沿。根据定理 4.2，KSF 有效前沿为

$$K=\left\{x \mid x=\frac{1}{\sqrt{Ck_\alpha^2-D}}\left(\Sigma^{-1}\mu+\frac{-B+\sqrt{Ck_\alpha^2-D}}{C}\Sigma^{-1}e\right),\right.$$
$$\left.0<\alpha<F\left(-\sqrt{\frac{D}{C}}\right)\right\}. \tag{5.1}$$

由于对于确定的风险资产形成的市场，$k_\alpha=F^{-1}(\alpha)$仅依赖于投资者能承受的损失概率 $\alpha(\alpha>0)$，即投资者能承受的收益(率)没有达到目标收益(率)发生的最大概率，因此我们也称 k_α 为投资组合的概率风险度，k_α 越大，表明损失概率测度的组合风险越大。

我们将证明 KSF 有效前沿具有如下性质。

定理 5.1(凸性)　(i) KSF 有效前沿是一个凸集，即任意两个不同的 KSF 有效投资组合的凸线性组合仍然是一个 KSF 有效的投资组合。(ii) 整个 KSF 有效前沿可以由两个不同的 KSF 有效投资组合的线性组合生成。(iii) 任意两个 KSF 有效前沿上的投资组合的收益都是正相关的。

[证明]　假设 $x_{\text{ksf}}(\alpha_1)$和 $x_{\text{ksf}}(\alpha_2)$为两个任意的 KSF 有效投资组合，$0<\alpha_1<\alpha_2<F(-\sqrt{D/C})$，记 $\Delta_1=Ck_{\alpha_1}^2-D$，$\Delta_2=Ck_{\alpha_2}^2-D$，则根据定理4.2，有

$$x_{\text{ksf}}(\alpha_1)=\frac{1}{\sqrt{\Delta_1}}\Sigma^{-1}\mu-\frac{B}{C\sqrt{\Delta_1}}\Sigma^{-1}e+\frac{1}{C}\Sigma^{-1}e,$$

$$x_{\text{ksf}}(\alpha_2)=\frac{1}{\sqrt{\Delta_2}}\Sigma^{-1}\mu-\frac{B}{C\sqrt{\Delta_2}}\Sigma^{-1}e+\frac{1}{C}\Sigma^{-1}e.$$

于是，对任意的实数 $0\leqslant w\leqslant 1$，有

$$\begin{aligned}&wx_{\text{ksf}}(\alpha_1)+(1-w)x_{\text{ksf}}(\alpha_2)\\&=\left(\frac{w}{\sqrt{\Delta_1}}+\frac{1-w}{\sqrt{\Delta_2}}\right)\Sigma^{-1}\mu-\frac{B}{C}\left(\frac{w}{\sqrt{\Delta_1}}+\frac{1-w}{\sqrt{\Delta_2}}\right)\Sigma^{-1}e+\frac{1}{C}\Sigma^{-1}e.\end{aligned}$$

显然 $\delta\equiv\frac{w}{\sqrt{\Delta_1}}+\frac{1-w}{\sqrt{\Delta_2}}>0$，因此存在一个 α 满足 $k_\alpha<-\sqrt{\frac{D}{C}}$，使得 $\delta=\frac{1}{\sqrt{Ck_\alpha^2-D}}\equiv\frac{1}{\sqrt{\Delta}}$。因此

$$wx_{\text{ksf}}(\alpha_1)+(1-w)x_{\text{ksf}}(\alpha_2)=\frac{1}{\sqrt{\Delta}}\Sigma^{-1}\mu-\frac{B}{C\sqrt{\Delta}}\Sigma^{-1}e+\frac{1}{C}\Sigma^{-1}e.$$

再由定理 4.2 可知，$wx_{\text{ksf}}(\alpha_1)+(1-w)x_{\text{ksf}}(\alpha_2)=x_{\text{ksf}}(\alpha)$是一个 KSF 有效投资组合。

(i) 得证。

反之,对于任意 α 满足 $\alpha<F(-\sqrt{D/C})$,均存一个实数 w,使得

$$\frac{w}{\sqrt{\Delta_1}}+\frac{1-w}{\sqrt{\Delta_2}}=\frac{1}{\sqrt{\Delta}},$$

即 $x_{\mathrm{ksf}}(\alpha)=wx_{\mathrm{ksf}}(\alpha_1)+(1-w)x_{\mathrm{ksf}}(\alpha_2)$,这表明任意一个 KSF 有效投资组合可以由两个不同的 KSF 有效投资组合生成。(ii)得证。

关于(iii),只要注意到

$$\mathrm{Cov}(R'x_{\mathrm{ksf}}(\alpha_1),R'x_{\mathrm{ksf}}(\alpha_2))=\frac{1}{C}\left(1+\frac{D}{\sqrt{\Delta_1\Delta_2}}\right)>0.$$

(iii)得证。□

定理 5.2(几何特征)　KSF 有效前沿存在的充分必要条件是 $0<\alpha<F(-\sqrt{D/C})$,且具有如下两个几何特征。

(i) 在概率风险度(k)-目标收益(r)的直角平面上,KSF 有效前沿是如下方程表示的双曲线:

$$\frac{k^2}{D/C}-\frac{(r-B/C)^2}{D/C^2}=1. \tag{5.2}$$

且在 $k<-\sqrt{D/C}$, $r<B/C$ 区域内的左下分支。

(ii) 在标准差(σ)-期望收益(μ)的平面上,KSF 有效前沿是如下方程表示的双曲线:

$$\frac{\sigma^2}{1/C}-\frac{(\mu-B/C)^2}{D/C^2}=1. \tag{5.3}$$

且在 $\sigma>1/\sqrt{C}$, $\mu>B/C$ 区域内的右上分支。

[证明]　由定理 4.2 知,KSF 有效前沿存在的充分必要条件是 $0<\alpha<F(-\sqrt{D/C})$,而且对于任何一个 KSF 模型的最优投资组合,即 KSF 有效投资组合,如果记其目标收益为 r,对应的概率风险度为 k,则应有

$$r=(B-\sqrt{Ck^2-D})/C, \tag{5.4}$$

即$(rC-B)^2=Ck^2-D$,从而满足式(5.2)。在 $k-r$ 直角坐标平面上,式(5.2)表示中心为$(0,B/C)$、渐近线为 $r=B/C\pm\sqrt{1/C}k$ 的双曲线。由于 $k=F^{-1}(\alpha)$,故 $k<-\sqrt{D/C}$。代入式(5.3)得 $r<B/C$,且有

$$\lim_{k\to-\sqrt{D/C}}r=\lim_{k\to-\sqrt{D/C}}(B-\sqrt{Ck^2-D})/C=B/C,$$

$$\lim_{k\to-\infty}r=\lim_{k\to-\infty}(B-\sqrt{Ck^2-D})/C=-\infty.$$

因此,对于每个 KSF 有效投资组合,在式(5.2)的曲线上均存在唯一的点(k,r)与其对应,且该点位于式(5.2)的曲线在 $k<-\sqrt{D/C}$, $r<B/C$ 区域内的分支。(i)得证。

此外，对于任意的 KSF 有效投资组合，存在对应的 $0<\alpha<F(-\sqrt{D/C})$，如果记其期望收益和方差分别为 μ 和 σ^2，且 $\Delta=\sqrt{Ck_\alpha^2-D}$，则根据定理 4.2，有

$$\mu=\frac{B}{C}+\frac{D}{C\Delta},\quad \sigma^2=\frac{1}{C}+\frac{D}{C\Delta^2},\tag{5.5}$$

于是 $\dfrac{\sigma^2-1/C}{D/C}=\dfrac{(\mu-B/C)^2}{D^2/C^2}$，因此满足式(5.3)。在 $\sigma-\mu$ 平面上，式(5.3)表示中心为$(0,B/C)$、渐近线为 $\mu=B/C\pm\sqrt{D/C}\sigma$ 的双曲线。

由式(5.5)知 $\sigma>1/\sqrt{C}$，$\mu>B/C$，且

$$\lim_{k\to-\sqrt{D/C}}\mu=+\infty,\quad \lim_{k\to-\sqrt{D/C}}\sigma=+\infty,\quad \lim_{k\to-\infty}\mu=B/C,\quad \lim_{k\to-\infty}\sigma=1/\sqrt{C},$$

因此对于每个 KSF 投资组合，在曲线(5.3)上均存在一点(σ,μ)与其对应，该点位于式(5.3)的双曲线在 $\sigma>1/\sqrt{C}$，$\mu>B/C$ 区域内的分支。定理证毕。□

由定理 4.2 知，当 $\alpha=0$ 时，虽然存在满足式(4.7)的有限的风险资产投资组合：$x_0=\Sigma^{-1}e/C$，此即方差最小的投资组合，对应的标准差和期望收益分别为 $1/\sqrt{C}$和 B/C，但是该风险资产投资组合不具有有限的可接受的生存收益水平，故在 KSF 准则下没有实际意义，不是 KSF 有效的投资组合。定理 5.2 表明，当风险资产的收益联合服从椭球分布时，在 $\sigma-\mu$ 平面上，KSF 有效前沿与经典的 M-V 模型的有效前沿除最小方差投资组合外是一致的，即 M-V 模型的有效前沿中最小方差投资组合并不是 KSF 有效的。

定理 5.3(对偶性)　(i) 设 $0<\alpha<F(-\sqrt{D/C})$，则对于 KSF 有效前沿上的任何一个投资组合 x_α，都必然存在着一个 KSF 非有效的可行投资组合 $\tilde{x}_\alpha$ 与之不相关，即两个投资组合的收益之间具有零协方差。

(ii) 对于任何一个 KSF 有效投资组合 x 及一个可行的投资组合 $\tilde{x}$，如果两者不相关，则后者的期望收益必等于前者对应的目标收益。

(iii) 在与 x_α 的期望收益相同的投资组合中，$\tilde{x}_\alpha$ 的方差最小。

[证明]　(i) 对于任意 α 满足 $0<\alpha<F(-\sqrt{D/C})$，唯一的 KSF 有效投资组合可以表示为

$$x_\alpha=\frac{1}{\sqrt{\Delta}}\Sigma^{-1}\mu-\frac{B}{C\sqrt{\Delta}}\Sigma^{-1}e+\frac{1}{C}\Sigma^{-1}e,$$

其中

$$\Delta=Ck_\alpha^2-D.\tag{5.6}$$

现构造一个可行的投资组合如下：

$$\tilde{x}_\alpha=\frac{1}{\sqrt{\Delta_1}}\Sigma^{-1}\mu-\frac{B}{C\sqrt{\Delta_1}}\Sigma^{-1}e+\frac{1}{C}\Sigma^{-1}e,$$

其中 $$\Delta_1 = Ck_{\alpha_1}^2 - D, \quad \alpha_1 > F(\sqrt{D/C}). \tag{5.7}$$

经过化简,由于

$$\mathrm{Cov}(R'x_\alpha, R'\tilde{x}_\alpha) = x_\alpha'\Sigma\tilde{x}_\alpha = \frac{1}{\sqrt{\Delta\Delta_1}}\frac{D - \sqrt{\Delta\Delta_1}}{C},$$

因此只要选择 $\Delta\Delta_1 = D^2$,就有 $\mathrm{cov}(R'x_\alpha, R'\tilde{x}_\alpha) = 0$。注意到 $\lim\limits_{\alpha\to 0}\Delta = +\infty$, $\lim\limits_{\alpha_1\to 1}\Delta_1 = +\infty$,且 $\lim\limits_{\alpha\to F(-\sqrt{D/C})}\Delta = 0$, $\lim\limits_{\alpha_1\to F(\sqrt{D/C})}\Delta_1 = 0$,因此对于任意的 α 满足 $0 < \alpha < F(-\sqrt{D/C})$,均存在一个 α_1 满足 $\alpha_1 > F(\sqrt{D/C})$,使得 $\Delta\Delta_1 = D^2$,从而 $\mathrm{Cov}(R'x_\alpha, R'\tilde{x}_\alpha) = 0$。此外,根据定理 5.1,两个 KSF 有效的投资组合的收益是正相关的,因此 $\tilde{x}_\alpha$ 一定是 KSF 非有效的投资组合。

(ii) 对于任意 KSF 投资组合 $x = x_\alpha$ 和一个可行的投资组合 $\tilde{x}$,有 $e'\tilde{x} = 1$ 和式(5.6),因此有

$$\mathrm{Cov}(R'x, R'\tilde{x}) = x'\Sigma\tilde{x} = \frac{1}{\sqrt{\Delta}}\mu'\tilde{x} - \frac{B}{C\sqrt{\Delta}} + \frac{1}{C} = \frac{1}{\sqrt{\Delta}}\left(\mu_{\tilde{x}} + \frac{-B + \sqrt{\Delta}}{C}\right).$$

显然, $\mathrm{cov}(R'x, R'\tilde{x}) = 0$ 当且仅当 $\mu_{\tilde{x}} = (B - \sqrt{\Delta})/C$,即 $\tilde{x}$ 的期望收益等于 $x = x_\alpha$ 的目标收益 R_α。

(iii) 设 $\tilde{x}$ 为如下的均值-方差模型的唯一解:

$$\min_x \quad x'\Sigma x$$

$$\text{s. t.} \quad \begin{cases} \mu'x = (B - \sqrt{\Delta})/C \\ e'x = 1, \end{cases}$$

其中 $\Delta = Ck_\alpha^2 - D$,则

$$\tilde{x} = g + w\mu'\tilde{x} = g + w(B - \sqrt{\Delta})/C,$$

其中 $$g = (A\Sigma^{-1}e - B\Sigma^{-1}\mu)/D, \quad w = (C\Sigma^{-1}\mu - B\Sigma^{-1}e)/D.$$ ①

于是

$$\tilde{x} = -\frac{\sqrt{\Delta}}{D}\Sigma^{-1}\mu + \frac{D + B\sqrt{\Delta}}{CD}\Sigma^{-1}e = -\frac{1}{\sqrt{\tilde{\Delta}}}\left(\Sigma^{-1}\mu - \frac{B + \sqrt{\tilde{\Delta}}}{C}\Sigma^{-1}e\right),$$

其中 $$\sqrt{\tilde{\Delta}} = D/\sqrt{\Delta},$$

即 $$\Delta\tilde{\Delta} = D^2.$$

因此存在 $\tilde{\alpha} > F(\sqrt{D/C})$,使得 $\tilde{\Delta} = Ck_{\tilde{\alpha}}^2 - D$, $k_{\tilde{\alpha}} = F^{-1}(\tilde{\alpha})$。对比式(5.7),即得 $\tilde{x} = \tilde{x}_\alpha$。

---

① 参见 Wang 和 Xia (2002),第 76 页。

(iii) 得证。

我们把定理 5.3 中的 $\tilde{x}_\alpha$ 称为 KSF 有效投资组合 x_α 的零协方差前沿(Zero-Covariance Frontier)的投资组合,简称 KSF 零协方差前沿组合。全部 KSF 有效投资组合的零协方差前沿组合构成了 KSF 零协方差(投资组合)前沿。可见,KSF 零协方差前沿的投资组合均不是 KSF 有效的投资组合,且可以表示为

$$\widetilde{K}=\left\{x \mid x=\frac{-1}{\sqrt{Ck_\alpha^2-D}}\left(\Sigma^{-1}\mu+\frac{-B-\sqrt{Ck_\alpha^2-D}}{C}\Sigma^{-1}e\right),\alpha>F\left(\sqrt{\frac{D}{C}}\right)\right\}. \tag{5.8}$$

定理 5.4(零协方差前沿) KSF 零协方差前沿在几何上有如下特征:

(i) 在概率风险度(k)-目标收益(r)的平面上,KSF 零协方差前沿对应于式(5.2)的双曲线上 $k>\sqrt{D/C}$, $r>B/C$ 域内的上半分支,如图 5.1 所示。KSF 有效前沿上任一点处的切线在 r 轴上的截距值,既是该点对应的 KSF 有效投资组合的期望值,也是对应的 KSF 零协方差组合的目标收益。反之,KSF 零协方差前沿上任何一点处的切线在 r 轴上的截距值,既是该点对应的零协方差组合的期望值,也是其对应的 KSF 有效投资组合的目标收益。

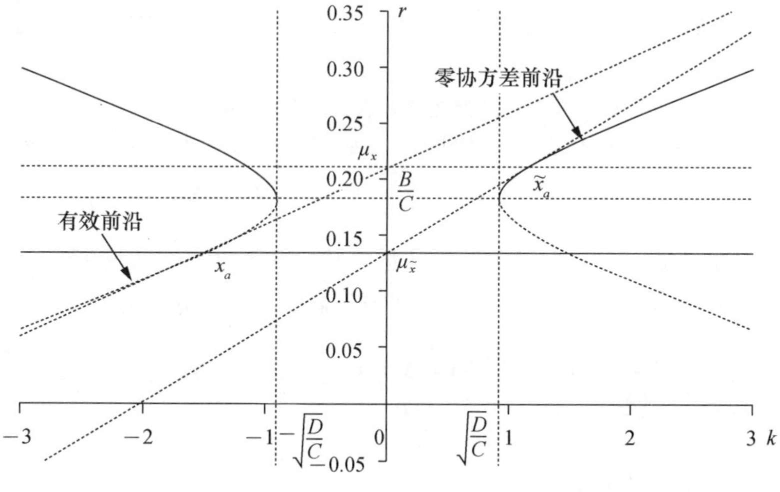

图 5.1　概率风险度-目标收益平面上的 KSF 有效前沿

注:根据 $A=21$, $B=110$, $C=600$, $D=500$ 制作,其中横坐标为概率风险度,纵坐标为目标收益。

(ii) 在标准差(σ)-期望收益(μ)的平面上,KSF 零协方差前沿对应于式

(5.3)的双曲线上在 $\sigma>1/\sqrt{C}$，$\mu<B/C$ 域内的下半分支，如图 5.2 所示。KSF 有效前沿上任一点处的切线在 μ 轴上的截距值，既是该点对应的 KSF 有效投资组合的目标收益值，也是其对应的 KSF 零协方差组合的期望收益。反之，KSF 零协方差前沿上任何一点处的切线在 μ 轴上的截距值，既是该点对应的零协方差组合的期望值，也是其对应的 KSF 有效投资组合的目标收益。

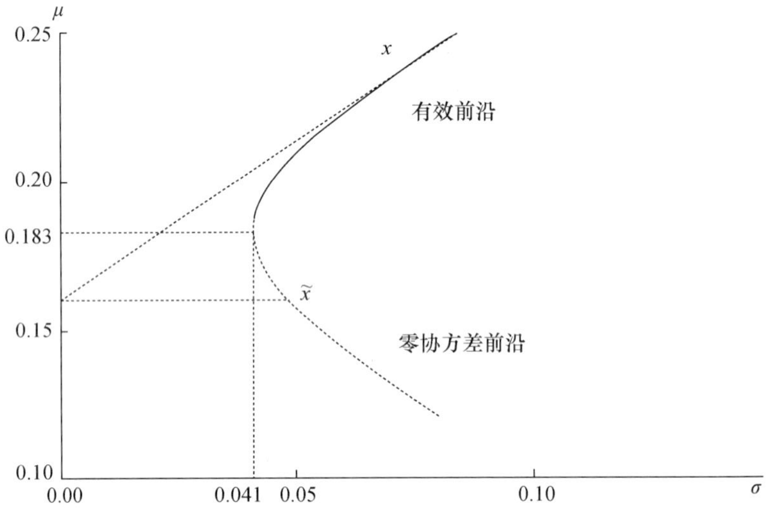

图 5.2　标准差-期望收益平面上的 KSF 有效前沿

注：根据 $A=21$，$B=110$，$C=600$，$D=500$ 制作，其中横坐标为标准差，纵坐标为期望收益。

［证明］　设 $x\in K$ 和 $\tilde{x}\in\tilde{K}$ 为任意一对具有零协方差的投资组合，则由定理 4.2 和定理 5.3 可得，x 和 $\tilde{x}$ 的期望收益和标准差分别为

$$\mu_x=\frac{B}{C}+\frac{D}{C\sqrt{\Delta}},\quad \sigma_x=-\frac{k_\alpha}{\sqrt{\Delta}},\quad \Delta=Ck_\alpha^2-D,\quad 0<\alpha<F\left(-\sqrt{\frac{D}{C}}\right);\tag{5.9}$$

$$\mu_{\tilde{x}}=\frac{B}{C}-\frac{D}{C\sqrt{\tilde{\Delta}}},\quad \sigma_{\tilde{x}}=\frac{k_{\tilde{\alpha}}}{\sqrt{\tilde{\Delta}}},\quad \tilde{\Delta}=Ck_{\tilde{\alpha}}^2-D,\quad \tilde{\alpha}>F\left(\sqrt{\frac{D}{C}}\right).\tag{5.10}$$

其中　$$\sqrt{\Delta\tilde{\Delta}}=D,\ k_\alpha<-\sqrt{D/C},\ k_{\tilde{\alpha}}>\sqrt{D/C}.$$

从而相应的目标收益分别为

$$r_x = \mu_x + k_\alpha \sigma_x = \frac{B - \sqrt{\Delta}}{C} = \mu_{\tilde{x}}, \tag{5.11}$$

$$r_{\tilde{x}} = \mu_{\tilde{x}} + k_{\tilde{\alpha}} \sigma_x = \frac{B + \sqrt{\tilde{\Delta}}}{C} = \mu_x. \tag{5.12}$$

于是，由式(5.12)可得，$(k_{\tilde{\alpha}}, r_{\tilde{x}})$满足：

$$\frac{k_{\tilde{\alpha}}^2}{\left(\frac{D}{C}\right)} - \frac{\left(r_{\tilde{x}} - \frac{B}{C}\right)^2}{\left(\frac{D}{C^2}\right)} = 1, \quad k_{\tilde{\alpha}} > \sqrt{\frac{D}{C}}, \quad r_{\tilde{x}} > \frac{B}{C}. \tag{5.13}$$

即在 $k-r$ 平面上，$\tilde{x}$ 位于式(5.2)的双曲线的 $k>\sqrt{D/C}$，$r>B/C$ 域内的上半分支。

对双曲线方程(5.2)两边关于变量在 $r=r_x$，$k=k_\alpha$ 处求全微分，并利用式(5.9)和式(5.11)可得在 $k-r$ 平面上，KSF 有效前沿上 x 点处切线的斜率为

$$\frac{\mathrm{d}r}{\mathrm{d}k} = \frac{k_\alpha}{Cr - B} = \frac{k_\alpha}{-\sqrt{\Delta}} = \sigma_x.$$

因此结合式(5.12)可得，在 $k-r$ 平面上的 KSF 有效前沿上，过 x 点处作切线，其与纵坐标 r 轴相交的截距为

$$r_x - \sigma_x k_\alpha = \frac{B - \sqrt{\Delta}}{C} + \frac{k_\alpha}{\sqrt{\Delta}} k_\alpha = \frac{B}{C} + \frac{D}{C\sqrt{\Delta}} = \frac{B + \sqrt{\tilde{\Delta}}}{C} = \mu_x = r_{\tilde{x}}.$$

它既是该点对应的 KSF 有效投资组合的期望值，也是该点对应的 KSF 零协方差前沿组合的目标收益。类似地，可以证明(i)的其余部分。

另一方面，由式(5.10)可得，$\sigma_{\tilde{x}}^2 = \frac{1}{C} + \frac{D}{C\tilde{\Delta}}$，因此

$$\frac{\sigma_{\tilde{x}}^2}{\left(\frac{D}{C}\right)} - \frac{\left(\mu_{\tilde{x}} - \frac{B}{C}\right)^2}{\left(\frac{D}{C^2}\right)} = 1, \quad \mu_{\tilde{x}} < \frac{B}{C}, \quad \sigma_{\tilde{x}} > \frac{1}{\sqrt{C}}. \tag{5.14}$$

即在 $\sigma-\mu$ 平面上，$\tilde{x}$ 位于式(5.3)的双曲线在 $\sigma>1/\sqrt{C}$，$\mu<B/C$ 域内的下半分支。

对双曲线方程(5.3)两边关于变量在 $\sigma=\sigma_x$，$\mu=\mu_x$ 处求全微分，并利用式(5.9)可得在 $\sigma-\mu$ 坐标平面上，KSF 有效前沿上 x 点处切线的斜率为

$$\frac{\mathrm{d}\mu}{\mathrm{d}\sigma} = \frac{D\sigma_x}{C\mu_x - B} = \sqrt{\Delta}\,\sigma_x = -k_\alpha.$$

因此，结合式(5.11)得，在 $\sigma-\mu$ 平面上的 KSF 有效前沿上，过 x 点处作切线，其与纵坐标 μ 轴相交的截距为

$$\mu_x - (-k_\alpha)\sigma_x = \frac{B}{C} + \frac{D}{C\sqrt{\Delta}} + k_\alpha\sigma_x = \frac{B}{C} - \frac{\sqrt{\Delta}}{C} = \mu_{\tilde{x}} = r_x.$$

它既是该点对应的 KSF 有效投资组合的目标收益值,也是对应的 KSF 零协方差前沿组合的期望收益。类似地,可以证明(ii)的其余部分。定理得证。□

5.2 两基金分离现象与切点组合

在以均值-方差模型为基础的资产定价理论中,两基金分离现象和切点组合扮演着中心的角色。假设投资者可以以相同的无风险利率 r_f 进行无风险的贷出和借入,则根据均值-方差准则,任何投资者只需持有两个基金(无风险资产和市场组合资产)的线性组合。在 Sharpe(1964)提出的标准资本资产定价模型(CAPM)中,市场组合就是在标准差-均值的平面上经过点$(0, r_f)$向风险资产的均值-方差有效前沿作切线得到的切点组合。在不存在无风险资产的情形下,Black(1972)发现两基金分离现象依然存在,提出了零贝塔资本资产定价模型。其中的市场组合是在标准差-均值的平面上,经过坐标原点$(0, r_Z)$向风险资产的均值-方差有效前沿作切线得到的切点组合。另一个基金则是与市场组合对应的零协方差投资组合(非有效的均值-方差投资组合),这里 r_Z 表示零贝塔风险资产的期望收益。

在定理 5.1 中,我们已经证明了,KSF 有效前沿上的全部投资组合都可以由任意两个不同的 KSF 有效投资组合生成。也就是说,在不存在无风险资产的情形下,"两基金分离"现象是存在的。为了与均值-方差模型理论进行比较,本节给出类似的两基金分离和切点组合定理。

定理 5.5(两基金分离) 如果 $B \neq 0$,则存在两个互不相关的风险基金:

$$\tilde{F} = \frac{\Sigma^{-1}\mu}{B}, \quad zc(\tilde{F}) = \frac{1}{D}(A\Sigma^{-1}e - B\Sigma^{-1}\mu), \tag{5.15}$$

任何一个 KSF 有效投资组合都可以由这两个风险基金生成。

[证明] 当 $B>0$ 时,显然 $\sqrt{D/C}<\sqrt{A}$。因此,对于 $k_\alpha = -\sqrt{A}$,有 $k_\alpha < -\sqrt{D/C}$, $\sqrt{\Delta} = \sqrt{Ck_\alpha^2 - D} = B$。于是根据定理 4.2,与之对应存在唯一的 KSF 有效投资组合:$x_\alpha = \Sigma^{-1}\mu/B = \tilde{F}$。若取$\sqrt{\tilde{\Delta}} = \frac{D}{\sqrt{\Delta}} = D/B$,则由定理 5.3 知,相应的 KSF 零协方差前沿组合为

$$\tilde{x}_\alpha = -\frac{B}{D}\left(\Sigma^{-1}\mu - \frac{B}{C}\Sigma^{-1}e - \frac{D}{CB}\Sigma^{-1}e\right) = zc(\tilde{F}).$$

若 $B<0$，显然 $\sqrt{AC}>-B$。因此对于 $k_\alpha=\sqrt{AD}/B$，有 $k_\alpha<-\sqrt{D/C}$，$\sqrt{\Delta}=\sqrt{Ck_\alpha^2-D}=-D/B$。根据定理 4.2，与之对应存在唯一的 KSF 有效投资组合为

$$x_\alpha=-\frac{B}{D}\left(\Sigma^{-1}\mu-\frac{B}{C}\Sigma^{-1}e-\frac{D}{CB}\Sigma^{-1}e\right)=zc(\widetilde{F}).$$

此时取 $\sqrt{\widetilde{\Delta}}=\dfrac{D}{\sqrt{\Delta}}=-B$，由定理 5.3 可得，相应的 KSF 零协方差前沿组合为 $\widetilde{x}_\alpha=\Sigma^{-1}\mu/B=\widetilde{F}$。

余下仅需证明，任何一个 KSF 有效投资组合都可以由式(5.15)中的两个风险基金的线性组合构成。事实上，对于任意的 $0<\alpha<F(-\sqrt{D/C})$，$k_\alpha=F^{-1}(\alpha)<-\sqrt{D/C}$，我们构造如下的两基金投资组合 x_α：

$$x_\alpha=(1-w_\alpha)\widetilde{F}+w_\alpha\mathrm{zc}(\widetilde{F}),\tag{5.16}$$

其中

$$w_\alpha=\frac{D}{AC}\left(1-\frac{B}{\sqrt{Ck_\alpha^2-D}}\right).\tag{5.17}$$

由于

$$1-w_\alpha=\frac{B}{AC}\left(B+\frac{D}{\sqrt{Ck_\alpha^2-D}}\right),$$

经化简可得

$$\begin{aligned}x_\alpha&=\frac{B}{AC}\left(B+\frac{D}{\sqrt{Ck_\alpha^2-D}}\right)\frac{\Sigma^{-1}\mu}{B}+\frac{D}{AC}\left(1-\frac{B}{\sqrt{Ck_\alpha^2-D}}\right)\frac{1}{D}(A\Sigma^{-1}e-B\Sigma^{-1}\mu)\\&=\frac{1}{\sqrt{Ck_\alpha^2-D}}\left(\Sigma^{-1}\mu+\frac{-B+\sqrt{Ck_\alpha^2-D}}{C}\Sigma^{-1}e\right),\end{aligned}$$

即 x_α 为 KSF 有效投资组合。上述过程反推即得，任何一个 KSF 有效投资组合均可以唯一地表示为由式(5.15)构造的两个风险基金的线性组合。定理得证。□

两基金分离定理 5.5 表明，每个依据 KSF 准则的投资者，仅需持有两个共同的风险基金，即将投资资金在两只共同基金之间分配，个人的风险偏好不同仅影响两只基金的持有比例，由式(5.16)和式(5.17)确定。如果 $B>0$，则害怕风险的投资者(α 较小)，在风险基金 $\widetilde{F}$ 上的投资比例较大；如果 $B<0$，则害怕风险的投资者(α 较小)，在风险基金 $\mathrm{zc}(\widetilde{F})$上的投资比例较大。

定理 5.6(切点组合)　在概率风险度-目标收益的直角坐标系下，式(5.15) 给出的两只风险基金中，必有一只为 KSF 有效前沿的切点组合，另一只为对应的零协方差前沿的切点组合(如图 5.3 所示)。图 5.3(a)中，当 $B>$

0 时，$zc(\widetilde{F})$是 KSF 零协方差前沿的切点组合，其对应切线经过坐标原点；$\widetilde{F}$是 KSF 有效前沿的切点组合，其对应切线经过点$(0,A/B)$。图 5.3(b)中，当$B<0$ 时，$zc(\widetilde{F})$是 KSF 有效前沿的切点组合，其对应切线经过坐标原点；$\widetilde{F}$是 KSF 零协方差前沿的切点组合，其对应切线经过点$(0,A/B)$。

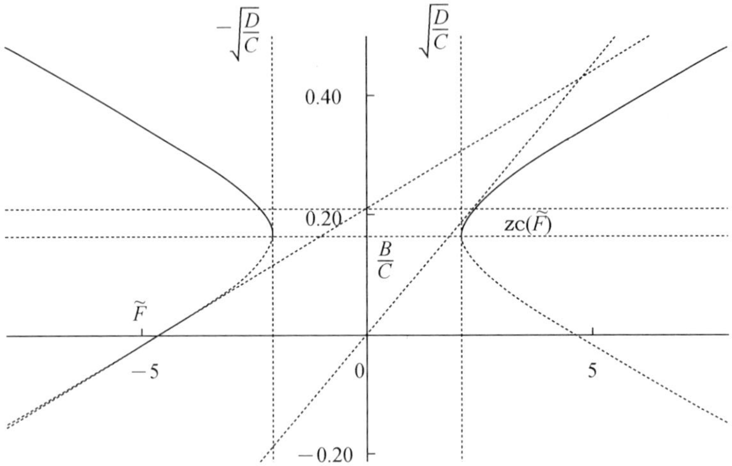

(a) $B>0$

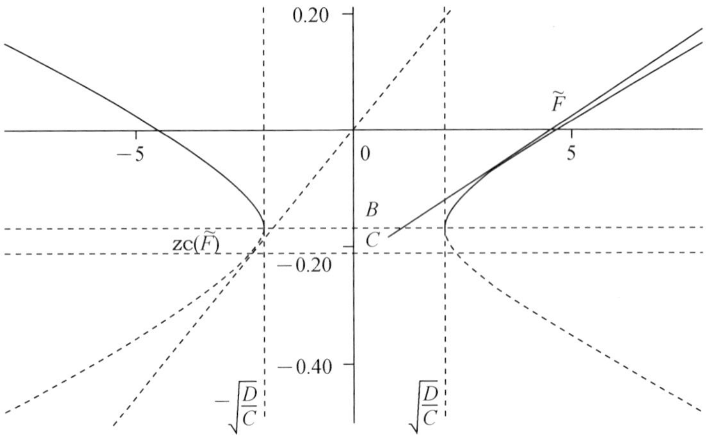

(b) $B<0$

图 5.3　KSF 模型的分离基金与切点组合

注：在图 5.3(a)中，$A=21$，$B=100$，$C=600$，$D=2600$；在图 5.3(b)中，$A=21$，$B=-100$，$C=600$，$D=2600$。图中的横坐标为概率风险度，纵坐标为目标收益，$\widetilde{F}$对应的目标收益为 0。

[证明] 经过计算可知，

$$\mu_{\widetilde{F}} := E(R'\widetilde{F}) = A/B, \quad \mu_{zc(\widetilde{F})} := E(R'zc(\widetilde{F})) = 0.$$

在定理 5.5 的证明中我们已经得到，当 $B>0$ 时，$\widetilde{F}$ 是 KSF 有效组合，$zc(\widetilde{F})$是相应的 KSF 零协方差前沿组合；当 $B<0$ 时，$zc(\widetilde{F})$是 KSF 有效组合，$\widetilde{F}$ 是相应的 KSF 零协方差前沿组合。因此定理 5.6 成为定理 5.4(i)的推论。□

5.3 基于共同风险基金的风险资产定价

在 Markowitz(1952)和 Tobin(1958)投资组合选择理论的基础上，Sharpe(1964)、Lintner(1965)以及 Mossin(1966)相继独立地提出了资本资产定价模型(标准 CAPM)。标准 CAPM 将每一种风险资产相对于无风险资产的期望超额收益率表示为该风险资产的贝塔系数与市场组合的期望超额收益率的乘积，描述了在市场均衡状态风险资产的收益与风险之间的线性关系，解释了资本市场的定价机理，成为现代金融理论发展的基础之一。标准 CAPM 是在一系列比较严格的假设下得到的，这些假设包括①：(a) 投资者都是非餍足的；(b) 投资者都是风险厌恶的；(c) 投资者均具有二次效用，或者风险资产在投资期末的收益分布为正态分布；(d) 每种资产都是无限可分的；(e) 市场是完备的，不存在税负和交易成本等；(f) 投资者可以按照相同的无风险利率借入和贷出；(g) 投资者处于相同的投资期，且对风险资产在期末的收益具有相同的认识；(h) 信息可以无偿获得，且无买空卖空限制。数十年来，金融经济学研究者逐步放宽上述假设，得到了许多和标准 CAPM 相似的结论。关于放宽条件的其他 CAPM，Wang 和 Xia (2002)给出了详细的综述。

本节将标准 CAPM 中的假设(c)修改为(c′)：投资者依据 KSF 准则进行投资组合选择，且风险资产期末收益的联合分布为椭球分布或者期末收益的线性组合服从位置-刻度分布。同时，去掉标准 CAPM 中的假设(b)和(f)，即市场不存在无风险资产，且不要求投资者是风险厌恶的。我们将得到与 Black(1972)的零贝塔 CAPM 形式类似的风险资产定价模型。

定理 5.7(风险资产定价模型) 存在两个不相关的共同风险基金 f_0 和 f，其一为市场风险资产的 KSF 有效前沿组合，另一为相应的 KSF 零协方差前沿组合，使得任意一个风险资产的期望收益与这两个风险基金的期望收益满足如下的关系：

$$E(R_i) = E(R_0) + \beta_{if}[E(R_f) - E(R_0)]. \tag{5.18}$$

① 陆家骝. 现代金融经济学[M]. 大连：东北财经大学出版社，2004：322.

其中，R_i 和 R_0 以及 R_f 分别是风险资产 S_i 和风险基金 f_0 以及 f 在投资期末的收益率，$\beta_{if}=\dfrac{\mathrm{Cov}(R_i,R_f)}{\mathrm{Var}(R_f)}$为风险资产 S_i 的贝塔系数。特别地，如果 $B\neq 0$，则可以取 $f_0=\mathrm{zc}(\widetilde{F})$，$f=\widetilde{F}$，此时风险资产定价公式(5.18)简化为

$$E(R_i)=\beta_i E(R_{\widetilde{F}}). \tag{5.19}$$

其中 $\beta_i=\dfrac{\mathrm{cov}(R_i,R_{\widetilde{F}})}{\mathrm{Var}(R_{\widetilde{F}})}$。

[证明] 设 x 为任意一个可行的投资组合，$e'x=1$，x_α 为任意一个 KSF 有效投资组合，$\widetilde{x}_\alpha$ 为 x_α 的零协方差前沿组合，记 $\Delta=Ck_\alpha^2-D$，$\widetilde{\Delta}=Ck_{\widetilde{\alpha}}^2-D$，且 $\sqrt{\Delta\widetilde{\Delta}}=D$。

由于

$$\mathrm{Cov}(R'x_\alpha,R'x)=x_\alpha'\Sigma x=\frac{1}{\sqrt{\Delta}}\left(\mu'x+\frac{-B+\sqrt{\Delta}}{C}\right),$$

$$\mathrm{Var}(R'x_\alpha)=\frac{1}{C}+\frac{D}{C\Delta},\quad \mu'x_\alpha=\frac{B}{C}+\frac{D}{C\sqrt{\Delta}},$$

$$\mu'\widetilde{x}_\alpha=\frac{B}{C}-\frac{D}{C\sqrt{\widetilde{\Delta}}},\quad \mathrm{Var}(R'\widetilde{x}_\alpha)=\frac{1}{C}+\frac{D}{C\widetilde{\Delta}}.$$

于是

$$\begin{aligned}\mu'x&=\sqrt{\Delta}\mathrm{Cov}(R'x_\alpha,R'x)-\frac{-B+\sqrt{\Delta}}{C}\\&=\sqrt{\Delta}\left(\frac{1}{C}+\frac{D}{C\Delta}\right)\frac{\mathrm{Cov}(R'x_\alpha,R'x)}{\mathrm{Var}(R'x_\alpha)}+\frac{B-\sqrt{\Delta}}{C},\end{aligned}$$

$$\mu'x=\mu'\widetilde{x}_\alpha+\beta_{xx_\alpha}(\mu'x_\alpha-\mu'\widetilde{x}_\alpha), \tag{5.20}$$

其中

$$\beta_{xx_\alpha}=\frac{\mathrm{Cov}(R'x_\alpha,R'x)}{\mathrm{Var}(R'x_\alpha)}. \tag{5.21}$$

又由于

$$\mathrm{Cov}(R'\widetilde{x}_\alpha,R'x)=\widetilde{x}_\alpha'\Sigma x=-\frac{1}{\sqrt{\widetilde{\Delta}}}\left(\mu'x+\frac{-B-\sqrt{\widetilde{\Delta}}}{C}\right),$$

从而

$$\begin{aligned}\mu'x&=-\sqrt{\widetilde{\Delta}}\mathrm{Cov}(R'x_\alpha,R'x)-\frac{-B-\sqrt{\widetilde{\Delta}}}{C}\\&=-\sqrt{\widetilde{\Delta}}\left(\frac{1}{C}+\frac{D}{C\widetilde{\Delta}}\right)\frac{\mathrm{Cov}(R'\widetilde{x}_\alpha,R'x)}{\mathrm{Var}(R'\widetilde{x}_\alpha)}+\frac{B+\sqrt{\widetilde{\Delta}}}{C},\end{aligned}$$

$$\mu' x = \mu' x_{\alpha} + \beta_{x\tilde{x}_{\alpha}}(\mu' \tilde{x}_{\alpha} - \mu' x_{\alpha}), \tag{5.22}$$

其中

$$\beta_{x\tilde{x}_{\alpha}} = \frac{\mathrm{Cov}(R'\tilde{x}_{\alpha}, R'x)}{\mathrm{Var}(R'\tilde{x}_{\alpha})}. \tag{5.23}$$

由于任何的单个风险资产都是可行的投资组合，因此式(5.20)和式(5.22)对于任何的单个风险资产和可行的资产组合均成立。因此存在两个风险基金 f_0 和 f，一个为 KSF 有效前沿组合，另一个为 KSF 零协方差前沿组合，使得市场中任意风险资产在投资期末的期望收益满足式(5.18)。

特别地，如果 $B \neq 0$，则可以取 $f_0 = \mathrm{zc}(\tilde{F})$，$f = \tilde{F}$，由于 $\mu' \mathrm{zc}(\tilde{F}) = E(R' \mathrm{zc}(\tilde{F})) = 0$，故风险资产的定价公式(5.18)可以简化为式(5.19)。定理得证。□

定理5.6给出了一个基于两个共同风险基金的风险资产定价模型，即式(5.18)，记为 KSF－CAPM，其在数学形式上与 Black(1972)的零贝塔 CAPM 相似。如果 $B \neq 0$，定理5.6表明可以构造一个可作为市场参考的共同风险基金(实际上，这只共同风险基金是 Markowitz 均值-方差前沿的切点组合，在 $\sigma - \mu$ 直角坐标系中，切线经过坐标原点)，KSF－CAPM 的简化形式即式(5.19)使得 Black(1972)的零贝塔 CAPM 得到了简化。在 KSF－CAPM 的推导方面，本文基于 KSF 模型分析，既不同于期望效用最大化的方法(陈彦斌和徐绪松，2003)，也不同于均值-风险分析的方法(Sharpe, 1964; Black, 1972; Harlow and Rao, 1989;等)，要求的条件也比传统的 CAPM 有所减弱。与陈彦斌和徐绪松(2003)的基于风险基金的 CAPM 相比，考虑到现实中严格无风险的资产不一定存在(Roll, 1977)，在 KSF－CAPM 中用 KSF 零协方差前沿的投资组合的期望收益率取代了无风险资产的收益率。Roll(1977)曾指出因真实的市场组合不一定存在，标准的 CAPM 以及零贝塔 CAPM 均无法验证。与零贝塔 CAPM 相比，KSF－CAPM 用风险基金取代了市场组合，该风险基金不一定是 KSF 有效或者均值-方差有效的市场组合。

此外，由于 $\mu' \tilde{x}_{\alpha} < B/C$，$\mu' x_{\alpha} > B/C$，因此由式(5.20)和式(5.22)可得

$$\mu' x = \beta_{xx_{\alpha}} \mu' x_{\alpha} + \beta_{x\tilde{x}_{\alpha}} \mu' \tilde{x}_{\alpha}, \tag{5.24}$$

$$\beta_{xx_{\alpha}} + \beta_{x\tilde{x}_{\alpha}} = 1. \tag{5.25}$$

式(5.24)是与式(5.20)和式(5.22)等价的，它们均揭示了风险资产市场中风险资产(组合)的定价关系。式(5.24)表明，存在两个不相关的风险基金，使得任意一个风险资产(组合)的期望收益等于两个风险基金的期望收益的加权平均，其权重与定价资产相对于风险基金的贝塔系数有关。

5.4 分布形式未知或者不允许卖空情形

5.4.1 分布形式未知时的 KSF 投资组合

当投资者无法明确风险资产收益率的联合分布,或者收益率分布形式未知时,此时 KSF 模型(4.5)的最优解无法用解析形式给出,而且求解过程将比较复杂。如果利用切比雪夫概率不等式,我们可以将 KSF 模型(4.5)中的概率约束近似简化,然后得到如下模型:

$$\begin{aligned} \max_{x} \quad & \mu' x - \frac{1}{\sqrt{\alpha}} \sqrt{x'\Sigma x} \\ \text{s. t.} \quad & e' x = 1. \end{aligned} \tag{5.26}$$

由于模型(5.26)在形式上与模型(4.6)相同,因此关于模型(5.26)的最优解可以由定理 4.2 提供的方法类似得到,只需注意把定理 4.2 中的 k_α 用 $-1/\sqrt{\alpha}$ 代替即可。显然,由求解模型(5.26)得到的投资组合是原始 KSF 模型(4.5)的可行解,但不一定是最优解。对于投资者而言,模型(5.26)相对于模型(4.5)更为保守,由于风险控制更加严格,模型(5.26)最优解的目标收益偏小,期望收益也偏小,两个模型最优解对应的目标收益(或者期望收益)之差就是投资者愿意支付的进一步收集信息的最大费用。当信息费过高或者由于信息缺乏而无法得到最优的 KSF 有效投资组合时,求解模型(5.26)则提供了投资者满意的 KSF 投资组合。

定理 5.8(KSF 满意解) 对任意的 $0<\alpha<\min(1, C/D)$,模型(5.26)存在唯一的有限的全局最优解,其解析表达式如下:

$$x_\alpha = \frac{1}{\sqrt{C/\alpha - D}} \left(\Sigma^{-1}\mu + \frac{-B + \sqrt{C/\alpha - D}}{C} \Sigma^{-1} e \right).$$

对应的最优目标值或目标收益为 $r_\alpha = \dfrac{B - \sqrt{C/\alpha - D}}{C}$。

[证明] 把定理 4.2 中的 k_α 用 $-1/\sqrt{\alpha}$ 代替即得。□

5.4.2 不允许卖空情形下的 KSF 投资组合

在其他条件不变的条件下,不允许卖空的 KSF 模型可以表示为如下形式:

$$\max_x \quad R_d$$
$$\text{s. t.} \quad \begin{cases} P(R_x \leqslant R_d) \leqslant \alpha \\ e'x = 1 \\ x \geqslant 0. \end{cases} \tag{5.27}$$

在收益分布形式已知，且满足第 4 章的假设或者为联合椭球分布的情形下，KSF 模型(5.27)可以化简为如下形式：

$$\max_x \quad \mu'x + k_\alpha \sqrt{x'\Sigma x}$$
$$\text{s. t.} \quad \begin{cases} e'x = 1 \\ x \geqslant 0. \end{cases} \tag{5.28}$$

在收益分布形式未知的情形下，基于切比雪夫概率不等式，KSF 模型(5.27)可以用下式替代：

$$\max_x \quad \mu'x - \frac{1}{\sqrt{\alpha}} \sqrt{x'\Sigma x}$$
$$\text{s. t.} \quad \begin{cases} e'x = 1 \\ x \geqslant 0. \end{cases} \tag{5.29}$$

引理 5.1(解的关系) 记 $x^* = (x_1^*, x_2^*, \cdots, x_n^*)'$ 为 KSF 模型(4.6)(或模型(5.26))的最优解，下列结论成立：(a) 如果 $x^* \geqslant 0$，则 x^* 也是模型(5.28)(或模型(5.29))的最优解；(b) 如果 x^* 存在负的分量 x_{i1}^*，x_{i2}^*，$\cdots$，x_{ik}^*，则模型(5.28)(或模型(5.29))的最优解必在集合 $\bigcup\limits_{t=1}^{k} C_{it}$ 中，其中 C_{it} 是与 $x_{it}=0$ 对应的模型(4.6)(或模型(5.26))的可行解的集合。

[证明] 显然(a)成立。

对于(b)的证明，可以采用反证法。假设 $\tilde{x} = (\tilde{x}_1, \tilde{x}_2, \cdots, \tilde{x}_n)' \geqslant 0$ 是 KSF 模型(5.28)(或模型(5.29))的最优解，但是 $\tilde{x} \notin C$，即 $\tilde{x} \in \bigcap\limits_{t=1}^{k} \bar{C}_{it}$。从而 $\tilde{x}$ 的分量满足 $\tilde{x}_{it} > 0$，$(t=1,2,\cdots,k)$，其余分量非负。

令 $\hat{x}(\lambda) = \lambda\tilde{x} + (1-\lambda)x^*$，$g(\lambda) = \hat{x}'\mu + k_\alpha \sqrt{\hat{x}'\Sigma\hat{x}}$，其中 $\lambda \in [0,1]$。显然 $e'\hat{x} = 1$，即 $\hat{x}$ 为 KSF 模型(4.6)(或模型(5.26))的可行解。

由于

$$g''(\lambda) = k_\alpha (\sqrt{\hat{x}'\Sigma\hat{x}})^{-1} \{(\tilde{x} - x^*)'\Sigma(\tilde{x} - x^*) - (\hat{x}'\Sigma\hat{x})^{-1}[(\tilde{x} - x^*)'\Sigma\hat{x}]^2\},$$

且根据对称矩阵的乔列斯基分解定理，存在唯一的对角元素非零的上三角阵 Q，使得 $\Sigma = Q'Q$，再利用柯西不等式，可得

$$[(\tilde{x} - x^*)'\Sigma\hat{x}]^2 < [(\tilde{x} - x^*)'\Sigma(\tilde{x} - x^*)](\hat{x}'\Sigma\hat{x}).$$

注意到 $k_\alpha < 0$，因此 $g''(\lambda) < 0$，从而 $g(\lambda)$ 为$[0,1]$上的严格凹函数。又由于

x^* 为 KSF 模型(4.6)(或模型(5.26))的最优解,所以当 $\lambda\in(0,1]$时,有 $g(0)=g_{x^*}(\lambda)>g_{\hat{x}}(\lambda)=g(\lambda)$。从而 $g(\lambda)$为严格单调递减的函数,对 $\lambda\in[0,1)$有 $g(\lambda)>g(1)=g_{\hat{x}}(\lambda)$。

由于 $\hat{x}(\lambda)$关于 λ 连续,且 $\hat{x}(1)=\tilde{x}$,所以在 1 的附近存在 λ,使 $\hat{x}(\lambda)$的分量满足 $\hat{x}_{it}>0,(t=1,2,\cdots,k)$,其余分量非负。从而 $\hat{x}(\lambda)$为模型(5.28)(或模型(5.29))的可行解,且

$$g_{\hat{x}}(\lambda)=g(\lambda)>g(1)=g_{x}(\lambda).$$

这与 $\tilde{x}=(\tilde{x}_1,\tilde{x}_2,\cdots,\tilde{x}_n)'\geqslant 0$ 为模型(5.28)(或模型(5.29))的最优解相矛盾,所以假设 $\tilde{x}\notin C$ 不成立。从而(b)也成立。□

根据引理 5.1,如果 $k_\alpha<-\sqrt{D/C}$(或者 $0<\alpha<\min\{1,C/D\}$),则模型(5.28)(或模型(5.29))的最优解可以采取如下的迭代算法步骤求得:

[步骤 1]　求解模型(4.6)(或模型(5.26)),记最优解为 $x^*=(x_1^*,x_2^*,\cdots,x_n^*)'$。

[步骤 2]　如果 $x^*\geqslant 0$,则 x^* 也是模型(5.28)(或模型(5.29))的最优解,求解过程结束。否则,x^* 存在负的分量 $x_{i1}^*,x_{i2}^*,\cdots,x_{ik}^*$,进入下一步。

[步骤 3]　在模型(4.6)(或模型(5.26))中加入约束 $x_{ij}=0$(这相当于在 n 个风险资产中去掉资产 S_{ij}),可以得到模型(4.6)(或模型(5.26))的一个新的解,记为 x_{-ij},相应的目标收益值记为 $\tilde{r}_{ij}(j=1,2,\cdots,k)$。如果 $\tilde{r}_{it}=\max\limits_{j}\{\tilde{r}_{ij},j=1,2,\cdots,k\}$,则令 $x^*=x_{-it}$,转步骤 2。

本书给出的求解过程不同于 Kataoka(1963)的过程,这里我们可以利用显式表达式计算模型的解。对于实际的投资选择问题,一般地会事先经过各种途径筛选与确定备选的风险资产,其个数 n 不会太大,因此计算的时间不会太长。当然,也可以采用非线性规划的求解软件求解模型(5.28)或者模型(5.29)。

5.4.3　数值算例

设某 6 种证券在投资期内的期望收益向量 μ 和协方差矩阵 Σ 如下:

$$\mu=[0.1850\quad 0.2050\quad 0.2290\quad 0.2180\quad 0.1670\quad 0.2390]',$$

$$\Sigma=\begin{bmatrix}0.2100 & 0.2100 & 0.2210 & -0.2160 & 0.1620 & -0.2150\\ 0.2100 & 0.2250 & 0.2390 & -0.2160 & 0.1680 & -0.2190\\ 0.2210 & 0.2390 & 0.2750 & -0.2460 & 0.1890 & -0.2470\\ -0.2160 & -0.2160 & -0.2460 & 0.2560 & -0.1850 & 0.2540\\ 0.1620 & 0.1680 & 0.1890 & -0.1850 & 0.1420 & -0.1880\\ -0.2150 & -0.2190 & -0.2470 & 0.2540 & -0.1880 & 0.2660\end{bmatrix}.$$

唐小我等(2003)以这6种证券为例，解释了不允许卖空情形下的均值-方差投资组合模型的算法。由于没有样本数据无法检验关于收益联合分布的具体假设，为了方便示范，这里我们假设证券收益的联合分布是多元Laplace分布。

经计算得：$A=21.8317$，$B=113.4703$，$C=595.9332$，$D=134.7474$，$\sqrt{D/C}=0.4755$。因此，允许卖空的KSF模型(4.6)存在最优解的充分必要条件是$k_\alpha<-0.4755$。在Laplace分布情形，$k_\alpha=\sqrt{1/2}\ln(2\alpha)$。因此，对于任意的$0<\alpha<0.2552$，在允许卖空的市场条件下，可以利用定理4.2中的公式计算出相应的KSF有效投资组合x、对应的保障收益水平r_α、期望收益μ_x和方差σ_x^2。部分结果列于表5.1。

根据上面给出的求解步骤，我们可以在表5.1的基础上得到市场不允许卖空情形下的KSF模型(5.28)的解。作为示例，给定$\alpha=0.01$，由于$x_2<0$，我们考虑去掉证券S_2，余下5种证券的均值和协方差矩阵数据如下：

$$\mu_{(-2)}=(0.1850\quad 0.2290\quad 0.2180\quad 0.1670\quad 0.2390)',$$

$$\Sigma_{(-2)}=\begin{bmatrix} 0.2100 & 0.2210 & -0.2160 & 0.1620 & -0.2150 \\ 0.2210 & 0.2750 & -0.2460 & 0.1890 & -0.2470 \\ -0.2160 & -0.2460 & 0.2560 & -0.1850 & 0.2540 \\ 0.1620 & 0.1890 & -0.1850 & 0.1420 & -0.1880 \\ -0.2150 & -0.2470 & 0.2540 & -0.1880 & 0.2660 \end{bmatrix}.$$

再由定理4.2的公式求解KSF模型(5.28)可得：

$$(x_1,x_3,x_4,x_5,x_6)=(0.0564,-0.0224,0.2309,0.5387,0.1963).$$

此时，由于$x_3<0$，因此仍不能得到允许卖空时的最优KSF投资组合解。如果再去掉证券S_3，根据余下的4种证券的期望收益和协方差矩阵数据重新求解允许卖空的KSF模型，可以得到：

$$(x_1,x_4,x_5,x_6)=(0.0525,0.2358,0.5173,0.1944).$$

此时，投资组合中不再含有负的分量值，因此我们得到给定$\alpha=0.01$时上述6种证券在市场不允许卖空情形下的最优KSF投资组合：

$$(x_1,x_2,x_3,x_4,x_5,x_6)=(0.0525,0.0000,0.0000,0.2358,0.5173,0.1944).$$

相应的目标函数值即保障收益水平为$r_{0.01}=0.0622$，表明该投资组合在$\alpha=0.01$的损失概率水平下的保障收益水平为6.22%，而且可以计算出该投资组合的期望收益水平和方差分别为$\mu_x=0.1940$，$\sigma_x^2=0.0023$。同样可以得到表5.1中其他给定α水平下不允许卖空情形下的最优KSF投资组合。对于$\alpha=0.25$，需要两次循环得到不允许卖空情形下的KSF最优解，对于其余几个α则只需要循环一次即可求得不允许卖空情形下的KSF最优解。我们将计算结果列于表5.2。

表 5.1 允许卖空情形下 KSF 模型的最优投资组合及保障收益

α	0.01	0.05	0.10	0.15	0.20	0.21	0.23	0.25
z_α	−2.7662	−1.6282	−1.1380	−0.8513	−0.6479	−0.6134	−0.5491	−0.4901
x_1	0.2628	0.2722	0.2832	0.2985	0.3277	0.3382	0.3744	0.5371
x_2	−0.3057	−0.3171	−0.3304	−0.3488	−0.3840	−0.3966	−0.4402	−0.6364
x_3	0.1431	0.1808	0.2253	0.2867	0.4039	0.4461	0.5915	1.2452
x_4	0.3317	0.3292	0.3260	0.3218	0.3136	0.3107	0.3006	0.2553
x_5	0.4583	0.4168	0.3677	0.2999	0.1706	0.1240	−0.0364	−0.7576
x_6	0.1098	0.1182	0.1282	0.1419	0.1682	0.1776	0.2101	0.3565
r_α	0.0788	0.1266	0.1481	0.1615	0.1724	0.1745	0.1792	0.1855
μ_x	0.1938	0.1964	0.1994	0.2035	0.2115	0.2143	0.2241	0.2684
σ_x^2	0.0017	0.0018	0.0020	0.0024	0.0036	0.0042	0.0067	0.0286

表 5.2　不允许卖空情形下 KSF 模型的最优投资组合及保障收益

α	0.01	0.05	0.10	0.15	0.20	0.21	0.23	0.25
z_α	−2.7662	−1.6282	−1.1380	−0.8513	−0.6479	−0.6134	−0.5491	−0.4901
x_1	0.0525	0.00583	0.0606	0.0638	0.0697	0.0718	0.0788	0.0454
x_2	0.0000	0.0000	0.0000	0.0000	0.0000	0.0000	0.0000	0.0000
x_3	0.0000	0.0130	0.0547	0.1118	0.2190	0.2569	0.3832	0.4508
x_4	0.2358	0.2238	0.2154	0.2039	0.1824	0.1748	0.1494	0.0000
x_5	0.5173	0.4955	0.4445	0.3746	0.2435	0.1972	0.0427	0.0988
x_6	0.1944	0.2094	0.2247	0.2458	0.2853	0.2993	0.3459	0.4050
r_α	0.0622	0.1166	0.1408	0.1559	0.1681	0.1705	0.1758	0.1813
μ_x	0.1940	0.1953	0.2032	0.2032	0.2117	0.2147	0.2247	0.2300
σ_x^2	0.0023	0.00234	0.0026	0.0031	0.0045	0.0052	0.0080	0.0099

第 6 章　风险资产配置的 MSF 模型理论及比较

在第 4 章中，我们从理论和实证的角度解释了 KSF 准则模型在三种经典 SF 准则模型中的相对优越性。在第 5 章中，我们给出了基于 KSF 模型的投资组合选择的理论性质以及在不允许卖空和收益分布形式未知时的处理方法，但是没有考虑包含无风险资产的资本市场。实际上，经典的 KSF 模型并不适用于包含无风险资产的资本市场，如果包含无风险资产，最优的投资策略就是把所有的资本投资于无风险资产。另外，KSF 模型相对于 TSF 模型也有其局限性，因为在 KSF 模型中，投资者并不在意投资的期望收益。比如，在国家社会保障基金的投资中，往往既要满足安全投资与保值增值的需要，又要尽可能提高保障收益水平。因此，三种安全首要准则在实际应用中不能单独使用(Levy and Levy，2009)。本章综合三种经典 SF 准则，提出了一种改进的安全首要(MSF)思想，建立了 MSF 准则下的投资组合选择模型，也为后面几章中逐步引入无风险资产时的研究提供了基础。在不包含无风险资产的市场情形下，本章讨论了 MSF 有效投资组合的存在条件以及解析表示，考察了 MSF 有效前沿并比较了其与均值-方差有效前沿的异同。

6.1　风险资产配置的 MSF 模型

考虑包含 n 种风险资产的完备的金融市场，不存在无风险资产，不存在交易税费，允许风险资产的买空卖空。投资者在投资期初 t_0 时刻进入资本市场，对一个单位的初始资本金进行组合投资决策，并持有风险资产的一个投资组合 $w=(w_1,w_2,\cdots,w_n)'$，直到投资期末 t_1 时刻出清。记 $e=(1,1,\cdots,1)'$为元素全为 1 的 n 维向量，则可行的投资策略需要满足资本约束(i)：$w'e=1$。假设单位风险资产在 t_1 时刻的收益率向量 $R=(R_1,R_2,\cdots,R_n)'$具有有限的数学期望 $r=(r_1,r_2,\cdots,r_n)'$和有限正定的协方差矩阵 $\Sigma>0$，则持有组合 $w=(w_1,w_2,\cdots,w_n)'$到期末出清可以获得的实际收益为随机变量 $R_p\equiv w'R$，其期望值为 $E(R_p)\equiv w'r$，方差为 $\mathrm{Var}(R_p)\equiv w'\Sigma w$。若用 α 反映投资者对风险的控制水平，即实际投资收益低于某一保险收益水平 $R_{\min}$ 的可能性，则依据 TSF 准则和 KSF 准则的投资策略应满足风险控制约束(ii)：$P(R_p < R_{\min}) \leqslant \alpha$，通常 $0 < \alpha < 0.5$。

三种经典安全首要(RSF、TSF 和 KSF)模型的目标分别是最大化 $1-\alpha$、$E(R_p)$ 和 $R_{\min}$，其约束条件均为资本约束(i)和风险控制约束(ii)。这三个经典模型的不同之处在于：前两个形式的模型中，$R_{\min}$ 为事先确定的已知常数，而第三种形式中 $R_{\min}$ 是需要优化的目标值。在实际应用中，对于类似国家社会保障基金的风险投资，需要同时兼顾安全性、保障性和收益性，因此我们可以用如下的多目标决策模型来描述此类投资的决策行为(丁元耀，2008)：

$$\begin{aligned}&\max_{w} \quad (1-\alpha, R_{\min}, E(R_p)) \\ &\text{s.t.} \quad \begin{cases} P(R_p < R_{\min}) = \alpha \\ w'e = 1. \end{cases}\end{aligned} \tag{6.1}$$

在模型(6.1)中，将 RSF 和 TSF 以及 KSF 准则的三个单目标同等对待。模型(6.1)的最优解一般不存在，由于安全首要原则，把安全性目标放在第一位，为了得到模型(6.1)的有效解，在实践中我们通常事先控制实际收益低于保险收益发生的概率不超过某个较小的水平 α，考虑如下的两目标规划模型：

$$\begin{aligned}&\max_{w} \quad (R_{\min}, E(R_p)) \\ &\text{s.t.} \quad \begin{cases} P(R_p < R_{\min}) \leqslant \alpha \\ w'e = 1. \end{cases}\end{aligned} \tag{6.2}$$

显然，模型(6.1)与模型(6.2)是对三种经典安全首要模型的改进，为区别之，我们将模型(6.1)和模型(6.2)统称为改进的安全首要(MSF)模型。

对于任意两个可行的投资组合，假设其同时满足风险控制约束：$P(R_p < R_{\min}) \leqslant \alpha$。如果它们具有相同的期望收益，则安全首要的投资者将选择具有更高的保险收益(即在损失可能性约束下，可接受的最低实际收益)的投资组合。如果它们具有相同的保险收益，则安全首要的投资者将选择具有更高的期望收益的投资组合。对于一个满足给定风险控制水平 α 的可行投资组合 w，如果不存在其他的投资组合与 w 相比——要么具有更高的期望收益而且不低的保险收益，要么具有更高的安全收益而且不低的期望收益——那么投资组合 w 是在 α 水平下的条件安全有效的，简记为 α-MSF 有效的。对于给定的 α，模型(6.2)的全部有效解的集合(如果存在的话)构成 α-MSF 有效前沿。对于所有的 α，全部 α-MSF 有效前沿中的投资组合就形成了模型(6.1)的有效解集，构成了 MSF 有效前沿。不同的投资者对下方极端损失风险的控制水平不同，对期望收益的追求也不同，对保险收益水平的要求也有差别，

但是有了 MSF 有效前沿,投资者就可以根据各自的偏好在 MSF 有效前沿中选择有效的组合投资策略。两个具有同样风险控制水平 α 的投资者,可以在 α-MSF 有效前沿中选择符合各自偏好的组合投资策略。因此,下面只需研究模型(6.2)的有效前沿,在不引起误解的情况下,我们也把模型(6.2)的 α-MSF 有效前沿,简称为 MSF 有效前沿。

可以采用如下几种方式将模型(6.2)转变为单目标随机优化模型。

方法一:假设投资者想寻找期望收益水平不低于给定水平 m 的有效投资策略,则可以采用 MSF 模型的单目标形式:

$$\max_{w} \quad R_{\min}$$
$$\text{s.t.} \quad \begin{cases} E(R_p) \geqslant m \\ P(R_p < R_{\min}) \leqslant \alpha \\ w'e = 1. \end{cases} \tag{6.3}$$

模型(6.3)相当于在 KSF 模型中增加了期望收益的约束。给定不同的 m 求解模型(6.3),我们即可得到 MSF 有效前沿。

定理 6.1 在给定 α 的前提下,如果模型(6.3)的最优解存在而且唯一,则根据不同的 m 得到的全部模型(6.3)的最优解就构成了模型(6.2)的 MSF 有效前沿。

[证明] 一方面,如果 w^* 是模型(6.2)的任何一个有效解,且 $m^* = E(R'w^*)$, $P(R'w^* < R^*_{\min}) \leqslant \alpha$,则 w^* 必是模型(6.3)在 $m = m^*$ 时的最优解。假设不是这样的话,即 w^* 不是模型(6.3)的最优解,则存在模型(6.3)的一个可行投资组合 $\tilde{w}$,满足 $P(R'\tilde{w} < \tilde{R}_{\min}) \leqslant \alpha$, $E(R'\tilde{w}) \geqslant m^*$,但是 $\tilde{R}_{\min} > R^*_{\min}$。此时很显然 w^* 是 MSF 非有效的,这与 w^* 是模型(6.2)有效解产生矛盾。

另一方面,如果 $\tilde{w}$ 是模型(6.3)的唯一最优解, $P(R'\tilde{w} < \tilde{R}_{\min}) \leqslant \alpha$, $E(R'\tilde{w}) \geqslant m$,则其必是模型(6.2)的有效解。假设不是这样的话,则存在模型(6.2)的一个可行投资组合 w^*, $P(R'w^* < R^*_{\min}) \leqslant \alpha$,使得 $E(R'w^*) \geqslant E(R'\tilde{w})$, $R^*_{\min} \geqslant \tilde{R}_{\min}$ 中至少一个严格不等式成立。如果 $R^*_{\min} > \tilde{R}_{\min}$,则显然 $\tilde{w}$ 不可能是模型(6.3)的最优解,自相矛盾;如果 $E(R'w^*) > E(R'\tilde{w})$ 且 $R^*_{\min} = \tilde{R}_{\min}$,则 w^* 也是模型(6.3)的一个最优解,从而 $w^* = \tilde{w}$,这又与 $E(R'w^*) > E(R'\tilde{w})$ 互相矛盾。定理得证。□

方法二:假设投资者想寻找保险收益水平不低于给定的最低收益水平 γ 的有效投资策略,则可以考虑 MSF 模型(6.2)的如下形式的单目标规划:

$$\max_{w} \quad E(R_p)$$
$$\text{s. t.} \quad \begin{cases} R_{\min} \geqslant \gamma \\ P(R_p < R_{\min}) \leqslant \alpha \\ w'e = 1. \end{cases} \tag{6.4}$$

同样地,MSF 有效前沿可以通过对于不同事先给定的 δ 去求解模型(6.4)而得到。

定理 6.2　在给定 α 的前提下,如果模型(6.4)的最优解存在且唯一,则根据不同的 δ 得到的全部模型(6.4)的最优解就构成了模型(6.2)的 MSF 有效前沿。

[证明]　一方面,对于给定的 α,如果 w^* 是任何一个 MSF 有效投资组合,其对应的目标保险收益和期望收益分别为 γ^* 和 m^*,则 w^* 也必然是对应于 $\gamma=\gamma^*$ 的模型(6.4)的一个最优解。假设 w^* 不是模型(6.4)的一个最优解,则存在一个可行的投资组合,满足模型(6.4)中的约束条件,且比 w^* 具有更高的期望收益,这显然与 w^* 是 MSF 有效解互相矛盾。

另一方面,对于给定的 α,如果 $\tilde{w}$ 是模型(6.4)对应于某个 γ 的唯一最优解,记其对应的目标期望收益为 $\tilde{m}$,且 $\tilde{\gamma}$ 为满足 $P(R'\tilde{w}<R_{\min})\leqslant\alpha$ 的最大的 $R_{\min}$,则 $\tilde{w}$ 也必然是一个 MSF 有效投资组合。假设不是这样的话,即 $\tilde{w}$ 是 MSF 非有效的,则存在一个可行的投资组合 w^*,其对应的保险收益和期望收益分别为 γ^* 和 m^*,且有 $m^*\geqslant\tilde{m}$,$\gamma^*\geqslant\tilde{\gamma}$,其中至少一个严格不等式成立。由于 $P(R'w^*<\gamma^*)\leqslant\alpha$,且 $\gamma^*\geqslant\tilde{\gamma}\geqslant\gamma$,因此 w^* 满足模型(6.4)的约束条件。如果 $m^*>\tilde{m}$,则 $\tilde{w}$ 一定不是模型(6.4)的最优解,这与 $\tilde{w}$ 是模型(6.4)的最优解互相矛盾;如果 $m^*=\tilde{m}$,则 $\gamma^*>\tilde{\gamma}$,w^* 依然满足模型(6.4)的约束条件,从而有 $w^*=\tilde{w}$,此时有 $P(R'\tilde{w}<\gamma^*)=p(R'w^*<\gamma^*)\leqslant\alpha$。由于 $\tilde{\gamma}$ 为满足 $P(R'\tilde{w}<R_{\min})\leqslant\alpha$ 的最大的 $R_{\min}$,因此 $\gamma^*\leqslant\tilde{\gamma}$。这又与 $\gamma^*>\tilde{\gamma}$ 互相矛盾。定理得证。□

方法三:如果一个安全首要的投资者,既追求高期望收益也追求高保险水平,但在两个目标之间有轻重之分。通过引入参数 λ,将两个目标依据轻重加权成为单个目标,投资者就可以通过求解如下的单目标规划模型获得 MSF 有效的投资策略:

$$\max_{w} \quad (1-\lambda)R_{\min}+\lambda E(R_p)$$
$$\text{s. t.} \quad \begin{cases} P(R_p < R_{\min}) \leqslant \alpha \\ w'e = 1. \end{cases} \tag{6.5}$$

其中 $0<\lambda<1$。显然 $\lambda=0$ 和 $\lambda=1$ 时,模型(6.5)分别退化为 KSF 模型和

TSF 模型。

定理 6.3 在给定 α 的前提下,如果模型(6.4)的最优解存在且唯一,则根据不同的 λ 得到的全部模型(6.5)的最优解就构成了模型(6.2)的 MSF 有效前沿。

[**证明**] 一方面,给定 α 和 λ 时模型(6.5)的最优解如果存在,则其必是模型(6.2)的有效解。不然的话,假设 w 是在给定 α 和 λ 时($0<\lambda<1$)模型(6.5)的最优解,但其仅是模型(6.2)的非有效解,则由于模型(6.2)和模型(6.5)的约束条件相同,因此存在模型(6.5)的一个可行解 w^*,满足 $R_{\min}^* \geqslant R_{\min}$, $E(R'w^*) \geqslant E(R'w)$,且两者中至少一个严格不等式成立,因此

$$(1-\lambda)R_{\min}^* + \lambda E(R'w^*) > (1-\lambda)R_{\min} + \lambda E(R'w),$$

于是 w 不可能是给定 α 和 λ 时模型(6.5)的最优解,产生矛盾。

另一方面,如果 w 是在给定 α 时模型(6.2)的有效解,则 w 也是模型(6.5)的可行解,又因为根据有效解的定义,不存在其他的可行解 w^*,满足 $R_{\min}^* \geqslant R_{\min}$, $E(R'w^*) \geqslant E(R'w)$,且其中至少一个严格不等式成立,从而对任意给定的 λ($0<\lambda<1$),不存在其他的可行解满足

$$(1-\lambda)R_{\min}^* + \lambda E(R'w^*) > (1-\lambda)R_{\min} + \lambda E(R'w),$$

亦即对于模型(6.5)的任何可行解,均有

$$(1-\lambda)R_{\min}^* + \lambda E(R'w^*) \leqslant (1-\lambda)R_{\min} + \lambda E(R'w),$$

故 w 也是模型(6.5)的一个最优解。定理得证。□

下面我们将在求解单目标规划模型(6.3)的基础上讨论 MSF 有效前沿问题。由于风险控制约束没有明确的表达式,直接求解上述任何一个 MSF 模型并得到解析形式的有效解都是比较困难的,因此我们需要对模型进行适当的简化处理。

6.2 MSF 模型的化简

6.2.1 风险资产收益的分布已知

假设风险资产的随机收益向量 R 具有有限的数学期望 r 和正定的协方差矩阵 Σ,且其任意线性组合的分布属于连续的两参数位置-刻度分布族,亦即对于任意的常数向量 $l\neq 0$,有 $Z=\dfrac{l'R-l'r}{\sqrt{l'\Sigma l}}$ 具有相同的已知的不依赖于 l 的连续分布函数 $F(z)$,密度函数为 $f(z)$。此时,由于

$$P(R_p < R_{\min}) = P\left(\frac{R_p - E(R_p)}{\sqrt{\mathrm{Var}(R_p)}} < \frac{R_{\min} - E(R_p)}{\sqrt{\mathrm{Var}(R_p)}}\right) = F\left(\frac{R_{\min} - E(R_p)}{\sqrt{\mathrm{Var}(R_p)}}\right),$$

因此 $P(R_p<R_{\min})\leqslant\alpha$ 等价于 $F\left(\dfrac{R_{\min}-E(R_p)}{\sqrt{\mathrm{Var}(R_p)}}\right)\leqslant\alpha$，记 $k_\alpha=F^{-1}(\alpha)$，则 $P(R_p<R_{\min})\leqslant\alpha$ 等价于 $R_{\min}\leqslant E(R_p)+k_\alpha\sqrt{\mathrm{Var}(R_p)}$。于是，MSF 模型(6.3)等价于

$$\max_{w}\quad R_{\min}$$
$$\text{s. t.}\quad\begin{cases}E(R_p)\geqslant m\\ R_{\min}\leqslant E(R_p)+k_\alpha\sqrt{\mathrm{Var}(R_p)}\\ w'e=1.\end{cases}\tag{6.6}$$

其中 $E(R_p)\equiv w'r$，$\mathrm{Var}(R_p)\equiv w'\Sigma w$。进一步地，模型(6.6)等价于

$$\max_{w}\quad R_{\min}=w'r+k_\alpha\sqrt{w'\Sigma w}$$
$$\text{s. t.}\quad\begin{cases}w'r\geqslant m\\ w'e=1.\end{cases}\tag{6.7}$$

对于模型(6.7)，可以证明当 $k_\alpha<0$ 时，目标函数是严格的凹函数，从而将 MSF 模型转化为凹函数的条件最大值问题。一般地，只要 α 足够小，就可以使 $k_\alpha<0$。

特别地，假设风险资产的期末收益向量 R 服从一般的 n 维椭球分布，存在数学期望为 r 和正定的协方差矩阵 Σ，$R\sim E_n(r,\Omega,g_n)$，具有如下密度函数(Landsman and Valdez，2003)：

$$f_R(y)=C_n(|\Omega|)^{-1/2}g_n\left[\frac{1}{2}(y-r)'\Omega^{-1}(y-r)\right],\quad y\in\mathbb{R}^n$$

其中 $g_n(x)>0$ 对于 $\forall x\in(0,\infty)$，称为密度生成函数，其满足

$$\int_0^\infty x^{\frac{n}{2}-1}g_n(x)\mathrm{d}x<\infty,\quad C_n=\frac{\Gamma(n/2)}{(2\pi)^{n/2}}\left[\int_0^\infty x^{\frac{n}{2}-1}g_n(x)\mathrm{d}x\right]^{-1},$$

Ω 为正定的 $n\times n$ 维矩阵，仅当 R 服从正态分布时，$\Omega=\Sigma$，且一般有 $\Sigma=\lambda\Omega$，其中 λ 为正常量。根据椭球分布的性质有，对于任意的投资组合 w，有 $R_p=R'w\sim E_1(w'r,w'\Omega w,g_1)$，其相应的密度函数为

$$f_{R_p}(y)=\frac{C_1}{\sqrt{w'\Omega w}}g_1\left(\frac{1}{2}\frac{(y-w'r)^2}{w'\Omega w}\right),\quad y\in\mathbb{R},$$

其中：
$$C_1=\frac{1}{\sqrt{2}}\left[\int_0^\infty x^{-1/2}g_1(x)\mathrm{d}x\right]^{-1},\quad\int_0^\infty g_1(x)\mathrm{d}x<\infty,$$
$$\int_0^\infty\sqrt{x}g_1(x)\mathrm{d}x<\infty.$$

记 $Z=\dfrac{R_p-E(R_p)}{\sqrt{\mathrm{Var}(R_p)}}=\dfrac{R_p-w'r}{\sqrt{w'\Sigma w}}$，则 Z 的密度函数为

$$f_Z(x) = \sqrt{w'\Sigma w} f_{R_p}(w'r + x\sqrt{w'\Sigma w}) = C_1\sqrt{\lambda} g_1\left(\frac{1}{2}\lambda x^2\right).$$

于是可令

$$\alpha = F(k_\alpha) = \int_{-\infty}^{k_\alpha} f_Z(x)\mathrm{d}x = \int_{-\infty}^{\sqrt{\lambda}k_\alpha} C_1 g_1\left(\frac{1}{2}x^2\right)\mathrm{d}x.$$

记 $F_1(x) = \int_{-\infty}^{x} C_1 g_1\left(\frac{1}{2}x^2\right)\mathrm{d}x$，则有 $F(k_\alpha)=F_1(\sqrt{\lambda}k_\alpha)=\alpha$,因此

$$k_\alpha = \frac{1}{\sqrt{\lambda}}F_1^{-1}(\alpha). \tag{6.8}$$

许多常用的重要的多元分布都是椭球分布,如多元正态分布、多元学生 t 分布、多元 Laplace 分布、多元 Logistic 分布等。

特别地(参考 Engels, 2004),如果风险资产在投资期末的收益向量 R 服从多元正态分布,

$$g_n(u) = \mathrm{e}^{-u}, \quad C_n = (2\pi)^{-n/2},$$

则 $\lambda=1$, $F_1(x) = \int_{-\infty}^{x} \frac{1}{\sqrt{2\pi}}\mathrm{e}^{-\frac{1}{2}t^2}\mathrm{d}t = \Phi(x)$, $k_\alpha=\Phi^{-1}(\alpha)=z_\alpha$。

如果收益向量 R 服从多元学生 t 分布,

$$g_n(u) = \left(1+\frac{2u}{v}\right)^{-\frac{(n+v)}{2}} \ (v>2), \quad C_n = \frac{\Gamma((n+v)/2)}{\Gamma(v/2)(\pi v)^n/2},$$

则有

$$F_1(x) = \int_{-\infty}^{x} \frac{\Gamma\left(\frac{(v+1)}{2}\right)}{\Gamma\left(\frac{v}{2}\right)\sqrt{\pi v}}\left(1+\frac{1}{v}x^2\right)^{-\frac{(v+1)}{2}}\mathrm{d}x,$$

$$\lambda = \frac{v}{v-2}, \quad k_\alpha = \sqrt{\frac{v-2}{v}}F_1^{-1}(\alpha).$$

如果收益向量 R 服从多元 Laplace 分布,

$$g_n(u) = \mathrm{e}^{-\sqrt{2|u|}}, \quad C_n = \frac{\Gamma(n/2)}{2\Gamma(n)\pi^{n/2}},$$

则有 $F_1(x) = \int_{-\infty}^{x} \frac{1}{2}\mathrm{e}^{-|t|}\mathrm{d}t, \quad \lambda = 2, \quad k_\alpha = \frac{1}{\sqrt{2}}F_1^{-1}(\alpha) = \frac{1}{\sqrt{2}}\ln(2\alpha).$

如果收益向量 R 服从多元 Logistic 分布,

$$C_n = \frac{\Gamma(n/2)}{2\Gamma(n)\pi^{n/2}}\left[\sum_{j=1}^{\infty}(-1)^{j-1}j^{1-n}\right]^{-1}, \quad g_n(u) = \frac{\mathrm{e}^{-\sqrt{2|u|}}}{(1+\mathrm{e}^{-\sqrt{2|u|}})^2},$$

则有

$$F_1(x) = \int_{-\infty}^{x} \frac{\mathrm{e}^{-|t|}}{(1+\mathrm{e}^{-|t|})^2}\mathrm{d}t, \quad \lambda = \frac{\pi^2}{3},$$

$$k_\alpha = \frac{\sqrt{3}}{\pi}F_1^{-1}(\alpha) = \frac{\sqrt{3}}{\pi}\ln\left(\frac{\alpha}{1-\alpha}\right).$$

表 6.1 为几种常用椭球分布对应的 k_α。

表 6.1　几种常用椭球分布对应的 k_α

分布类型	$g_n(u)$	λ	k_α
多元正态分布	e^{-u}	1	$\Phi^{-1}(\alpha)$
多元学生 t 分布($v>2$)	$\left(1+\frac{2u}{v}\right)^{-\frac{(n+v)}{2}}$	$\frac{v}{v-2}$	$\sqrt{\frac{v-2}{v}}F_1^{-1}(\alpha)$
多元 Laplace 分布	$\mathrm{e}^{-\sqrt{2\lvert u\rvert}}$	2	$\frac{1}{\sqrt{2}}\ln(2\alpha)$
多元 Logistic 分布	$\frac{\mathrm{e}^{-\sqrt{2\lvert u\rvert}}}{(1+\mathrm{e}^{-\sqrt{2\lvert u\rvert}})^2}$	$\frac{\pi^2}{3}$	$\frac{\sqrt{3}}{\pi}\ln\left(\frac{\alpha}{1-\alpha}\right)$

在表 6.1 中，

$$F_1(x)=\int_{-\infty}^{x}\frac{\Gamma\left(\frac{(v+1)}{2}\right)}{\Gamma\left(\frac{v}{2}\right)\sqrt{\pi v}}\left(1+\frac{1}{v}x^2\right)^{-\frac{(v+1)}{2}}\mathrm{d}x,$$

$\Phi(x)$为一元标准正态分布函数。

6.2.2　风险资产收益的分布未知

假设风险资产期末收益的联合分布形式未知，我们仅知道期末风险资产收益的期望值和协方差矩阵的信息，至少它们是存在的或者可以估计的。在此情况下，利用概率的切比谢夫不等式，有

$$\begin{aligned}P(R_p<R_{\min})&=P(E(R_p)-R_p>E(R_p)-R_{\min})\\&\leqslant P(\mid E(R_p)-R_p\mid>\mid E(R_p)-R_{\min}\mid)\\&\leqslant\frac{\mathrm{Var}(R_p)}{(E(R_p)-R_{\min})^2}.\end{aligned}$$

因此 $\frac{\mathrm{Var}(R_p)}{(E(R_p)-R_{\min})^2}\leqslant\alpha$ 时，有 $P(R_p<R_{\min})\leqslant\alpha$。注意到，通常 $R_{\min}<E(R_{\min})$，$\frac{\mathrm{Var}(R_p)}{(E(R_p)-R_{\min})^2}\leqslant\alpha$ 等价于

$$R_{\min}\leqslant E(R_p)-\frac{1}{\sqrt{\alpha}}\sqrt{\mathrm{Var}(R_p)}.\tag{6.9}$$

于是，可以采取许多文献在安全首要模型研究中使用的处理方式(如 Roy，1952；Telser，1955；Kataoka，1963；李仲飞和陈国俊，2005)，将风险控制约束 $P(R_p<R_{\min})\leqslant\alpha$ 用更强的约束，即式(6.9)替代，把 MSF 模型(6.3)转化为如下的模型：

$$\max_{w} \quad R_{\min}$$
$$\text{s.t.} \quad \begin{cases} E(R_p) \geqslant m \\ R_{\min} \leqslant E(R_p) - \dfrac{1}{\sqrt{\alpha}} \sqrt{\mathrm{Var}(R_p)} \\ w'e = 1. \end{cases} \tag{6.10}$$

或者其等价形式:

$$\max_{w} \quad R_{\min} = w'r - \frac{1}{\sqrt{\alpha}} \sqrt{w'\Sigma w}$$
$$\text{s.t.} \quad \begin{cases} w'r \geqslant m \\ w'e = 1. \end{cases} \tag{6.11}$$

显然模型(6.10)或模型(6.11)分别是模型(6.6)或模型(6.7)在取 $k_\alpha = -\dfrac{1}{\sqrt{\alpha}}$ 时的特殊形式,因此只要根据模型(6.6)或者(6.7)的解,就可以得到模型(6.10)或模型(6.11)的解。

6.3　给定期望收益限制的最优 MSF 策略

本节讨论 MSF 准则下的最优资产配置。我们知道无法直接求解多目标 MSF 模型(6.1)和模型(6.2)得到最优的风险资产配置,但对于一个具体的投资者而言,可以把最优资产配置的问题转化为求解单目标的模型(6.3)至模型(6.5)。由于模型(6.3)可以被视为期望收益约束下的 KSF 模型,我们这里只讨论如何根据模型(6.3)寻求最优的资产配置策略。

记 $a=r'\Sigma^{-1}r$, $b=r'\Sigma^{-1}e$, $c=e'\Sigma^{-1}e$, $d=ac-b^2$。由于 r 元素不全相等,且 $\Sigma>0$,故 $a>0$, $c>0$。又由于 $ad=(br-ae)'\Sigma^{-1}(br-ae)$,且 $ae-br\neq 0$,故 $ad>0$ 从而 $d>0$。

6.3.1　风险资产收益的分布已知

当风险资产收益的分布已知时,我们只需讨论模型(6.6)或模型(6.7)的最优解及其存在性。构造模型(6.7)的拉格朗日函数如下:

$$L(w,\lambda,\tau) = w'r + k_\alpha \sqrt{w'\Sigma w} + \lambda(w'r - m) + \tau(w'e - 1),$$

则当 $k_\alpha<0$ 时,凹规划模型(6.7)存在有限的全局的最优解的充分必要条件是,存在(w^*,λ^*,τ^*)满足如下的库恩-塔克(Kuhn-Tucker)条件:

$$\left.\frac{\partial L}{\partial w}\right|_{(w^*,\lambda^*,\tau^*)} = k_\alpha \frac{\Sigma w^*}{\sqrt{w^{*\prime}\Sigma w^*}} + (1+\lambda^*)r + \tau^* e = 0, \tag{6.12}$$

$$\left.\frac{\partial L}{\partial \lambda}\right|_{(w^*,\lambda^*,\tau^*)} = w^{*\prime}r - m \geqslant 0, \tag{6.13}$$

$$\left.\frac{\partial L}{\partial \tau}\right|_{(w^*,\lambda^*,\tau^*)} = w^{*\prime}e - 1 = 0, \tag{6.14}$$

$$\lambda^* \geqslant 0, \tag{6.15}$$

$$\lambda^*(w^{*\prime}r - m) = 0. \tag{6.16}$$

由式(6.12)得

$$w^* = -\frac{1}{k_\alpha}[(1+\lambda^*)\Sigma^{-1}r + \tau^*\Sigma^{-1}e]\sqrt{w^{*\prime}\Sigma w^*}, \tag{6.17}$$

$$k_\alpha^2 = (1+\lambda^*)^2 a + 2(1+\lambda^*)\tau^* b + c\tau^{*2}. \tag{6.18}$$

将式(6.17)代入式(6.14)得

$$k_\alpha = -[(1+\lambda^*)b + \tau^* c]\sqrt{w^{*\prime}\Sigma w^*}, \tag{6.19}$$

$$(1+\lambda^*)b + \tau^* c > 0, \tag{6.20}$$

$$\sqrt{w^{*\prime}\Sigma w^*} = \frac{-k_\alpha}{(1+\lambda^*)b + \tau^* c}. \tag{6.21}$$

再将式(6.21)代入式(6.17)得

$$w^* = \frac{(1+\lambda^*)\Sigma^{-1}r + \tau^*\Sigma^{-1}e}{(1+\lambda^*)b + \tau^* c} \tag{6.22}$$

下面分 $\lambda^*=0$ 和 $\lambda^*>0$ 两种情形讨论。

(1) 假设 $\lambda^*=0$,此时库恩-塔克条件式(6.15)成立,式(6.18)和式(6.20)分别变为

$$c\tau^{*2} + 2\tau^* b + (a - k_\alpha^2) = 0, \tag{6.23}$$

$$b + \tau^* c > 0. \tag{6.24}$$

因此,当且仅当 $b^2 - c(a - k_\alpha^2) > 0$,即 $ck_\alpha^2 - d > 0$ 或 $k_\alpha < -\sqrt{d/c}$时,同时满足式(6.18)和式(6.20)的 τ^* 才存在,且为

$$\tau^* = \frac{-b + \sqrt{ck_\alpha^2 - d}}{c}. \tag{6.25}$$

在这种情况下,由式(6.22)得

$$w^* = \frac{1}{\sqrt{ck_\alpha^2 - d}}\left[\Sigma^{-1}r + \frac{-b + \sqrt{ck_\alpha^2 - d}}{c}\Sigma^{-1}e\right], \tag{6.26}$$

$$\begin{aligned} w^{*\prime}r &= \frac{1}{\sqrt{ck_\alpha^2 - d}}\left[a + b\left(\frac{-b + \sqrt{ck_\alpha^2 - d}}{c}\right)\right] \\ &= \frac{b}{c} + \frac{d}{c\sqrt{ck_\alpha^2 - d}}. \end{aligned} \tag{6.27}$$

当且仅当 $m\leqslant\frac{b}{c}+\frac{d}{c\sqrt{ck_\alpha^2-d}}$ 时，不等式(6.13)成立。因此，当且仅当

$$k_\alpha<-\sqrt{d/c}\quad 且\quad m\leqslant\frac{b}{c}+\frac{d}{c\sqrt{ck_\alpha^2-d}}$$

时，存在满足库恩-塔克条件的 $\lambda^*=0$ 和 τ^* 与 w^*，后者分别由式(6.25)与式(6.26)表示。此时将 $\lambda^*=0$ 和式(6.25)代入式(6.21)可得

$$w^{*\prime}\Sigma w^*=\frac{k_\alpha^2}{ck_\alpha^2-d}=\frac{1}{c}\left(1+\frac{d}{ck_\alpha^2-d}\right).\tag{6.28}$$

(2) 假设 $\lambda^*>0$，此时库恩-塔克条件式(6.15)成立，而库恩-塔克条件式(6.13)和式(6.16)变为

$$w^{*\prime}r=m,\tag{6.29}$$

将式(6.22)代入式(6.29)得

$$(1+\lambda^*)(mb-a)=\tau^*(b-mc).\tag{6.30}$$

如果 $m=b/c$，由于 $mb-a=-d/c\neq0$，由式(6.30)得 $1+\lambda^*=0$，这与 $\lambda^*>0$ 相矛盾，因此当 $m=b/c$ 时不存在 $\lambda^*>0$ 的解能满足所有库恩-塔克条件式。

如果 $m\neq b/c$，则式(6.30)可写为

$$\tau^*=\frac{mb-a}{b-mc}(1+\lambda^*).\tag{6.31}$$

将式(6.31)代入式(6.20)得

$$(1+\lambda^*)b+\tau^*c=\frac{(1+\lambda^*)d}{(mc-b)}>0,$$

因此必须 $mc-b>0$，即 $m>b/c$。再将式(6.31)代入式(6.18)得

$$k_\alpha^2=(1+\lambda^*)^2\left[\frac{d}{c}+\frac{1}{c}\left(\frac{d}{b-mc}\right)^2\right].\tag{6.32}$$

于是当且仅当

$$m>\frac{b}{c}\quad 且\quad k_\alpha<-\sqrt{\frac{d}{c}+\frac{1}{c}\left(\frac{d}{b-mc}\right)^2}$$

时，存在 $\lambda^*>0$ 的解：

$$\lambda^*=-1-k_\alpha\Big/\sqrt{\frac{d}{c}+\frac{1}{c}\left(\frac{d}{b-mc}\right)^2}.\tag{6.33}$$

此时将式(6.31)和式(6.33)代入式(6.22)及式(6.21)，分别得

$$w^*=\frac{mc-b}{d}\Sigma^{-1}r-\frac{mb-a}{d}\Sigma^{-1}e,\tag{6.34}$$

$$w^{*\prime}\Sigma w^*=\frac{1}{c}\left[1+\frac{(mc-b)^2}{d}\right].\tag{6.35}$$

于是，当且仅当

$$m>\frac{b}{c}\quad 且\quad k_\alpha<-\sqrt{\frac{d}{c}+\frac{1}{c}\left(\frac{d}{b-mc}\right)^2}$$

时，存在由式(6.31)、式(6.33)和式(6.34)确定的解(w^*, λ^*, τ^*)满足库恩-塔克条件式(6.12)至式(6.16)。

综合以上关于模型(6.7)的最优解及其存在条件的讨论，我们得到如下的定理：

定理 6.4　当且仅当 $k_\alpha<-\sqrt{d/c}$ 时，模型(6.7)存在唯一的全局最优解，而且

(i) 当 $m\leqslant\frac{b}{c}+\frac{d}{c\sqrt{ck_\alpha^2-d}}$ 时，模型(6.7)的最优解 $w=w^*$ 由式(6.26)给出。对应的期望收益和方差分别由式(6.27)和式(6.28)给出，相应的最优目标安全收益为

$$R_{\min}^*=\frac{b}{c}-\frac{\sqrt{ck_\alpha^2-d}}{c}.\tag{6.36}$$

(ii) 当 $m>\frac{b}{c}+\frac{d}{c\sqrt{ck_\alpha^2-d}}$ 时，模型(6.7)的最优解 $w=w^*$ 由式(6.34)给出。对应的期望收益和方差分别由式(6.29)和式(6.35)给出，相应的最优目标安全收益为

$$R_{\min}^*=m+k_\alpha\sqrt{\frac{1}{c}+\frac{(mc-b)^2}{cd}}.\tag{6.37}$$

［**证明**］　根据定理之前的叙述，只需证明 $k_\alpha<-\sqrt{\frac{d}{c}}$ 且 $m>\frac{b}{c}+\frac{d}{c\sqrt{ck_\alpha^2-d}}$ 等价于 $m>b/c$ 且 $k_\alpha<-\sqrt{\frac{d}{c}+\frac{1}{c}\left(\frac{d}{b-mc}\right)^2}$ 即可。事实上，$m>\frac{b}{c}+\frac{d}{c\sqrt{ck_\alpha^2-d}}$ 等价于 $m-\frac{b}{c}>\frac{d}{c\sqrt{ck_\alpha^2-d}}$，等价于 $mc-b>\frac{d}{\sqrt{ck_\alpha^2-d}}$，等价于 $\sqrt{ck_\alpha^2-d}>\frac{d}{mc-b}$ 且 $m>b/c$，等价于 $k_\alpha^2>\frac{d}{c}+\frac{1}{c}\left(\frac{d}{mc-b}\right)^2$ 且 $m>b/c$。即 $k_\alpha<-\sqrt{\frac{d}{c}}$ 且 $m>\frac{b}{c}+\frac{d}{c\sqrt{ck_\alpha^2-d}}$ 等价于 $m>b/c$ 且 $k_\alpha<-\sqrt{\frac{d}{c}+\frac{1}{c}\left(\frac{d}{b-mc}\right)^2}$。定理得证。□

6.3.2　风险资产收益的分布未知

当风险资产收益的分布未知时,投资者可以通过求解模型(6.11)得到风险资产的最优组合策略。由于模型(6.11)在形式上是模型(6.7)中令 $k_\alpha = -\frac{1}{\sqrt{\alpha}}$ 的特例,故由定理 6.4 可得模型(6.11)的解及其存在条件。

定理 6.5　当且仅当 $0<\alpha<\min\left(1,\frac{c}{d}\right)$时,模型(6.11)存在唯一的全局最优解。而且,

(i) 当 $m\leqslant\frac{b}{c}+\frac{d}{c\sqrt{\frac{c}{\alpha}-d}}$时,模型(6.11)的全局最优解为 $w=\tilde{w}$,

$$\tilde{w}=\frac{1}{\sqrt{c/\alpha-d}}\left(\Sigma^{-1}r-\frac{-b+\sqrt{c/\alpha-d}}{c}\Sigma^{-1}e\right). \tag{6.38}$$

对应的期望收益和方差分别为

$$E(\tilde{w}'R)=\frac{b}{c}+\frac{d}{c\sqrt{c/\alpha-d}}, \tag{6.39}$$

$$\mathrm{Var}(\tilde{w}'R)=\frac{1}{c}\left(1+\frac{d}{c/\alpha-d}\right). \tag{6.40}$$

相应的最优目标安全收益为

$$R_{\min}^{*}=\frac{b}{c}-\frac{\sqrt{c/\alpha-d}}{c}. \tag{6.41}$$

(ii) 当 $m>\frac{b}{c}+\frac{d}{c\sqrt{\frac{c}{\alpha}-d}}$时,模型(6.11)的全局最优解 $w=w^{*}$ 由式(6.34)给出。对应的期望收益和方差分别由式(6.29)和式(6.35)给出,相应的最优目标安全收益为

$$R_{\min}^{*}=m-\frac{1}{\sqrt{\alpha}}\sqrt{\frac{1}{c}+\frac{(mc-b)^2}{cd}}. \tag{6.42}$$

[证明]　在定理 6.4 中令 $k_\alpha=-\frac{1}{\sqrt{\alpha}}$,即得定理 6.5。□

6.4　风险资产配置的 MSF 有效前沿

本节在风险资产的期末收益具有上述已知分布的情形下,讨论风险资产配置 MSF 有效前沿及其几何特征。在定理 6.4 的基础上,我们可以得到

MSF 模型(6.2)的有效前沿及其存在条件。

定理 6.6　(i) 当且仅当 $k_\alpha < -\sqrt{d/c}$ 时，模型(6.2)的有效解和 MSF 有效前沿存在。

(ii) 当 $k_\alpha < -\sqrt{d/c}$ 时，模型(6.2)的任何一个有效解 $w = w^*$ 均可表示为

$$w^* = \frac{c\mu^* - b}{d}\Sigma^{-1}r - \frac{b\mu^* - a}{d}\Sigma^{-1}e, \tag{6.43}$$

其中
$$\mu^* = E(w^{*\prime}R) \geqslant \frac{b}{c} + \frac{d}{c\sqrt{ck_\alpha^2 - d}}.$$

(iii) 对于给定的一个 α 满足 $k_\alpha < -\sqrt{\frac{d}{c}}$，在期望收益($\mu$)-保险收益($\gamma$)直角坐标系中，MSF 有效前沿可以表示为如下的曲线：

$$\gamma = \mu + k_\alpha\sqrt{\frac{1}{c} + \frac{(c\mu - b)^2}{cd}}, \quad \mu \geqslant \frac{b}{c} + \frac{d}{c\sqrt{ck_\alpha^2 - d}}. \tag{6.44}$$

(iv) 对于给定的一个 α 满足 $k_\alpha < -\sqrt{\frac{d}{c}}$，在标准差($\sigma$)-期望收益($\mu$)直角坐标系中，MSF 有效前沿可以表示为如下的双曲线：

$$\mu = \frac{b}{c} + \sqrt{\frac{d}{c}\left(\sigma^2 - \frac{1}{c}\right)}, \quad \sigma \geqslant \frac{-k_\alpha}{\sqrt{ck_\alpha^2 - d}}. \tag{6.45}$$

[证明]　(i) 在风险资产收益的分布已知而且满足第 6.2 节中的假设时，模型(6.3)等价于模型(6.7)，而根据定理 6.4 知，当且仅当 $k_\alpha < -\sqrt{d/c}$ 时，模型(6.7)即模型(6.3)的最优解存在且唯一，因此结合定理 6.1 即得，当且仅当 $k_\alpha < -\sqrt{d/c}$ 时，模型(6.2)的有效解和 MSF 有效前沿存在。

(ii) 记模型(6.2)的有效解为 w^*，对应的组合期望收益为 $\mu^* = E(w^{*\prime}R)$。根据定理 6.4，当

$$k_\alpha < -\sqrt{\frac{d}{c}} \quad 且 \quad m \leqslant \frac{b}{c} + \frac{d}{c\sqrt{ck_\alpha^2 - d}}$$

时，由式(6.27)知，

$$\mu^* = \frac{b}{c} + \frac{d}{c\sqrt{ck_\alpha^2 - d}}, \quad 即 \quad \frac{1}{\sqrt{ck_\alpha^2 - d}} = \frac{c\mu^* - b}{d},$$

代入式(6.26)得，

$$\begin{aligned} w^* &= \frac{c\mu^* - b}{d}\Sigma^{-1}r - \left[\frac{b}{c}\left(\frac{c\mu^* - b}{d}\right) - \frac{1}{c}\right]\Sigma^{-1}e \\ &= \frac{c\mu^* - b}{d}\Sigma^{-1}r - \frac{b\mu^* - a}{d}\Sigma^{-1}e. \end{aligned}$$

再根据式(6.4)知,当

$$k_\alpha < -\sqrt{\frac{d}{c}} \quad 且 \quad m > \frac{b}{c} + \frac{d}{c\sqrt{ck_\alpha^2 - d}}$$

时,$\mu^* = m$,且

$$w^* = \frac{cm-b}{d}\Sigma^{-1}r - \frac{bm-a}{d}\Sigma^{-1}e.$$

因此,只要 $k_\alpha < -\sqrt{d/c}$,任何一个 MSF 有效解均可以由式(6.43)给出,其中 $\mu^* \geqslant \frac{b}{c} + \frac{d}{c\sqrt{ck_\alpha^2 - d}}$。

(iii) 由本定理(ii)并结合定理 6.4,即可知本定理(iii)成立。

(iv) 对于任何一个 MSF 有效投资组合,其具有式(6.43)的形式,根据定理 6.4,当 $\mu^* > \frac{b}{c} + \frac{d}{c\sqrt{ck_\alpha^2 - d}}$时,其方差具有如下形式:

$$\sigma^{*2} = \frac{1}{c}\left[1 + \frac{(\mu^* c - b)^2}{d}\right].$$

当 $\mu^* = \frac{b}{c} + \frac{d}{c\sqrt{ck_\alpha^2 - d}}$时,其方差为

$$\sigma^{*2} = \frac{k_\alpha^2}{ck_\alpha^2 - d} = \frac{1}{c}\left[1 + \frac{(\mu^* c - b)^2}{d}\right].$$

故 MSF 有效投资组合的期望值和标准差满足如下双曲线方程:

$$\frac{\sigma^{*2}}{1/c} - \frac{(\mu^* - b/c)^2}{d/c^2} = 1. \tag{6.46}$$

又因在有效前沿上,$\mu^* \geqslant \frac{b}{c} + \frac{d}{c\sqrt{ck_\alpha^2 - d}}$,故由式(6.46)得

$$\mu^* = \frac{b}{c} + \sqrt{\frac{d}{c}\left(\sigma^{*2} - \frac{1}{c}\right)}, \quad \sigma^* \geqslant \frac{-k_\alpha}{\sqrt{ck_\alpha^2 - d}}.$$

即在标准差(σ)-期望收益(μ)直角坐标系中,MSF 有效前沿满足方程(6.45)。□

定理 6.6 用解析表达式(6.44)和式(6.45)在二维平面上分别描述了模型(6.2)的 MSF 有效前沿,即 α-MSF 有效前沿。图 6.1 和图 6.2 以第 5.4.3 节的数据为依据,给出了 MSF 有效前沿的几何示例。图 6.1 中,前沿双曲线的右半分支上的投资组合是有效的。图 6.2 中,对应不同的 α 水平,在双曲线的上半分支中仅垂直虚线右侧的部分为 MSF 有效前沿。只要变化给定的 α 或者 k_α,我们就可以在三维空间得到模型(6.1)的 MSF 有效前沿(图略)。

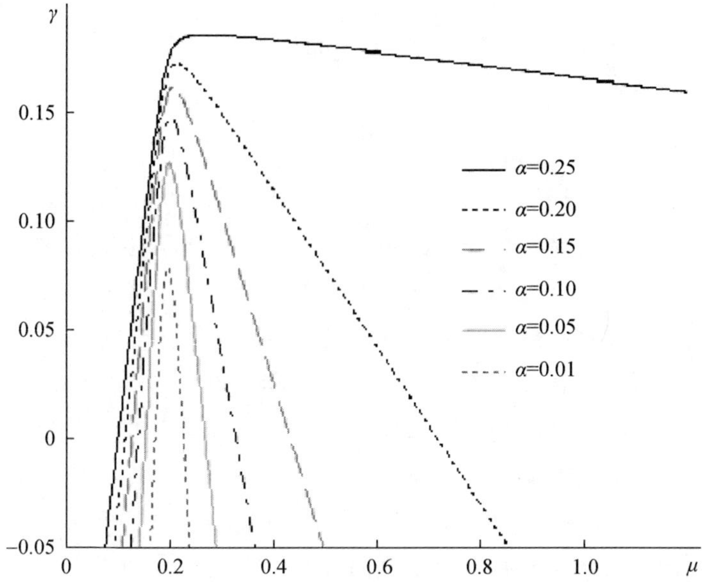

图 6.1　期望收益-保险收益坐标系下的 MSF 有效前沿

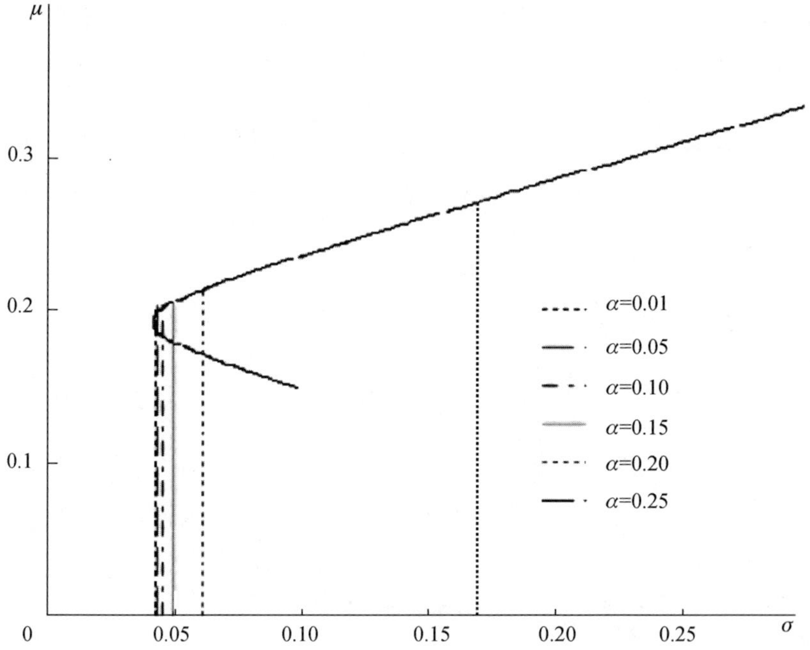

图 6.2　标准差-期望收益坐标系下的 MSF 有效前沿

6.5　与 M-V 模型的比较及数值算例

6.5.1　与 M-V 模型的比较

从定理 6.6(iii)可以看出,MSF 有效前沿是 M-V 有效前沿的一部分,即任何 MSF 有效的投资组合都是均值-方差有效的投资组合,但是存在均值-方差有效的投资组合是 MSF 非有效的投资组合。

如果风险资产的任何一个投资组合的收益均具有位置-刻度分布,或者风险资产收益的联合分布为多元椭球分布,那么对于任何给定的 α,只要其足够小,MSF 有效前沿就存在。MSF 模型与 M-V 模型的区别在于:(1) M-V 模型的有效前沿不依赖于 α,即 M-V 模型没有考虑投资者对极端损失的态度;但 MSF 模型的有效前沿依赖于 α,即 MSF 模型考虑了投资者对极端损失风险的控制。(2) MSF 有效前沿是 M-V 有效前沿的一部分,如果投资者期望持有的风险资产在投资期末的预期收益为 μ^*,则当 $\mu^* \geqslant \frac{b}{c}+\frac{d}{c\sqrt{ck_\alpha^2-d}}$ 时,由式(6.43)构造的投资组合既是 M-V 准则下的有效资产配置也是 MSF 准则下的有效资产配置;而当 $\frac{b}{c} \leqslant \mu^* < \frac{b}{c}+\frac{d}{c\sqrt{ck_\alpha^2-d}}$ 时,由式(6.43)构造的投资组合虽然是 M-V 准则下有效的资产配置,但在 MSF 准则下是非有效的。(3) 由于 $0<\alpha$ 且在其单调趋于 0 时,$\frac{b}{c}+\frac{d}{c\sqrt{ck_\alpha^2-d}}$ 单调下降趋于 $\frac{b}{c}$,因此 α-MSF 有效前沿随着 α 的减小越来越大,即与 M-V 有效前沿的重合度越高;较大 α 的 MSF 有效前沿是较小 α 的 MSF 有效前沿的一部分。

6.5.2　数值算例

考虑三种风险资产(证券、基金、房地产)市场,我们利用大智慧数据库中 2003 年 6 月至 2011 年 12 月的月度数据,估算出三种风险资产在投资期内的(月)期望收益率和协方差,如表 6.2 所示。由于数据不能拒绝正态分布的假设,因此我们用正态分布作为三种资产收益率的联合分布。

表 6.2　三种风险资产的期望收益率和协方差

协方差	1B0010	1B0011	1B0006	期望收益率
1B0010	0.00863	0.00657	0.00830	0.00497
1B0011	0.00657	0.00609	0.00648	0.01214
1B0006	0.00830	0.00648	0.01390	0.00613

经计算，$A=0.06703$，$B=2.40884$，$C=168.23326$，$D=5.47400$，因此 $B/C=0.01432$，$\sqrt{D/C}=0.18038$。由定理 6.6 知，当投资者的 α 满足 $\alpha<0.42843=\Phi(-0.18038)$ 时，根据定理 6.4，投资者就可以在 MSF 有效前沿上确定一个适合自己期望收益的投资组合。表 6.3 给出了 MSF 前沿部分投资组合的计算结果。显然表 6.3 中的 5 个投资组合都是均值-方差有效的。

表 6.3　MSF 前沿部分投资组合计算结果

期望收益	0.0154	0.0156	0.0158	0.0160	0.020
1B0010	−0.45744	−0.51335	−0.51335	−0.54131	−1.10043
1B0011	1.45414	1.5099	1.5099	1.53778	2.09543
1B0006	3.29935E-3	3.44721E-3	3.44721E-3	3.52114E-3	4.99974E-3

根据定理 6.6，对于 $\alpha=0.01$，有 $k_\alpha=-2.32635$，由于 $\frac{b}{c}+\frac{d}{c\sqrt{ck_\alpha^2-d}}=0.0154$，因此表 6.2 中的 5 个投资组合均是 MSF 有效的。对于 $\alpha=0.025$，有 $k_\alpha=-1.96$，由于 $\frac{b}{c}+\frac{d}{c\sqrt{ck_\alpha^2-d}}=0.0156$，因此表 6.2 中的第 1 个投资组合（第 2 列）是 MSF 非有效的，其余 4 个投资组合是 MSF 有效的。对于 $\alpha=0.05$，有 $k_\alpha=-1.64485$，由于 $\frac{b}{c}+\frac{d}{c\sqrt{ck_\alpha^2-d}}=0.01585$，因此表 6.2 中的前 3 个投资组合都是 MSF 非有效的，第 4 个和第 5 个是 MSF 有效的。而对于 $\alpha=0.10$，有 $k_\alpha=-1.28155$，由于 $\frac{b}{c}+\frac{d}{c\sqrt{ck_\alpha^2-d}}=0.0163$，因此表 6.2 中只有第 5 个（第 5 列）投资组合是 MSF 有效的，其余几个投资组合都是 MSF 非有效的。

第7章　借贷利率相等时资产配置的MSF模型理论

在第6章中，我们介绍了改进的安全首要思想，建立了风险资产优化配置的MSF模型，给出了MSF有效前沿的解析表示，并与不包含无风险资产的均值-方差模型进行了比较。本章将引入无风险资产，考虑借贷利率相等的无限制借贷的市场条件，建立MSF模型并求解有效的资产配置，讨论MSF有效前沿并与均值-方差模型的相关结果进行比较。

7.1　基本假设与MSF模型建立

假设7.1(资本市场假设)　资本市场由一种无风险资产 S_0 和 n 种风险资产 $S_i(i=1,2,\cdots,n)$ 构成，不存在交易税费，允许风险资产的买空卖空，允许无风险资产的借入与贷出，借贷利率相等，均为 r_0，且所有资产是无限可分的。

假设7.2(单期投资假设)　投资者在 t_0 时刻进入资本市场，对一个单位的初始资本金进行组合投资决策，并持有一个资产组合 $w=(w_0,w_1,\cdots,w_n)'$，直到投资期末 t_1 出清。

假设7.3(收益分布假设)　单位风险资产在 t_1 时刻的收益率向量 $R=(R_1,R_2,\cdots,R_n)'$ 具有有限的数学期望 $r=(r_1,r_2,\cdots,r_n)'$ 和有限正定的协方差矩阵 $\Sigma>0$，且对于任意的常数向量 $w=(w_1,w_2,\cdots,w_n)'$，$(\sqrt{w'\Sigma w})^{-1}\sum_{i=1}^{n}w_i(R_i-r_i)$ 具有相同的已知的连续分布函数 $F(\cdot)$。各个风险资产的期望收益率 $r_i(i=1,2,\cdots,n)$ 不完全相等且不低于 r_0。

假设7.4(投资偏好假设)　投资者追求更高的期望收益和保险收益(即最小的可以接受的实际收益)，控制极端损失发生的可能性风险。

假设7.1、假设7.2与Markowitz的现代投资组合理论的假设相同。假设7.3对风险资产收益分布的要求更宽泛，包括了更广泛的椭球分布类，如正态分布以及其他常用的可以描述金融风险资产收益分布的尖峰厚尾特征的分布，如学生 t 分布、Laplace分布和Logistic分布等。满足假设7.4的投资者可被称为安全首要的投资者，实际上假设 7.4 综合了 Roy(1952)、Telser (1955) 和 Kataoka(1963)中的安全首要思想，可以看成 MSF 投资偏好假设。

记 $w=(w_1,w_2,\cdots,w_n)'$表示风险资产的组合投资策略，$e=(1,1,\cdots,1)'$为元素全为 1 的 n 维向量，则投资策略应该满足资本约束(i)：$w_0+w'e=1$。由于投资者在投资期末实际可获得的收益是随机变量 $R_p=w_0r_0+w'R$，相应的期望收益和方差分别为 $E(R_p)=w_0r_0+w'r$ 与 $\mathrm{Var}(R_p)=w'\Sigma w$。若用 α 反映投资者对风险的控制水平，即实际投资收益(率)低于某保险收益(率)水平 $R_{\min}$ 的可能性，则安全首要原则要求投资策略应满足风险控制约束(ii)：$P(R_p<R_{\min})\leqslant\alpha$，通常 $0<\alpha<0.5$。于是，综合三种安全首要思想，我们可以建立如下形式的 MSF 模型来描述投资者的资产配置决策行为：

$$\begin{aligned}&\max_{w_0,w}\quad (1-\alpha,R_{\min},E(R_p))\\&\text{s.t.}\quad\begin{cases}P(R_p<R_{\min})=\alpha\\w_0+w'e=1,\end{cases}\end{aligned}\tag{7.1}$$

$$\begin{aligned}&\max_{w_0,w}\quad (R_{\min},E(R_p))\\&\text{s.t.}\quad\begin{cases}P(R_p<R_{\min})\leqslant\alpha\\w_0+w'e=1.\end{cases}\end{aligned}\tag{7.2}$$

模型(7.1)将 RSF、TSF 以及 KSF 三个单目标的模型结合到一起，投资者选择资产组合的一个策略，同时兼顾破产概率最小(高安全)、期望收益最高(高收益)和保险收益最大(高保障)。模型(7.2)首先控制安全性水平，然后将 TSF 模型和 KSF 模型的两个目标合并，即投资者选择资产组合的一个策略，在安全性满足控制要求的前提下同时兼顾高收益和高保障。一般情况下，模型(7.1)和模型(7.2)不存在最优解，只存在有效解。我们把模型(7.2)的有效解称为给定 α 水平下的条件 MSF(α-MSF)有效解，把模型(7.1)的有效解称为 MSF 有效解。有时我们将条件 MSF 有效解也简称为 MSF 有效解，相应的模型全部的有效解称为 MSF 有效前沿。

实践中，如果投资者有一个预期收益的最低目标 m，此时可以在安全性约束和期望收益不低于该最低目标的约束下寻求保险收益最大化的投资组合策略，即求解如下的单目标模型得到最优的投资组合(如果存在的话)：

$$\begin{aligned}&\max_{w_0,w}\quad R_{\min}\\&\text{s.t.}\quad\begin{cases}P(R_p<R_{\min})\leqslant\alpha\\E(R_p)\geqslant m\\w_0+e'w=1.\end{cases}\end{aligned}\tag{7.3}$$

如同第 6 章的定理 6.1，可以证明通过变化 m 对模型(7.3)求解所得的全部唯一最优解就构成了模型(7.2)的 MSF 有效前沿。为方便,下面记$a=r'\Sigma^{-1}r$, $b=r'\Sigma^{-1}e$, $c=e'\Sigma^{-1}e$, $d=ac-b^2$, $s=a-2br_0+cr_0^2$。

7.2 期望收益约束下的 MSF 策略

为了得到双目标优化模型(7.2)的有效解,接下来我们对于事先给定期望收益的最低目标水平 m,考虑模型(7.3)的最优解及其存在条件。

7.2.1 模型的化简

应用假设 7.3,由于

$$P(R_p < R_{\min}) = P\left(\frac{R_p - E(R_p)}{\sqrt{\mathrm{Var}(R_p)}} < \frac{R_{\min} - E(R_p)}{\sqrt{\mathrm{Var}(R_p)}}\right) = F\left(\frac{R_{\min} - E(R_p)}{\sqrt{\mathrm{Var}(R_p)}}\right),$$

其中 $$E(R_p) = w_0 r_0 + w'r,\quad \mathrm{Var}(R_p) = w'\Sigma w,$$

因此若令 $k_\alpha = F^{-1}(\alpha)$,则 $P(R_p<R_{\min})\leqslant\alpha$ 等价于$\dfrac{R_{\min}-E(R_p)}{\sqrt{\mathrm{Var}(R_p)}}\leqslant\alpha$,即

$$R_{\min} \leqslant w_0 r_0 + w'r + k_\alpha \sqrt{w'\Sigma w}.$$

此时,模型(7.3)等价于

$$\max_{w_0, w} \quad R_{\min}$$

$$\text{s.t.} \quad \begin{cases} R_{\min} \leqslant w_0 r_0 + w'r + k_\alpha \sqrt{w'\Sigma w} \\ w_0 r_0 + w'r \geqslant m \\ w_0 + e'w = 1. \end{cases}$$

从而等价于

$$\begin{aligned} &\max_{w_0, w} \quad R_{\min} = w_0 r_0 + w'r + k_\alpha \sqrt{w'\Sigma w} \\ &\text{s.t.} \quad \begin{cases} w_0 r_0 + w'r \geqslant m \\ w_0 + e'w = 1. \end{cases} \end{aligned} \tag{7.4}$$

如果 α 较小使得 $k_\alpha<0$,则模型(7.4)的目标函数为凹函数。我们只需考虑 $m>r_0$ 的情形,此时模型(7.4)不包含 $w=0$ 的可行解。如果 $m\leqslant r_0$,根据假设 7.3 有 $r_i\geqslant r_0$,则模型(7.4)存在唯一的最优解 $w_0=1, w=0$,即在任何 α 水平下,投资者仅需持有无风险资产,此时期望收益水平和最优保险水平均为 r_0。

7.2.2 最优解及其存在条件

假设 $m>r_0$,从而模型(7.4)的目标函数在可行域内是可微的。利用库恩-塔克条件,我们得到如下的结论。

定理 7.1　当 $m>r_0$ 时，模型(7.4)存在全局最优解的必要条件是 $k_\alpha \leqslant -\sqrt{s}$，而且

(i) 如果 $k_\alpha < -\sqrt{s}$，则模型(7.4)存在唯一的全局最优解：

$$w_0 = [(a-br_0)-m(b-cr_0)]/s, \quad w = [(m-r_0)\Sigma^{-1}(r-r_0e)]/s. \tag{7.5}$$

相应的期望收益、标准差和保险收益分别为

$$E(R_p)=m, \quad \sqrt{\mathrm{Var}(R_p)}=\frac{m-r_0}{\sqrt{s}}, \quad R_{\min}=m+\frac{k_\alpha(m-r_0)}{\sqrt{s}}. \tag{7.6}$$

(ii) 如果 $k_\alpha = -\sqrt{s}$，则存在无限多个全局最优解：

$$w_0 = 1-l(b-cr_0), \quad w = l\Sigma^{-1}(r-r_0e). \tag{7.7}$$

其中 l 为任意的非负常数满足 $l \geqslant \frac{m-r_0}{s}$。它们的期望收益、标准差和保险收益分别为

$$E(R_p)=r_0+ls, \quad \sqrt{\mathrm{Var}(R_p)}=l\sqrt{s}, \quad R_{\min}=r_0. \tag{7.8}$$

[证明]　当 $m>r_0$ 时，$w\neq 0$。构造拉格朗日函数：

$$L(w,\lambda)=(1-w'e)r_0+w'r+k_\alpha\sqrt{w'\Sigma w}+\lambda[(1-w'e)r_0+w'r-m],$$

则凹规划模型(7.4)存在解的充分必要条件是其解满足 $w_0=1-w'e$ 和库恩-塔克条件：

$$\frac{\mathrm{d}L}{\mathrm{d}w}=(r-r_0e)(1+\lambda)+k_\alpha\frac{\Sigma w}{\sqrt{w'\Sigma w}}=0, \tag{7.9}$$

$$\frac{\mathrm{d}L}{\mathrm{d}\lambda}=(1-w'e)r_0+w'r-m\geqslant 0, \tag{7.10}$$

$$\lambda[(1-w'e)r_0+w'r-m]=0, \tag{7.11}$$

$$\lambda\geqslant 0. \tag{7.12}$$

由式(7.9)得

$$w=\frac{-1}{k_\alpha}\Sigma^{-1}(r-r_0e)(1+\lambda)\sqrt{w'\Sigma w}, \tag{7.13}$$

$$k_\alpha^2=(1+\lambda)^2(r-r_0e)'\Sigma^{-1}(r-r_0e). \tag{7.14}$$

而式(7.14)即 $k_\alpha^2=(1+\lambda)^2s$，再利用式(7.12)可得 $k_\alpha^2\geqslant s$，从而 $k_\alpha\leqslant-\sqrt{s}$ 是模型(7.4)存在有限最优解的必要条件。

于是下面设定 $k_\alpha\leqslant-\sqrt{s}$，此时，由库恩-塔克条件式(7.9)和式(7.12)得

$$\lambda=-1-\frac{k_\alpha}{\sqrt{s}}. \tag{7.15}$$

(i) 如果 $k_\alpha<-\sqrt{s}$，则由式(7.15)得 $\lambda>0$。结合库恩-塔克条件式

(7.11)得

$$(1-w'e)r_0+w'r=m. \tag{7.16}$$

此时库恩-塔克条件式(7.10)也成立,式(7.16)表明 $E(R_p)=m$。

将式(7.15)代入式(7.13)得

$$w=\frac{1}{\sqrt{s}}\Sigma^{-1}(r-r_0e)\ \sqrt{w'\Sigma w},$$

再代入式(7.16)得

$$\sqrt{w'\Sigma w}=\frac{m-r_0}{\sqrt{s}}, \tag{7.17}$$

从而有

$$w=\frac{m-r_0}{s}\Sigma^{-1}(r-r_0e). \tag{7.18}$$

此时 $w_0=1-w'e=1-\frac{m-r_0}{s}(b-cr_0)=\frac{(a-br_0)-m(b-cr_0)}{s}$,

且 $$R_{\min}=m+k_\alpha\frac{m-r_0}{\sqrt{s}}.$$

(ii) 如果 $k_\alpha=-\sqrt{s}$,则由式(7.15)得 $\lambda=0$ 满足库恩-塔克条件式(7.11)和式(7.12)。代入(7.13)得

$$w=-\frac{1}{k_\alpha}\Sigma^{-1}(r-r_0e)\ \sqrt{w'\Sigma w}, \tag{7.19}$$

再代入库恩-塔克条件式(7.7)得

$$(1-w'e)r_0+w'r=r_0+\sqrt{s}\ \sqrt{w'\Sigma w}\geqslant m,$$

$$\sqrt{w'\Sigma w}\geqslant=\frac{m-r_0}{\sqrt{s}}. \tag{7.20}$$

对于任意的常数 $l\geqslant\frac{m-r_0}{s}$, $w=l\Sigma^{-1}(r-r_0e)$满足式(7.19)和式(7.20),此时

$$E(R_p)=r_0+ls,\qquad \sqrt{w'\Sigma w}=l\sqrt{s}\geqslant\frac{m-r_0}{\sqrt{s}},$$

$$w_0=1-l(b-cr_0),$$

从而 $$R_{\min}=w_0r_0+w'r+k_\alpha\ \sqrt{w'\Sigma w}=r_0.$$

至此,定理得证。□

定理 7.1 表明,只有 $k_\alpha\leqslant-\sqrt{s}$的投资者可以利用 MSF 准则优化资产配置,即找到最优的投资组合策略使其期望收益满足投资者事先设定的最低目标收益水平。

对于 $k_\alpha<-\sqrt{s}$的投资者,存在唯一的最优 MSF 资产配置满足投资者的

预期收益。如果 $r_0=b/c$，由式(7.5)知，最优解 $w_0=1$，$w'e=0$，表明任何 MSF 投资者的最优策略都是将全部资金投资于无风险资产。对风险资产的投资采取买空卖空的自融资套利策略，由式(7.5)给出。如果 $r_0\neq b/c$，由式(7.5)知，最优解满足 $w=(1-w_0)\hat{w}$，其中 $\hat{w}=\Sigma^{-1}(r-r_0e)/(b-cr_0)$。特别地，如果 $r_0<b/c$，因为对于任意的 $m>r_0$，有

$$w_0=\frac{(a-br_0)-m(b-cr_0)}{s}<\frac{(a-br_0)-r_0(b-cr_0)}{s}=1,$$

且当 $m<\frac{a-br_0}{b-cr_0}$ 时，$w_0=\frac{(a-br_0)-m(b-cr_0)}{s}>0$，当 $m\geqslant\frac{a-br_0}{b-cr_0}$ 时，$w_0=\frac{(a-br_0)-m(b-cr_0)}{s}\leqslant 0$，故定理 7.1 的(i)表明：对于预期收益低于 $\frac{a-br_0}{b-cr_0}$ 的投资者，其最优策略是用一部分资金购买无风险资产，用余下的资金购买风险资产组合 $\hat{w}=\frac{\Sigma^{-1}(r-r_0e)}{b-cr_0}$；对于预期收益高于 $\frac{a-br_0}{b-cr_0}$ 的投资者，其最优策略是卖空无风险资产并将所得和全部初始资金投资于风险资产组合 $\hat{w}=\frac{\Sigma^{-1}(r-r_0e)}{b-cr_0}$；对于预期收益等于 $\frac{a-br_0}{b-cr_0}$ 的投资者，其最优策略是将全部资金投资于风险资产组合 $\hat{w}=\frac{\Sigma^{-}1(r-r_0e)}{b-cr_0}$。然而，如果 $r_0>b/c$，因为对于任意的 $m>r_0$，有

$$w_0=\frac{(a-br_0)-m(b-cr_0)}{s}>\frac{(a-br_0)-r_0(b-cr_0)}{s}=1,$$

故定理 7.1 的(i)表明：任意的投资者，其 MSF 最优策略是卖空风险资产组合 $\hat{w}=\frac{\Sigma^{-1}(r-r_0e)}{b-cr_0}$，并将卖空所得和初始资金全部用于购买无风险资产，而且期望收益 m 越高，卖空比例 $\left|\frac{(m-r_0)(b-cr_0)}{s}\right|$ 越高。

但对于 $k_\alpha=-\sqrt{s}$ 的投资者，存在无穷多个资产配置在满足投资者最低期望收益的条件下达到最优的保险收益。当 $r_0=b/c$ 时，最优策略是全部购买无风险资产，且对风险资产可以采用任意的自融资套利策略：

$$w=l\Sigma^{-1}(r-r_0e),\quad \forall\, l\geqslant\frac{m-r_0}{s}.$$

当 $r_0\neq b/c$ 时，最优解可表示为 $w=(1-w_0)\hat{w}$，其中

$$\hat{w}=\Sigma^{-1}(r-r_0e)/(b-cr_0),\quad w_0=1-l(b-cr_0),$$

l 为任意非负常数，且满足 $l\geqslant\frac{m-r_0}{s}$，即投资者可以采取任意的无风险资产和风险资产 $\hat{w}$ 的组合策略。

7.3　MSF有效前沿及两基金分离

7.3.1　MSF有效前沿的解析表示

定理7.2(有效前沿)　在借贷利率相等情形下,α-MSF有效前沿存在的充分必要条件是$k_\alpha<-\sqrt{s}$。而且,(i)在给定α的条件下,任意一个MSF有效的投资组合可以表示为

$$w_0=[(a-br_0)-\mu(b-cr_0)]/s,\quad w=[(\mu-r_0)\Sigma^{-1}(r-r_0e)]/s, \tag{7.21}$$

其中μ为投资组合的期望收益,且$\mu\geqslant r_0$。

(ii) 在期望收益(μ)-保险收益(γ)平面上,一个α-MSF有效前沿是一条从(r_0,r_0)发出的射线,射线的斜率为$1+k_\alpha/\sqrt{s}$,其解析表达式为

$$\left\{(\mu,\gamma)\mid\gamma=\mu\left(1+\frac{k_\alpha}{\sqrt{s}}\right)-\frac{k_\alpha r_0}{\sqrt{s}},\mu\geqslant r_0\right\}. \tag{7.22}$$

(iii) 在标准差(σ)-期望收益(μ)平面上,一个α-MSF有效前沿是一条从$(0,r_0)$出发的射线,射线的斜率是$\sqrt{s}$,其解析表达式为

$$\{(\sigma,\mu)\mid\mu=r_0+\sigma\sqrt{s},\sigma\geqslant 0\} \tag{7.23}$$

[证明]　注意到投资组合$w_0=1$、$w=0$及其对应的期望收益$\mu=r_0$、标准差$\sigma=0$和保险收益$\gamma=r_0$满足式(7.21)、式(7.22)、式(7.23)。而在给定$\alpha=0$时,$w_0=1$、$w=0$是MSF有效的,因此下面的证明不包括$w_0=1$、$w=0$或者$\mu=r_0$的情形。

由定理7.1知,当且仅当$k_\alpha<-\sqrt{s}$时模型(7.4)即模型(7.3)存在唯一的最优解。类似于定理6.1我们可得:模型(7.3)的唯一解必是模型(7.2)的MSF有效解,而且模型(7.2)的任意一个给定α的有效解必是模型(7.3)的唯一解。因此,当且仅当$k_\alpha<-\sqrt{s}$时模型(7.2)的MSF有效前沿存在,而且由模型(7.4)的唯一解构成。进一步利用式(7.5)可得(i)在给定α的条件下,任意的MSF有效解可以表示为式(7.21)。

由定理7.1及公式(7.6)知,α-MSF有效前沿满足:$\mu>r_0$,而且

$$\sigma=\frac{\mu-r_0}{\sqrt{s}},\quad \gamma=\mu+k_\alpha(\mu-r_0)/\sqrt{s}.$$

故有(ii)在期望收益(μ)-保险收益(γ)平面上,α-MSF有效前沿可以由解析

式(7.22)表示；(iii) 在标准差(σ)-期望收益(μ)平面上，α-MSF 有效前沿可以由解析式(7.23)表示。□

在定理 7.2 的基础上，我们发现对于任意给定的 α 满足 $k_\alpha < -\sqrt{s}$，MSF 有效前沿具有如下凸性特征。

定理 7.3(凸性特征)　在给定的 α 条件下，(i) 任何两个 MSF 有效的投资组合的凸线性组合仍然是一个 MSF 有效的投资组合；(ii) 任意的 MSF 有效的投资组合都可以由两个不同的 MSF 有效的投资组合所生成。

[证明]　假设 $w^{(i)}=(w_0^{(i)},w'^{(i)})'$，$i=1,2$，为任意两只 MSF 有效投资组合，其期望收益为 $\mu^{(i)}\geqslant r_0$，$i=1,2$。$0\leqslant\lambda\leqslant 1$ 为任意的常数，并记 $\lambda w^{(1)}+(1-\lambda)w^{(2)}=w$。

由定理 7.2 知，

$$w_0^{(i)} = [(a-br_0)-\mu^{(i)}(b-cr_0)]/s,$$
$$w^{(i)} = [(\mu^{(i)}-r_0)\Sigma^{-1}(r-r_0e)]/s,$$

于是

$$\lambda w_0^{(1)}+(1-\lambda)w_0^{(2)} = [(a-br_0)-(\lambda\mu^{(1)}+(1-\lambda)\mu^{(2)})(b-cr_0)]/s,$$
$$\lambda w^{(1)}+(1-\lambda)w^{(2)} = [(\lambda\mu^{(1)}+(1-\lambda)\mu^{(2)}-r_0)\Sigma^{-1}(r-r_0e)]/s,$$

令 $\lambda\mu^{(1)}+(1-\lambda)\mu^{(2)}=\mu$，则 $\mu\geqslant r_0$，而且

$$\lambda w_0^{(1)}+(1-\lambda)w_0^{(2)} = [(a-br_0)-\mu(b-cr_0)]/s = w_0,$$
$$\lambda w^{(1)}+(1-\lambda)w^{(2)} = [(\mu-r_0)\Sigma^{-1}(r-r_0e)]/s = w.$$

因此由定理 7.2 可得 $\vec{w}=(w_0,w')'$ 也是一个 MSF 有效投资组合。故(i)成立。

反过来，如果 $\mu^{(1)}\neq\mu^{(2)}$，则对于任意的 $\mu\geqslant r_0$，均存在实常数 δ，使得 $\mu=\delta\mu^{(1)}+(1-\delta)\mu^{(2)}$，因此期望收益为 μ 的 MSF 有效的投资组合由期望收益分别为 $\mu^{(1)}$ 和 $\mu^{(2)}$ 的两个 MSF 有效的投资组合的一个投资组合生成，即(ii)成立。□

7.3.2　两基金分离与风险资产定价

定理 7.4(两基金分离)　在 $r_0<\dfrac{b}{c}$ 的情形下，存在一个风险资产市场的 MSF 有效的资产组合(简记为风险资产市场组合)，任意的 MSF 有效的资产组合均可以由风险资产市场组合和无风险资产复制生成。

[证明]　在 $r_0<\dfrac{b}{c}$ 的情形下，令 $\hat{w}=\dfrac{\Sigma^{-1}(r-r_0e)}{b-cr_0}$，则 $e'\hat{w}=1$，即 $\hat{w}$ 为一

个可行的投资组合,而且其期望收益为 $\hat{\mu}=\frac{a-br_0}{b-cr_0}$。由于 $\frac{a-br_0}{b-cr_0}-\frac{b}{c}=\frac{ac-b^2}{c(b-cr_0)}>0$,故 $\hat{\mu}>\frac{b}{c}>r_0$。注意到当 $r_0\neq\frac{b}{c}$ 时,$s>\frac{d}{c}$,因此 $-\sqrt{s}\leqslant-\sqrt{\frac{d}{c}}$,对于给定的 α 满足 $k_\alpha<-\sqrt{s}$,也有 $k_\alpha<-\sqrt{\frac{d}{c}}$。若将 $\mu^*=\hat{\mu}$ 代入式(6.43)可得

$$w^*=\frac{c\hat{\mu}-b}{d}\Sigma^{-1}r-\frac{b\hat{\mu}-a}{d}\Sigma^{-1}e=\hat{w}.$$

根据定理 6.6,$\hat{w}=\frac{\Sigma^{-1}(r-r_0e)}{b-cr_0}$ 为风险资产市场的 MSF 有效的资产组合,简记为风险资产市场组合。

根据定理 7.3,在 $r_0<\frac{b}{c}$ 的情形下,对于给定的 α 满足 $k_\alpha<-\sqrt{s}$,MSF 有效投资组合存在,而且任意一个期望收益为 μ 的 MSF 有效的资产组合可以表示为

$$w=\frac{(\mu-r_0)(b-cr_0)}{s}\hat{w},$$

$$w_0=\frac{(a-br_0)-\mu(b-cr_0)}{s}=1-\frac{(\mu-r_0)(b-cr_0)}{s}. \tag{7.24}$$

即任意的期望收益为 μ 的 MSF 有效的资产组合均可以由风险资产市场组合和无风险资产复制生成,风险资产市场组合的权重为 $\frac{(\mu-r_0)(b-cr_0)}{s}$,无风险资产的权重为 $1-\frac{(\mu-r_0)(b-cr_0)}{s}$。□

定理 7.4 表明,在 $r_0<\frac{b}{c}$ 的情形下,对于给定的 α 满足 $k_\alpha<-\sqrt{s}$,存在"两基金分离现象",MSF 资产配置的投资者只需依据式(7.24)将全部资产在无风险资产和风险资产市场组合之间配置。特别地,如果期望收益 $\mu=\hat{\mu}$,则 $w_0=0$,$w=\hat{w}$,即投资者将全部资产配置于风险资产市场组合。如果期望收益 $\mu>\hat{\mu}$,则 $w_0<0$,即投资者将以利率 r_0 借入数量为 $\frac{(\mu-r_0)(b-cr_0)}{s}-1$ 的无风险资产,连同初始本金投资于风险资产市场组合。如果期望收益 $r_0<\mu<\hat{\mu}$,则 $w_0>0$,即投资者将购买数量为 $\frac{(\mu-r_0)(b-cr_0)}{s}$ 的风险资产市场组合,余下部分购买无风险资产。

定理 7.5(切点组合)　在 $r_0<\frac{b}{c}$ 的情形下，无论是在期望收益(μ)-保险收益(γ)平面上，还是在标准差(σ)-期望收益(μ)平面上，市场组合 $\hat{w}=\frac{\Sigma^{-1}(r-r_0e)}{b-cr_0}$ 就是包含无风险资产的 MSF 有效前沿与不包含无风险资产的 MSF 有效前沿的切点组合。

[证明]　根据定理 7.3 及其证明知，$\hat{w}=\frac{\Sigma^{-1}(r-r_0e)}{b-cr_0}$ 同时在包含无风险资产的 MSF 有效前沿与不包含无风险资产的 MSF 有效前沿上，且其对应的期望收益、标准差以及保险收益分别为

$$\hat{\mu}=\frac{a-br_0}{b-cr_0},\quad \hat{\sigma}=\frac{\sqrt{s}}{b-cr_0},\quad \hat{\gamma}=\frac{a-br_0}{b-cr_0}+k_\alpha\frac{\sqrt{s}}{b-cr_0}.$$

在期望收益(μ)-保险收益(γ)平面上，在式(6.44)两边的点($\hat{\mu},\hat{\gamma}$)处关于 μ 求导，得

$$\left.\frac{\mathrm{d}\gamma}{\mathrm{d}\mu}\right|_{\mu=\hat{\mu}}=1+k_\alpha\frac{(\hat{\mu}c-b)/d}{\sqrt{\frac{1}{c}+\frac{(\hat{\mu}c-b)^2}{cd}}}=1+\frac{k_\alpha}{\sqrt{s}}.$$

对照式(7.22)可知，在点($\hat{\mu},\hat{\gamma}$)处不包含无风险资产的 MSF 有效前沿的切线斜率与包含无风险资产的 MSF 有效前沿的斜率相同。在标准差(σ)-期望收益(μ)平面上，在式(6.45)两边的点($\hat{\sigma},\hat{\mu}$)处关于 σ 求导可得

$$\left.\frac{\mathrm{d}\mu}{\mathrm{d}\sigma}\right|_{\sigma=\hat{\sigma}}=\frac{\frac{d}{c}\hat{\sigma}}{\sqrt{\frac{d}{c}\left(\hat{\sigma}^2-\frac{1}{c}\right)}}=\sqrt{s}.$$

对照式(7.23)即知，在点($\hat{\sigma},\hat{\mu}$)处不包含无风险资产的 MSF 有效前沿的切线斜率与包含无风险资产的 MSF 有效前沿的斜率相同。因此，市场组合 $\hat{w}=\frac{\Sigma^{-1}(r-r_0e)}{b-cr_0}$ 就是切点组合。□

定理 7.4 和定理 7.5 可以用图 7.1 直观展示。其中，图 7.1(a)中双曲线的右半分支为风险资产市场的 MSF 有效前沿，与其相切的直线为包含无风险资产的 MSF 有效前沿。其中 $\mu^*=\frac{b}{c}+\frac{d}{c\sqrt{ck_\alpha^2-d}}$，$\gamma^*=\frac{b}{c}-\frac{\sqrt{ck_\alpha^2-d}}{c}$。图 7.1(b)中的双曲线上半分支为风险资产市场的 MSF 有效前沿，与其相切的直线为包含无风险资产的 MSF 有效前沿。

由于“两基金分离”现象的存在，因此可以得到经典的 CAPM 依然成立。

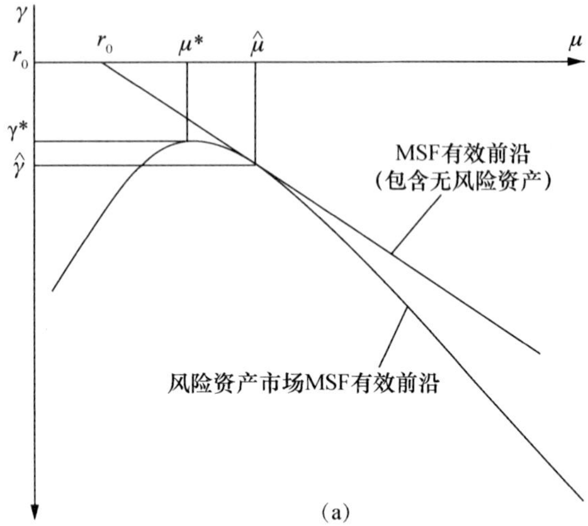

(a)

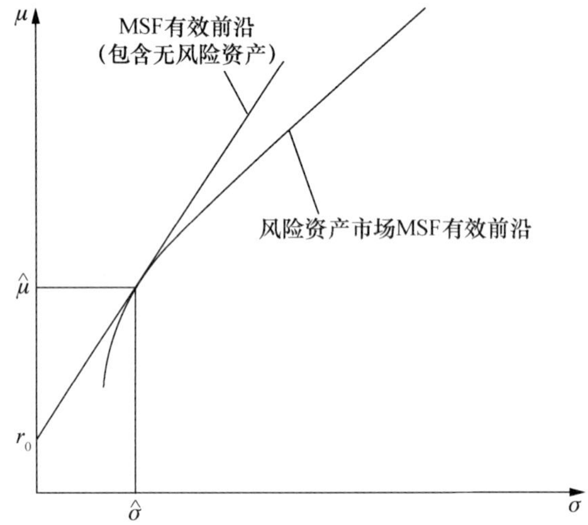

(b)

图 7.1　借贷利率相等时的 MSF 有效前沿与切点组合$\left(r_0<\frac{b}{c}\right)$

定理7.6(风险资产定价)　在 $r_0<\dfrac{b}{c}$ 的情形下，任何一只风险资产的期望超额收益率与市场组合的期望超额收益率满足如下经典的CAPM：

$$r_i = r_0 + \beta_i(r_m - r_0), \tag{7.25}$$

其中 r_m 为市场组合的期望收益率，β_i 为第 i 种风险资产的贝塔系数，即第 i 种风险资产收益与市场组合收益的协方差与市场组合收益的方差之比。

[证明]　在 $r_0<\dfrac{b}{c}$ 的情形下，记市场组合的收益为 R_m，则

$$R_m = R'\hat{w}, \quad \hat{w} = \frac{\Sigma^{-1}(r - r_0 e)}{b - cr_0}, \quad r_m = \frac{a - br_0}{b - cr_0},$$

$$\sigma_m^2 = \mathrm{Var}(R_m) = \frac{s}{(b - cr_0)^2}.$$

于是，对于任意一只可行的 $R_p=w_0r_0+w'R$，有

$$\sigma_{im} = \mathrm{Cov}(R_p, R_m) = w'\mathrm{Cov}(R)\hat{w} = \frac{r_i - r_0}{b - cr_0},$$

即

$$r_i - r_0 = \sigma_{im}(b - cr_0) = \beta_i\sigma_m^2(b - cr_0),$$

其中 $\beta_i=\dfrac{\sigma_{im}}{\sigma_m^2}$。又由于

$$\sigma_m^2(b - cr_0) = \frac{s}{b - cr_0} = \frac{a - br_0}{b - cr_0} - r_0 = r_m - r_0,$$

故式(7.25)成立。□

显然，根据定理7.3，在 $r_0>\dfrac{b}{c}$ 的情形下，对于任意给定的 α 满足 $k_\alpha<-\sqrt{s}$，MSF有效投资组合存在，而且任意一个期望收益为 μ 的MSF有效的资产组合仍然可以有式(7.24)的表示形式。然而，此时 $\hat{w}=\dfrac{\Sigma^{-1}(r-r_0e)}{b-cr_0}$ 是一个可行的投资组合，但不再是MSF有效的风险资产市场组合，原因是其所具有的期望收益 $\hat{\mu}=\dfrac{a-br_0}{b-cr_0}<r_0$。此外，在 $r_0=\dfrac{b}{c}$ 的情形，市场组合也不存在。因此，在 $r_0\geqslant\dfrac{b}{c}$ 的情形下，式(7.25)描述的CAPM并不成立。

定理7.7　在 $r_0=\dfrac{b}{c}$ 的情形下，MSF有效前沿上的切点组合不存在。

[证明]　首先考察期望收益(μ)-保险收益(γ)平面上的MSF有效前沿。定理7.3表明，在存在无风险资产的市场中MSF有效前沿为一条在 $\mu>r_0$ 区域的射线，斜率为 $1+\dfrac{k_\alpha}{\sqrt{s}}<0$。定理6.6表明，在仅有风险资产的市场中

MSF 有效前沿为双曲线在 $\mu>\mu^*=\frac{b}{c}+\frac{d}{c\sqrt{ck_\alpha^2-d}}$区域的分支,而且由式(6.44)知,双曲线上任何一点处切线的斜率为

$$\frac{\mathrm{d}\gamma}{\mathrm{d}\mu}=1+k_\alpha\sqrt{\frac{c}{d}}\sqrt{\frac{(\mu c-b)^2}{(\mu c-b)^2+d}}. \tag{7.26}$$

如果切点组合存在,则切点处的 μ 必须满足如下的方程:

$$\sqrt{\frac{c}{d}}\sqrt{\frac{(\mu c-b)^2}{(\mu c-b)^2+d}}=\frac{1}{\sqrt{s}}. \tag{7.27}$$

注意到 $cs-d=(b-cr_0)^2$,式(7.27)等价于

$$(b-cr_0)^2(\mu c-b)^2=d^2.$$

显然当 $r_0=\frac{b}{c}$时,式(7.27)无解,从而切点组合不存在。

现在考察标准差(σ)-期望收益(μ)平面上的 MSF 有效前沿。定理 7.3 表明,在包含无风险资产的市场中 MSF 有效前沿为一条在 $\sigma>0$ 区域的射线,斜率为$\sqrt{s}$。定理 6.6 表明,在仅有风险资产的市场中 MSF 有效前沿为双曲线在 $\mu>\mu^*=\frac{b}{c}+\frac{d}{c\sqrt{ck_\alpha^2-d}}$, $\sigma\geqslant\sigma^*=\frac{-k_\alpha}{\sqrt{ck_\alpha^2-d}}$区域的分支,而且由式(6.45)知,双曲线上任何一点处切线的斜率为

$$\frac{\mathrm{d}\mu}{\mathrm{d}\sigma}=\sqrt{\frac{d}{c}}\frac{\sigma}{\sqrt{\sigma^2-1/c}}. \tag{7.28}$$

如果切点组合存在,则切点处的 σ 必须满足如下方程:

$$\sqrt{\frac{d}{c}}\frac{\sigma}{\sqrt{\sigma^2-1/c}}=\sqrt{s}. \tag{7.29}$$

由于当 $r_0=\frac{b}{c}$时 $s=\frac{d}{c}$,显然式(7.29)无解,因此切点组合不存在。□

显然在 $r_0=\frac{b}{c}$的情形下,式(7.27)和式(7.29)的左边严格大于右边,且分别当 $\mu\to+\infty$和 $\sigma\to+\infty$时的极限恰好等于方程的右边。因此,图 7.2 直观展示了定理 7.7 的结果:在 MSF 有效前沿上不可能存在有限的切点组合。

定理 7.8 在 $r_0>\frac{b}{c}$的情形下,MSF 有效前沿上的切点组合不存在。

[**证明**] 在 $r_0>\frac{b}{c}$的情形下,我们将证明包含无风险资产的 MSF 有效前沿与仅包含风险资产的 MSF 有效前沿在几何平面上不存在交点。

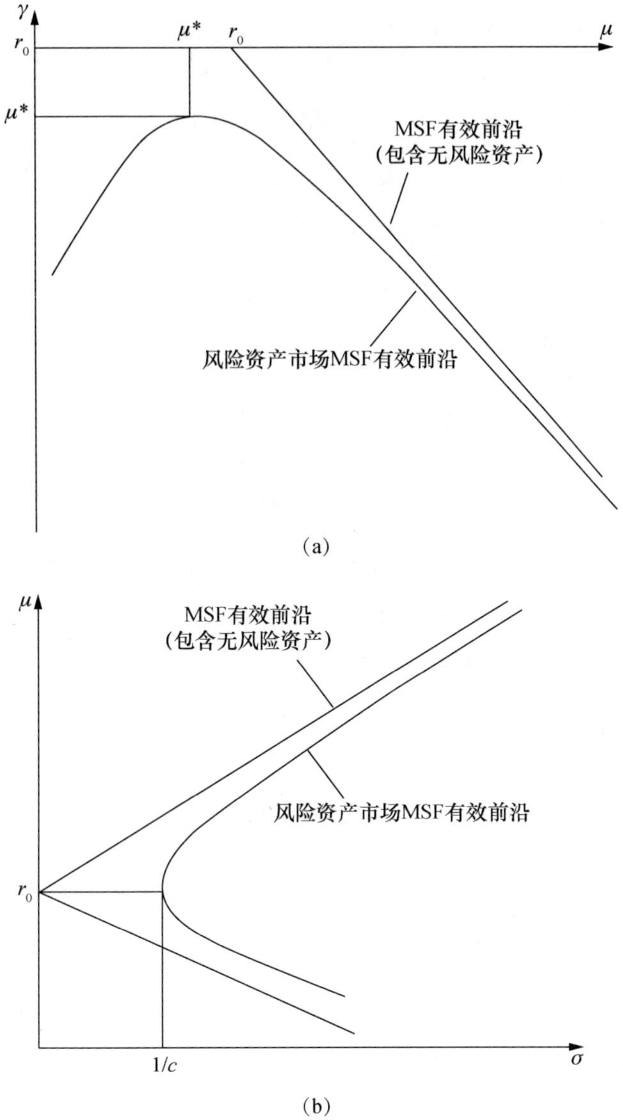

图 7.2　借贷利率相等时的 MSF 有效前沿($r_0=\dfrac{b}{c}$)

首先考察期望收益(μ)-保险收益(γ)平面上的有效前沿。比较式(6.44)和式(7.22),如果存在交点的话,则如下方程应该存在有限解:

$$\sqrt{\frac{1}{c}+\frac{(c\mu-b)^2}{cd}}=\frac{\mu-r_0}{\sqrt{s}}. \tag{7.30}$$

中间利用 $ac-b^2=d$,经过简单化简,式(7.30)等价于

$$(cs-d)\mu^2-2(bs-dr_0)\mu+(as-dr_0^2)=0. \tag{7.31}$$

再利用 $s=a-2br_0+cr_0^2$,经过展开和合并运算可得式(7.31)的判别式为

$$4(bs-dr_0)^2-4(cs-d)(as-dr_0^2)=0.$$

因此,当且仅当

$$\mu=\dot{\mu}=\frac{bs-dr_0}{cs-d}=\frac{a-br_0}{b-cr_0}, \tag{7.32}$$

式(7.30)的等式成立。然而当 $r_0>\frac{b}{c}$ 时,$\dot{\mu}<r_0$,不满足有效前沿方程(7.22),因此式(6.44)和式(7.22)所表示的有效前沿不存在交点。

现在考察标准差(σ)-期望收益(μ)平面上的 MSF 有效前沿。比较式(6.45)和式(7.23),如果存在交点的话,则以下方程应该存在有限解:

$$\sqrt{\frac{d}{c}\left(\sigma^2-\frac{1}{c}\right)}=r_0-\frac{b}{c}+\sigma\sqrt{s}. \tag{7.33}$$

利用 $cs-d=(b-cr_0)^2$,式(7.33)可以化简为

$$\sigma^2(cr_0-b)^2+2\sigma(cr_0-b)\sqrt{s}+s=0, \tag{7.34}$$

即$[\sigma(cr_0-b)+\sqrt{s}]^2=0$。由于在 MSF 有效前沿上 $\sigma>0$,且当 $r_0>\frac{b}{c}$ 时有 $cr_0-b>0$,因此 $\sigma(cr_0-b)+\sqrt{s}>0$,从而式(7.34)无解,亦即存在无风险资产的 MSF 有效前沿与只有风险资产的 MSF 有效前沿不存在交点。

综上可得,在 MSF 有效前沿上,不存在切点组合。□

由式(7.26)可知,在期望收益(μ)-保险收益(γ)坐标系中,风险资产有效前沿上任何一点的切线的斜率大于 $1+k_\alpha\sqrt{\frac{c}{d}}$(即 $\mu\to+\infty$ 时的渐近线的斜率)。由于在 $r_0>\frac{b}{c}$ 时,有 $1+k_\alpha\sqrt{\frac{c}{d}}<1+k_\alpha\frac{1}{\sqrt{s}}$(不等式右侧为包含无风险资产的 MSF 有效前沿的斜率),因此图 7.3(a)直观刻画了 MSF 有效前沿的

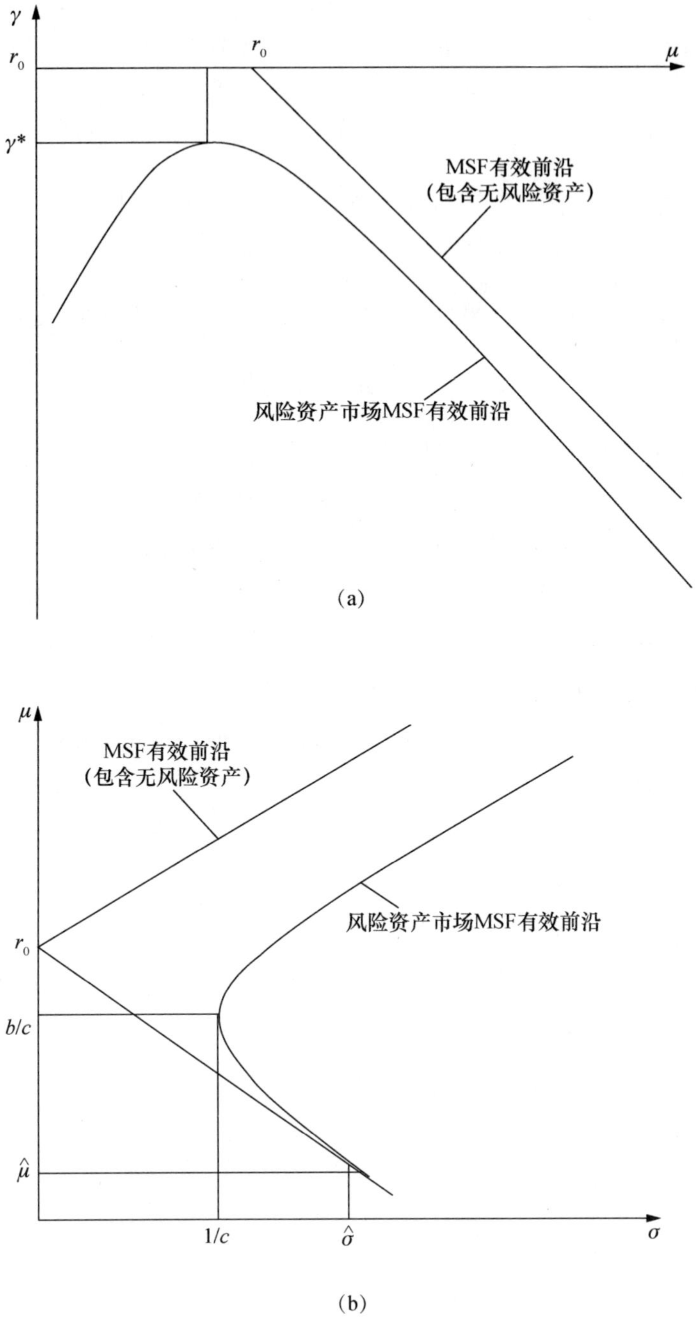

图 7.3　借贷利率相等时的 MSF 有效前沿($r_0>\frac{b}{c}$)

关系。同样由式(7.26)可知,在标准差(σ)-期望收益(μ)坐标系中,风险资产有效前沿上任何一点的切线的斜率大于$\sqrt{\frac{d}{c}}$(即$\sigma \to +\infty$时的渐近线的斜率)。由于在$r_0 > \frac{b}{c}$时$\sqrt{\frac{d}{c}} < \sqrt{s}$(不等式右侧为包含无风险资产的 MSF 有效前沿的斜率),因此图 7.3(b)直观刻画了 MSF 有效前沿的关系。

7.4　与 M-V 模型的比较及数值算例

7.4.1　与 M-V 模型的比较

在 MSF 模型框架下,目前我们已经得到包含一种无风险资产的风险资产配置的相关理论,包括用解析的方法得到 MSF 有效投资组合、MSF 有效前沿、基金分离和切点组合定理、CAPM,以及相关结论成立的条件。Merton(1972)对均值-方差模型的讨论,采用解析推演的方法给出了不包含无风险资产以及包含一种无风险资产时的有效前沿的显式表达和几何说明,推导了基金分离定理、资本市场线或经典的 CAPM。将本书的结论与 Merton(1972)的结果比较,我们可以发现 MSF 模型与 M-V 模型理论既存在相似之处也有不同之处。

第一,MSF 模型适用的投资者群体小于 M-V 模型适用的投资者群体。因为仅当市场分布参数和投资者对极端风险的谨慎水平满足$k_\alpha < -\sqrt{s}$时,MSF 模型才存在有效解。

第二,如果 MSF 有效前沿存在,则其一定与 M-V 有效前沿相同。即 MSF 有效的投资组合也是 M-V 有效的。然而,M-V 模型的有效投资组合不一定是 MSF 模型的有效投资组合,M-V 有效前沿仅是$k_\alpha < -\sqrt{s}$条件下的 MSF 有效前沿。

第三,无论是基于 M-V 模型还是基于 MSF 模型,两基金分离、切点组合和 CAPM 等相关理论以及成立的条件都是一致的。当且仅当$r_0 < \frac{b}{c}$时有效的切点组合即市场组合存在,经典的 CAPM 成立。

7.4.2 数值算例

我国国家社会保障基金(简称社保基金)自2000年8月成立以来,早期投资主要集中在银行存款、国债及其他固定收益的金融工具上。2004年,投资范围不断拓宽,投资品种除银行存款、国债外,还包括金融债、企业债、信托投资、资产证券化产品、股票、证券投资基金、股票指数化投资、股权投资和产业投资基金、其他金融衍生产品等。2001年施行的《全国社保基金投资管理暂行办法》规定:银行存款和国债投资的比例不得低于50%。其中,银行存款的比例不得低于10%;企业债、金融债投资的比例不得高于10%;证券投资基金、股票投资的比例不得高于40%。

刘渝琳和李俊强(2008)建立引入无风险资产的均值-VaR模型,假设社保基金的投资只考虑四类投资品种,即银行存款、债券、股票和基金,该文在加入投资比例约束和不容许卖空的条件下给出了社保基金在各投资品种上的最优投资比例,其中银行存款的收益率采用剔除物价影响后的2007年1年期存款平均收益率,$r_0=0.30\%$,债券、股票和基金的收益率服从正态分布,平均收益率为$r=(2.84\%,24.27\%,31.24\%)'$,协方差矩阵为

$$\Sigma=\begin{bmatrix} 0.00362 & -0.00626 & -0.00863 \\ -0.00626 & 0.49438 & 0.48537 \\ -0.00863 & 0.48537 & 0.48995 \end{bmatrix}.$$

下面以此数据为例,采用MSF模型,不考虑《全国社保基金投资管理暂行办法》的限制,在允许卖空的完备市场条件下,依据定理7.1可以得到社保基金投资的安全有效投资组合策略,部分结果列于表7.1。

从表7.1可以看出,在同样的尾部风险控制水平下,随着期望收益的增加,投资于风险资产的比例增加,最优安全收益水平降低。在风险水平控制在不超过10%、期望收益不低于0.4%以及安全收益水平不低于0.03%的要求下,存款的比例不低于80%、债券的比例不高于15%、股票和基金的投资比例均不高于10%是有效的选择。上述结果表明:根据MSF模型得到的有效投资组合可以基本满足《全国社保基金投资管理暂行办法》的规定,但是与规定相比,更注重社保基金投资的安全性和安全收益。

表 7.1 社保基金 MSF 有效投资组合策略

单位:%

(部分)MSF 有效前沿			MSF 有效投资组合			
α	期望收益率	安全收益率	存款	债券	股票	基金
1	0.40	0.180	98.68	1.24	−0.66	0.73
1	0.50	0.060	97.37	2.48	−1.32	1.46
1	0.60	−0.070	96.05	3.73	−1.97	2.19
2	0.60	0.010	96.05	3.73	−1.97	2.19
2	0.70	−0.080	94.74	4.97	−2.63	2.92
5	0.80	0.020	93.42	6.21	−3.29	3.65
5	0.90	−0.040	92.11	7.45	−3.95	4.38
10	1.00	0.150	90.79	8.69	−4.60	5.12
10	1.50	0.030	84.22	14.9	−7.89	8.77
10	2.00	−0.080	77.64	21.11	−11.18	12.42

注:由于四舍五入可能存在误差。

第 8 章　借贷利率不等时资产配置的 MSF 模型理论

在现实生活中，除企业和机构投资者外，个人投资者也常面临贷款、储蓄与风险投资的选择问题。如家庭的储蓄、证券投资、住房投资与贷款行为选择。关于这方面的既有研究主要基于 Friedman(1957) 的持久收入 (Permanent-Income) 假说理论；Modigliani 和 Brumberg(1954) 的生命周期 (Life-Cycle) 假说理论；Deaton(1991) 的缓冲库存(Butter-Stock)理论；以及由 Markowitz(1952)、Tobin(1958)和 Merton(1969)等人发展起来的现代投资组合理论。

有别于其他准则，MSF 准则将投资者对极端风险的控制与对收益的偏好相结合。在第 6 章中我们考虑了仅包含风险资产的市场，得到了不受卖空买空限制的 MSF 风险资产配置理论，在第 7 章中我们引入一种可供借贷的风险资产，得到了借贷利率相等时的 MSF 资产配置理论。Zhang 等(2004)在借贷利率不等情形下推导了静态均值-方差模型的投资组合有效前沿及借贷条件。本章我们也将考虑包含借贷利率不等的无风险资产和风险资产的市场，研究基于 MSF 准则的最优投资组合的存在性以及 MSF 有效前沿的性质理论，并与 M-V 模型的相关结果进行比较。在 8.1 节我们介绍模型的基本假设以及模型的一般形式；在第 8.2 节我们研究储蓄和风险资产优化配置的 MSF 理论；在第 8.3 节我们研究负债和风险资产结构优化的 MSF 理论；以第 8.2 节和第 8.3 节为基础，在第 8.4 节我们进一步给出投资者借贷的选择行为与风险资产配置优化的 MSF 理论；第 8.5 节是模型的比较及应用。

8.1　基本假设与 MSF 模型化简

8.1.1　基本假设

在第 7 章模型假设的基础上，我们进一步考虑无风险借贷利率不同，即贷款利率高于储蓄利率的情况。为了保证本章内容的独立性，我们将基本假设重述如下：

假设 8.1　(资本市场假设)资本市场包含一种无风险资产和 n 种风险资产,不存在交易税费,允许风险资产买空卖空,允许无风险借贷,且资产是无限可分的。

假设 8.2　(单期投资假设)投资者在 t_0 时刻进入市场并对一个单位的资本金进行组合投资决策,用 $\tilde{w}=(w_0,w_1,w_2,\cdots,w_n)'$表示对无风险资产和风险资产的一个组合投资策略,其中 w_0 表示对无风险资产的投资比重,$w_i(i=1,2,\cdots,n)$表示对第 i 种风险资产的投资比重。投资者在 t_0 时刻持有资产投资组合 $\tilde{w}$ 直到投资期末 t_1 时刻出清。

假设 8.3　(无风险利率假设)单位无风险资产具有确定的收益率 r_0,投资者以利率 r_l 贷出(储蓄)或者以利率 r_b 借入(贷款)无风险资产,且借贷利率不等,即 $r_b>r_l$,且 $r_0=r_l\mathrm{I}(w_0\geqslant 0)+r_b\mathrm{I}(w_0<0)$,其中 $\mathrm{I}(\cdot)$为示性函数。

假设 8.4　(收益分布假设)单位风险资产在 t_1 时刻的收益率向量 $R=(R_1,R_2,\cdots,R_n)'$具有有限的数学期望 $r=(r_1,r_2,\cdots,r_n)'$和有限正定的协方差矩阵 Σ,且服从椭球分布。各个风险资产的期望收益率 $r_i(i=1,2,\cdots,n)$不完全相等且满足 $r_i\geqslant r_l$。

假设 8.5　(投资者偏好假设)投资者是理性和风险厌恶的,投资者追求更高的期望收益和安全保障收益(即最小的可以接受的实际收益),控制极端损失发生的可能性风险。

假设 8.1 至假设 8.3 与均值-方差模型投资组合理论的假设相同。假设 8.4 用更广泛的椭球分布代替正态分布,其中包含了常见的能够用来描述金融风险资产尖峰厚尾分布特征的学生 t 分布、Laplace 分布和 Logistic 分布等。满足假设 8.5 的投资者被称为安全首要的投资者。

8.1.2　MSF 模型及其化简

用 $e=(1,1,\cdots,1)'$表示元素全为 1 的 n 维向量,则组合投资策略应该满足资本约束 $w_0+w'e=1$。由于投资者在投资期末实际可获得的收益是随机变量 $R_p=w_0r_0+w'R$,相应的期望收益和方差分别为 $E(R_p)=w_0r_0+w'r$ 与 $\mathrm{Var}(R_p)=w'\Sigma w$。若用 α 反映投资者对风险的控制水平,即实际投资收益(率)低于某保险收益(率)水平 $R_{\min}$的可能性,则安全首要原则要求投资策略应满足风险控制约束 $P(R_p<R_{\min})\leqslant\alpha$,通常 $0<\alpha<0.5$。此时,MSF 模型可以表示为如下多目标优化模型(8.1)或者双目标优化模型(8.2):

$$\begin{aligned}&\max_{w_0,w}\quad (1-\alpha,R_{\min},E(R_p))\\&\text{s.t.}\quad\begin{cases}P(R_p<R_{\min})=\alpha\\ w_0+w'e=1.\end{cases}\end{aligned}\tag{8.1}$$

$$\max_{w_0,w} \quad (R_{\min}, E(R_p))$$
$$\text{s.t.} \quad \begin{cases} P(R_p < R_{\min}) \leqslant \alpha \\ w_0 + w'e = 1. \end{cases} \tag{8.2}$$

一般情况下，模型(8.1)和模型(8.2)不存在最优解，只存在有效解。我们把模型(8.2)的有效解称为给定 α 水平下的条件 MSF(α-MSF)有效解，把模型(8.1)的有效解称为 MSF 有效解。在实践中，由于投资者更方便应用模型(8.2)，有时我们也将条件 MSF 有效解简称为 MSF 有效解，模型全部的 MSF 有效解称为 MSF 有效前沿。也因此，本章重点讨论模型(8.2)的有效解。

模型(8.2)的有效解和有效前沿可以通过求解以下单目标优化模型(8.3)得到：

$$\max_{w_0,w} \quad R_{\min}$$
$$\text{s.t.} \quad \begin{cases} P(R_p < R_{\min}) \leqslant \alpha \\ E(R_p) \geqslant m \\ w_0 + e'w = 1. \end{cases} \tag{8.3}$$

其中，m 为投资者事先确定的一个低预期收益目标，一般有 $m \geqslant r_l$。如同第 6 章定理 6.1，可以证明变化 m 求解模型(8.3)的全部唯一最优解可以构成模型(8.2)的 MSF 有效前沿。

在基本假设下，如同在第 7 章的过程，利用椭球分布的性质，可以将模型(8.3)简化为

$$\max_{w_0,w} \quad R_{\min} = w_0 r_0 + w'r + k_\alpha \sqrt{w'\Sigma w}$$
$$\text{s.t.} \quad \begin{cases} w_0 r_0 + w'r \geqslant m \\ w_0 + e'w = 1 \\ r_0 = r_l \mathrm{I}(w_0 \geqslant 0) + r_b \mathrm{I}(w_0 < 0). \end{cases} \tag{8.4}$$

其中，k_α 的定义与前文第 6 章和第 7 章一致，被称为概率风险度，由 α 和椭球分布的密度生成函数唯一确定。α 越小则 k_α 也越小，表明投资者越强调安全控制。当 $\alpha = 50\%$ 时 $k_\alpha = 0$，表明投资者是风险中性的，本章也仅考虑 $0 < \alpha < 50\%$，即 $k_\alpha < 0$ 的情形。在给定安全控制水平 α 下，一个投资组合被称为 MSF 有效的，如果不存在其他的投资组合，要么具有与其相同的保险收益和比其更高的期望收益，要么具有与其相同的期望收益和比其更高的保险收益。在给定安全控制水平 α 下，所有 MSF 有效的投资组合构成 α-MSF 有效前沿。

特别地，如果投资策略不允许贷款，则模型(8.4)可以进一步简化为

$$\max_{w_0,w} \quad R_{\min} = w_0 r_l + w'r + k_\alpha \sqrt{w'\Sigma w}$$
$$\text{s. t.} \quad \begin{cases} w_0 r_l + w'r \geqslant m \\ w_0 + e'w = 1 \\ w_0 \geqslant 0. \end{cases} \tag{8.5}$$

在实践中,社保基金进入资本市场的投资就属于此种情形。社保基金具有保险功能。根据社保基金管理规定,进入资本市场的社会保障基金不能利用贷款进行风险资产的投资,但可以将一部分社会保障基金用于购买国债和银行储蓄等低风险或无风险的资产。

如果投资策略不包括储蓄,可以贷款,则模型(8.4)可以化简为

$$\max_{w_0,w} \quad R_{\min} = w_0 r_b + w'r + k_\alpha \sqrt{w'\Sigma w}$$
$$\text{s. t.} \quad \begin{cases} w_0 r_b + w'r \geqslant m \\ w_0 + e'w = 1 \\ w_0 < 0. \end{cases} \tag{8.6}$$

在实践中,为了控制企业破产的极端风险发生的概率,企业的债务杠杆和风险资产的配置可以采用模型(8.6)。

记$\widetilde{w}^{(1)}$是模型(8.5)的最优解,其目标值为$R_{\min}^{(1)}$,$\widetilde{w}^{(2)}$是模型(8.6)的最优解,其目标值为$R_{\min}^{(2)}$。则容易证明如下结论成立:(1) 如果$R_{\min}^{(1)}>R_{\min}^{(2)}$,则$\widetilde{w}=\widetilde{w}^{(1)}$为模型(8.4)的最优解;(2) 如果$R_{\min}^{(1)}<R_{\min}^{(2)}$,则$\widetilde{w}=\widetilde{w}^{(2)}$为模型(8.4)的最优解;(3) 如果$R_{\min}^{(1)}=R_{\min}^{(2)}$,则$\widetilde{w}^{(1)}$和$\widetilde{w}^{(2)}$同为模型(8.4)的最优解。因此,我们将在第8.2节和第8.3节分别讨论模型(8.5)和模型(8.6)的最优解及其存在条件。以此为基础,我们在第8.4节中将基于模型(8.4)讨论一般情形下的MSF有效前沿。

下面记$a=r'\Sigma^{-1}r$,$b=r'\Sigma^{-1}e$,$c=e'\Sigma^{-1}e$,$d=ac-b^2$,$s_l=a-br_l+cr_l^2$,$s_b=a-br_b+cr_b^2$。

8.2 储蓄与风险资产配置的MSF理论

本节讨论只有储蓄资产和风险资产的情形,适合社保基金进入资本市场的投资问题。由于社保基金对安全性、增值性和保障性的要求,社保基金的投资不允许使用贷款投资杠杆。确定储蓄资产和风险资产的配置比例问题,可以转化为求解模型(8.5)的优化问题,参考 Ding 和 Lu (2016)。

8.2.1 期望收益限制下最优配置的存在性

由于$0<\alpha<50\%$,$k_\alpha<0$,模型(8.5)成为线性约束下的凸函数最大值问

题。因此,依据非线性规划理论(Zangwill,1979),模型(8.3)的最优解如果存在,必须满足库恩-塔克(K-T)条件,且满足库恩-塔克条件的解也是最优解。由于 $m \leqslant r_l$ 时,容易判断 $w_0 = 1, w = 0$ 是模型(8.5)的唯一最优解,因此下面在讨论模型求解时我们仅考虑 $m > r_l$。

注意到 $w_0 = 1 - e'w$,模型(8.5)等价于

$$\max_{w_0, w} \quad R_{\min} = (1 - e'w)r_l + w'r + k_\alpha \sqrt{w'\Sigma w}$$
$$\text{s.t.} \quad \begin{cases} (1 - e'w)r_l + w'r \geqslant m \\ 1 - e'w \geqslant 0. \end{cases} \tag{8.7}$$

若构造拉格朗日函数:

$$L(w, \lambda, \gamma) = r_l(1 - e'w) + r'w + k_\alpha \sqrt{w'\Sigma w} + \lambda((1 - e'w)r_l + w'r - m) + \gamma(1 - e'w),$$

则模型(8.7)的库恩-塔克条件为

$$\frac{\partial L}{\partial w} = (1 + \lambda)(r - r_l e) + k_\alpha \frac{\Sigma w}{\sqrt{w'\Sigma w}} - \gamma e = 0, \tag{C8.5.1}$$

$$(1 - e'w)r_l + w'r \geqslant m, \tag{C8.5.2}$$

$$1 - e'w \geqslant 0, \tag{C8.5.3}$$

$$\lambda((1 - e'w)r_l + w'r - m) = 0, \tag{C8.5.4}$$

$$\lambda \geqslant 0, \tag{C8.5.5}$$

$$\gamma(1 - e'w) = 0, \tag{C8.5.6}$$

$$\gamma \geqslant 0. \tag{C8.5.7}$$

于是,我们可得如下关于最优投资组合存在条件的结论(Ding and Lu, 2016)。

定理 8.1　若 $r_l \geqslant b/c$,则下列关于优化储蓄和风险资产配置的模型(8.5)的结论成立:

(i) 当 $m > r_l$ 且 α 满足 $k_\alpha > -\sqrt{s_l}$ 时,模型(8.5)的最优解不存在。

(ii) 当 $m > r_l$ 且 α 满足 $k_\alpha = -\sqrt{s_l}$ 时,模型(8.5)有无穷多有限最优解。对任意的 $l_1 \geqslant (m - r_l)/s_l$ 而言,$w = l_1 \Sigma^{-1}(r - r_l e)$ 和 $w_0 = 1 - l_1(b - cr_l)$ 均构成模型(8.5)的一个最优解。对应的保险收益为 $R_{\min} = r_l$,期望收益与标准差分别为 $\mu_{\tilde{w}} = r_l + l_1 s_l \geqslant m$ 和 $\sigma_{\tilde{w}} = l_1 \sqrt{s_l}$,期望收益与标准差之间满足 $\sigma_{\tilde{w}} = (\mu_{\tilde{w}} - r_l)/\sqrt{s_l}$。特别地,如果 $r_l = b/c$,则 $w_0 = 1$,最优解隐含投资者将全部初始资产投资于银行储蓄,对风险资产的持有只采取自融资策略。如果 $r_l > b/c$,则 $w_0 > 1$,最优解建议投资者卖空风险资产的一个组合 $\check{\omega} = \Sigma^{-1}(r - r_l e)/(b - cr_l)$,卖空的比例为 $l_1(b - cr_l)$,并把卖空所得一并投资于银行储蓄。

(iii) 当 $m>r_l$ 且 α 满足 $k_\alpha<-\sqrt{s_l}$ 时,模型(8.5)存在唯一全局最优解。最优解可以表示为

$$w=(m-r_l)\Sigma^{-1}(r-r_le)/s_l, w_0=1-(m-r_l)(b-cr_l)/s_l.$$

对应的保险收益为 $R_{\min}=m+(m-r_l)k_\alpha/\sqrt{s_l}$,期望收益与标准差分别为 $\mu_{\widetilde{w}}=m$ 和 $\sigma_{\widetilde{w}}=(\mu_{\widetilde{w}}-r_l)/\sqrt{s_l}$。特别地,如果 $r_l=b/c$,则 $w_0=1$,最优解表明投资者选择将全部初始资金投资于银行储蓄,对风险资产持有一个自融资套利组合。如果 $r_l>b/c$,则 $w_0>1$,最优解表明投资者选择卖空风险资产的一个组合 $\bar{\omega}=\Sigma^{-1}(r-r_le)/(b-cr_l)$,卖空的比例为 $(m-r_l)(b-cr_l)/s$,并把卖空所得一并投资于银行储蓄。

定理 8.2 若 $r_l<b/c$,则下列关于储蓄和风险资产配置的优化模型(8.5)的结论成立:

(i) 当 $r_l<m\leqslant(a-br_l)/(b-cr_l)$ 且 α 满足 $k_\alpha<-\sqrt{s_l}$ 时,模型(8.5)存在唯一的全局最优解。最优解由 $w=(m-r_l)\Sigma^{-1}(r-r_le)/s_l$ 和 $w_0=1-(m-r_l)(b-cr_l)/s_l$ 构成,对应的保险收益为 $R_{\min}=m+(m-r_l)k_\alpha/\sqrt{s_l}$,期望收益与标准差分别为 $\mu_{\widetilde{w}}=m$ 和 $\sigma_{\widetilde{w}}=(m-r_l)/\sqrt{s_l}$。最优解表明投资者选择持有风险资产的一个组合 $\bar{\omega}=\Sigma^{-1}(r-r_le)/(b-cr_l)$,持有的比例为 $(m-r_l)(b-cr_l)/s$,并把余下的资本 $1-(m-r_l)(b-cr_l)/s$ 投资于银行储蓄。

(ii) 当 $r_l<m<(a-br_l)/(b-cr_l)$ 且 α 满足 $k_\alpha=-\sqrt{s_l}$ 时,模型(8.5)存在无穷多有限最优解。对任意的 $l_2\in[(m-r_l)/s_l, 1/(b-cr_l)]$ 而言,$w=l_2\Sigma^{-1}(r-r_le)$ 和 $w_0=1-l_2(b-cr_l)$ 均构成模型(8.5)的一个最优解。对应的保险收益为 $R_{\min}=r_l$,期望收益与标准差分别为 $\mu_{\widetilde{w}}=r_l+l_2s_l\geqslant m$ 和 $\sigma_{\widetilde{w}}=l_2\sqrt{s_l}$,期望收益与标准差之间满足 $\sigma_{\widetilde{w}}=(\mu_{\widetilde{w}}-r_l)/\sqrt{s_l}$。最优解表明投资者选择持有风险资产的一个组合 $\bar{\omega}=\Sigma^{-1}(r-r_le)/(b-cr_l)$,持有的比例为 $l_2(b-cr_l)$,并把余下的资本 $1-l_2(b-cr_l)$ 投资于银行储蓄。当 $m=(a-br_l)/(b-cr_l)$ 且 $k_\alpha=-\sqrt{s_l}$ 时,模型(8.5)存在唯一的有限最优解:

$w=\Sigma^{-1}(r-r_le)/(b-cr_l)$。对应的保险收益为 $R_{\min}=r_l$,期望收益与标准差分别为 $\mu_{\widetilde{w}}=m$ 和 $\sigma_{\widetilde{w}}=\sqrt{s_l}/(b-cr_l)$。

(iii) 当 $r_l<m\leqslant(a-br_l)/(b-cr_l)$ 且 α 满足 $-\sqrt{s_l}<k_\alpha<-\sqrt{d/c}$ 时,或当 $m>(a-br_l)/(b-cr_l)$ 且 α 满足 $-\sqrt{(d/(mc-b))^2/c+d/c}<k_\alpha<-\sqrt{d/c}$ 时,模型(8.5)存在唯一的全局最优解:

$w=(\Sigma^{-1}r+(-b+\sqrt{ck_\alpha^2-d})\Sigma^{-1}e/c)/\sqrt{ck_\alpha^2-d}$, $w_0=0$。最优的保险收益为 $R_{\min}=(b-\sqrt{ck_\alpha^2-d})/c$,对应的期望收益与标准差分别为

$$\mu_{\tilde{w}} = \frac{d}{c\sqrt{ck_\alpha^2 - d}} + \frac{b}{c}, \quad \sigma_{\tilde{w}} = -\frac{k_\alpha}{\sqrt{ck_\alpha^2 - d}}.$$

期望收益与标准差之间满足 $c\sigma_{\tilde{w}}^2 - (c\mu_{\tilde{w}} - b)^2/d = 1$。最优解表明投资者不参与银行储蓄，只将全部资本在风险资产之间进行配置。

(iv) 当 $m > (a - br_l)/(b - cr_l)$ 且 α 满足 $k_\alpha < -\sqrt{(d/(mc-b))^2/c + d/c}$ 时，模型(8.5)存在唯一的全局最优解：

$$w = \left(\frac{mc - b}{d}\right)\Sigma^{-1} r + \left(\frac{a - mb}{d}\right)\Sigma^{-1} e, w_0 = 0.$$

最优的保险收益为 $R_{\min} = m + k_\alpha \sigma_{\tilde{w}}$，其中期望收益为 $\mu_{\tilde{w}} = m$，标准差为 $\sigma_{\tilde{w}} = \sqrt{(1 + (b - mc)^2/d)/c}$。期望收益与标准差之间满足 $c\sigma_{\tilde{w}}^2 - (c\mu_{\tilde{w}} - b)^2/d = 1$。最优解表明投资者不参与银行储蓄，只将全部资本在风险资产之间进行配置。

(v) 当 $m > r_l$ 且 α 满足 $k_\alpha \geqslant -\sqrt{d/c}$ 时，模型(8.5)不存在有限的全局最优解。

8.2.2 储蓄与风险资产配置的 MSF 有效前沿

根据 MSF 有效前沿的定义，每一个期望收益满足 $\mu = m$，且 m 大于无风险储蓄收益率 r_l 的 α-MSF 有效的投资组合必然是模型(8.5)的一个最优解，但是模型(8.5)的最优解不一定是 α-MSF 有效的投资组合。因此，本节在定理 8.1 和定理 8.2 的基础上，进一步讨论储蓄与风险资产配置的有效前沿。

(1) 假设 $r_l \geqslant b/c$。

根据定理 8.1，当且仅当 $k_\alpha \leqslant -\sqrt{s_l}$ 时，模型(8.5)存在最优解。如果 $k_\alpha = -\sqrt{s_l}$，则模型(8.5)的全部最优解可以表示为

$$\Omega_1 = \left\{ \begin{array}{l} \tilde{w} \mid w_0 = 1 - l(b - cr_l), \ w = l_1 \Sigma^{-1}(r - r_l e), \\ l_1 \geqslant (m - r_l)/s_l, m > r_l \end{array} \right\}.$$

其中 $\tilde{w} = (w_0, w')' = (w_0, w_1, \cdots, w_n)'$。由于对任何一个权重为 $\tilde{w} \in \Omega_1$ 的投资组合，均具有保险收益 $R_{\min} = r_l$，且期望收益 $\mu_{\tilde{w}} = r_l + l_1 s_l \geqslant m$，因此我们总可以找到一个具有相同保险收益和更高的期望收益的投资组合。这表明，$\tilde{w} \in \Omega_1$ 不会是 α-MSF 有效的，即 $k_\alpha = -\sqrt{s_l}$ 时 MSF 有效前沿不存在。如果 $k_\alpha < -\sqrt{s_l}$，则模型(8.5)的全部最优解可以表示为

$$\Omega_2 = \left\{ \begin{array}{l} \tilde{w} \mid w_0 = 1 - (m - r_l)(b - cr_l)/s_l, \\ w = (m - r_l)\Sigma^{-1}(r - r_l e)/s_l, m > r_l \end{array} \right\}.$$

由于对任何一个权重为 $\tilde{w} \in \Omega_2$ 的投资组合，其保险收益为 $R_{\min} = m +$

$(m-r_l)k_\alpha/\sqrt{s_l}$,期望收益为 $\mu_{\tilde{w}}=m$,因此在相同的 α 水平下无法找到另一个投资组合,使其要么保持相同的期望收益但具有更高的保险收益,要么保持相同的保险收益但具有更高的期望收益。这表明,任意 $\tilde{w}\in\Omega_2$ 的投资组合是 $k_\alpha<-\sqrt{s_l}$条件下 α-MSF 有效的。另外,注意到当 $k_\alpha<-\sqrt{s_l}$时当 $\mu_{\tilde{w}}$ 严格单调下降趋于 r_l 时,$R_{\min}$严格单调上升趋于 r_l,因此不存在包含风险资产的投资组合能比仅包含无风险资产的投资组合更有效,即 $w_0=1,w=0$ 也是 MSF 有效的。因此,如下定理成立。

定理 8.3 假设 $r_l\geqslant b/c$,则当且仅当 $k_\alpha<-\sqrt{s_l}$时,KSF 有效的储蓄与风险资产配置存在,而且可以表示为

$$w_0=1-\frac{(\mu-r_l)(b-cr_l)}{s_l},\quad w=\frac{(\mu-r_l)\,\Sigma^{-1}(r-r_le)}{s_l},$$

其中 $\mu\geqslant r_l$。对于给定的 α 满足 $k_\alpha<-\sqrt{s_l}$,在期望收益(μ)-保险收益(γ)直角坐标系中,储蓄与风险资产配置的 MSF 有效前沿可以表示为

$$\alpha\mathrm{SF}\,|_{r_l\geqslant b/c}=\left\{(\mu,\gamma)\mid\gamma=-\frac{r_lk_\alpha}{\sqrt{s_l}}+\left(1+\frac{k_\alpha}{\sqrt{s_l}}\right)\mu,\mu\geqslant r_l\right\}.$$

在有效前沿上,资产组合的标准差(σ)和期望收益(μ)满足关系:$\mu=r_l+\sigma\sqrt{s_l}$,$\sigma\geqslant 0$。

定理 8.3 表明,当 $r_l\geqslant b/c$ 时,给定 $k_\alpha<-\sqrt{s_l}$时的 MSF 有效前沿,在期望收益(μ)-保险收益(γ)平面上,是一条由(r_l,r_l)点发出的向右下方倾斜的射线,射线的斜率是 $1+\dfrac{k_\alpha}{\sqrt{s_l}}$。在期望收益($\mu$)-标准差($\sigma$)平面上,则是由点($r_l$,0)发出的向右上方倾斜的射线,射线的斜率为$\dfrac{1}{\sqrt{s_l}}$。如图 8.1 所示。

(2) 假设 $r_l<b/c$。

根据定理 8.2,当且仅当 $k_\alpha<-\sqrt{d/c}$时,模型(8.5)的最优解存在。注意到

$$s_l-\frac{d}{c}-\frac{1}{c}\left(\frac{d}{mc-b}\right)^2=-\frac{[a-mb+r_l(mc-b)][(b-r_lc)(mc-b)+d]}{(mc-b)^2},$$

因此当$\dfrac{b}{c}\leqslant m\leqslant\dfrac{a-br_l}{b-cr_l}$时有 $s_l\leqslant\dfrac{d}{c}-\dfrac{1}{c}\left(\dfrac{d}{mc-b}\right)^2$,当 $m>\dfrac{a-br_l}{b-cr_l}$时有 $s_l>\dfrac{d}{c}-\dfrac{1}{c}\left(\dfrac{d}{mc-b}\right)^2$。下面分别考虑$k_\alpha<-\sqrt{s_l}$,$k_\alpha=-\sqrt{s_l}$和$-\sqrt{s_l}<k_\alpha<-\sqrt{d/c}$三种情形。

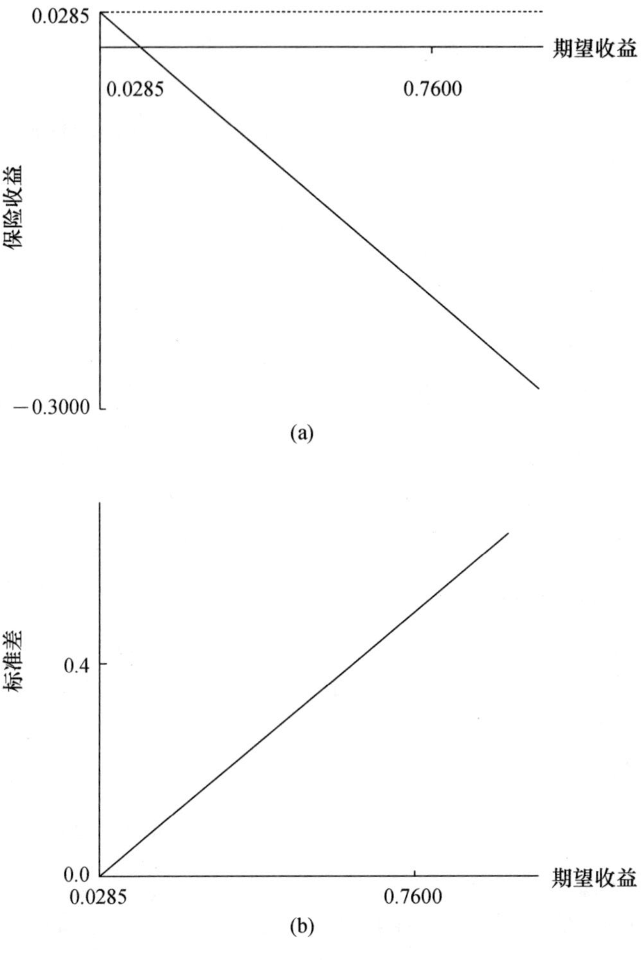

图 8.1　储蓄和风险资产配置的 MSF 有效前沿 $\left(r_l \geqslant \frac{b}{c}, k_\alpha < -\sqrt{s_l}\right)$

首先，考虑 $k_\alpha<-\sqrt{s_l}$。根据定理 8.2 的(i)知，当 $r_l<m\leqslant\frac{a-br_l}{b-cr_l}$ 时，模型(8.5)的最优解为 $w_0=1-\frac{(m-r_l)(b-cr_l)}{s_l}$，$w=\frac{(m-r_l)\Sigma^{-1}(r-r_le)}{s_l}$。根据定理 8.2 的(iv)知，当 $m>\frac{a-br_l}{b-cr_l}$ 时，模型(8.5)的最优解为 $w_0=0$，$w=\left(\frac{mc-b}{d}\right)\Sigma^{-1}r+\left(\frac{a-mb}{d}\right)\Sigma^{-1}e$。由于当 $m=\frac{a-br_l}{b-cr_l}$ 时，有 $\frac{m-r_l}{s_l}=\frac{1}{b-cr_l}$，$\frac{mc-b}{d}=\frac{1}{b-cr_l}$ 和 $\frac{a-mb}{d}=\frac{-r_l}{b-cr_l}$，因此，模型(8.5)的全部最优解可以表示为 $\Omega_3=\Omega_{3\text{-}1}\cup\Omega_{3\text{-}2}$，其中

$$\Omega_{3\text{-}1}=\left\{\begin{aligned}&\widetilde{w}\mid w_0=1-\frac{(m-r_l)(b-cr_l)}{s_l},\\&w=\frac{(m-r_l)\Sigma^{-1}(r-r_le)}{s_l},r_l<m\leqslant\frac{a-br_l}{b-cr_l}\end{aligned}\right\},$$

$$\Omega_{3\text{-}2}=\left\{\widetilde{w}\mid w_0=0,w=\left(\frac{mc-b}{d}\right)\Sigma^{-1}r+\left(\frac{a-mb}{d}\right)\Sigma^{-1}e,m\geqslant\frac{a-br_l}{b-cr_l}\right\}。$$

而且由定理 8.2 知，如果一个投资组合具有 $\Omega_{3\text{-}1}$ 中的权重，则其期望收益为 $\mu_{\widetilde{w}}=m$，保险收益为 $R_{\min}=m+(m-r_l)k_\alpha/\sqrt{s_l}$，标准差为 $\sigma_{\widetilde{w}}=(m-r_l)/\sqrt{s_l}$。如果一个投资组合具有 $\Omega_{3\text{-}2}$ 中的权重，则其期望收益为 $\mu_{\widetilde{w}}=m$，保险收益为 $R_{\min}=m+k_\alpha\sqrt{(1+(b-mc)^2/d)/c}$，标准差为 $\sigma_{\widetilde{w}}=\sqrt{(1+(b-mc)^2/d)/c}$。显然，对于任何一个投资组合具有权重 $\widetilde{w}\in\Omega_3$，我们无法找到另外一个投资组合，要么与其具有相同的期望收益同时具有更高的保险收益，要么与其具有相同保险收益同时具有更高的期望收益。这表明权重 $\widetilde{w}\in\Omega_3$ 的任意投资组合都是 $k_\alpha<-\sqrt{s_l}$ 条件下 α-MSF 有效的。另外，由于类似前述理由，在 $k_\alpha<-\sqrt{s_l}$ 时权重 $w_0=1$，$w=0$ 对应的投资组合也是 MSF 有效的。因此，我们有如下结论。

定理 8.4　假设 $r_l<b/c$，而且 $k_\alpha<-\sqrt{s_l}$，则 KSF 有效的储蓄与风险资产配置存在，而且可以表示为

当 $r_l\leqslant\mu\leqslant\frac{a-br_l}{b-cr_l}$ 时，$w_0=1-\frac{(\mu-r_l)(b-cr_l)}{s_l}$，$w=\frac{(\mu-r_l)\Sigma^{-1}(r-r_le)}{s_l}$；

当 $\mu\geqslant\frac{a-br_l}{b-cr_l}$ 时，$w_0=0$，$w=\left(\frac{\mu c-b}{d}\right)\Sigma^{-1}r+\left(\frac{a-\mu b}{d}\right)\Sigma^{-1}e$。

在期望收益(μ)-保险收益(γ)直角坐标系中，储蓄与风险资产配置的 MSF 有效前沿可以表示为

$$\alpha\mathrm{SF}\,|_{r_l<b/c}^{(1)}=\left\{(\mu,\gamma)\mid\gamma=-\frac{r_lk_\alpha}{\sqrt{s_l}}+\left(1+\frac{k_\alpha}{\sqrt{s_l}}\right)\mu,\ r_l\leqslant\mu\leqslant\frac{a-br_l}{b-cr_l}\right\}$$

$$\cup\left\{(\mu,\gamma)\mid\gamma=\mu+k_\alpha\sqrt{\frac{1}{c}+\frac{(b-\mu c)^2}{cd}},\ \mu\geqslant\frac{a-br_l}{b-cr_l}\right\}.$$

而且在有效前沿上，资产组合的标准差(σ)和期望收益(μ)满足以下关系：当 $r_l\leqslant\mu\leqslant\frac{a-br_l}{b-cr_l}$ 时，$\sigma=\frac{\mu-r_l}{\sqrt{s_l}}$；当 $\mu\geqslant\frac{a-br_l}{b-cr_l}$ 时，$\sigma=\sqrt{\frac{1}{c}+\frac{(b-\mu c)^2}{cd}}$。

容易证明，在期望收益(μ)-保险收益(γ)平面上，直线 $\gamma=-\frac{r_lk_\alpha}{\sqrt{s_l}}+\left(1+\frac{k_\alpha}{\sqrt{s_l}}\right)\mu$ 与曲线 $\gamma=\mu+k_\alpha\sqrt{\frac{1}{c}+\frac{(b-\mu c)^2}{cd}}$ 在点 $\left(\frac{a-br_l}{b-cr_l},\frac{a-br_l}{b-cr_l}+\frac{k_\alpha\sqrt{s_l}}{b-cr_l}\right)$ 处相切；在期望收益(μ)-标准差(σ)平面上，直线 $\sigma=\frac{\mu-r_l}{\sqrt{s_l}}$ 与曲线 $\sigma=\sqrt{\frac{1}{c}+\frac{(b-\mu c)^2}{cd}}$ 在点 $\left(\frac{a-br_l}{b-cr_l},\frac{\sqrt{s_l}}{b-cr_l}\right)$ 处相切。因此，定理 8.4 表明：当 $r_l<\frac{b}{c}$ 时，给定 $k_\alpha<-\sqrt{s_l}$ 条件的 MSF 有效前沿，在期望收益(μ)-保险收益(γ)平面上，由一条起点为(r_l,r_l)的倾斜向下的直线段和终点与其相切的曲线构成；在期望收益(μ)-标准差(σ)平面上，由一条起点为$(r_l,0)$的倾斜向上的直线段和终点与其相切的曲线构成。如图 8.2 所示。

其次，考虑 $k_\alpha=-\sqrt{s_l}$。根据定理 8.2 的(ii)和(iv)可得，模型(8.5)的全部最优解可以表示为 $\Omega_4=\Omega_{4\text{-}1}\cup\Omega_{4\text{-}2}$，其中

$$\Omega_{4\text{-}1}=\left\{\begin{aligned}&\tilde{w}\mid w_0=1-l_2(b-cr_l),w=l_2\Sigma^{-1}(r-r_le),\\&\forall\, l_2\in\left[\frac{m-r_l}{s_l},\frac{1}{b-cr_l}\right),r_l<m<\frac{a-br_l}{b-cr_l}\end{aligned}\right\},$$

$$\Omega_{4\text{-}2}=\left\{\tilde{w}\mid w_0=0,w=\left(\frac{mc-b}{d}\right)\Sigma^{-1}r+\left(\frac{a-mb}{d}\right)\Sigma^{-1}e,m\geqslant\frac{a-br_l}{b-cr_l}\right\}.$$

这里用到了当 $m=\frac{a-br_l}{b-cr_l}$ 时，$\frac{m-r_l}{s_l}=\frac{1}{b-cr_l}$，$\left(\frac{mc-b}{d}\right)\Sigma^{-1}r+\left(\frac{a-mb}{d}\right)\Sigma^{-1}e=\frac{1}{b-cr_l}\Sigma^{-1}(r-r_le)$。

对于任意一个具有权重 $\tilde{w}\in\Omega_{4\text{-}1}$ 的投资组合，其期望收益与标准差分别为 $\mu_{\tilde{w}}=r_l+l_2s_l\geqslant m$ 和 $\sigma_{\tilde{w}}=l_2\sqrt{s_l}$，保险收益均为 $R_{\min}=r_l$，这里 $\forall\, l_2\in\left[\frac{m-r_l}{s_l},\frac{1}{b-cr_l}\right)$。因此，总能找到另外一个投资组合具有保险收益 $R_{\min}=r_l$ 但其期望收益高于 $\mu_{\tilde{w}}$。这表明所有的投资权重 $\tilde{w}\in\Omega_{4\text{-}1}$ 的投资组合都是 α-MSF 非有效的。

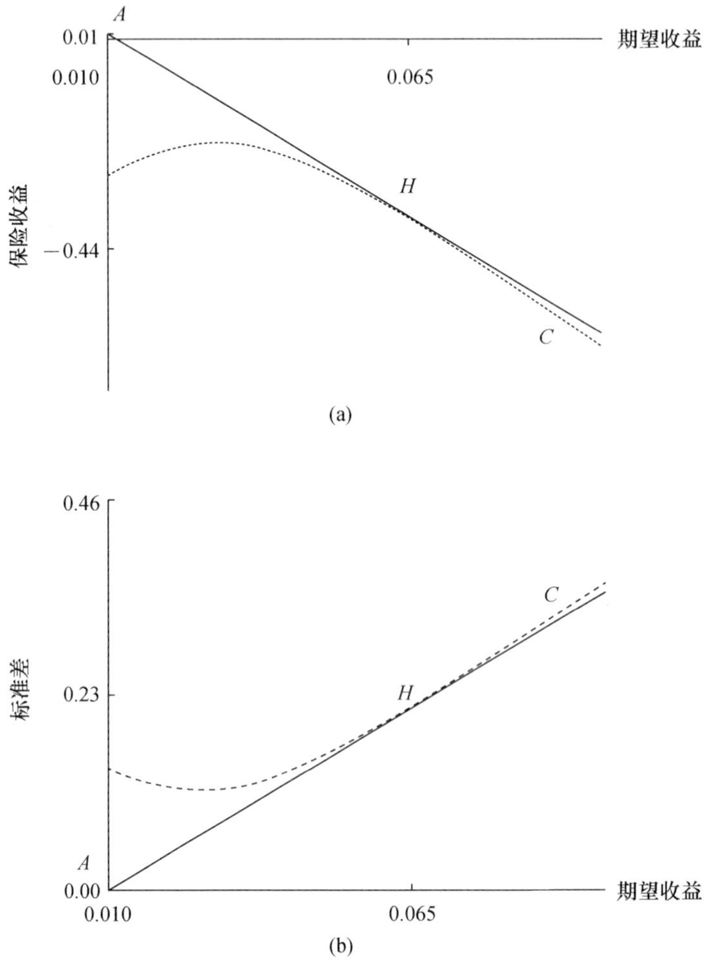

图 8.2　储蓄和风险资产配置的 MSF 有效前沿 $\left(r_l<\frac{b}{c},k_a<-\sqrt{s_l}\right)$

对于任意一个具有权重 $\widetilde{w}\in\Omega_{4\text{-}2}$ 的投资组合，其期望收益（$\mu_{\widetilde{w}}$）与标准差（$\sigma_{\widetilde{w}}$）分别为 $\mu_{\widetilde{w}}=m\geqslant\frac{a-br_l}{b-cr_l}$ 和 $\sigma_{\widetilde{w}}=\sqrt{\frac{1}{c}+\frac{(b-mc)^2}{cd}}$，保险收益为 $R_{\min}=m+k_\alpha\sqrt{\frac{1}{c}+\frac{(b-mc)^2}{cd}}$。因此，我们无法找到另外的投资组合，或者期望收益相同但保险收益更高，或者保险收益相同但期望收益更高。这表明所有权重 $\widetilde{w}\in\Omega_{4\text{-}2}$ 的投资组合都是 α-MSF 有效的。因此，我们得到如下结论。

定理 8.5　假设 $r_l<\frac{b}{c}$，而且 $k_\alpha=-\sqrt{s_l}$，则 KSF 有效的储蓄与风险资产配置存在，而且可以表示为 $w_0=0$，$w=\left(\frac{\mu c-b}{d}\right)\Sigma^{-1}r+\left(\frac{a-\mu b}{d}\right)\Sigma^{-1}e$，其中 $\mu\geqslant\frac{a-br_l}{b-cr_l}$。

在期望收益（μ）-保险收益（γ）直角坐标系中，储蓄与风险资产配置的 MSF 有效前沿可以表示为

$$\alpha\mathrm{SF}\left|^{(2)}_{r_l<b/c}=\left\{(\mu,\gamma)\mid\gamma=\mu+k_\alpha\sqrt{\frac{1}{c}+\frac{(b-\mu c)^2}{cd}},\mu\geqslant\frac{a-br_l}{b-cr_l}\right\}.\right.$$

而且在有效前沿上，资产组合的标准差（σ）和期望收益（μ）满足关系：

$$\sigma=\sqrt{\frac{1}{c}+\frac{(b-\mu c)^2}{cd}},$$

其中 $\mu\geqslant\frac{a-br_l}{b-cr_l}$。

注意当 $\mu=\frac{a-br_l}{b-cr_l}$ 时，$\sigma=\sqrt{\frac{1}{c}+\frac{(b-\mu c)^2}{cd}}=\frac{\sqrt{s_l}}{b-cr_l}$。定理 8.5 表明：当 $r_l<\frac{b}{c}$ 时，给定 $k_\alpha=-\sqrt{s_l}$ 条件下的 MSF 有效前沿，在期望收益（μ）-保险收益（γ）平面上是一条起点为 $\left(\frac{a-br_l}{b-cr_l},\frac{a-br_l}{b-cr_l}+\frac{k_\alpha\sqrt{s_l}}{b-cr_l}\right)$ 的曲线；在期望收益（μ）-标准差（σ）平面上是一条起点为 $\left(\frac{a-br_l}{b-cr_l},\frac{\sqrt{s_l}}{b-cr_l}\right)$ 的曲线。如图8.3所示。

最后，考虑 $-\sqrt{s_l}<k_\alpha<-\sqrt{\frac{d}{c}}$。易见，当 $m>\frac{a-br_l}{b-cr_l}$ 时，$k_\alpha<-\sqrt{\frac{1}{c}\left(\frac{d}{(mc-b)}\right)^2+\frac{d}{c}}$ 等价于 $m>\frac{b}{c}+\frac{d}{c\sqrt{ck_\alpha^2-d}}$；如果 $m=\frac{b}{c}+\frac{d}{c\sqrt{ck_\alpha^2-d}}$，则 $\frac{1}{\sqrt{ck_\alpha^2-d}}=\frac{mc-b}{d}$，$\frac{1}{c}+\frac{-b}{c\sqrt{ck_\alpha^2-d}}=\frac{a-mb}{d}$。因此，定理8.2的（iii）和（iv）表明，模型（8.5）的全部最优解集为 $\Omega_5=\Omega_{5\text{-}1}\cup\Omega_{5\text{-}2}$，其中

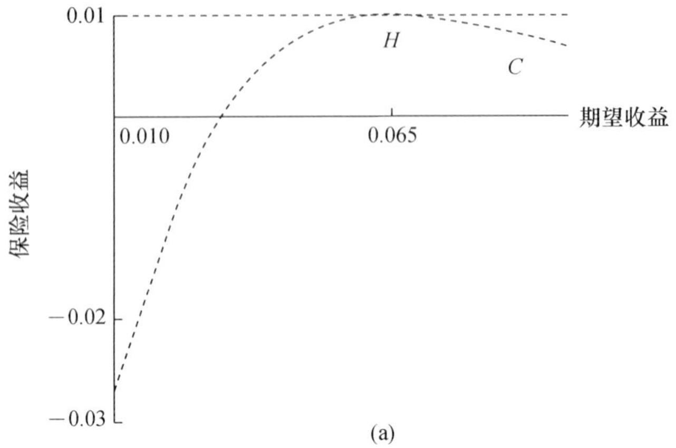

(a)

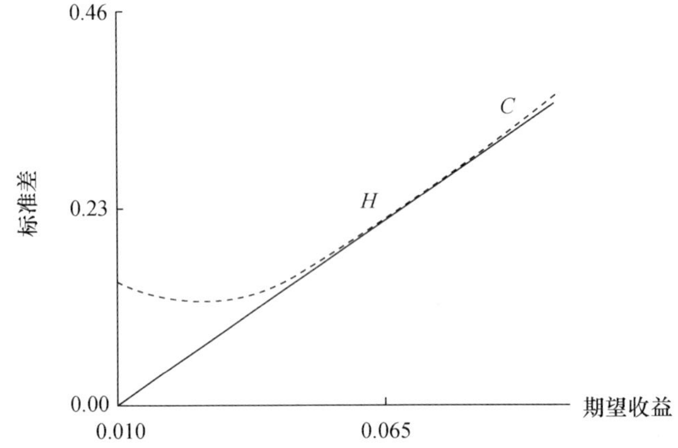

(b)

图 8.3　储蓄和风险资产配置的 MSF 有效前沿 $\left(r_l<\frac{b}{c}, k_a=-\sqrt{s_l}\right)$

$$\Omega_{5\text{-}1}=\left\{\begin{array}{l}\widetilde{w}\mid w_0=0, w=\dfrac{1}{\sqrt{ck_\alpha^2-d}}\left(\Sigma^{-1}r+\dfrac{-b+\sqrt{ck_\alpha^2-d}}{c}\Sigma^{-1}e\right),\\ r_l<m\leqslant\dfrac{b}{c}+\dfrac{d}{c\sqrt{ck_\alpha^2-d}}\end{array}\right\}$$

$$\Omega_{5\text{-}2}=\left\{\begin{array}{l}\widetilde{w}\mid w_0=0, w=\left(\dfrac{mc-b}{d}\right)\Sigma^{-1}r+\left(\dfrac{a-mb}{d}\right)\Sigma^{-1}e,\\ m\geqslant\dfrac{b}{c}+\dfrac{d}{c\sqrt{ck_\alpha^2-d}}\end{array}\right\}$$

对于任意一个具有权重 $\widetilde{w}\in\Omega_{5\text{-}1}$ 的投资组合，其期望收益与标准差分别为 $\mu_{\widetilde{w}}=\dfrac{d}{c\sqrt{ck_\alpha^2-d}}+\dfrac{b}{c}>r_l, \sigma_{\widetilde{w}}=-\dfrac{k_\alpha}{\sqrt{ck_\alpha^2-d}}=\sqrt{\dfrac{1}{c}+\dfrac{(b-\mu_{\widetilde{w}}c)^2}{cd}}$，保险收益为 $R_{\min}=\dfrac{b-\sqrt{ck_\alpha^2-d}}{c}$。因此，权重在 $\Omega_{5\text{-}1}$ 中的投资组合具有相同的期望收益和保险收益，因而都是 α-MSF 有效的。

对于任意一个具有权重 $\widetilde{w}\in\Omega_{5\text{-}2}$ 的投资组合，其期望收益与标准差分别为 $\mu_{\widetilde{w}}=m\geqslant\dfrac{b}{c}+\dfrac{d}{c\sqrt{ck_\alpha^2-d}}$ 和 $\sigma_{\widetilde{w}}=\sqrt{\dfrac{1}{c}+\dfrac{(b-mc)^2}{cd}}$，保险收益为 $R_{\min}=m+k_\alpha\sqrt{\dfrac{1}{c}+\dfrac{(b-mc)^2}{cd}}$。因此，我们无法找到另外的投资组合，或者期望收益相同但保险收益更高，或者保险收益相同但期望收益更高。这表明所有的权重在 $\Omega_{5\text{-}2}$ 中的投资组合都是 α-MSF 有效的。因此，我们得到如下结论。

定理 8.6　假设 $r_l<\dfrac{b}{c}$，且 $-\sqrt{s_l}<k_\alpha<-\sqrt{\dfrac{d}{c}}$，则 KSF 有效的储蓄与风险资产配置存在，而且可以表示为 $w_0=0, w=\left(\dfrac{\mu c-b}{d}\right)\Sigma^{-1}r+\left(\dfrac{a-\mu b}{d}\right)\Sigma^{-1}e$，其中 $\mu\geqslant\dfrac{b}{c}+\dfrac{d}{c\sqrt{ck_\alpha^2-d}}$。

在期望收益(μ)-保险收益(γ)直角坐标系中，储蓄与风险资产配置的 MSF 有效前沿可以表示为

$$\alpha\mathrm{SF}\mid^{(3)}_{r_l<b/c}=\left\{(\mu,\gamma)\mid\gamma=\mu+k_\alpha\sqrt{\frac{1}{c}+\frac{(b-\mu c)^2}{cd}}, \mu\geqslant\frac{b}{c}+\frac{d}{c\sqrt{ck_\alpha^2-d}}\right\},$$

而且在有效前沿上，资产组合的标准差(σ)和期望收益(μ)满足关系：$\sigma=\sqrt{\dfrac{1}{c}+\dfrac{(b-\mu c)^2}{cd}}$，其中 $\mu\geqslant\dfrac{b}{c}+\dfrac{d}{c\sqrt{ck_\alpha^2-d}}$。

根据定理 8.6，当 $k_\alpha\uparrow-\sqrt{\dfrac{d}{c}}$ 时，KSF 有效前沿将趋近于空集。容易发

现:当 $r_l<\frac{b}{c}$ 时,如果 $-\sqrt{s_l}<k_\alpha<-\sqrt{\frac{d}{c}}$,则 $\frac{b}{c}+\frac{d}{c\sqrt{ck_\alpha^2-d}}>\frac{a-br_l}{b-cr_l}$;如果 $k_\alpha=-\sqrt{s_l}$,则 $\frac{b}{c}+\frac{d}{c\sqrt{ck_\alpha^2-d}}=\frac{a-br_l}{b-cr_l}$。因此,比较定理 8.5 和定理 8.6 可知,在 $r_l<\frac{b}{c}$ 情形下,$-\sqrt{s_l}<k_\alpha<-\sqrt{\frac{d}{c}}$ 时的 MSF 有效前沿不同于 $k_\alpha=-\sqrt{s_l}$ 时的 MSF 有效前沿,但前者当 $k_\alpha\downarrow-\sqrt{s_l}$ 时将与后者相同。如图 8.4 所示。

8.2.3　数值算例及与 M-V 模型的比较

(1) 数值算例。

考虑某一时期的中国资本市场,包含三种类型的风险资产:国库券、企业债券和股票。三类风险资产的指数收益率分布经检验可以假设为联合正态分布,估计的期望收益率为 $r=(0.0591,0.1850,0.2174)'$,协方差矩阵为 $\Sigma=(\sigma_{ij})_{3\times3}$,其中 $\sigma_{11}=0.0164$,$\sigma_{12}=0.0204$,$\sigma_{13}=-0.0139$,$\sigma_{22}=0.0328$,$\sigma_{23}=-0.0408$,$\sigma_{33}=1.499$。如果无风险银行储蓄的利率采用 $r_l=0.0285$,则经计算有 $r_l>\frac{b}{c}=0.0059$,$\sqrt{s_l}=1.4808$。当 $\alpha=2.5\%$ 时有 $k_\alpha=-1.96<-\sqrt{s_l}$,因此根据定理 8.3 可以得到,储蓄和风险资产配置的 KSF 有效前沿如图 8.1 所示,为图中的射线(斜实线)。

假设在另一时期内,上述三种风险资产的指数收益率的协方差估计不变,期望收益率的估计变为 $r=(0.0291,0.0385,0.2174)'$,而无风险储蓄利率也变为 $r_l=0.010$,此时 $\sqrt{s_l}=0.2561$,$r_l<\frac{b}{c}=0.0271$,$\sqrt{\frac{d}{c}}=0.2128$。当 $\alpha=2\%$ 时有 $k_\alpha=-2.05<-\sqrt{s_l}$,因此根据定理 8.4 可以得到,储蓄和风险资产配置的 KSF 有效前沿如图 8.2 所示,包括线段 AH(实线)和曲线 HC(虚线),切点 H 对应的期望收益为 $\mu=\frac{a-br_l}{b-cr_l}=0.0651$。

如果给定的 α 满足 $k_\alpha=-0.2561=-\sqrt{s_l}$,则由定理 8.5 可以得到,储蓄和风险资产配置的 KSF 有效前沿是如图 8.3 所示的一条曲线 HC(虚线),曲线的起点为图中的切点 H,其对应的期望收益为 $\mu=\frac{a-br_l}{b-cr_l}=0.0651$。

如果给定的 α 满足 $k_\alpha=-0.235$,$-\sqrt{s_l}<k_\alpha<-\sqrt{\frac{d}{c}}$,则由定理 8.6 可以得到,储蓄和风险资产配置的 KSF 有效前沿是如图 8.4 所示的一条曲线 SC

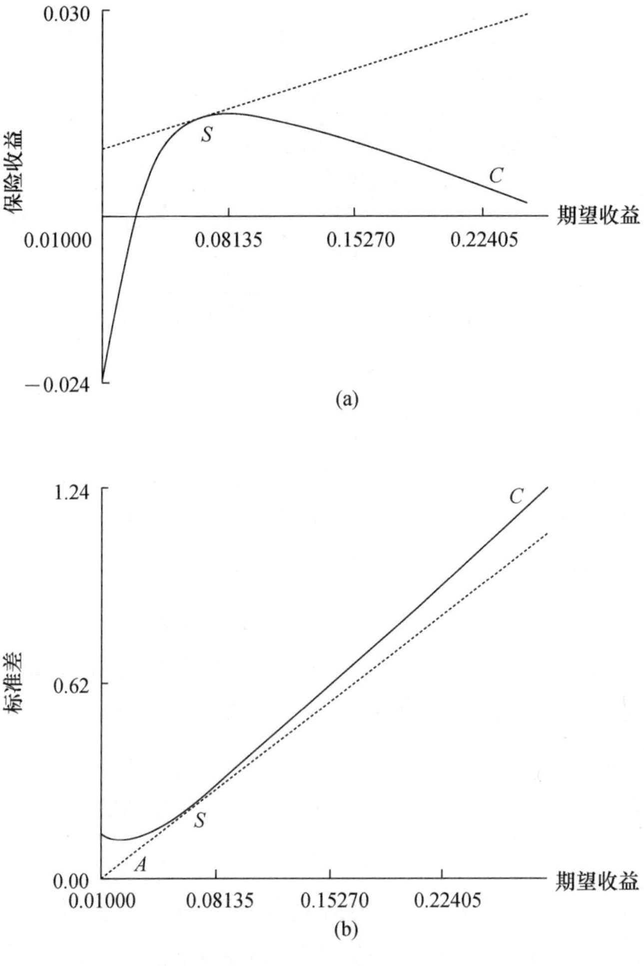

图 8.4　储蓄和风险资产配置的 MSF 有效前沿$\left(r_l<\frac{b}{c},-\sqrt{s_l}<k_\alpha<-\sqrt{\frac{d}{c}}\right)$

(实线),曲线的起点为图中的 S 点,其对应的期望收益为 $\mu=\frac{b}{c}+\frac{d}{c\sqrt{ck_{\alpha}^{2}-d}}$ $=0.08135$。

(2) 与 M-V 模型的比较。

Zhang、Wang 和 Deng(2004)得到了均值-方差(M-V)模型下的储蓄与风险资产配置的有效前沿,在期望收益(μ)-标准差(σ)平面上,储蓄与风险资产配置的 M-V 有效前沿为

$$MV_{r_l\geqslant b/c}=\left\{(\mu,\sigma)\mid\sigma=-\frac{r_l}{\sqrt{s_l}}+\frac{1}{\sqrt{s_l}}\mu,\mu\geqslant r_l\right\},$$

$$MV_{r_l<b/c}=\left\{(\mu,\sigma)\mid\sigma=-\frac{r_l}{\sqrt{s_l}}+\frac{1}{\sqrt{s_l}}\mu,r_l\leqslant\mu\leqslant\frac{a-br_l}{b-cr_l}\right\}$$

$$\cup\left\{(\mu,\sigma)\mid\sigma=\sqrt{\frac{1}{c}+\frac{(b-\mu c)^2}{cd}},\mu\geqslant\frac{a-br_l}{b-cr_l}\right\}.$$

将这一结果与定理 8.3 至定理 8.6 进行对比,我们可以发现 MSF 模型与 M-V 模型有如下不同之处。

第一,无论一个投资者对下方损失风险的容忍水平为多大,基于 M-V 模型的储蓄和风险资产的有效配置总是存在的,但是基于 MSF 模型的有效配置却与投资者对下方损失风险的容忍水平 α 有关。比如,当风险容忍水平满足 $k_{\alpha}\geqslant-\sqrt{d/c}$时,MSF 模型的最优的或者有效的投资组合就不存在。

第二,无论无风险储蓄的利率为多大,基于 M-V 模型的储蓄和风险资产的有效配置总是存在的,但是基于 MSF 模型的有效配置却不仅依赖于投资者的风险容忍水平,也与无风险储蓄的利率有关。比如,当 $r_l\geqslant b/c$ 时,MSF 有效配置当且仅当 $k_{\alpha}<-\sqrt{s_l}$时存在;而当 $r_l<b/c$ 时,MSF 有效配置当且仅当 $k_{\alpha}<-\sqrt{d/c}$时存在。

第三,在其存在的条件下,MSF 有效前沿与 M-V 有效前沿相同,或者前者仅是后者的一部分。比如,无论 $r_l\geqslant b/c$ 还是 $r_l<b/c$,当 $k_{\alpha}<-\sqrt{s_l}$时,MSF 有效前沿总是存在的,而且与 M-V 有效前沿相同;然而,当 $-\sqrt{s_l}<k_{\alpha}<-\sqrt{d/c}$时,MSF 有效前沿仅在 $r_l<b/c$ 的情形下存在,而且只是 M-V 有效前沿的一部分。

第四,MSF 有效前沿比 M-V 有效前沿能够提供更加丰富的信息。MSF 有效前沿可以反映不同极端损失风险厌恶的投资者在投资行为上的差别,而 M-V 有效前沿则不能。对于两个具有相同期望和方差偏好的投资者,采用 M-V 模型得到的投资组合决策一定是相同的,因为 M-V 模型没有考虑投资

者其他方面的差异。但是,当两个投资者对待极端损失的厌恶水平存在差异时,采用 MSF 模型给出的投资组合决策建议却是不同的。比如,假设一个投资者的极端风险容忍水平满足 $k_\alpha<-\sqrt{s_l}$,另一个投资者的风险容忍水平满足 $-\sqrt{s_l}<k_\alpha<-\sqrt{d/c}$,两个投资者的期望收益相同,都为 μ_1,满足 $\frac{a-br_l}{b-cr_l}<\mu_1<\frac{b}{c}+\frac{d}{c\sqrt{ck_\alpha^2-d}}$,则当采用 M-V 模型决策时,两个投资者策略相同,即只持有风险资产组合,不持有无风险资产;当采用 MSF 模型决策时,第一个投资者不需要改变策略,则第二个投资者的策略将要发生变化,因为原有的策略不再是 MSF 有效的。

8.3　贷款和风险资产配置的 MSF 理论

一个创新投资或者风险投资企业,通常要利用自有的原始积累和融资或者贷款投资于若干风险项目的研发或生产。为了控制极端风险的发生概率,可以依据 MSF 准则确定贷款和风险资产的有效配置,即确定一个理想的资本或财务结构。

本节首先讨论期望收益限制下的 MSF 最优资产配置及其存在条件,然后讨论安全首要准则下的贷款与风险资产配置的 MSF 有效前沿,最后给出一个数值算例。

8.3.1　期望收益限制下的最优配置及其存在性

期望收益限制下的最优资产配置方案可以通过求解模型(8.6)得到。在模型(8.6)中,我们仍然假定企业投资既定的预期收益率不低于无风险储蓄的收益率,即 $m\geqslant r_l$;否则没有研究的必要。

显然,模型(8.6)的可行域不包含 $w_i=0\ (i=1,2,\cdots,n)$,且当 $k_\alpha<0$ 时,模型(8.6)的目标函数在可行解域上是可导的上凸函数。从而依据非线性规划理论(Zangwill,1979),模型(8.6)的最优解满足库恩-塔克(K-T)条件,且满足库恩-塔克条件的解也是最优解。

由于 $w_0=1-w'e$,模型(8.6)等价于

$$\max_{w_0,w}\quad R_{\min}=(1-e'w)r_b+w'r+k_\alpha\sqrt{w'\Sigma w}$$

$$\text{s.t.}\quad\begin{cases}(1-e'w)r_b+w'r\geqslant m\\1-e'w<0.\end{cases}$$

若构造拉格朗日函数:

$$L(w,\lambda,\gamma)=r_b(1-e'w)+r'w+k_\alpha\sqrt{w'\Sigma w}$$
$$+\lambda((1-e'w)r_b+w'r-m)-\nu(1-e'w),$$

则模型(8.6)的库恩-塔克条件为

$$(1+\lambda)(r-r_be)+k_\alpha\frac{\Sigma w}{\sqrt{w'\Sigma w}}+\nu e=0, \tag{C8.6.1}$$

$$(1-w'e)r_b+w'r\geqslant m, \tag{C8.6.2}$$

$$1-w'e<0, \tag{C8.6.3}$$

$$\lambda[(1-w'e)r_b+w'r-m]=0, \tag{C8.6.4}$$

$$\lambda\geqslant 0, \tag{C8.6.5}$$

$$\nu(1-w'e)=0, \tag{C8.6.6}$$

$$\nu\geqslant 0. \tag{C8.6.7}$$

于是,通过验证 K-T 条件,我们可以得到如下的结论(Ding and Liu,2011)。

定理 8.7　(i)如果 $k_\alpha>-\sqrt{s_b}$ 或者 $r_b\geqslant\frac{b}{c}$,则模型(8.6)不存在有限全局最优解。

(ii) 如果 $k_\alpha=-\sqrt{s_b}$ 且 $r_b<\frac{b}{c}$,则模型(8.6)存在无穷多个有限的全局最优解,且最优解可表示为 $w=l\Sigma^{-1}(r-r_be)$,$w_0=1-l(b-cr_b)$,其中当 $m>\frac{a-br_b}{b-cr_b}$ 时取 $l\geqslant\frac{m-r_b}{s_b}$,当 $r_l\leqslant m\leqslant\frac{a-br_b}{b-cr_b}$ 时取 $l>\frac{1}{b-cr_l}$。相应的保险收益为 $R_{\min}=r_b$,期望收益为 $\mu_{\widetilde{w}}=r_b+ls_b$,标准差为 $\sigma_{\widetilde{w}}=l\sqrt{s_b}$。

(iii) 如果 $k_\alpha<-\sqrt{s_b}$ 且 $r_b<\frac{b}{c}$,则当 $m>\frac{a-br_b}{b-cr_b}$ 时模型(8.6)存在唯一的全局最优解:

$$w=\frac{m-r_b}{s_b}\Sigma^{-1}(r-r_be),w_0=1-\frac{m-r_b}{s_b}(b-cr_b).$$

相应的保险收益为 $R_{\min}=m+\frac{k_\alpha}{\sqrt{s_b}}(m-r_b)$,期望收益为 $\mu_{\widetilde{w}}=m$,标准差为 $\sigma_{\widetilde{w}}=\frac{\mu_{\widetilde{w}}-r_b}{\sqrt{s_b}}$;而当 $r_l\leqslant m\leqslant\frac{a-br_b}{b-cr_b}$ 时,模型(8.6)不存在有限的全局最优解。

[**证明**]　由式(C8.6.1)可知:

$$w=-\frac{1}{k_\alpha}[\nu\Sigma^{-1}e+(1+\lambda)\Sigma^{-1}(r-r_be)]\sqrt{w'\Sigma w}, \tag{8.8}$$

$$k_\alpha^2=c\nu^2+2(b-cr_b)\nu(1+\lambda)+(1+\lambda)^2s_b. \tag{8.9}$$

如果 $\nu>0$，则 K-T 条件式(C8. 6. 7)满足，由 K-T 条件式(C8. 6. 6)得 $1-w'e=0$，这与 K-T 条件式(C8. 6. 3)矛盾。因此下面只需考虑 $\nu=0$，此时 K-T 条件式(C8. 6. 6)、式(C8. 6. 7)同时成立，且式(8. 9)成为

$$k_\alpha^2=(1+\lambda)^2 s_b.$$

于是结合 K-T 条件式(C8. 6. 5)得

$$\lambda=-\frac{k_\alpha}{\sqrt{s_b}}-1, k_\alpha\leqslant-\sqrt{s_b}. \tag{8.10}$$

此时式(8. 8)成为

$$w=\frac{\sqrt{w'\Sigma w}}{\sqrt{s_b}}\Sigma^{-1}(r-r_b e). \tag{8.11}$$

此时 K-T 条件式(C8. 6. 2)和式(C8. 6. 3)分别成为

$$\sqrt{s_b}\ \sqrt{w'\Sigma w}\geqslant m-r_b, \tag{8.12}$$

$$\frac{\sqrt{w'\Sigma w}}{\sqrt{s_b}}(b-cr_b)>1. \tag{8.13}$$

欲使式(8. 13)成立，必须有 $b-cr_b>0$，即 $r_b<\frac{b}{c}$。于是结合式(8. 10)知，当 $k_\alpha>-\sqrt{s_b}$时或者当 $r_b\geqslant\frac{b}{c}$时，不存在满足 K-T 条件的解，从而模型(8. 6)不存在有限的全局最优解。至此，定理 8. 7(i)得证。

下面仅考虑$r_b<\frac{b}{c}$ 的情形。

如果 $k_\alpha=-\sqrt{s_b}$，则由式(8. 10)得 $\lambda=0$，此时 K-T 条件式(C8. 6. 4)和式(C8. 6. 5)成立。注意到当 $r_l\leqslant m\leqslant\frac{a-br_b}{b-cr_b}$时，$\frac{m-r_b}{s_b}\leqslant\frac{1}{b-cr_b}$；当 $m>\frac{a-br_b}{b-cr_b}$时，$\frac{m-r_b}{s_b}>\frac{1}{b-cr_b}$。因此当 $r_l\leqslant m\leqslant\frac{a-br_b}{b-cr_b}$时取 $l>\frac{1}{b-cr_l}$，当 $m>\frac{a-br_b}{b-cr_b}$时取 $l\geqslant\frac{m-r_b}{s_b}$，则 $w=l\Sigma^{-1}(r-r_b e)$为同时满足式(8. 11)至式(8. 13)的解。容易验证 $w=l\Sigma^{-1}(r-r_b e)$，$w_0=1-w'e$ 对应组合策略的目标值相等且均为 r_b，从而都是模型(8. 6)的全局最优解。至此，定理 8. 7(ii)得证。

如果 $k_\alpha<-\sqrt{s_b}$，则由式(8. 10)得 $\lambda=-\frac{k_\alpha}{\sqrt{s_b}}-1>0$，此时 K-T 条件式(C8. 6. 4)成立要求式(8. 12)的等式成立，即$\sqrt{s_b}\ \sqrt{w'\Sigma w}=m-r_b$，于是有 $m>r_b$。代入式(8. 11)得 $w=\frac{m-r_b}{s_b}\Sigma^{-1}(r-r_b e)$。代入式(8. 13)可得

$\frac{m-r_b}{s_b}(b-cr_b)>1$,即 $m>r_b+\frac{s_b}{b-cr_b}=\frac{a-br_b}{b-cr_b}$。注意到$\frac{a-br_b}{b-cr_b}-r_b=\frac{s_b}{b-cr_b}>0$,因此当 $m>\frac{a-br_b}{b-cr_b}$时,满足 K-T 条件式(C8.6.1)至式(C8.6.7)的解存在而且唯一:$\lambda=-\frac{k_\alpha}{\sqrt{s_b}}-1,\nu=0,w=\frac{m-r_b}{s_b}\Sigma^{-1}(r-r_be)$。而当 $r_l\leqslant m\leqslant\frac{a-br_b}{b-cr_b}$时,不存在满足 K-T 条件式(C8.6.1)至式(C8.6.7)的解。故至此,定理(8.7)(iii)可得证。

8.3.2　贷款与风险资产配置的 MSF 有效前沿

根据定理 8.7,我们可知:首先,如果贷款利率过高,即 $r_b\geqslant\frac{b}{c}$,则不存在采取贷款行为进行风险投资的最优资产配置。其次,如果贷款利率 $r_b<\frac{b}{c}$,则对于概率风险度满足 $k_\alpha<-\sqrt{s_b}$的投资者,存在唯一的最优贷款与风险投资的组合策略,贷款的比例为$-w_0=\frac{(m-r_b)(b-cr_b)}{s_b}-1$,风险资产的权重为 $w=(1-w_0)\check{\omega}$,其中 $\check{\omega}=\frac{\Sigma^{-1}(r-r_be)}{b-cr_b}$为风险资产的市场组合。其中 m 为组合资产的期望收益 $\mu_{\widetilde{w}}$,且 $m>\frac{a-br_b}{b-cr_b}$。显然,投资者的期望收益越高,贷款的比例越高,但持有的风险资产的结构相同,即投资者只需先依据投资的期望收益和初始资本金确定贷款额度,贷款占全部资本的比例为$\frac{-w_0}{1-w_0}=1-\frac{s_b}{(m-r_b)(b-cr_b)}$,再将全部资本投资于市场风险资产组合(简称市场组合)。在这种情形下,最优的组合策略的收益具有标准差 $\sigma_{\widetilde{w}}=\frac{\mu_{\widetilde{w}}-r_b}{\sqrt{s_b}}$。而且当期望收益不超过$\frac{a-br_b}{b-cr_b}$时,不存在最优的贷款投资策略。最后,如果贷款利率 $r_b<\frac{b}{c}$,则对于 $k_\alpha=-\sqrt{s_b}$的投资者,存在无穷多个贷款投资策略,具有相同的最优的保险收益,即 $R_{\min}=r_b$。然而,这些组合策略的期望收益为 $\mu_{\widetilde{w}}=r_b+l\sqrt{s_b}$,其中 $l>0$,因此对于其中任何一个组合策略,总可以找到具有更高期望收益的其他组合策略和其保持相同的保险收益,即它们都是 MSF 非有效的。故在定理 8.7 的基础上,我们得到如下定理。

定理 8.8　(i) 当且仅当 $r_b<\dfrac{b}{c}$，$k_\alpha<-\sqrt{s_b}$ 时，贷款与风险资产配置的 α-MSF 有效前沿存在。在 MSF 有效前沿上的组合策略可以表示为 $w_0=1-\dfrac{(\mu-r_b)(b-cr_b)}{s_b}$，$w=(1-w_0)\breve{\omega}$，其中 $\breve{\omega}=\dfrac{\Sigma^{-1}(r-r_b e)}{b-cr_b}$ 为风险资产的市场组合，$\mu>\dfrac{a-br_b}{b-cr_b}$ 为资产组合的期望收益。(ii) 在期望收益(μ)-保险收益(γ)直角坐标系中，贷款和风险资产配置的有效前沿为一条从点 $\left(\dfrac{a-br_b}{b-cr_b},\dfrac{a-br_b}{b-cr_b}+\dfrac{k_\alpha\sqrt{s_b}}{b-cr_b}\right)$ 出发的倾斜向下的射线，其方程为 $\gamma=-\dfrac{k_\alpha r_b}{\sqrt{s_b}}+\left(1+\dfrac{k_\alpha}{\sqrt{s_b}}\right)\mu$，$\mu>\dfrac{a-br_b}{b-cr_b}$。(iii) 在期望收益($\mu$)-标准差($\sigma$)平面上，贷款和风险资产配置的有效前沿为一条从点 $\left(\dfrac{a-br_b}{b-cr_b},\dfrac{\sqrt{s_b}}{b-cr_b}\right)$ 出发的倾斜向上的射线，其方程为 $\sigma=\dfrac{\mu-r_b}{\sqrt{s_b}}$，$\mu>\dfrac{a-br_b}{b-cr_b}$。□

在期望收益(μ)-保险收益(γ)平面上，直线 $\gamma=-\dfrac{k_\alpha r_b}{\sqrt{s_b}}+\left(1+\dfrac{k_\alpha}{\sqrt{s_b}}\right)\mu$ 与曲线 $\gamma=\mu+k_\alpha\sqrt{\dfrac{1}{c}+\dfrac{(b-\mu c)^2}{cd}}$ 在 $\mu=\dfrac{a-br_b}{b-cr_b}$ 处相切；而且在期望收益(μ)-标准差(σ)平面上，直线 $\sigma=\dfrac{\mu-r_b}{\sqrt{s_b}}$ 与曲线 $\sigma=\sqrt{\dfrac{1}{c}+\dfrac{(\mu c-b)^2}{cd}}$ 在 $\mu=\dfrac{a-br_b}{b-cr_b}$ 相切。定理 8.8 表明：当 $r_b<b/c$ 时，$\breve{\omega}=\dfrac{\Sigma^{-1}(r-r_b e)}{b-cr_b}$ 为风险资产市场组合的权重，也是切点对应的资产组合权重，任意满足 $k_\alpha<-\sqrt{s_b}$ 的企业或投资者，只需根据其期望收益按照公式 $-w_0=\dfrac{(\mu-r_b)(b-cr_b)}{s_b}-1$ 确定贷款额度(因为自有初始资本金为 1 单位，而此权重表示贷款额占自有本金的比例)，然后将全部资本投资于风险资产。图 8.5 给出了 MSF 有效前沿，其中图 8.5(a)和图 8.5(b)中的切点分别为 $\left(\dfrac{a-br_b}{b-cr_b},\dfrac{a-br_b}{b-cr_b}+\dfrac{k_\alpha\sqrt{s_b}}{b-cr_b}\right)$ 和 $\left(\dfrac{a-br_b}{b-cr_b},\dfrac{\sqrt{s_b}}{b-cr_b}\right)$，MSF 有效前沿是自切点出发的切线，不包括切点。

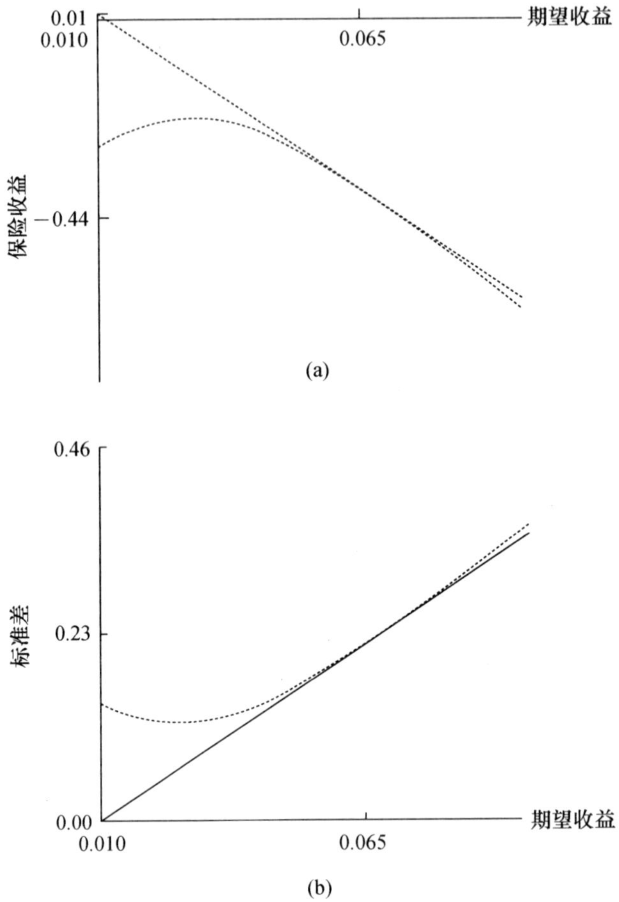

图 8.5　贷款和风险资产投资的 MSF 有效前沿 $\left(r_b < \frac{b}{c}, k_a < -\sqrt{s_b}\right)$

8.4　借贷利率不等时资产配置的 MSF 有效前沿

正如 8.1.2 节所述，基于模型(8.5)和模型(8.6)的解及其存在条件，我们可以得到模型(8.4)的解及其存在条件，从而我们可以得到借贷利率不等时资产配置的有效前沿理论。

8.4.1　$\frac{b}{c}\leqslant r_l<r_b$ 情形下的 MSF 有效前沿

由于 $0\leqslant cr_l-b<cr_b-b, r_b-r_l>0$，因此 $s_b-s_l>0, -\sqrt{s_b}<--\sqrt{s_l}$。由定理 8.7 知，不存在模型(8.6)的最优解。于是由定理 8.1 和定理 8.3 可得 MSF 有效前沿及其存在条件。

定理 8.9　在 $\frac{b}{c}\leqslant r_l<r_b$ 情形下，当且仅当 $k_\alpha<-\sqrt{s_l}$，MSF 有效前沿存在，MSF 有效的投资组合为 $w=(\mu-r_l)\Sigma^{-1}(r-r_le)/s_l$，$w_0=1-(\mu-r_l)(b-cr_l)/s_l$。MSF 有效投资组合的保险收益为 $\gamma=\mu+(\mu-r_l)k_\alpha/\sqrt{s_l}$，期望收益为 $\mu\geqslant r_l$，收益的标准差为 $\sigma=(\mu-r_l)/\sqrt{s_l}$。

[证明]　根据定理 8.7，在 $\frac{b}{c}<r_b$ 时模型(8.6)不存在有限最优解，根据定理 8.1，在 $\frac{b}{c}\leqslant r_l$ 时模型(8.5)当且仅当 $k_\alpha<-\sqrt{s_l}$，存在唯一有限的最优解。因此，在 $\frac{b}{c}\leqslant r_l$ 时模型(8.4)当且仅当 $k_\alpha<-\sqrt{s_l}$，存在唯一有限的最优解，从而也是 MSF 有效解。结合定理 8.1 和定理 8.3，即得定理 8.9。□

定理 8.9 表明，在期望收益(μ)-保险收益(γ)平面上，有效前沿是一条由 (r_l, r_l) 点发出的向右下方倾斜的射线，射线的斜率是 $1+\frac{k_\alpha}{\sqrt{s_l}}$。而在期望收益($\mu$)-标准差($\sigma$)平面上，有效前沿是由点 $(r_l, 0)$ 发出的向右上方倾斜的射线，射线的斜率为 $\frac{1}{\sqrt{s_l}}$。如图 8.6 所示，其中的射线 AC 为 MSF 有效前沿。在图 8.6 中，$r=(0.0291, 0.0385, 0.2174)'$，协方差矩阵为 $\Sigma=(\sigma_{ij})_{3\times3}$，其中 $\sigma_{11}=0.0164, \sigma_{12}=0.0204, \sigma_{13}=-0.0139, \sigma_{22}=0.0328, \sigma_{23}=-0.0408, \sigma_{33}=1.499$。$r_l=0.029, r_b=0.040$。$\sqrt{s_l}=0.2134, \sqrt{s_b}=0.2387, k_\alpha=-2.05$。

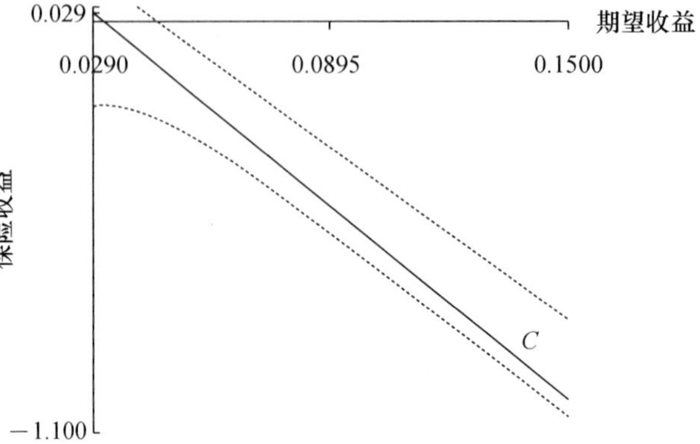

(a)

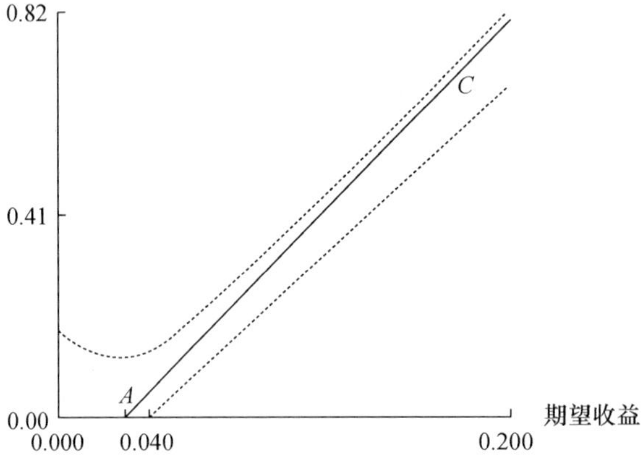

(b)

图 8.6 借贷利率不等时的 MSF 有效前沿 $\left(\frac{b}{c}\leqslant r_l < r_b, k_a < -\sqrt{s_l}\right)$

定理 8.9 还表明，如果 $r_l=\frac{b}{c}$，则 $w_0=1$。因此满足 $k_\alpha<-\sqrt{s_l}$ 的投资者的 MSF 有效资产配置方案是将全部初始资金投资于银行储蓄，而对风险资产仅持有一个自融资套利组合。如果 $r_l>\frac{b}{c}$，则 $w_0>1$。因此 $k_\alpha<-\sqrt{s_l}$ 的投资者的 MSF 有效资产配置方案是根据期望收益 $\mu\geqslant r_l$ 决定卖空权重为 $(\mu-r_l)(b-cr_l)/s_l$ 的风险资产组合 $\check{\omega}=\Sigma^{-1}(r-r_le)/(b-cr_l)$，并将卖空所得和初始投资资金一并投资于银行储蓄。注意这里的风险资产组合 $\check{\omega}=\Sigma^{-1}(r-r_le)/(b-cr_l)$ 具有的期望收益为 $(a-br_l)/(b-cr_l)<r_l$，因而是 KSF 非有效的。

8.4.2　$r_l<\frac{b}{c}\leqslant r_b$ 情形下的 MSF 有效前沿

由定理 8.7 知，不存在模型(8.6)的最优解。于是由定理 8.2 以及定理 8.4 至定理 8.6 可得，该情形下 MSF 有效前沿存在的充分必要条件是 $k_\alpha<-\sqrt{\frac{d}{c}}$，而且如下的 MSF 有效前沿定理成立。

定理 8.10　(i) 如果 $r_l<\frac{b}{c}\leqslant r_b$，则在 $k_\alpha<-\sqrt{s_l}$ 条件下 MSF 有效的投资组合可表示如下：当 $r_l\leqslant\mu\leqslant\frac{a-br_l}{b-cr_l}$ 时，$w_0=1-\frac{(\mu-r_l)(b-cr_l)}{s_l}$，$w=\frac{(\mu-r_l)\Sigma^{-1}(r-r_le)}{s_l}$；当 $\mu\geqslant\frac{a-br_l}{b-cr_l}$ 时，$w_0=0$，$w=\left(\frac{\mu c-b}{d}\right)\Sigma^{-1}r+\left(\frac{a-\mu b}{d}\right)\Sigma^{-1}e$。在期望收益($\mu$)-保险收益($\gamma$)直角坐标系中，MSF 有效前沿由一条起点为 (r_l,r_l) 的直线段和与其在 $\mu=\frac{a-br_l}{b-cr_l}$ 处相切的一条曲线组成，直线段方程为 $\gamma=-\frac{r_lk_\alpha}{\sqrt{s_l}}+(1+\frac{k_\alpha}{\sqrt{s_l}})\mu$，曲线方程为 $\gamma=\mu+k_\alpha\sqrt{\frac{1}{c}+\frac{(b-\mu c)^2}{cd}}$。在期望收益($\mu$)-标准差($\sigma$)平面上，MSF 有效前沿由一条起点为 $(r_l,0)$ 的直线段($\sigma=\frac{\mu-r_l}{\sqrt{s_l}}$)和与其在 $\mu=\frac{a-br_l}{b-cr_l}$ 处相切的曲线$\left(\sigma=\sqrt{\frac{1}{c}+\frac{(b-\mu c)^2}{cd}}\right)$组成。

(ii) 如果 $r_l<\frac{b}{c}\leqslant r_b$，则在 $k_\alpha=-\sqrt{s_l}$ 条件下 KSF 有效的投资组合可表示为 $w_0=0$，$w=\left(\frac{\mu c-b}{d}\right)\Sigma^{-1}r+\left(\frac{a-\mu b}{d}\right)\Sigma^{-1}e$，其中 $\mu\geqslant\frac{a-br_l}{b-cr_l}$。在期望收益($\mu$)-保险收益($\gamma$)直角坐标系中，MSF 有效前沿可以表示为曲线 $\gamma=\mu+k_\alpha\sqrt{\frac{1}{c}+\frac{(b-\mu c)^2}{cd}}$，其中 $\mu\geqslant\frac{a-br_l}{b-cr_l}$；在期望收益($\mu$)-标准差($\sigma$)平面上可以表示为曲线 $\sigma=\sqrt{\frac{1}{c}+\frac{(b-\mu c)^2}{cd}}$，其中 $\mu\geqslant\frac{a-br_l}{b-cr_l}$。

(iii) 如果 $r_l<\frac{b}{c}\leqslant r_b$,则在 $-\sqrt{s_l}<k_\alpha<-\sqrt{\frac{d}{c}}$ 条件下 KSF 有效的投资组合可表示为 $w_0=0, w=\left(\frac{\mu c-b}{d}\right)\Sigma^{-1}r+\left(\frac{a-\mu b}{d}\right)\Sigma^{-1}e$,其中 $\mu\geqslant\frac{b}{c}+\frac{d}{c\sqrt{ck_\alpha^2-d}}$。在期望收益($\mu$)–保险收益($\gamma$)直角坐标系中,MSF 有效前沿可以表示为曲线 $\gamma=\mu+k_\alpha\sqrt{\frac{1}{c}+\frac{(b-\mu c)^2}{cd}}$,其中 $\mu\geqslant\frac{b}{c}+\frac{d}{c\sqrt{ck_\alpha^2-d}}$;在期望收益($\mu$)–标准差($\sigma$)平面上,MSF 有效前沿可以表示为曲线 $\sigma=\sqrt{\frac{1}{c}+\frac{(b-\mu c)^2}{cd}}$,其中 $\mu\geqslant\frac{b}{c}+\frac{d}{c\sqrt{ck_\alpha^2-d}}$。

[证明]　根据定理 8.7,当 $\frac{b}{c}\leqslant r_b$ 时,模型(8.6)不存在有限最优解;根据定理 8.2,当 $r_l<\frac{b}{c}$ 时,模型(8.5)当且仅当 $k_\alpha<-\sqrt{\frac{d}{c}}$,存在有限的最优解。如果 $k_\alpha<-\sqrt{s_l}$,则定理 8.2 表明模型(8.5)存在唯一有限的最优解。此时模型(8.5)的解既是模型(8.4)的最优解,也是 MSF 有效解,结合定理 8.4 即得定理 8.10 的(i)成立。如果 $k_\alpha=-\sqrt{s_l}$,则由定理 8.2 和定理 8.5 可得定理8.10 的(ii)成立。如果 $-\sqrt{s_l}<k_\alpha<-\sqrt{\frac{d}{c}}$,则由定理 8.2 和定理 8.6 可得定理 8.10 的(iii)成立。□

为给出 $r_l<\frac{b}{c}\leqslant r_b$ 情形下 MSF 有效前沿的直观展示,我们考虑三种风险资产,其收益率和协方差的估计为 $r=(0.0385, 0.0690, 0.2174)'$;协方差矩阵为 $\Sigma=(\sigma_{ij})_{3\times3}$,其中 $\sigma_{11}=0.0264$,$\sigma_{12}=0.0204$,$\sigma_{13}=-0.0139$,$\sigma_{22}=0.0528$,$\sigma_{23}=-0.0408$,$\sigma_{33}=1.499$;无风险借和贷的利率分别为 $r_l=0.010$,$r_b=0.056$。经计算,$\sqrt{s_l}=0.3333$,$\sqrt{s_b}=0.2262$,$\frac{b}{c}=0.0488$,$\sqrt{\frac{d}{c}}=0.2214$。因此由定理 8.10 的(i)可得,在 $k_\alpha=-0.40$ 条件下的 MSF 有效前沿由直线段 AH 和曲线 HC 构成,如图 8.7 所示。由定理8.10的(ii)可得,在 $k_\alpha=-\sqrt{s_l}$ 条件下的 MSF 有效前沿为曲线 HC,如图8.8所示。由定理 8.10 的(iii)可得,在 $k_\alpha=-0.30$ 条件下的 MSF 有效前沿为曲线 MC,如图 8.9 所示。

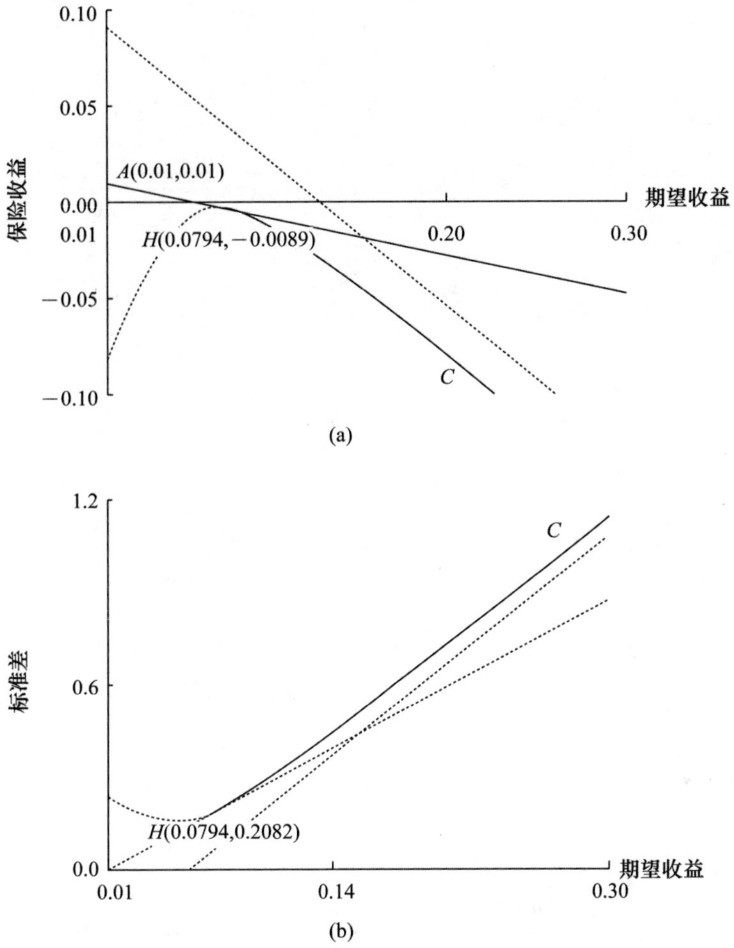

图 8.7　借贷利率不等时的 MSF 有效前沿 $\left(r_l<\frac{b}{c}\leqslant r_b, k_\alpha<-\sqrt{s_l}\right)$

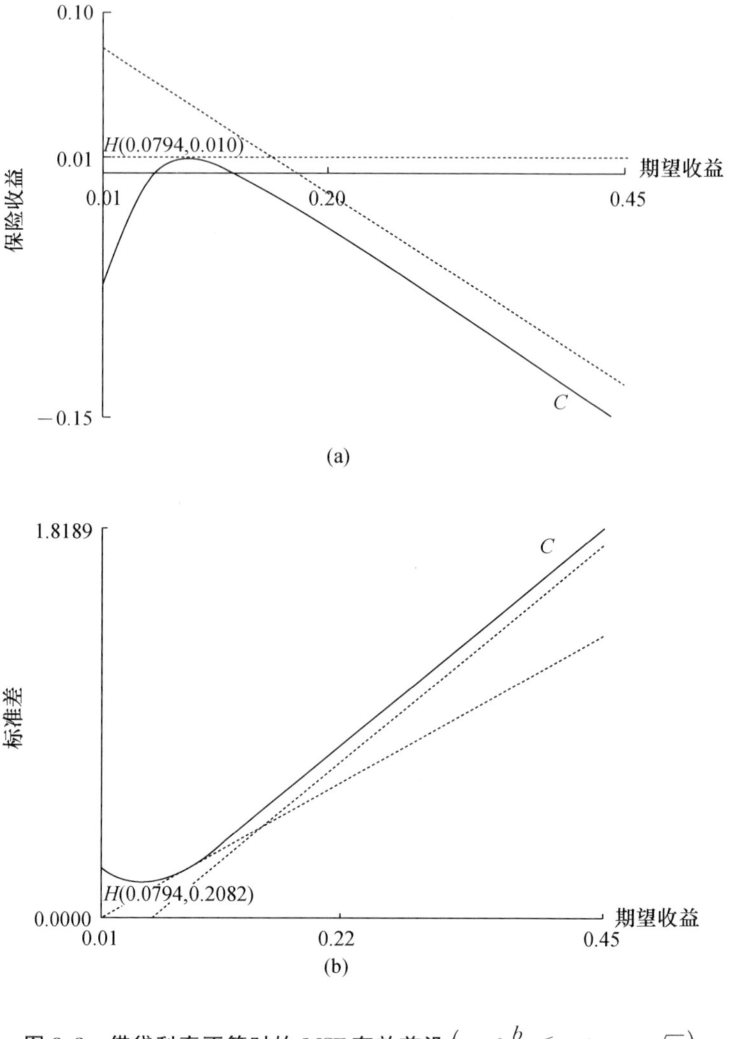

图 8.8 借贷利率不等时的 MSF 有效前沿 $\left(r_l<\frac{b}{c}\leqslant r_b, k_\alpha=-\sqrt{s_l}\right)$

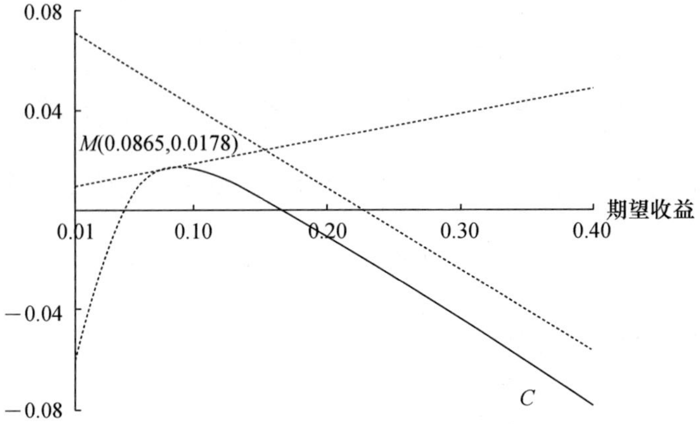

(a)

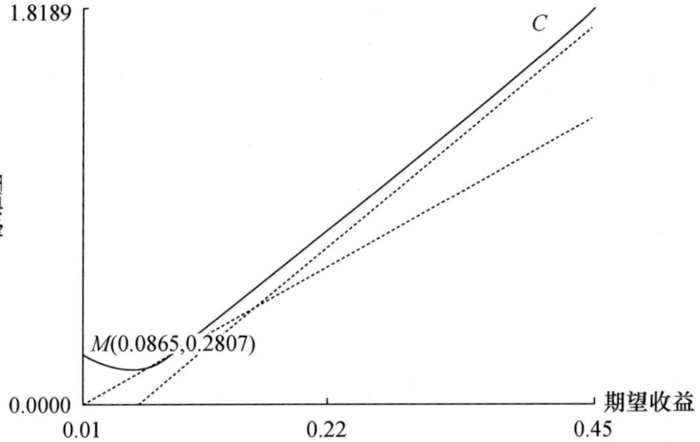

(b)

图 8.9　借贷利率不等时的 MSF 有效前沿 $\left(r_l<\frac{b}{c}\leqslant r_b, -\sqrt{s_l}<k_a<-\sqrt{\frac{d}{c}}\right)$

8.4.3 $r_l<r_b<\frac{b}{c}$情形下的 MSF 有效前沿

当 $r_l<r_b<\frac{b}{c}$时,由于

$$s_b - s_l = (r_b - r_l)(cr_l - b + cr_b - b) < 0,$$

$$s_b - \frac{d}{c} = \frac{(b-cr_b)^2}{c} > 0,$$

$$\left(\frac{a-br_l}{b-cr_l}\right) - \left(\frac{a-br_b}{b-cr_b}\right) = \frac{d(r_l - r_b)}{(b-cr_l)(b-cr_b)} < 0,$$

因此基于定理8.2和定理 8.7,我们可以得到模型(8.4)的最优解及其存在的充分必要条件为 $k_\alpha<-\sqrt{\frac{d}{c}}$,进而我们就可得到该情形下的 MSF 有效前沿。

定理 8.11 (i) 如果 $r_l<r_b<\frac{b}{c}$,则在 $k_\alpha<-\sqrt{s_l}$条件下 MSF 有效的投资组合可表示为:当 $r_l\leqslant\mu\leqslant\frac{a-br_l}{b-cr_l}$时,

$$w_0 = 1 - \frac{(\mu - r_l)(b - cr_l)}{s_l}, \quad w = \frac{(\mu - r_l)\Sigma^{-1}(r - r_l e)}{s_l};$$

当$\frac{a-br_l}{b-cr_l}<\mu\leqslant\frac{a-br_b}{b-cr_b}$时,

$$w_0 = 0, w = \left(\frac{\mu c - b}{d}\right)\Sigma^{-1} r + \left(\frac{a - \mu b}{d}\right)\Sigma^{-1} e;$$

当 $\mu>\frac{a-br_b}{b-cr_b}$时,

$$w_0 = 1 - \frac{(\mu - r_b)(b - cr_b)}{s_b}, \quad w = \frac{(\mu - r_b)\Sigma^{-1}(r - r_b e)}{s_b}.$$

在期望收益(μ)-保险收益(γ)直角坐标系中,MSF 有效前沿可以表示为

$$\gamma = \begin{cases} -\frac{r_l k_\alpha}{\sqrt{s_l}} + \left(1 + \frac{k_\alpha}{\sqrt{s_l}}\right)\mu, & \text{当 } r_l \leqslant \mu \leqslant \frac{a - br_l}{b - cr_l} \text{ 时} \\ \mu + k_\alpha\sqrt{\frac{1}{c} + \frac{(b - \mu c)^2}{cd}}, & \text{当} \frac{a - br_l}{b - cr_l} < \mu \leqslant \frac{a - br_b}{b - cr_b} \text{ 时.} \\ -\frac{r_b k_\alpha}{\sqrt{s_b}} + \left(1 + \frac{k_\alpha}{\sqrt{s_b}}\right)\mu, & \text{当 } \mu > \frac{a - br_b}{b - cr_b} \text{ 时.} \end{cases}$$

在期望收益(μ)-标准差(σ)直角坐标系中,MSF 有效前沿可以表示为

$$\sigma=\begin{cases}\dfrac{\mu-r_l}{\sqrt{s_l}}, & \text{当 } r_l\leqslant\mu\leqslant\dfrac{a-br_l}{b-cr_l}\text{ 时}\\ \sqrt{\dfrac{1}{c}+\dfrac{(b-\mu c)^2}{cd}}, & \text{当}\dfrac{a-br_l}{b-cr_l}<\mu\leqslant\dfrac{a-br_b}{b-cr_b}\text{ 时}\\ \dfrac{\mu-r_b}{\sqrt{s_b}}, & \text{当 } \mu>\dfrac{a-br_b}{b-cr_b}\text{ 时}.\end{cases}$$

(ii) 如果 $r_l<r_b<\dfrac{b}{c}$，则在 $k_\alpha=-\sqrt{s_l}$ 条件下 KSF 有效的投资组合可表示为，当$\dfrac{a-br_l}{b-cr_l}<\mu\leqslant\dfrac{a-br_b}{b-cr_b}$时，

$$w_0=0,\quad w=\left(\frac{\mu c-b}{d}\right)\Sigma^{-1}r+\left(\frac{a-\mu b}{d}\right)\Sigma^{-1}e;$$

当$\mu>\dfrac{a-br_b}{b-cr_b}$时，

$$w_0=1-\frac{(\mu-r_b)(b-cr_b)}{s_b},\quad w=\frac{(\mu-r_b)\,\Sigma^{-1}(r-r_be)}{s_b}.$$

在期望收益(μ)-保险收益(γ)直角坐标系中，MSF 有效前沿可以表示为

$$\gamma=\begin{cases}\mu+k_\alpha\sqrt{\dfrac{1}{c}+\dfrac{(b-\mu c)^2}{cd}}, & \text{当}\dfrac{a-br_l}{b-cr_l}<\mu\leqslant\dfrac{a-br_b}{b-cr_b}\text{ 时}\\ -\dfrac{r_bk_\alpha}{\sqrt{s_b}}+\left(1+\dfrac{k_\alpha}{\sqrt{s_b}}\right)\mu, & \text{当 } \mu>\dfrac{a-br_b}{b-cr_b}\text{ 时}.\end{cases}$$

在期望收益(μ)-标准差(σ)直角坐标系中，MSF 有效前沿可以表示为

$$\sigma=\begin{cases}\sqrt{\dfrac{1}{c}+\dfrac{(b-\mu c)^2}{cd}}, & \text{当}\dfrac{a-br_l}{b-cr_l}<\mu\leqslant\dfrac{a-br_b}{b-cr_b}\text{ 时}\\ \dfrac{\mu-r_b}{\sqrt{s_b}}, & \text{当 } \mu>\dfrac{a-br_b}{b-cr_b}\text{ 时}.\end{cases}$$

(iii) 如果 $r_l<r_b<\dfrac{b}{c}$，则在$-\sqrt{s_l}<k_\alpha<-\sqrt{s_b}$条件下 KSF 有效的投资组合可表示为，当$\dfrac{b}{c}+\dfrac{d}{c\sqrt{ck_\alpha^2-d}}\leqslant\mu\leqslant\dfrac{a-br_b}{b-cr_b}$时，

$$w_0=0,\quad w=\left(\frac{\mu c-b}{d}\right)\Sigma^{-1}r+\left(\frac{a-\mu b}{d}\right)\Sigma^{-1}e;$$

当 $\mu>\dfrac{a-br_b}{b-cr_b}$时，

$$w_0=1-\frac{(\mu-r_b)(b-cr_b)}{s_b},\quad w=\frac{(\mu-r_b)\,\Sigma^{-1}(r-r_be)}{s_b}.$$

在期望收益(μ)-保险收益(γ)直角坐标系中,MSF 有效前沿可以表示为

$$\gamma=\begin{cases}\mu+k_\alpha\sqrt{\dfrac{1}{c}+\dfrac{(b-\mu c)^2}{cd}}, & \text{当}\dfrac{b}{c}+\dfrac{d}{c\sqrt{ck_\alpha^2-d}}\leqslant\mu\leqslant\dfrac{a-br_b}{b-cr_b}\text{时}\\ -\dfrac{r_bk_\alpha}{\sqrt{s_b}}+\left(1+\dfrac{k_\alpha}{\sqrt{s_b}}\right)\mu, & \text{当}\mu>\dfrac{a-br_b}{b-cr_b}\text{时}.\end{cases}$$

在期望收益(μ)-标准差(σ)直角坐标系中,MSF 有效前沿可以表示为

$$\sigma=\begin{cases}\sqrt{\dfrac{1}{c}+\dfrac{(b-\mu c)^2}{cd}}, & \text{当}\dfrac{b}{c}+\dfrac{d}{c\sqrt{ck_\alpha^2-d}}\leqslant\mu\leqslant\dfrac{a-br_b}{b-cr_b}\text{时}\\ \dfrac{\mu-r_b}{\sqrt{s_b}}, & \text{当}\mu>\dfrac{a-br_b}{b-cr_b}\text{时}.\end{cases}$$

(iv) 如果 $r_l<r_b<\dfrac{b}{c}$,则在 $k_\alpha=-\sqrt{s_b}$ 条件下 MSF 有效的投资组合和 MSF 有效前沿不存在。

(v) 如果 $r_l<r_b<\dfrac{b}{c}$,则在 $-\sqrt{s_b}<k_\alpha<-\sqrt{\dfrac{d}{c}}$ 条件下 MSF 有效的投资组合可以表示为,

$$w_0=0,\quad w=\left(\frac{\mu c-b}{d}\right)\Sigma^{-1}r+\left(\frac{a-\mu b}{d}\right)\Sigma^{-1}e,$$

其中 $\mu\geqslant\dfrac{b}{c}+\dfrac{d}{c\sqrt{ck_\alpha^2-d}}$。

在期望收益(μ)-保险收益(γ)直角坐标系中,MSF 有效前沿可以表示为,

$$\gamma=\mu+k_\alpha\sqrt{\frac{1}{c}+\frac{(b-\mu c)^2}{cd}},\mu\geqslant\frac{b}{c}+\frac{d}{c\sqrt{ck_\alpha^2-d}}.$$

在期望收益(μ)-标准差(σ)直角坐标系中,MSF 有效前沿可以表示为,

$$\sigma=\sqrt{\frac{1}{c}+\frac{(b-\mu c)^2}{cd}},\mu\geqslant\frac{b}{c}+\frac{d}{c\sqrt{ck_\alpha^2-d}}.$$

[证明]　记

$$Q(\mu)=\frac{1}{c}+\frac{(b-\mu c)^2}{cd}-\frac{(\mu-r_b)^2}{s_b},$$

则有

$$\frac{\mathrm{d}Q}{\mathrm{d}\mu}=\frac{2}{ds_b}(b-cr_b)^2\left(\mu-\frac{a-br_b}{b-cr_b}\right),$$

因此当 $\mu>\dfrac{a-br_b}{b-cr_b}$ 时,$Q(\mu)>0$,从而有 $\sqrt{\dfrac{1}{c}+\dfrac{(b-\mu c)^2}{cd}}>\dfrac{\mu-r_b}{\sqrt{s_b}}$ 以及

$$\mu+k_\alpha\sqrt{\frac{1}{c}+\frac{(b-\mu c)^2}{cd}}<-\frac{r_bk_\alpha}{\sqrt{s_b}}+(1+\frac{k_\alpha}{\sqrt{s_b}})\mu.$$

故分别根据定理 8.4 至定理 8.6 与定理 8.8，即可得定理 8.11(i)至 8.11(iii)。

在 $k_\alpha=-\sqrt{s_b}$ 条件下，由定理 8.6 知，模型(8.5)存在期望收益 $\mu\geq\frac{a-br_b}{b-cr_b}$ 的有效解，而且 $\mu=\frac{a-br_b}{b-cr_b}$ 的有效解对应的保险收益和标准差分别为 $\gamma=r_b$，$\sigma=\frac{\sqrt{s_b}}{b-cr_b}$。模型(8.5)不存在期望收益 $\mu<\frac{a-br_b}{b-cr_b}$ 的有效解。而由定理 8.7 知，模型(8.6)的所有解均是 MSF 非有效解，而且对应的保险收益均为 $\gamma=r_b$。

因此，在 $k_\alpha=-\sqrt{s_b}$ 条件下，MSF 模型(8.4)的解全是 MSF 非有效的。于是定理 8.11(iv)成立。

由定理 8.7 知，在 $k_\alpha>-\sqrt{s_b}$ 条件下，模型(8.6)不存在最优解，因此模型(8.4)的最优解一定是模型(8.5)的最优解，模型(8.5)的唯一最优解一定也是模型(8.4)的最优解。故由定理 8.6 可得，在 $-\sqrt{s_b}<k_\alpha<-\sqrt{\frac{d}{c}}$ 条件下，基于模型(8.4)的 MSF 有效解和有效前沿如定理 8.11(v)所述。定理得证。□

为给出 $r_l<r_b<\frac{b}{c}$ 情形下 MSF 有效前沿的直观展示，我们考虑三种风险资产，其收益率的估计为 $r=(0.0385,0.0690,0.2174)'$，协方差矩阵为 $\Sigma=(\sigma_{ij})_{3\times3}$，其中 $\sigma_{11}=0.0264$，$\sigma_{12}=0.0204$，$\sigma_{13}=-0.0139$，$\sigma_{22}=0.0528$，$\sigma_{23}=-0.0408$，$\sigma_{33}=1.499$。无风险借和贷的利率分别为 $r_l=0.010$，$r_b=0.040$。经计算 $\sqrt{s_l}=0.3333$，$\sqrt{s_b}=0.2285$，$\frac{b}{c}=0.0488$，$\sqrt{\frac{d}{c}}=0.2214$。在图 8.10 中，$k_\alpha=-0.40$，MSF 有效前沿包括三个部分：直线段 AH、曲线段 HM 和直线 MC，其中 H 点和 M 点为切点。在 $k_\alpha=-\sqrt{s_l}$ 条件下的 MSF 有效前沿类似图 8.10 所示，但其将退化为两个部分：曲线段 HM 和直线 MC，包括起点 H 点。在图 8.11 中，$k_\alpha=-0.28$，MSF 有效前沿由曲线段 KM 和直线 MC 构成。在图 8.12 中，$k_\alpha=-0.225$，MSF 有效前沿是图中的实曲线 GC。

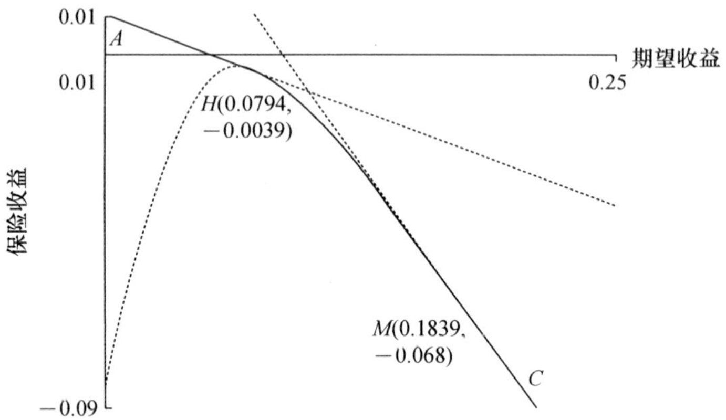

(a)

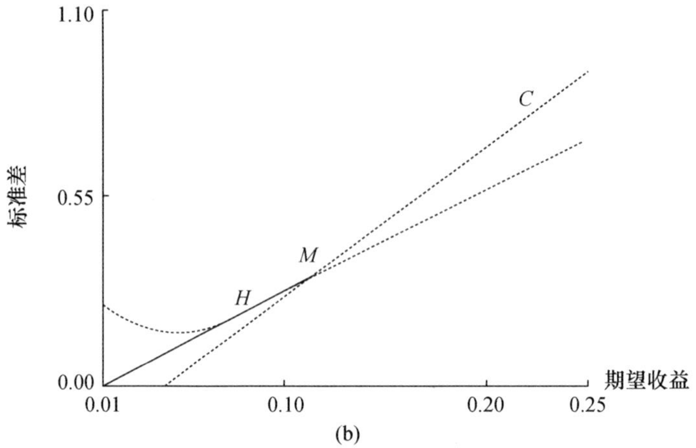

(b)

图 8.10　$r_l < r_b < \frac{b}{c}$ **情形下的 MSF 有效前沿**($k_a \leqslant -\sqrt{s_l}$)

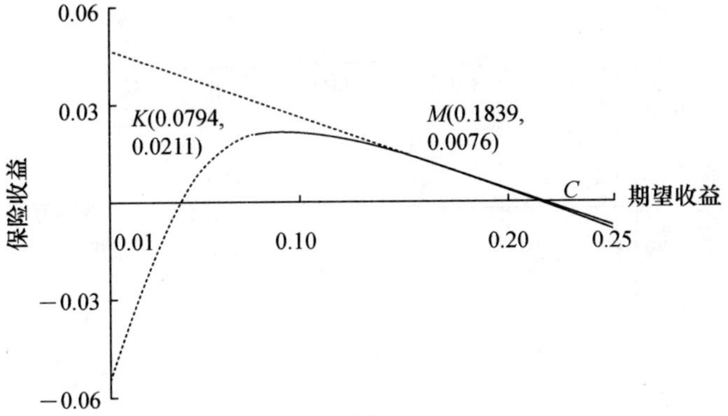

(a)

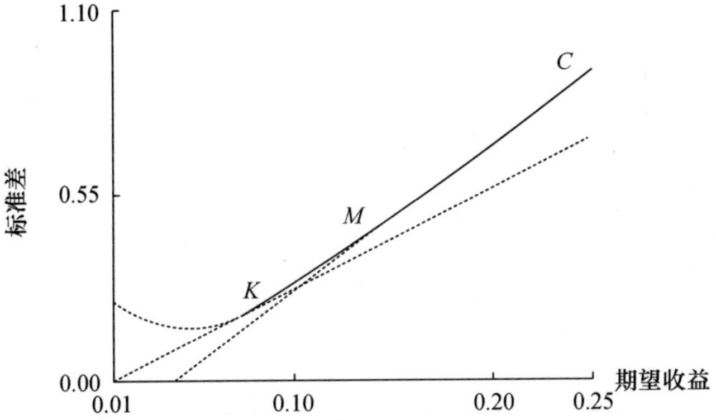

(b)

图 8.11　$r_l < r_b < \frac{b}{c}$ **情形下的 MSF 有效前沿**$(-\sqrt{s_l} < k_a < -\sqrt{s_b})$

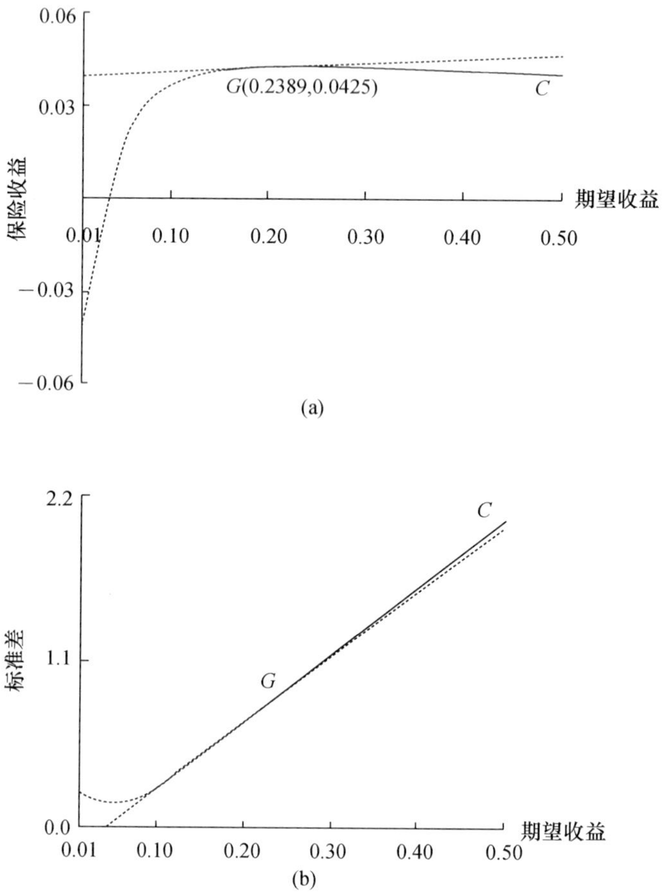

图 8.12　$r_l < r_b < \frac{b}{c}$**情形下的 MSF 有效前沿**$\left(-\sqrt{s_b} < k_\alpha < -\sqrt{\frac{d}{c}}\right)$

8.5　MSF 有效的借贷款策略选择及政策启示

8.5.1　MSF 有效的借贷款策略选择

在$\frac{b}{c} \leqslant r_l < r_b$ 情形下，只有 $k_\alpha < -\sqrt{s_l}$的投资者存在 MSF 有效的投资策略。如果 $r_l = \frac{b}{c}$，则投资者的 MSF 有效投资策略是将全部初始资金投资于银行储蓄，对风险资产采取自融资套利投资。如果 $r_l > \frac{b}{c}$，则投资者的 MSF 有效投资策略是卖空风险资产的一个非有效市场组合 $\breve{\omega} = \frac{\Sigma^{-1}(r - r_l e)}{(b - cr_l)}$，并将所获收益与初始资本金投资于利率为 r_l 的无风险资产，卖空的比例$\frac{(\mu - r_l)(b - cr_l)}{s_l}$与投资的期望收益 μ 有关。

在 $r_l < \frac{b}{c} \leqslant r_b$ 情形下，只有 $k_\alpha < -\sqrt{\frac{d}{c}}$的投资者存在 MSF 有效的投资策略。特别地，对于 $k_\alpha < -\sqrt{s_l}$的投资者，如果其期望收益 μ 介于 r_l 和$\frac{a - br_l}{b - cr_l}$之间，则应将部分资金投资于风险资产的有效市场组合 $\breve{\omega} = \frac{\Sigma^{-1}(r - r_l e)}{b - cr_l}$，投资比例为$\frac{(\mu - r_l)(b - cr_l)}{s_l}$，其余资金投资于利率为 r_l 的无风险资产；如果其期望收益 μ 不低于$\frac{a - br_l}{b - cr_l}$，则应将全部资金投资于风险资产，既不储蓄也不贷款。而对于$-\sqrt{s_l} \leqslant k_\alpha < -\sqrt{\frac{d}{c}}$的投资者，应只投资风险资产，既不储蓄也不贷款。

在 $r_l < r_b < \frac{b}{c}$情形下，对于 $k_\alpha < -\sqrt{s_l}$的投资者，当其期望收益 μ 介于 r_l 和$\frac{a - br_l}{b - cr_l}$之间时，应当将部分资金投资于风险资产的一个有效市场组合$\breve{\omega} = \frac{\Sigma^{-1}(r - r_l e)}{b - cr_l}$，投资比例为$\frac{(\mu - r_l)(b - cr_l)}{s_l}$，其余资金投资于利率为 r_l 的无风险资产；当其期望收益 μ 大于$\frac{a - br_b}{b - cr_b}$时，应当以利率为 r_b 借入无风险资产（即贷款）进行风险资产的投资，贷款与风险资产的投资比例为 1 −

$\frac{s_b}{(\mu-r_b)(b-cr_b)}$;对于期望收益的其他情形,则只进行风险资产的投资。对于$-\sqrt{s_l}\leqslant k_\alpha<-\sqrt{s_b}$的投资者,不存在储蓄行为,当其期望收益$\mu$大于$\frac{a-br_b}{b-cr_b}$时,应当借入利率为$r_b$的无风险资产进行风险资产的投资,贷款与风险资产的投资比例为$1-\frac{s_b}{(\mu-r_b)(b-cr_b)}$。对于$k_\alpha=-\sqrt{s_b}$的投资者,虽然不存在MSF有效的投资策略,但投资者始终可以通过贷款进行风险投资获得期望的高收益率μ,贷款与风险资产的投资比例为$1-\frac{s_b}{(\mu-r_b)(b-cr_b)}$。对于$-\sqrt{s_b}<k_\alpha<-\sqrt{\frac{d}{c}}$的投资者,应既不储蓄也不贷款,有效策略是只通过风险资产投资,获得$\mu\geqslant\frac{b}{c}+\frac{d}{c\sqrt{ck_\alpha^2-d}}$的期望收益。

8.5.2　相关结论的政策启示

第一,利率政策应该与市场协同变化,过高的借贷利率不利于鼓励创新和风险投资。一方面,由定理8.9知,当储蓄利率超过某一阈值即风险资产市场的参数b/c时,持有资本的安全首要投资者,缺乏动力进行风险投资,在风险资产市场上仅热衷于套利行为或者将卖空风险资产所得投资于无风险储蓄。而上市企业在资本市场上则会出现融资困境,失去创新的资本支持。另一方面,由定理8.9和定理8.10知,当贷款利率超过某一阈值,即风险资产市场的参数b/c时,持有资本的安全首要投资者(企业或者个体),更倾向于利用自有资金进行储蓄和风险资产的投资配置,而不会进行贷款业务,从而降低金融机构的服务效率和金融市场的投资效率。

第二,借贷利差的存在以及贷款利率调节,可以维护资本市场的有效运行,也可以预防投资过度造成的金融风险。一方面,由定理8.11知,当$r_l<r_b<b/c$时,存在"基金分离现象",$k_\alpha<-\sqrt{s_b}$的安全首要投资者在无风险储蓄、无风险贷款和风险资产的有效市场组合之间进行资产配置,市场有效率运行。与不存在利差的情况相比,利差的存在吸引了更多的安全首要投资者(包含破产机会适中,即α满足$-\sqrt{s_l}<k_\alpha<-\sqrt{s_b}$的投资者)参与有效率的资本市场投资,这既能更好地发挥金融机构的资金融通的服务功能,也能提高市场运行效率。另一方面,对比定理7.2和定理8.11可以发现,对于破产机会更高即α满足$-\sqrt{s_b}<k_\alpha<-\sqrt{d/c}$的安全首要投资者,借贷利差的存在却抑制了他们贷款行为的发生,这部分投资者将利用自有资金选择相对于不存

在利差情况具有较低投资效率(即夏普比率)的投资组合策略,避免了过度投资而出现贷款违约的风险。当 $r_b\uparrow b/c$ 时有 $-\sqrt{s_b}\uparrow-\sqrt{d/c}$,因此金融机构通过调节贷款利率可以在提高市场效率和降低过度投资的金融风险之间做出权衡。

8.6　与 M-V 模型的比较及数值算例

8.6.1　与 M-V 模型的比较

Zhang 等(2004)在借贷利率不等的情形下推导了静态均值-方差模型的投资组合前沿及借贷条件。通过比较本书的结果与 Zhang 等(2004)关于均值-方差准则的结果,可以发现 MSF 模型与 M-V 模型的异同。

第一,无论投资者的安全风险控制水平如何,M-V 模型的有效前沿总是存在的,但是 MSF 模型的有效前沿则不一定存在。比如当安全风险控制水平 α 满足 $k_\alpha\geqslant-\sqrt{d/c}$时,MSF 有效前沿或者 MSF 有效的投资策略并不存在;M-V 有效前沿仅与无风险借或者贷的利率有关,而 MSF 有效前沿不仅与无风险借或者贷的利率有关,而且与安全风险控制水平有关。

第二,如果 MSF 有效前沿存在,则 MSF 有效前沿要么与 M-V 有效前沿相同,要么前者是后者的一部分。比如当安全风险控制水平 α 满足 $k_\alpha<-\sqrt{s_l}$ 时,MSF 有效前沿与 M-V 有效前沿相同,而其他情形的 MSF 有效前沿仅是 M-V 有效前沿的一部分,即 MSF 有效的投资组合策略一定是 M-V 有效的策略,但 M-V 有效的投资组合策略可能并不是 MSF 有效的策略。

第三,MSF 模型能够比 M-V 模型提供更加丰富的信息,因为 MSF 模型考虑投资者对极端损失的厌恶程度。如果两个投资者具有相同的均值和方差偏好,而他们对极端风险的容忍水平存在差别,则依据 M-V 模型进行决策的结果将是两个投资者选择同样的投资组合策略,而依据 MSF 模型进行决策的结果将是两个投资者选择的组合策略可能不同。比如当 $r_l<r_b<b/c$ 时,$-\sqrt{s_l}\leqslant k_\alpha<-\sqrt{s_b}$的 MSF 投资者选择贷款进行风险资产的投资,而$-\sqrt{s_b}\leqslant k_\alpha<-\sqrt{d/c}$的 MSF 投资者却只选择无借贷的风险资产投资。

第四,M-V 模型的结果表明存在两个风险基金或者一个风险基金的分离现象,因而 CAPM 依然成立。根据定理 8.8 至定理 8.11,MSF 模型的结果表明相同的"基金分离现象"在一定的条件下也是成立的。当$r_l<r_b<b/c$ 时,存在风险资产市场的两个 MSF 有效组合:$\dot{\omega}=\dfrac{\Sigma^{-1}(r-r_le)}{(b-cr_l)}$ 和 $\ddot{w}=$

$\frac{\Sigma^{-1}(r-r_b e)}{(b-cr_b)}$,或者一个 MSF 有效的风险资产市场组合 $\hat{w}=\frac{\Sigma^{-1}(r-r_b e)}{(b-cr_b)}$。$k_\alpha<-\sqrt{s_b}$的投资者只需在无风险借贷和风险基金之间进行选择。然而在其他情形,上述有效的市场组合不一定存在,因此 CAPM 成立是有条件的。

8.6.2 数值算例

考虑由股票、基金和房地产组成的风险资产市场,根据大智慧软件数据库,我们采集 2003 年 6 月至 2011 年 12 月期间上证 180 指数、证券基金指数和地产指数的月收盘数据,由于无法拒绝样本数据来自正态分布的原假设,我们认为三种资产的联合分布是正态分布。表 8.1 给出了由样本数据估计得到的上证 180 指数、证券基金指数和地产指数的期望收益率与收益率的协方差。银行存、贷款利率以每年年初金融机构法定一年期利率为基准,采取月度算术平均数,根据 2003 年 6 月至 2011 年 12 月的银行数据,得到存款月利率为 $r_l=0.00210$,贷款月利率为 $r_b=0.00482$。

表 8.1　三种风险资产的期望收益率与协方差

协方差	180 指数	证券基金指数	地产指数	期望收益
180 指数	0.00863	0.00657	0.00830	0.00497
证券基金指数	0.00657	0.00609	0.00648	0.01214
地产指数	0.00830	0.00648	0.01390	0.00613

通过计算,我们可以得到,$a=0.06703$,$b=2.40884$,$c=168.23326$,$d=5.47400$,因此 $b/c=0.01432$,$\sqrt{d/c}=0.18038$,$\sqrt{s_l}=0.24011$,$\sqrt{s_b}=0.21844$,$r_l<r_b<b/c$。下面的计算中设定投资者的安全风险控制水平 $\alpha=10\%$,对应有 $k_\alpha=-1.29$,此时 $k_\alpha<-\sqrt{s_b}$。

表 8.2 列出了 MSF 有效投资组合的部分计算结果,其中 $\omega_1,\omega_2,\omega_3$ 分别表示上证 180 指数、证券基金指数和地产指数的投资权重。

表 8.2 中的结果是根据定理 8.11 计算得出的,其中 γ 为投资组合在 $k_\alpha=-1.29$ 水平下的保险收益。对于任意的 $k_\alpha<-\sqrt{s_l}$,表 8.2 中的投资组合既是 MSF 有效的也是 M-V 有效的。由于$\frac{a-br_l}{b-cr_l}=0.0301$,$\frac{a-br_b}{b-cr_b}=0.0347$,因此表中$\mu<0.031$ 的投资组合对于 $k_\alpha\geqslant-\sqrt{s_l}$的投资者都是 MSF 非有效的;$\mu<0.040$ 的投资组合对于$-\sqrt{s_b}<k_\alpha<-\sqrt{\frac{d}{c}}$的投资者都是 MSF 非有效的。

表 8.2　借贷及三种风险资产的 MSF 投资组合

w_0	w_1	w_2	w_3	γ	μ	σ
0.5401	−1.1585	1.6144	0.0040	−0.0543	0.0150	0.0537
0.3618	−1.6075	2.2402	0.0056	−0.0762	0.0200	0.0745
0.0053	−2.5056	3.4916	0.0087	−0.1199	0.0300	0.1162
0.0000	−2.6380	3.6289	0.0091	−0.1243	0.0310	0.1204
0.0000	−2.7778	3.7683	0.0094	−0.1289	0.0320	0.1247
0.0000	−2.9176	3.9078	0.0098	−0.1336	0.0330	0.1291
0.0000	−3.0573	4.0472	0.0102	−0.1383	0.0340	0.1336
−0.1781	−3.7141	4.8799	0.0123	−0.1678	0.0400	0.1611
−0.3456	−4.2419	5.5735	0.0140	−0.1923	0.0450	0.1839
−0.5130	−4.7698	6.2670	0.0158	−0.2168	0.0500	0.2068
−0.6805	−5.3799	6.9623	0.0176	−0.2413	0.0550	0.2297
−0.8479	−5.8255	7.6542	0.0193	−0.2659	0.0600	0.2526
−1.1828	−6.8813	9.0413	0.0228	−0.3149	0.0700	0.2984
−1.5177	−7.9370	10.4284	0.0263	−0.3640	0.0800	0.3442
−1.6851	−8.4649	11.1220	0.0280	−0.3885	0.0850	0.3671
−1.8526	−8.9927	11.8156	0.0297	−0.4130	0.0900	0.3899

第 9 章　融资约束下资产配置的 MSF 模型理论

风险投资与资产配置一直是经济和金融理论及其实践研究中的核心内容之一，而银行的利率调节和贷款限制等信贷约束也是传统货币政策工具发挥杠杆作用的常用手段。中国自 1998 年年底以来房地产已全面市场化，按揭贷款比例和贷款市场利率等信贷货币政策经常被用于调控房地产市场的运行、刺激需求或预防投资过度、防范系统性市场风险。2008 年全球金融危机爆发，其主要原因之一也是不适度的利率调节和信贷约束——不仅没有使货币政策对于市场的调节发挥积极作用，而且引致投资过度和需求不足，最终由流动性问题导致大量贷款违约并引起系统性金融风险。中国证券市场融资融券业务系统自 2010 年年底逐步向机构投资者和个体投资者开放，投资者可以融资购买股票但融资额度受限。文献中不乏基于期望效用准则和均值-方差准则的对不同借贷利率下的最优组合投资策略的讨论（如常浩和荣喜民，2012；Zhang，Wang and Deng，2004；张卫国和聂赞坎，2001），然而上述研究没有同时考虑借贷利率不同与贷款存在限制的融资约束条件。在安全首要准则的分析框架下，在第 8 章中我们已经讨论了无风险借贷利率的变化对投资行为的影响，本章我们将进一步加入贷款限制的融资约束，讨论贷款限制如何影响安全首要投资者的行为选择，给出存在贷款额度限制的 MSF 有效前沿理论及其政策启示（丁元耀和卢祖帝，2015）。

9.1　融资约束下资产配置的 MSF 模型

9.1.1　基本假设

假设 9.1　（资本市场假设）资本市场包含分别可以借与贷的两种无风险资产和 n 种可供选择的风险资产，不存在交易税费，允许风险资产买空及卖空，允许无风险借款与贷款，且资产是无限可分的。

假设 9.2　（单期投资假设）投资者在 t_0 时刻进入市场，对一个单位的初始资本金进行组合投资决策，用 $\tilde{\omega}=(\omega_{01},\omega_{02},\omega_1,\omega_2,\cdots,\omega_n)'$ 表示对无风险资产和风险资产的一个组合投资策略，其中 ω_{01} 与 ω_{02} 分别表示无风险借出和无风险贷入的资本占初始资源禀赋(自有投资资金)的比重，ω_i 表示第 i 种风险资产占初始资源禀赋的比重($i=1,2,\cdots,n$)。投资者在 t_0 时刻持有资产投资组合 $\tilde{\omega}$ 直到投资期末 t_1 出清。

假设 9.3　(收益分布假设) 单位风险资产在 t_1 时刻的收益率向量 $R=(R_1,R_2,\cdots,R_n)'$ 具有有限的数学期望 $r=(r_1,r_2,\cdots,r_n)'$ 和有限正定的协方差矩阵 Σ，且服从椭球分布。各个风险资产的期望收益率不全相等且不小于无风险借出资产的收益率，即 $r_i \geqslant r_l (i=1,2,\cdots,n)$。

假设 9.4　(融资约束假设) 单位无风险资产具有确定的收益率，投资者以利率 r_l 借出(储蓄)或者以利率 r_b 贷入(贷款)无风险资产，贷款利率高于储蓄利率，即 $r_b > r_l$；投资者因融资能力或者金融政策的限制，贷款的授信额度有限。若记贷款额占总投资资产的比例不能高于 $L(0<L<1)$，则 $\omega_{01} \geqslant 0$，$0 \leqslant \omega_{02} \leqslant \theta$，其中 $\theta = L/(1-L)$。

假设 9.5　(投资偏好假设) 投资者是理性和风险厌恶的，投资者追求更高的期望收益和安全保障收益(即可以接受的最小实际收益，简记为保险收益)，控制极端损失发生的可能性风险。

假设 9.1 至假设 9.5 与在 Markowitz(1952)基础上建立起来的资本市场理论的假设基本相似，但本章同时考虑了实际借贷利率的可能差异、贷款限制以及投资者风险偏好的区别。其中，假设 9.1 允许风险资产卖空与当前包括中国在内的各地证券市场的融资融券业务开展的实际情况相符。假设 9.2 和假设 9.4 将储蓄和贷款的利率相同改进到利率不同的更加符合现实的情形，同时将投资者可以无限制地储蓄和贷款条件改进到贷款额度受到限制的更加符合现实的情形，因为在现实生活中贷款需要自有资产的抵押或者信用担保。例如，在个人的住房投资中按揭贷款限额一般不高于所购置住房资产价值的一定比例，也就是说，所买卖房产的首付款一般不低于所购置住房资产价值的一定比例。假设 9.3 中的椭球分布除包括正态分布外，还包含了常见的能够用来描述金融风险资产收益的尖峰、厚尾分布特征的学生 t 分布、Laplace 分布和 Logistic 分布等。假设 9.5 综合了 Roy(1952)、Telser(1955)和 Kataoka(1963)中的安全首要思想，满足假设 9.5 的投资者称为安全首要投资者。

9.1.2　资产配置的 MSF 模型

记 $\omega=(\omega_1,\omega_2,\cdots,\omega_n)'$，并令 $e=(1,1,\cdots,1)'$ 为元素全为 1 的 n 维向量，则可行的组合投资策略应该满足资本约束(i)：$\omega_{01}+\omega' e=1+\omega_{02}$。投资者在投资期末实际可获得的收益是 $\widetilde{R}_p=\tilde{\omega}'\widetilde{R}=\omega_{01} r_l+\omega' R-\omega_{02} r_b$，相应的期望收

益和方差分别为 $E(\widetilde{R}_p)=\widetilde{\omega}'\widetilde{r}=\omega_{01}r_l+\omega'r-\omega_{02}r_b$ 与 $\sigma^2(\widetilde{R}_p)=\omega'\Sigma\omega=\sigma^2_{\widetilde{\omega}}$,其中 $\widetilde{R}=(r_l,r_b,R_1,R_2,\cdots,R_n)'$,$\widetilde{r}=(r_l,r_b,r_1,r_2,\cdots,r_n)'$。若用 α 反映投资者对风险的控制水平(这里的风险指实际投资收益低于保险收益 $R_{\min}$ 的可能性),则基于安全首要原则的可行投资策略还必须满足风险控制约束(ii):$P(R_p<R_{\min})\leqslant\alpha$。沿用前文的思路,本章综合三个经典形式的安全首要准则模型,采用如下模型来描述安全首要投资者的资产配置决策行为:

$$\max_{\omega_{01},\omega_{02},\omega}\quad (R_{\min},E(\widetilde{R}_p))$$

$$\text{s.t.}\quad\begin{cases}P(R_p<R_{\min})\leqslant\alpha\\ \omega_{01}+\omega'e=1+\omega_{02}\\ \omega_{01}\geqslant 0\\ 0\leqslant\omega_{02}\leqslant\theta.\end{cases}\tag{9.1}$$

其中满足约束条件的任意 $\widetilde{\omega}=(\omega_{01},\omega_{02},\omega_1,\omega_2,\cdots,\omega_n)'$ 为一个可行的投资组合策略。模型(9.1)被称为改进的安全首要(MSF)资产配置模型,其任一解构成一个 MSF 有效资产组合,所有的解形成 MSF 有效前沿。

如果可以证明目标函数是凹函数,即模型为凸规划问题,则上述双目标模型的 MSF 有效前沿可以通过求解如下单目标优化模型(9.2)得到:

$$\max_{\omega_{01},\omega_{02},\omega}\quad \lambda R_{\min}+(1-\lambda)(\widetilde{R}_p)$$

$$\text{s.t.}\quad\begin{cases}P(\widetilde{R}_p<R_{\min})\leqslant\alpha\\ \omega_{01}+\omega'e=1+\omega_{02}\\ \omega_{01}\geqslant 0\\ 0\leqslant\omega_{02}\leqslant\theta.\end{cases}\tag{9.2}$$

其中 $\lambda\in(0,1)$为任意确定的常数。显然,Telser(1952)和 Kataoka(1963)提出的 SF 模型分别是模型(8.2)在 $\lambda\to1$ 和 $\lambda\to0$ 时的特殊形式。

特别地,如果 $\omega_{02}=\omega_{02}=\theta=0$,则 MSF 模型(9.1)描述了不存在无风险资产的 MSF 投资组合选择问题。根据第 6 章的结果,可以得到该情形的 MSF 投资组合策略。如果 $\omega_{02}=\theta=0$,且 $\omega_{01}\geqslant0$ 不起作用,则 MSF 模型(9.1)描述了存在无风险借贷、借贷利率相等且不存在信贷约束的 MSF 投资组合选择问题。第 7 章讨论并给出了该情形下的 MSF 有效投资组合策略。如果 $\omega_{01}=0$,但 $\theta=+\infty$,则信贷约束不起作用,此时 MSF 模型(9.1)描述了贷款与风险资产的 SF 投资组合选择问题,可以用于企业确定理想的资本结构。第 8 章第 3 节讨论并给出了该情形下的 MSF 有效投资组合。如果 $\omega_{02}=\theta=0$,$\omega_{01}\geqslant0$

起作用，则 MSF 模型(9.1)描述的是无风险储蓄和风险资产投资的组合选择问题，该模型适用于国家社保基金的组合投资决策。第 8 章第 2 节已经讨论和分析了此模型所描述的投资者行为。如果 $0<\theta<+\infty$，则 MSF 模型(9.1)描述了考虑融资约束作用的借贷选择和风险资产投资组合的决策问题，适用于企业和家庭的投资决策，投资者既要考虑储蓄和贷款的利率不同，又同时要考虑贷款的限制性约束。本章仅考虑这种情形。

由于在椭球分布假设条件下，风险控制约束 $P(\widetilde{R}_p\leqslant R_{\min})\leqslant\alpha$ 等价于 $R_{\min}\leqslant E(\widetilde{R}_p)+k_\alpha\sigma_{\widetilde{\omega}}$，因此 MSF 模型(9.1)也可以等价地表示为如下的模型：

$$\max_{\omega_{01},\omega_{02},\omega}\quad(R_{\min},E(\widetilde{R}_p))$$

$$\text{s.t.}\quad\begin{cases}E(\widetilde{R}_p)=\omega_{01}r_l-\omega_{02}r_b+\omega'r\\R_{\min}\leqslant E(\widetilde{R}_p)+k_\alpha\sigma_{\widetilde{\omega}}\\\sigma_{\widetilde{\omega}}=\sqrt{\omega'\Sigma\omega}\\\omega_{01}-\omega_{02}+\omega'e=1\\\omega_{01}\geqslant 0\\0\leqslant\omega_{02}\leqslant\theta.\end{cases}\tag{9.3}$$

其中 k_α 被称为概率风险度，由 α 和椭球分布的密度生成函数唯一确定(Ding and Zhang，2009)。α 越小则 k_α 也越小，表明投资者越强调安全控制；当 $\alpha=50\%$ 时 $k_\alpha=0$，表明投资者是风险中性的(卢祖帝和赵泉水，2001)。在风险厌恶情形下本章将考虑 $0<\alpha<50\%$ 的情形。如果将全部资金进行储蓄，既不贷款也不进行风险投资，则这种投资组合策略一定是所有 α 给定时模型(9.3)的可行解，对应的期望收益和安全收益均为无风险储蓄利率 r_l。我们不考虑这一平凡的纯储蓄策略，后文会发现，对于 $\alpha>0$ 总是存在安全收益不变但是期望收益更高的投资组合策略。记 $a\equiv r'\Sigma^{-1}r,b\equiv r'\Sigma^{-1}\mathrm{e},c\equiv e'\Sigma^{-1}e$，$d\equiv ac-b^2,s_l\equiv a-2br_l+cr_l^2,s_b\equiv a-2br_b+cr_b^2$，则 $a>0,c>0,d>0,s_l\geqslant d/c$，$s_b\geqslant d/c$。

9.2　给定期望收益时的最优 MSF 投资行为

直接求解模型(9.3)得到 MSF 有效投资组合是比较复杂的。为了易于分析问题并便于应用，本节考虑期望收益目标事先给定的情形，此时问题可以描述为如下的单目标优化模型：

$$\max_{\omega_{01},\omega_{02},\omega} \quad R_{\min} \equiv \omega_{01} r_l - \omega_{02} r_b + \omega' r + k_\alpha \sqrt{\omega' \Sigma \omega}$$

$$\text{s.t.} \quad \begin{cases} \omega_{01} r_l - \omega_{02} r_b + \omega' r - m = 0 \\ \omega_{01} - \omega_{02} + \omega' e - 1 = 0 \\ \omega_{01} \geqslant 0 \\ \omega_{02} \geqslant 0 \\ \theta - \omega_{02} \geqslant 0. \end{cases} \tag{9.4}$$

其中 $m > r_l$，$0 < \alpha < 50\%$。显然，模型(9.4)的约束是线性约束，参考 Ding 和 Zhang(2009)即可证明其目标函数是一个凹函数，因此模型(9.4)是一个凸规划，其最优解可以通过求解库恩-塔克条件方程得到。

9.2.1　借贷利率满足 $\frac{b}{c} \leqslant r_l < r_b$ 时的投资行为

定理 9.1　当期望收益满足 $m > r_l$ 且 $\frac{b}{c} \leqslant r_l < r_b$ 时，模型(9.4)存在唯一的全局最优解：

$$\omega_{01} = 1 - (m - r_l)(b - r_l c)/s_l, \omega = (m - r_l)\Sigma^{-1}(r - r_l e)/s_l, \omega_{02} = 0. \tag{9.5}$$

最优的保险收益为

$$R_{\min} = \mu + k_\alpha (m - r_l)\sqrt{s_l}. \tag{9.6}$$

最优资产组合收益的标准差为：

$$\sigma_{\widetilde{\omega}} = (m - r_l)/\sqrt{s_l}. \tag{9.7}$$

［证明］　此定理根据附录 A 中关于模型(9.4)的解可直接得到。□

根据定理 9.1，如果 $r_l = \frac{b}{c}$，则有 $\omega_{01} = 1$，$e'\omega = 0$，$\omega_{02} = 0$，此时投资者的最优投资行为是将全部资产进行无风险储蓄，不进行贷款，而对风险资产进行自融资投资；如果 $r_l > \frac{b}{c}$，则有 $\omega_{01} > 1$，$\omega = (1 - \omega_{01})\check{\omega}$，$\omega_{02} = 0$，其中 $\check{\omega} = \Sigma^{-1}(r - r_l e)/(b - r_l c)$ 为风险资产市场组合，其满足 $e'\check{\omega} = 1$。此时投资者的最优投资行为将是卖空风险资产的市场组合 $\check{\omega}$，卖空比例随着期望收益的提高而增加，并将卖空所得进行储蓄。

9.2.2　借贷利率满足 $r_l < \frac{b}{c} \leqslant r_b$ 时的投资行为

定理 9.2　当期望收益满足 $m > r_l$ 且 $r_l < \frac{b}{c} \leqslant r_b$ 时，模型(9.4)存在唯一的全局最优解。当 $r_l < m \leqslant (a - b r_l)/(b - c r_l)$ 时，最优解的表达式同式

(9.5)，对应的最优保险收益和标准差分别由式(9.6)和式(9.7)给出。当 $m>(a-br_l)/(b-cr_l)$时，最优解如下：

$$\omega_{01}=0,\omega=(mc-b)\Sigma^{-1}r/d+(a-mb)\Sigma^{-1}e/d,\omega_{02}=0,\qquad(9.8)$$

对应的最优保险收益为

$$R_{\min}=\mu+k_\alpha\sqrt{1/c+c(m-b/c)^2/d},\qquad(9.9)$$

最优资产组合收益的标准差为

$$\sigma_{\widetilde{\omega}}=\sqrt{1/c+c(m-b/c)^2/d}.\qquad(9.10)$$

[证明]　此定理由附录 A 中关于模型(9.4)的解可直接得到。□

根据定理 9.2，如果 $r_l<\frac{b}{c}\leqslant r_b$，则当 $r_l<m<(a-br_l)/(b-cr_l)$时，有 $0<\omega_{01}<1,\omega=(1-\omega_{01})\check{\omega},\omega_{02}=0$；当 $m=(a-br_l)/(b-cr_l)$时，有 $\omega_{01}=0$，$\omega=\check{\omega},\omega_{02}=0$；当 $m>(a-br_l)/(b-cr_l)$时，有 $\omega_{01}=0,\omega=\check{\omega}+(1-w)\check{\omega},\omega_{02}=0$。其中 $w=(mc-b)(b-r_lc)/d,\check{\omega}=\Sigma^{-1}(r-r_le)/(b-r_lc)$和 $\check{\omega}=\Sigma^{-1}e/c$ 为两个不同的风险资产市场组合，可以被视为风险基金。此外，当 $m>\frac{a-br_l}{b-cr_l}$时，$(mc-b)(b-r_lc)>(a-br_l)c-(b-cr_l)b$，即 $w>1$。因此，$r_l<\frac{b}{c}\leqslant r_b$ 情形下投资者的最优投资行为仍是不进行融资投资。当期望收益较低，即 $m<(a-br_l)/(b-cr_l)$时，可将初始资本的一部分进行储蓄，另一部分投资于风险资产的市场组合 $\check{\omega}$，期望收益越低，储蓄的比例越高。当 $m=(a-br_l)/(b-cr_l)$时，最优投资行为是既不贷款也不储蓄，只购买风险资产的市场组合，即风险基金 $\check{\omega}$。当 $m>(a-br_l)/(b-cr_l)$时，最优投资行为是既不贷款也不储蓄，同时可以卖空风险资产的一种市场组合，即风险基金 $\check{\omega}$，并将卖空所得和初始资本全部投资于风险基金 $\check{\omega}$，期望收益越高，卖空风险基金 $\check{\omega}$ 的比例越大。

9.2.3　借贷利率满足 $r_l<r_b<\frac{b}{c}$时的投资行为

定理 9.3　当期望收益满足 $m>r_l$ 且 $r_l<r_b<\frac{b}{c}$时，模型(9.4)存在唯一的全局最优解。

(9.3a) 当 $r_l<m\leqslant(a-br_l)/(b-cr_l)$时，最优解的表达式同式(9.5)，对应的最优保险收益和标准差也分别由式(9.6)和式(9.7)给出。

(9.3b) 当$(a-br_l)/(b-cr_l)<m<(a-br_b)/(b-cr_b)$时，最优解的表达式同式(9.8)，对应的最优保险收益和标准差也分别由式(9.9)和式(9.10)给出。

(9.3c) 当$(a-br_b)/(b-cr_b)\leqslant m\leqslant(a-br_b)/(b-cr_b)+\theta s_b/(b-cr_b)$时，

最优解为

$$\omega_{01}=0,\omega=[(m-r_b)(b-r_bc)/s_b]\check{\omega},\omega_{02}=(m-r_b)(b-r_bc)/s_b-1, \tag{9.11}$$

其中 $\check{\omega}=\Sigma^{-1}(r-r_be)/(b-r_bc)$。最优解对应的保险收益为

$$R_{\min}=\mu+k_\alpha(m-r_b)\sqrt{s_b}, \tag{9.12}$$

最优资产组合收益的标准差为

$$\sigma_{\widetilde{\omega}}=(m-r_b)\sqrt{s_b}. \tag{9.13}$$

(9.3d) 当 $m>(a-br_b)/(b-cr_b)+\theta s_b/(b-cr_b)$ 时,最优解为

$$\begin{aligned}&\omega_{01}=0,\\&\omega=\frac{mc-b}{d}\Sigma^{-1}r+\frac{a-mb}{d}\Sigma^{-1}e+\theta\left(\frac{r_bc-b}{d}\Sigma^{-1}r+\frac{a-r_bb}{d}\Sigma^{-1}e\right),\\&\omega_{02}=0,\end{aligned} \tag{9.14}$$

对应的保险收益为

$$R_{\min}=\mu+k_\alpha\sqrt{(1+\theta)^2/c+c\,[m-b/c-\theta(b/c-r_b)]^2/d}, \tag{9.15}$$

其对应的组合收益的标准差为

$$\sigma_{\widetilde{\omega}}=-k_\alpha(1+\theta)/\sqrt{ck_\alpha^2-(1+\mu)^2d}. \tag{9.16}$$

[证明]　此定理由附录A中关于模型(9.4)的解可直接得到。□

由式(9.5)可知,当 $m\downarrow r_l$ 时,$\omega_{01}\to1,\omega\to0$;当 $m=(a-br_l)/(b-cr_l)$ 时,$\omega_{01}=0,\omega=\check{\omega}$;当 $r_l<m<(a-br_l)/(b-cr_l)$ 时,$\omega_{01}=1-(m-r_l)(b-r_lc)/s_l,\omega=(1-\omega_{01})\check{\omega}$。因此,根据定理9.3中的(9.3a),如果 $r_l<r_b<b/c$,当投资者的期望收益不高于 $(a-br_l)/(b-cr_l)$ 时,投资者将不会贷款投资,只需购买风险资产的市场组合风险基金 $\check{\omega}$,并将余下的资金进行储蓄,储蓄比例随着期望收益的升高而降低;当期望收益接近于储蓄利率时,用于购买风险基金的资金比例接近于0;当期望收益达到 $(a-br_l)/(b-cr_l)$ 时,储蓄资金的比例为0。根据定理9.2和定理9.3的(9.3b),当 $(a-br_l)/(b-cr_l)<m<(a-br_b)/(b-cr_b)$ 时,投资者既不贷款也不储蓄,只进行风险资产的投资。投资者的最优投资行为是卖空风险基金 $\check{\omega}$,并将卖空所得初始资本用于购买风险基金 $\check{\omega}$,而且投资者的期望收益越高,卖空风险基金 $\check{\omega}$ 的比例越大。

显然,$\check{\omega}=\Sigma^{-1}(r-r_be)/(b-r_bc)$ 也是风险资产的一种市场组合,可被视为一种风险基金。根据定理9.3的(9.3c),对于 $(a-br_b)/(b-cr_b)\leqslant m\leqslant(a-br_b)/(b-cr_b)+\theta s_b/(b-cr_b)$ 的投资者,其最优投资行为是贷款进行风险投资,且可通过购买风险基金 $\check{\omega}$ 来实现,贷款比例 ω_{02} 与投资者的期望收益有关,随着期望收益的提高而增加。特别地,期望收益为 $(a-br_b)/(b-cr_b)$ 的

投资者，最优的投资决策是将全部资金购买风险基金 $\breve{\omega}$，既不储蓄也不贷款；期望收益为$(a-br_b)/(b-cr_b)+\theta s_b/(b-cr_b)$的投资者，最佳策略是用足贷款限额融资购买风险基金 $\breve{\omega}$。

定理 9.3 的(9.3d)表明，期望收益高于$(a-br_b)/(b-cr_b)+\theta s_b/(b-cr_b)$的投资者，最佳策略仍是用足贷款限额进行风险投资。记 $w_1=(mc-b)(b-r_bc)/d$，$w_2=cs_b/d$，易知 $w_1>1$，$w_2>1$。式(9.14)可简化为

$$\begin{aligned}\omega&=[w_1\breve{\omega}+(1-w_1)\breve{\omega}]+\theta[(1-w_2)\breve{\omega}+w_2\breve{\omega}]\\&=[w_1+\theta(1-w_2)]\breve{\omega}+(1-w_1+\theta w_2)\breve{\omega}.\end{aligned}\tag{9.17}$$

容易验证：当 $m\downarrow(a-br_b)/(b-cr_b)+\theta s_b/(b-cr_b)$时，$1-w_1+\theta w_2\uparrow 0$，从而 $\omega\to(1+\theta)\breve{\omega}$；而且当 $m>(a-br_b)/(b-cr_b)+\theta s_b/(b-cr_b)$时，$1-w_1+\theta w_2<0$。因此，对于此类投资者，其最优投资行为是除贷款外，同时卖空风险基金 $\breve{\omega}$，然后将全部所得和初始资本用于购买风险基金 $\breve{\omega}$。当期望收益为$(a-br_b)/(b-cr_b)+\theta s_b/(b-cr_b)$时，对风险基金 $\breve{\omega}$ 不用进行买卖操作，只投资风险基金 $\breve{\omega}$ 即可。随着期望收益的提高，卖空风险基金 $\breve{\omega}$ 的资产比例 $w_1-(1+\theta w_2)$也将提高。

9.3　融资约束下的 MSF 有效前沿及其存在条件

由于在椭球分布假设下，模型(9.3)等价于模型(9.18)：

$$\begin{aligned}&\max_{\omega_{01},\,\omega_{02},\omega}\quad R_{\min}\equiv\omega_{01}r_l-\omega_{02}r_b+\omega'r+k_\alpha\sqrt{\omega'\Sigma\omega}\\&\max_{\omega_{01},\,\omega_{02},\omega}\quad E(\widetilde{R}_p)\equiv\omega_{01}r_l-\omega_{02}r_b+\omega'r\\&\text{s.t.}\quad\begin{cases}\omega_{01}-\omega_{02}+\omega'e-1=0\\\omega_{01}\geqslant 0\\\omega_{02}\geqslant 0\\\theta-\omega_{02}\geqslant 0.\end{cases}\end{aligned}\tag{9.18}$$

易见一个 MSF 有效的资产组合，一定是在给定某个期望收益时根据模型(9.4)得到的一个最优资产组合。但反之不然，即模型(9.4)的最优资产组合也可能是 MSF 非有效的。

根据有效前沿的定义，如果模型(9.4)的最优解也是如下模型(9.19)的最优解，则模型(9.4)的该最优解一定也是模型(9.3)的有效解。

$$
\max_{\omega_{01},\omega_{02},\omega} \quad E(\widetilde{R}_p)=\omega_{01}r_l-\omega_{02}r_b+\omega' r
$$

$$
\text{s.t.}\quad\begin{cases}\omega_{01}r_l-\omega_{02}r_b+\omega' r+k_\alpha\sqrt{\omega'\Sigma\omega}=\underline{r}\\ \omega_{01}-\omega_{02}+\omega' e-1=0\\ \omega_{01}\geqslant 0\\ \omega_{02}\geqslant 0\\ \theta-\omega_{02}\geqslant 0.\end{cases}\tag{9.19}
$$

由于模型(9.18)是一个凸多目标规划，根据多目标规划理论，模型(9.18)的有效解可以通过求解如下的单目标凸规划模型得到(徐玖平和李军，2005)：

$$
\max_{\omega_{01},\omega_{02},\omega} \quad \omega_{01}r_l-\omega_{02}r_b+\omega' r+\lambda k_\alpha\sqrt{\omega'\Sigma\omega}
$$

$$
\text{s.t.}\quad\begin{cases}\omega_{01}-\omega_{02}+\omega' e-1=0\\ \omega_{01}\geqslant 0\\ \omega_{02}\geqslant 0\\ \theta-\omega_{02}\geqslant 0,\end{cases}\tag{9.20}
$$

其中$\lambda\in(0,1)$。当λ取遍区间(0,1)时，模型(9.20)的解就形成了MSF有效前沿，即通过求解模型(9.20)可以得到MSF有效前沿的参数方程。

为了得到MSF有效前沿的非参数表示，我们考虑如下的模型($E>r_l$，E为固定常数)：

$$
\max_{\omega_{01},\omega_{02},\omega} \quad \omega_{01}r_l-\omega_{02}r_b+\omega' r+k_\alpha\sqrt{\omega'\Sigma\omega}
$$

$$
\text{s.t.}\quad\begin{cases}\omega_{01}r_l-\omega_{02}r_b+\omega' r-E\geqslant 0\\ \omega_{01}-\omega_{02}+\omega' e-1=0\\ \omega_{01}\geqslant 0\\ \omega_{02}\geqslant 0\\ \theta-\omega_{02}\geqslant 0.\end{cases}\tag{9.21}
$$

定理9.4　如果$\tilde{\omega}$是由模型(9.21)得到的唯一最优解，则$\tilde{\omega}$也是模型(9.3)的有效解。

[证明]　设$\tilde{\omega}$对应投资组合的期望收益为m，保险收益为$\underline{r}$，则有$m=\omega_{01}r_l-\omega_{02}r_b+\omega' r\geqslant E$。显然$\tilde{\omega}$也是模型(9.4)的最优解，并且是模型(9.19)的可行解。

如果$\tilde{\omega}$不是模型(9.19)的最优解，则存在模型(9.19)的另一个可行解$\underset{\sim}{\omega}$，满足$\underset{\sim}{\omega}\neq\tilde{\omega}$，且$\underset{\sim}{\omega}$对应投资组合的期望收益为$\underset{\sim}{m}>m\geqslant E$，保险收益为$\underset{\sim}{r}=$

$\underline{r}$。因此 $\underset{\sim}{\omega}$ 也是模型(9.21)的可行解。由于 $\tilde{\omega}$ 是由模型(9.21)得到的唯一最优解，因此 $\underset{\sim}{\omega}$ 不是模型(9.21)的最优解。故 $\underline{r} > \underset{\sim}{r}$，出现矛盾。因此，$\tilde{\omega}$ 既是模型(9.4)的最优解也是模型(9.19)的最优解，从而是模型(9.3)的有效解。□

定理 9.5　若 Σ 是正定的，则模型(9.3)的有效解也是模型(9.21)的唯一最优解。

[证明]　设 $\tilde{\omega}$ 是模型(9.3)的有效解，记其对应的目标函数值即期望收益和保险收益分别为 m 与 $\underline{r}$。显然，$\tilde{\omega}$ 既是模型(9.4)的最优解也是模型(9.19)的最优解，因此也是取 $E=m$ 的模型(9.21)的一个可行解。

假设 $\underset{\sim}{\omega}$ 对应投资组合的期望收益 $\underset{\sim}{m} \geqslant E=m$，且为模型(9.21)的一个可行解，显然 $\underset{\sim}{\omega}$ 也是模型(9.3)的可行解。根据 MSF 有效性的含义，如果 $\underset{\sim}{\omega}$ 对应投资组合的安全收益是 $\underset{\sim}{r}$，则必有 $\underset{\sim}{r} < \underline{r}$。因此，$\tilde{\omega}$ 也是模型(9.21)的最优解。

如果存在 $\tilde{\omega}^{(1)}$ 是模型(9.21)的另一个最优解，满足期望收益 $m^{(1)} \geqslant E=m$，则其对应的保险收益 $\underline{r}^{(1)}=\underline{r}$。显然，$\tilde{\omega}^{(1)}$ 是模型(9.3)的可行解。如果 $m^{(1)} > E=m$，则 $\tilde{\omega}$ 不是模型(9.3)的有效解，矛盾。因此 $m^{(1)}=E=m$。从而有 $z_\alpha\sqrt{\omega'\Sigma\omega}=z_\alpha\sqrt{\omega^{(1)\prime}\Sigma\omega^{(1)}}=\underline{r}-m$。又因 Σ 是正定的，故 $\omega=\omega^{(1)}$。于是，$(\omega_{01}, \omega_{02})$ 和 $(\omega_{01}^{(1)}, \omega_{02}^{(1)})$ 同为如下方程组的解：

$$\begin{cases}\omega_{01}r_l-\omega_{02}r_b+\omega' r-m=0,\\ \omega_{01}-\omega_{02}+\omega' e-1=0.\end{cases} \tag{9.22}$$

从而可得 $\omega_{01}=\omega_{01}^{(1)}$，$\omega_{02}=\omega_{02}^{(1)}$。因此，$\tilde{\omega}=\tilde{\omega}^{(1)}$，即 $\tilde{\omega}$ 是模型(9.21)的唯一最优解。□

结合定理 9.4 和定理 9.5，在所有可能的 $E>r_l$ 情形下，模型(9.21)的唯一解形成了模型(9.3)的全部有效解，从而构成 MSF 有效前沿。也就是说，如果求出模型(9.21)的最优解的参数形式($E>r_l$ 为参数)，然后剔除非唯一解，那么我们就可以得到 MSF 有效前沿。

9.3.1　借贷利率满足 $\frac{b}{c} \leqslant r_l < r_b$ 时的 MSF 有效前沿

定理 9.6　在 $\frac{b}{c} \leqslant r_l < r_b$ 情形下，MSF 有效前沿存在的充分必要条件是 $k_\alpha < -\sqrt{s_l}$，且 MSF 有效资产组合可表示为 $\omega_{01}=1-(\mu-r_l)(b-r_lc)/s_l$，$\omega=(\mu-r_l)\Sigma^{-1}(r-r_le)/s_l$，$\omega_{02}=0$。其中，$\mu$ 为资产组合的期望收益($\mu \geqslant r_l$)，其对应的保险收益为 $R_{\min}=\mu+k_\alpha(\mu-r_l)\sqrt{s_l}$，该有效资产组合收益的标准差为 $\sigma_{\tilde{\omega}}=(\mu-r_l)/\sqrt{s_l}$。

[证明]　根据附录 B 中关于模型(9.21)的最优解,剔除非唯一解即可得到本定理。□

比照定理 9.6 和定理 8.9 可知, 在 $\frac{b}{c} \leqslant r_l < r_b$ 情形下,有贷款约束的 MSF 有效前沿与无贷款额度限制的 MSF 有效前沿相同,其几何图形示例可参照图 8.6。

9.3.2　借贷利率满足 $r_l < \frac{b}{c} \leqslant r_b$ 时的 MSF 有效前沿

定理 9.7　MSF 有效前沿存在的充分必要条件是 $k_\alpha < -\sqrt{\frac{d}{c}}$。

(9.7a) 当 $k_\alpha < -\sqrt{s_l}$ 时, MSF 有效资产组合可以表示为如下两种形式之一:

$$\omega_{01} = 1 - (\mu - r_l)(b - r_l c)/s_l, \omega = (\mu - r_l)\Sigma^{-1}(r - r_l e)/s_l, \omega_{02} = 0,$$

其期望收益为 $\mu \in (r_l, (a - r_l b)/(b - r_l c)]$,对应的保险收益为 $R_{\min} = \mu + k_\alpha(\mu - r_l)\sqrt{s_l}$,收益的标准差为 $\sigma_{\tilde{\omega}} = (\mu - r_l)/\sqrt{s_l}$;或

$$\omega_{01} = 0, \omega = (\mu c - b)\Sigma^{-1} r/d + (a - \mu b)\Sigma^{-1} e/d, \omega_{02} = 0,$$

其期望收益为 $\mu > (a - r_l b)/(b - r_l c)$,对应的保险收益为 $R_{\min} = \mu + k_\alpha \sqrt{1/c + c(\mu - b/c)^2/d}$,收益的标准差为 $\sigma_{\tilde{\omega}} = \sqrt{c^{-1} + (cd)^{-1}(b - \mu c)^2}$。

(9.7b) 当 $k_\alpha = -\sqrt{s_l}$ 时,任意的 MSF 有效资产组合可以表示为

$$\omega_{01} = 0, \omega = (\mu c - b)\Sigma^{-1} r/d + (a - \mu b)\Sigma^{-1} e/d, \omega_{02} = 0,$$

其期望收益为 $\mu > (a - br_l)/(b - cr_l)$,对应的保险收益为 $R_{\min} = \mu + k_\alpha \sqrt{1/c + c(\mu - b/c)^2/d}$,收益的标准差为 $\sigma_{\tilde{\omega}} = \sqrt{c^{-1} + (cd)^{-1}(b - \mu c)^2}$。

(9.7c) 当 $-\sqrt{s_l} < k_\alpha < -\sqrt{d/c}$ 时,任意的 MSF 有效资产组合可以表示为

$$\omega_{01} = 0, \omega = (\mu c - b)\Sigma^{-1} r/d + (a - \mu b)\Sigma^{-1} e/d, \omega_{02} = 0,$$

其期望收益为 $\mu \geqslant (b + d/\sqrt{ck_\alpha^2 - d})/c$,对应的保险收益为 $R_{\min} = \mu + k_\alpha \sqrt{1/c + c(\mu - b/c)^2/d}$,收益的标准差为 $\sigma_{\tilde{\omega}} = \sqrt{c^{-1} + (cd)^{-1}(b - \mu c)^2}$。

[证明]　该定理可根据附录 B 关于模型(9.21)的解可直接得到。□

比照定理 9.7 和定理 8.10 可知, 在 $r_l < \frac{b}{c} \leqslant r_b$ 情形下,有贷款约束的 MSF 有效前沿与无贷款额度限制的 MSF 有效前沿相同,其几何图形示例可参见图 8.7 至图 8.9。

9.3.3　借贷利率满足 $r_l<r_b<\frac{b}{c}$ 时的 MSF 有效前沿

根据附录 B 关于模型(9.21)的解，可以得到在 $r_l<r_b<\frac{b}{c}$ 情形下的 MSF 有效前沿存在的充分必要条件是 $k_\alpha<-\sqrt{\frac{d}{c}}$，且如下的定理成立。

定理 9.8　当 $k_\alpha<-\sqrt{s_l}$ 时，MSF 有效前沿存在，且有效资产组合可表示为如下形式之一：

(9.8a) $\omega_{01}=1-(\mu-r_l)(b-r_lc)/s_l$，$\omega=(\mu-r_l)\Sigma^{-1}(r-r_le)/s_l$，$\omega_{02}=0$，其期望收益为 $\mu\in((r_l,(a-r_lb)/(b-r_lc))$，对应的保险收益为 $R_{\min}=\mu+k_\alpha(\mu-r_l)\sqrt{s_l}$，收益的标准差为$\sigma_{\tilde{\omega}}=(\mu-r_l)/\sqrt{s_l}$。

(9.8b) $\omega_{01}=0$，$\omega=(\mu c-b)\Sigma^{-1}r/d+(a-\mu b)\Sigma^{-1}e/d$，$\omega_{02}=0$，其期望收益为 $\mu\in[(a-r_lb)/(b-r_lc),(a-r_bb)/(b-r_bc)]$，对应的保险收益为 $R_{\min}=\mu+k_\alpha\sqrt{1/c+c(\mu-b/c)^2/d}$，收益的标准差为 $\sigma_{\tilde{\omega}}=\sqrt{1/c+c(\mu-b/c)^2/d}$。

(9.8c) $\omega_{01}=0$，$\omega=(\mu-r_b)\Sigma^{-1}(r-r_be)/s_b$，$\omega_{02}=(\mu-r_b)(b-r_bc)/s_b-1$，其期望收益为 $\mu\in[(a-br_b)/(b-cr_b),(a-br_b)/(b-cr_b)+\theta s_b/(b-cr_b)]$，对应的保险收益为 $R_{\min}=\mu+k_\alpha(\mu-r_b)\sqrt{s_b}$，收益的标准差为$\sigma_{\tilde{\omega}}=(\mu-r_b)/\sqrt{s_b}$。

(9.8d) $\omega_{01}=0$，$\omega=\frac{\mu c-b}{d}\Sigma^{-1}r+\frac{a-\mu b}{d}\Sigma^{-1}e+\theta(\frac{r_bc-b}{d}\Sigma^{-1}r+\frac{a-r_bb}{d}\Sigma^{-1}e)$，$\omega_{02}=\theta$，其期望收益为 $\mu\geqslant(a-br_b)/(b-cr_b)+\theta s_b/(b-cr_b)$，对应的保险收益为

$$R_{\min}=\mu+k_\alpha\sqrt{(1+\theta)^2/c+c[\mu-b/c-\theta(b/c-r_b)]^2/d},$$

收益的标准差为$\sigma_{\tilde{\omega}}=\sqrt{(1+\theta)^2/c+c[\mu-b/c-\theta(b/c-r_b)]^2/d}$。□

假设 $r=(0.0291,0.0385,0.2174)'$，协方差矩阵为 $\Sigma=(\sigma_{ij})_{3\times3}$，其中$\sigma_{11}=0.0164$，$\sigma_{12}=0.0204$，$\sigma_{13}=-0.0139$，$\sigma_{22}=0.0328$，$\sigma_{23}=-0.0408$，$\sigma_{33}=1.499$，且 $r_l=0.010$，$r_b=0.020$，$\theta=1.5$，则$\sqrt{s_l}=0.2561$，$\sqrt{s_b}=0.2208$。根据定理 9.8，$k_\alpha=-1.96$ 对应的 MSF 有效前沿如图 9.1 所示，包括直线段 AH、曲线段 HM、直线段 MB 和曲线段 BC。

定理 9.9　当$-\sqrt{s_l}\leqslant k_\alpha<-\sqrt{s_b}$时，MSF 有效前沿存在，有效资产组合的期望收益必满足 $\mu\geqslant(b+d/\sqrt{ck_\alpha^2-d})/c$，任意 MSF 有效投资组合可以表示为如下形式之一：

(9.9a) $\omega_{01}=0$，$\omega=(\mu c-b)\Sigma^{-1}r/d+(a-\mu b)\Sigma^{-1}e/d$，$\omega_{02}=0$，其期望收益

为 $\mu \in [b/c+d/c/\sqrt{c\mu_\alpha^2-d},(a-r_b b)/(b-r_b c)]$，对应的保险收益为 $R_{\min}=\mu+k_\alpha\sqrt{1/c+c(\mu-b/c)^2/d}$。

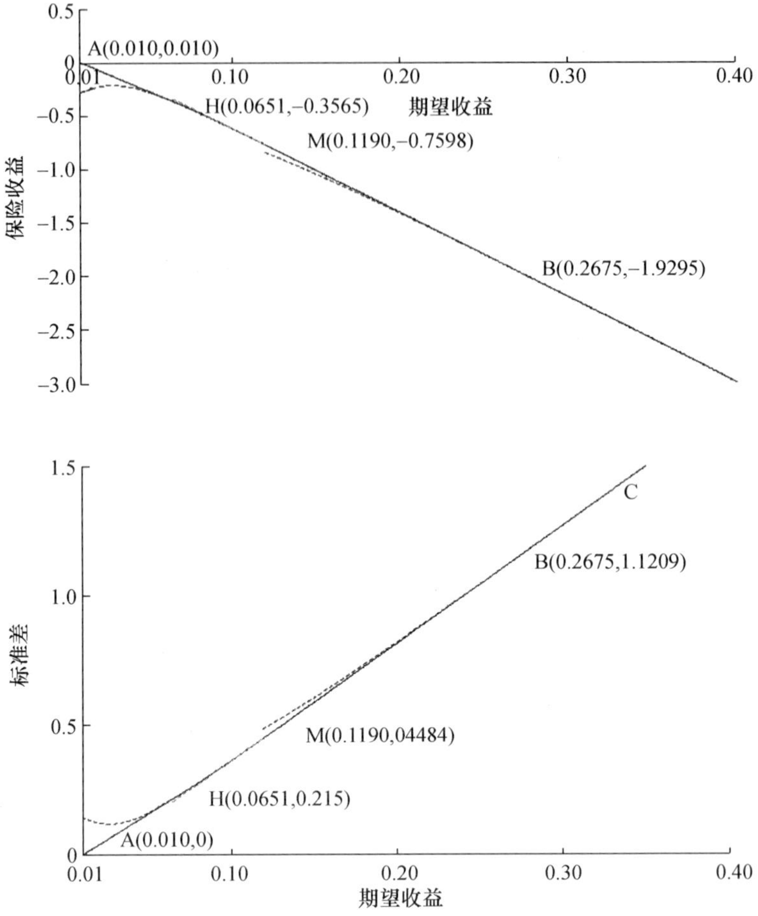

图 9.1　$r_l<r_b<\frac{b}{c}$ 时有融资约束的 MSF 有效前沿（$k_\alpha<-\sqrt{s_l}$）

(9.9b) $\omega_{01}=0,\omega=(\mu-r_b)\Sigma^{-1}(r-r_b e)/s_b,\omega_{02}=(\mu-r_b)(b-r_b c)/s_b-1$，其期望收益为 $\mu\in[(a-br_b)/(b-cr_b),(a-br_b)/(b-cr_b)+\theta s_b/(b-cr_b)]$，对应的保险收益为 $R_{\min}=\mu+k_\alpha(\mu-r_b)/\sqrt{s_b}$。

(9.9c) $\omega_{01}=0,\omega=\frac{\mu c-b}{d}\Sigma^{-1}r+\frac{a-\mu b}{d}\Sigma^{-1}e+\theta(\frac{r_b c-b}{d}\Sigma^{-1}r+\frac{a-r_b b}{d}\Sigma^{-1}e)$，$\omega_{02}=\theta$，其期望收益为 $\mu\geqslant(a-br_b)/(b-cr_b)+\theta s_b/(b-cr_b)$，对应的保险收益为 $R_{\min}=\mu+k_\alpha\sqrt{(1+\theta)^2/c+c[\mu-b/c-\theta(b/c-r_b)]^2/d}$。□

假设 $r=(0.0291,0.0385,0.2174)'$，协方差矩阵为 $\Sigma=(\sigma_{ij})_{3\times3}$，其中 σ_{11}

$=0.0164, \sigma_{12}=0.0204, \sigma_{13}=-0.0139, \sigma_{22}=0.0328, \sigma_{23}=-0.0408, \sigma_{33}=1.499$，且 $r_l=0.010, r_b=0.020, \theta=1.5$，则 $\sqrt{s_l}=0.2561, \sqrt{s_b}=0.2208$。根据定理 9.9，$k_\alpha=-0.24$ 对应的 MSF 有效前沿如图 9.2 所示，包括曲线段 AB、直线段 BC 和曲线 CD。

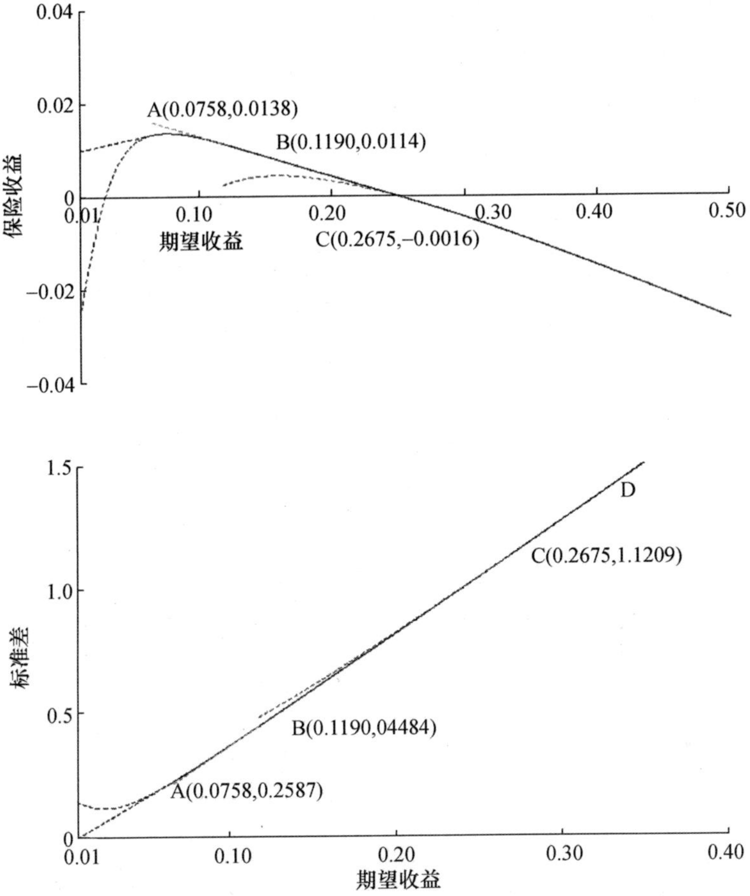

图 9.2 $r_l<r_b<b/c$ **时有融资约束的 MSF 有效前沿**$(-\sqrt{s_l}\leqslant k_\alpha<-\sqrt{s_b})$

定理 9.10 当 $k_\alpha=-\sqrt{s_b}$ 时，MSF 有效前沿存在，MSF 有效资产组合的期望收益 μ 必满足 $\mu\geqslant(a-br_b)/(b-cr_b)+\theta s_b/(b-cr_b)$，且有效资产组合可以表示为

$$\omega_{01} = 0,$$

$$\omega = \frac{\mu c - b}{d}\Sigma^{-1}r + \frac{a - \mu b}{d}\Sigma^{-1}e + \theta(\frac{r_b c - b}{d}\Sigma^{-1}r + \frac{a - r_b b}{d}\Sigma^{-1}e),$$

$$\omega_{02} = \theta,$$

其对应的安全收益为 $R_{\min}=\mu+k_\alpha\sqrt{(1+\theta)^2/c+c\ [\mu-b/c-\theta(b/c-r_b)]^2/d}$。

定理 9.10 表明,从几何图形上看,$k_\alpha=-\sqrt{s_b}$时的 MSF 有效前沿与$-\sqrt{s_l}\leqslant k_\alpha<-\sqrt{s_b}$时的有效前沿相似,如图 9.3 所示,其中的曲线 AB 就是有效前沿。作图数据同图 9.2。

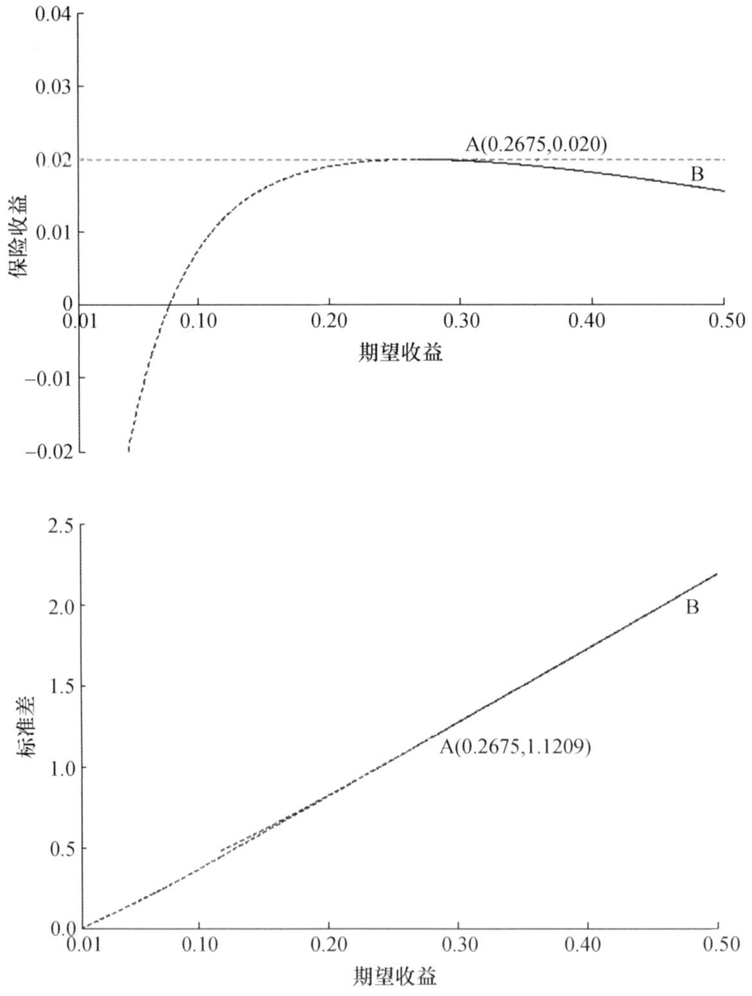

图 9.3　$r_l<r_b<\frac{b}{c}$时有融资约束的 MSF 有效前沿($k_\alpha=-\sqrt{s_b}$)

定理 9.11　当 $-\sqrt{s_b}<k_\alpha<-\sqrt{d/c}$ 时，MSF 有效前沿存在，MSF 有效资产组合的期望收益 μ 必满足 $\mu\geqslant b/c+(b/c-r_b)\theta+(1+\theta)d\,(c\sqrt{c\,z_\alpha^2-d})^{-1}$，且有效资产组合为

$$\omega_{01}=0,$$

$$\omega=\frac{\mu c-b}{d}\Sigma^{-1}r+\frac{a-\mu b}{d}\Sigma^{-1}e+\theta(\frac{r_bc-b}{d}\Sigma^{-1}r+\frac{a-r_bb}{d}\Sigma^{-1}e),$$

$$\omega_{02}=\theta,$$

对应的保险收益为 $R_{\min}=\mu+k_\alpha\sqrt{(1+\theta)^2/c+c\,[\mu-b/c-\theta(b/c-r_b)]^2/d}$。□

从几何上看，$-\sqrt{s_b}<k_\alpha<-\sqrt{d/c}$ 时有融资约束的 MSF 有效前沿是 $k_\alpha=-\sqrt{s_b}$ 时有效前沿的一部分，即 $\mu\geqslant b/c+(b/c-r_b)\theta+(1+\theta)d\,(c\sqrt{ck_\alpha^2-d})^{-1}$ 的曲线部分，图略。

9.4　融资约束对 MSF 投资行为的影响

9.4.1　借贷利率与投资行为

命题 9.1　过高的贷款利率（$r_b\geqslant\frac{b}{c}$）对 MSF 投资者的投资行为没有影响。对于具有较低的安全风险控制意识的投资者（$k_\alpha\geqslant-\sqrt{\frac{d}{c}}$），贷款利率没有约束作用。

［**证明**］　由定理 9.6 和定理 9.7 知，只要贷款利率不低于 b/c，投资者的 MSF 有效投资决策就不涉及贷款行为，即贷款利率对 MSF 投资者将失去约束力，不会影响 MSF 投资行为。由定理 9.8 至定理 9.12 知，当贷款利率 r_b 低于门限值 b/c 时，有可能存在 MSF 有效的贷款行为，但 MSF 投资者的贷款决策还与投资者的安全风险控制水平以及其对投资的期望收益要求有关。首先，在具有任意的安全风险控制意识的 MSF 投资者中，也仅有期望收益 $\mu>(a-br_b)/(b-cr_b)$ 的投资者才可能存在 MSF 有效的贷款策略，而且期望收益越高的投资者对贷款的需求越高，贷款利率越低越能提升投资者对贷款的需求。其次，对于具有较低的安全风险控制意识的投资者（$k_\alpha\geqslant-\sqrt{d/c}$），不存在 MSF 有效的贷款行为，即贷款利率约束不起作用。仅有安全风险控制水平满足 $k_\alpha<-\sqrt{d/c}$ 的 MSF 投资者在风险投资决策时对贷款存在需求。投资者越注重安全风险控制，有效前沿越小，即 MSF 贷款行为发生的机会越小。□

命题 9.2　过高的存款利率（$r_l>b/c$）不利于风险资本市场发展。存款

利率的设定,只对安全意识较强($k_\alpha<-\sqrt{s_l}$)的 MSF 投资行为存在影响。

［证明］　由定理 9.6 至定理 9.11 知,无论存款利率多高,也仅有安全风险控制水平满足 $k_\alpha<-\sqrt{s_l}$的投资者存在有效的包含储蓄行为的组合投资策略,而且较高的存款利率可以吸引更多的储蓄。但是由定理 9.6 知,一旦存款利率 $r_l>b/c$,则投资者的最优策略是对风险资产的市场组合进行卖空,然后将全部所得与投资初始资本用于储蓄,这将减少资本市场的流动性,抑制风险资本市场的融资功能,不利于风险资本市场的发展。由定理9.7至定理9.11 知,MSF 投资者对储蓄的需求,不仅与存款利率有关,还与投资者对投资期望收益的追求有关。在 $r_l<b/c$ 的市场条件下,投资者对储蓄的需求与其对投资的期望收益有关,随着期望收益的增加而减少,一旦其期望收益高于$(a-br_l)/(b-cr_l)$,MSF 投资者将不再选择储蓄。□

9.4.2　贷款限制与投资行为

命题 9.3　贷款利率过高($r_b\geqslant\frac{b}{c}$)时,贷款限制对 MSF 投资行为选择没有影响。贷款限制不影响期望收益较低(低于$(a-br_b)/(b-cr_b)$)的 MSF 投资者的有效投资行为。贷款限制对安全风险控制意识较低($k_\alpha\geqslant-\sqrt{\frac{d}{c}}$)的 MSF 投资者行为不存在约束力。

［证明］　由定理 9.6 和定理 9.7 知,如果贷款利率 $r_b\geqslant b/c$,则投资者的 MSF 有效投资策略不包含贷款行为,因此贷款限制对 MSF 投资行为不产生影响。由定理 9.8 至定理 9.11 知,如果贷款利率 $r_b<\frac{b}{c}$,则不存在期望收益低于$(a-br_b)/(b-cr_b)$的 MSF 有效投资行为,即贷款限制不影响低期望收益的 MSF 投资者的有效投资行为;投资者的期望收益越高,其贷款数量越接近于贷款限额。在任何情形下,当 $k_\alpha\geqslant-\sqrt{\frac{d}{c}}$时均不存在有效的 MSF 投资策略,因此贷款限制对安全风险意识较低($k_\alpha\geqslant-\sqrt{d/c}$)的 MSF 投资者行为不存在约束力。□

命题 9.4　设定贷款限制会导致一部分 MSF 投资者($k_\alpha<-\sqrt{s_b}$)的投资效率损失。对于约束另一部分 MSF 投资者($-\sqrt{s_b}\leqslant k_\alpha<-\sqrt{d/c}$)的过度投资,贷款限制具有积极作用。

［证明］　一方面,对于 $k_\alpha<-\sqrt{s_b}$的 MSF 投资者而言,如果没有设定贷款限制,则根据定理 9.8 的(9.8c)或者定理 9.9 的(9.9b),只要令 $\theta\uparrow\infty$,就可以得到,对应于$(a-br_b)/(b-cr_b)+\theta s_b/(b-cr_b)$的 MSF 有效前沿从几何

图形看应该在投资期望收益满足$(a-br_b)/(b-cr_b)\leqslant\mu\leqslant(a-br_b)/(b-cr_b)+\theta s_b/(b-cr_b)$所对应的 MSF 有效前沿(直线段)的延伸线上，比较定理 9.8 的(9.8d)或者定理 9.9 的(9.9c)，可见曲线部分位于直线延伸线的下方(参考附录 C 的引理)，因此设定贷款的额度限制将导致此类 MSF 投资者的投资效率损失。

另一方面，如果$-\sqrt{s_b}\leqslant k_\alpha<-\sqrt{d/c}$，则根据定理 9.10 或者定理 9.11 可知，MSF 有效前沿上的投资策略是用足贷款额度进行融资投资，因此在约束$-\sqrt{s_b}\leqslant k_\alpha<-\sqrt{d/c}$的 MSF 投资者行为，防止过度投资引起的违约风险方面，贷款限制具有积极作用。□

9.5　数值算例与政策启示

9.5.1　数值算例

考虑由股票、基金和房地产组成的风险资产市场，根据大智慧软件数据库，我们采集 2003 年 6 月至 2011 年 12 月期间上证 180 指数、证券基金指数和地产指数的月收盘数据，由于无法拒绝样本数据来自正态分布的原假设，我们认为三种资产的联合分布是正态分布。表 9.1 给出了由样本数据估计得到的上证 180 指数、证券基金指数和地产指数的期望收益率与收益率的协方差。银行存、贷款利率以每年年初金融机构法定一年期利率为基准，采取月度算数平均数，根据 2003 年 6 月至 2011 年 12 月的银行数据，得到存款月利率为 $r_l=0.00210$，贷款月利率为 $r_b=0.00482$。由于从 2011 年 5 月起，四大国有银行将住房按揭贷款的首付比例调整到四成，即 $L=0.6$，据此我们设定贷款额度的上限为 $\theta=1.5$。

表 9.1　三种风险资产的期望收益率与协方差

协方差	180 指数	证券基金指数	地产指数	期望收益率
180 指数	0.00863	0.00657	0.00830	0.00497
证券基金指数	0.00657	0.00609	0.00648	0.01214
地产指数	0.00830	0.00648	0.01390	0.00613

通过计算，我们可以得到，$a=0.06703$，$b=2.40884$，$c=168.23326$，$d=5.47400$，因此 $b/c=0.01432$，$\sqrt{d/c}=0.18038$，$\sqrt{s_l}=0.24011$，$\sqrt{s_b}=0.21844$，$r_l<r_b<b/c$。由此可见，即使投资者可容忍投资时极端损失发生的概率高达 30%，仍有$z_\alpha<-\sqrt{s_l}$。下面在投资组合的计算中仅设定 $\alpha=10\%$，对应地有 $z_\alpha=-1.29$。表 9.2 和表 9.3 中分别给出了存在贷款限制时和不存在贷款

限制时的 MSF 有效资产组合的部分计算结果,其中 $\omega_1, \omega_2, \omega_3$ 分别表示上证 180 指数、证券基金指数和地产指数的投资权重,γ 为投资组合在 $\alpha=10\%$ 水平下的保险收益。

表 9.2 中的数据为根据定理 9.9 中的公式计算所得结果。

表 9.3 中的数据为根据定理 8.11 中的公式计算所得结果。

比较表 9.2 和表 9.3 中的数值结果可以发现,贷款限制给 MSF 投资者的投资效率造成了损失,贷款限制条件下的 MSF 有效资产组合相对于无贷款限制下的 MSF 有效资产组合而言是低效的(夏普比率更低),无论依据安全首要准则还是均值-方差准则。图 9.4 给出了 MSF 有效前沿的直观展示,其中实线为有贷款限制时的 MSF 有效前沿,虚线为无贷款限制时的 MSF 有效前沿。由于$\frac{a-br_b}{b-cr_b}+\frac{\theta s_b}{b-cr_b}=0.0795$,因此图 9.4 可直观地显示,在存在贷款限制情形下期望收益 $\mu>0.0795$ 时的资产组合与不存在贷款限制情形下期望收益 $\mu>0.0795$ 时的资产组合相比是低效率的。

此外,由于$z_\alpha=-0.24011$ 对应的 $\alpha=40.5122\%$,$z_\alpha=-0.18038$ 对应的 $\alpha=42.8427\%$,$z_\alpha=-0.21844$ 对应的 $\alpha=41.3543\%$,因此由定理 9.10 知,$\mu>\frac{a-br_l}{b-cr_l}=0.0301$ 对应的资产组合对于 $\alpha>40.5122\%$的安全首要投资者都是 MSF 非有效的,表 9.2 和表 9.3 中的 $\mu>0.0795$ 对应的资产组合对于 $\alpha>41.3543\%$的安全首要投资者都是 MSF 非有效的。

9.5.2 政策启示

本研究通过建立改进的安全首要模型,在借贷利率不等且贷款额度受限的情形下给出了最优投资组合和 MSF 有效前沿的封闭解,并进一步分析了借贷利率相对大小与贷款限额对 MSF 投资行为的影响。Obiols-Homs (2011)曾经通过建立两期和多期的最优消费模型证明了贷款约束对贷款人不利而对放贷人有利,而且过紧的信贷约束不仅会使接收贷款的消费者效率损失严重也会降低全社会的福利。本章则从安全首要的视角证明了,一方面,贷款限制对投资者不利,因为会影响投资效率而降低社会福利;另一方面,贷款利率和贷款限制对调节投资者行为、防范风险投资市场的过度投资引起的信贷风险,具有积极的作用。所得结果具有如下的政策启示:第一,过高的存款利率不利于刺激投资者的风险投资行为,存款利率过高不仅可能导致投资者放弃用自有资金对风险资产进行投资,甚至还可能引起投资者大量卖空风险资产的行为,不利于经济实体的融资和发展;只有适度的存款利率才可以有效调节投资者自有资金在预防储蓄和风险资产之间的配置。第

表 9.2　有贷款限制时的 MSF 有效资产组合(α=10%)

ω_{01}	ω_1	ω_2	ω_3	ω_{02}	γ	m	$\sigma_{\bar{\omega}}$
0.5401	−1.1585	1.6144	0.0040	0.0000	−0.0543	0.0150	0.0537
0.3618	−1.6075	2.2402	0.0056	0.0000	−0.0762	0.0200	0.0745
0.0053	−2.5056	3.4916	0.0087	0.0000	−0.1199	0.0300	0.1162
0.0000	−2.6380	3.6289	0.0091	0.0000	−0.1243	0.0310	0.1204
0.0000	−2.7778	3.7683	0.0094	0.0000	−0.1289	0.0320	0.1247
0.0000	−2.9176	3.9078	0.0098	0.0000	−0.1336	0.0330	0.1291
0.0000	−3.0573	4.0472	0.0102	0.0000	−0.1383	0.0340	0.1336
0.0000	−3.7141	4.8799	0.0123	0.1781	−0.1678	0.0400	0.1611
0.0000	−4.2419	5.5735	0.0140	0.3456	−0.1923	0.0450	0.1839
0.0000	−4.7698	6.2670	0.0158	0.5130	−0.2168	0.0500	0.2068
0.0000	−5.3799	6.9623	0.0176	0.6805	−0.2413	0.0550	0.2297
0.0000	−5.8255	7.6542	0.0193	0.8479	−0.2659	0.0600	0.2526
0.0000	−6.8813	9.0413	0.0228	1.1828	−0.3149	0.0700	0.2984
0.0000	−7.9551	10.4288	0.0263	1.5000	−0.3640	0.0800	0.3442
0.0000	−8.6540	11.1259	0.0281	1.5000	−0.3890	0.0850	0.3675
0.0000	−9.3529	11.8229	0.0300	1.5000	−0.4148	0.0900	0.3913

表 9.3 无贷款限制时的 MSF 有效资产组合(α=10%)

ω_{01}	ω_1	ω_2	ω_3	ω_{02}	γ	m	$\sigma_{\bar{\omega}}$
0.5401	−1.1585	1.6144	0.0040	0.0000	−0.0543	0.0150	0.0537
0.3618	−1.6075	2.2402	0.0056	0.0000	−0.0762	0.0200	0.0745
0.0053	−2.5056	3.4916	0.0087	0.0000	−0.1199	0.0300	0.1162
0.0000	−2.6380	3.6289	0.0091	0.0000	−0.1243	0.0310	0.1204
0.0000	−2.7778	3.7683	0.0094	0.0000	−0.1289	0.0320	0.1247
0.0000	−2.9176	3.9078	0.0098	0.0000	−0.1336	0.0330	0.1291
0.0000	−3.0573	4.0472	0.0102	0.0000	−0.1383	0.0340	0.1336
0.0000	−3.7141	4.8799	0.0123	0.1781	−0.1678	0.0400	0.1611
0.0000	−4.2419	5.5735	0.0140	0.3456	−0.1923	0.0450	0.1839
0.0000	−4.7698	6.2670	0.0158	0.5130	−0.2168	0.0500	0.2068
0.0000	−5.3799	6.9623	0.0176	0.6805	−0.2413	0.0550	0.2297
0.0000	−5.8255	7.6542	0.0193	0.8479	−0.2659	0.0600	0.2526
0.0000	−6.8813	9.0413	0.0228	1.1828	−0.3149	0.0700	0.2984
0.0000	−7.9370	10.4284	0.0263	1.5177	−0.3640	0.0800	0.3442
0.0000	−8.4649	11.1220	0.0280	1.6851	−0.3885	0.0850	0.3671
0.0000	−8.9927	11.8156	0.0297	1.8526	−0.4130	0.0900	0.3899

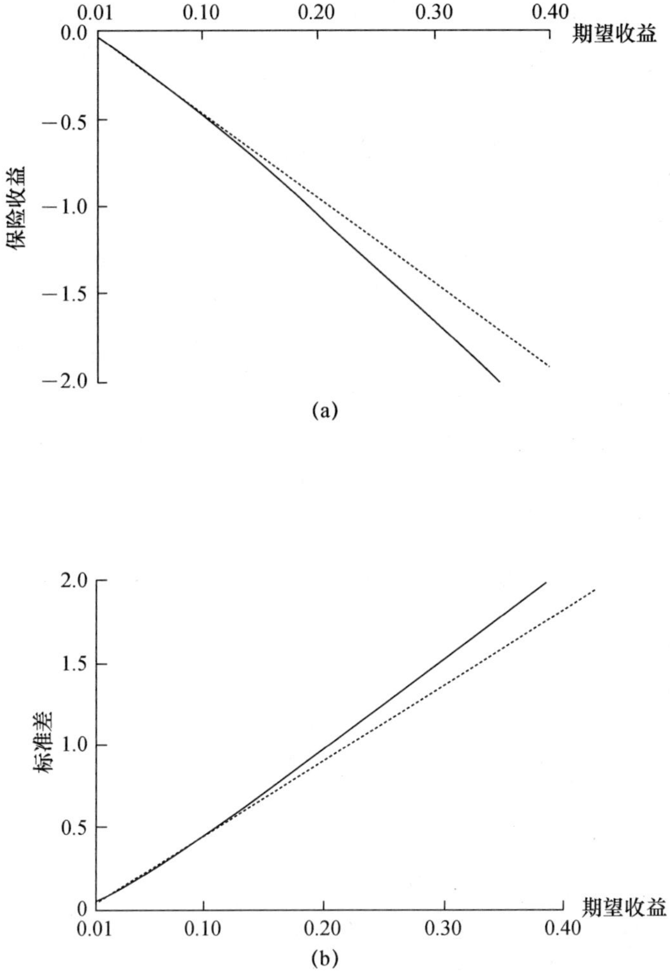

图 9.4　有、无贷款限制下的 MSF 有效前沿的比较($\alpha=10\%$)

二，贷款利率过高，贷款限额政策将无法发挥作用，这是因为更多的投资者宁愿选择相对低效的投资行为而放弃向金融机构的贷款行为，这对于投资者和金融机构都是不利的；只有适度的贷款利率，才可以有效缓解投资者的资金短缺，激发投资者选择有效的投资行为。第三，为防范金融市场系统风险，金融监管部门对市场化利率的有效干预时机取决于存贷款利率是否违背了 $r_l<r_b<b/c$ 的市场稳定性条件。第四，适度的贷款限制政策，虽然可能导致部分投资者损失投资效率，但是也有利于防止大范围投资过热现象的发生。宽松信贷政策有利于减少市场投资效率的损失，紧缩信贷政策则有利于预防信贷风险。

第10章　包含多心理子账户的MSF资产配置理论

在现实生活中，不同投资者的投资目标和风险态度存在差异，一个投资者也可能根据消费功能设置不同的（心理）子账户，每个子账户的投资目标和风险态度不同。譬如，退休基金账户，投资的风险容忍度低；教育基金账户，投资的风险容忍度适中；遗赠账户，投资的风险容忍度高，甚至可能喜好风险。又譬如社保基金的五个账户——养老基金、医疗基金、失业基金、工伤基金、生育基金，投资的目标和风险容忍程度存在差异。心理子账户之间的资产可能是相关的，也可能是不相关的。

Das等(2010)结合Markowitz(1952)的均值-方差投资组合理论(MVT)与Shefrin和Statman (2000)的行为投资组合理论(Behavior Portfolio Theory，BPT)，提出了包含心理账户(Mental Account，MA)的资产配置框架。MVT投资者在均值-方差有效前沿上根据其对收益与风险的权衡决定最优资产配置，但是很难精确地给出一个以方差为单位而设定的风险厌恶系数。BPT投资者把总资产分配在多个心理账户中，不同心理子账户具有不同的风险态度和收益目标，投资者总账户资产的配置采用各个心理子账户资产配置的直接合成，不考虑心理子账户之间投资收益的相关性，子账户的最优资产配置与其风险（方差）相匹配且尽可能实现期望收益的最大化。然而，让投资者陈述一个目标收益阈值和一个不能实现目标收益的最大概率水平，相对于陈述一个风险厌恶系数而言要容易得多，析出子账户投资组合选择的风险态度与析出总账户投资组合选择的风险态度相比也容易得多。因此，在MA的分析框架中，投资者首先将金融资产划分到若干心理子账户，每个子账户的投资组合有一个目标收益阈值，风险态度（风险容忍水平）用实际收益低于目标收益阈值的概率来表示，子账户的资产配置依据TSF准则，总账户的资产配置采用子账户中投资组合的汇总生成。Das等(2010)的研究表明，在没有卖空限制的情形下，由子账户投资组合汇总生成的总资产组合是均值-方差有效的，而当总账户存在卖空限制时，不受卖空限制的子账户组合汇总生成的总资产组合可能存在微小的效率损失（夏普比率意义下）。在Das等(2010)的MA分析框架的基础上，Alexander和Baptista (2011)考虑了多个投资代理人的资产配置优化问题。Baptista(2012)在每个心理子账户中引入了不同的加法背景风险。Jiang 等(2013)则在每个子账户中引入了乘法背景风险。与前者不同,Jiang 等(2013)假设不同账户的投资市场不同,而且在模型中包含了一种无风险资产。

在前面几章中,我们已经介绍了 MSF 资产配置理论,本章将借鉴 MA 分析框架,在 MSF 资产配置理论的基础上,引入多个心理账户,分析子账户 MSF 有效资产配置与总账户 MSF 有效资产配置之间的联系。与既有文献不同,本章考虑的包含多个心理账户的模型不包含背景风险但包含一个无风险资产,同时增加了不允许无风险借贷的投资约束。

10.1　假设与模型

假设 10.1　投资市场中包含 $N\geqslant 2$ 种期望收益不全相同的风险资产和一种无风险资产,只考虑单期的投资决策。

记风险资产的收益率为 $N\times 1$ 维随机向量 $R=(R_1,R_2,\cdots,R_N)'$,其中 R_i 为第 i 种风险资产 S_i 的收益率随机变量,相应的期望收益率为 $N\times 1$ 维向量 $r=(r_1,r_2,\cdots,r_N)'$,其中 $r_i=E(R_i)$不为同一常数($i=1,2,\cdots,N$)。风险资产收益率的方差-协方差矩阵为 $N\times N$ 维正定矩阵 $\Sigma=(\sigma_{ij})_{N\times N}$,其中 $\sigma_{ij}=\mathrm{Cov}(R_i,R_j)$($i,\ j=1,2,\cdots,N$)。无风险资产 S_0 的收益率用 r_0 表示。该假设与 Das 等(2010)不同,与 Jiang 等(2013)一致,包含了一种无风险资产。

假设 10.2　投资者有 $M\geqslant 2$ 个心理账户,每个子账户的资产配置依据 MSF 准则,且不受其他子账户的影响。

在上述所提文献中,心理账户的投资遵循 TSF 准则,用(α_m,H_m)来区别不同心理账户的风险态度和收益目标,其中 H_m 为第 m 个心理子账户的设定保险收益水平;α_m 为第 m 个心理子账户中资产组合的实际收益不超过 H_m 的最大概率。由于投资组合的收益的期望水平相对于其实际收益阈值更加容易给定,因此假设 2 以($\alpha_m,\underline{r}_m$)来区别不同心理账户的风险态度和收益目标,更加可行和便于操作。其中 $\underline{r}_m$ 为第 m 个心理子账户的期望收益水平,通常不低于无风险资产的收益率,即 $\underline{r}_m\geqslant r_0$。

对于给定的 $m\in(1,2,\cdots,M)$,用 $N\times 1$ 维向量 $x_m=(x_{1,m},x_{2,m},\cdots,x_{N,m})'$表示第 m 个心理子账户内的风险资产组合,其中 $x_{i,m}$表示在第 m 个心理子账户的资产总量中第 i 种风险资产 S_i 所占的份额或者比重,$x_{0,m}=1-e'x_m$为第 m 个心理子账户内无风险资产的持有比例,$1-e'x_m>0$ 表示持有银行存款,$1-e'x_m<0$ 表示持有银行贷款或者债务,其中 $N\times 1$ 维向量 $e=(1,$

$1,\cdots,1)'$。则第 m 个心理子账户内资产的随机收益率为 $R_{x,m}\equiv r_0+x_m'(R-r_0e)$，期望收益率为 $r_{x,m}\equiv r_0+x_m'(r-r_0e)$，收益率的方差为 $\sigma_{x,m}^2\equiv x_m'\Sigma x_m$。第 m 个心理子账户内的最优风险资产组合 x_m^* 可以通过求解如下的规划问题得到。

$$\max_{x_m}\quad \underline{R}_m$$

$$\text{s. t.}\quad \begin{cases} P(R_{x,m}\leqslant \underline{R}_m)\leqslant \alpha_m \\ r_{x,m}=\underline{r}_m. \end{cases} \tag{10.1}$$

其中 $\alpha_m(0<\alpha_m<0.5)$ 和 $\underline{r}_m$ 分别表示第 m 个心理子账户的风险容忍水平和预期收益水平，$\underline{R}_m$ 为第 m 个心理子账户在 $1-\alpha_m$ 置信度下的保险收益水平，是资产配置优化的目标收益。当在第 m 个心理子账户内不允许有贷款时，应该在模型(10.1)中增加约束条件 $1-e'x_m\geqslant 0$。

下面用 $y_m\geqslant 0$ 表示第 m 个心理子账户内的资产总额占总账户资产额的比例$(m=1,2,\cdots,M)$，则 $\sum_{m=1}^{M}y_m=1$。类似 Das 等(2010)、Alexander 和 Baptista(2011)以及 Baptista(2012)的处理，我们也将在 $y_m(m=1,2,\cdots,M)$ 是外生的情形下，分析包含子账户的总账户投资组合的性质。

显然，包含 M 个子账户的总账户内的风险资产组合可以表示为 $N\times 1$ 维向量 $w_A\equiv(w_1,w_2,\cdots,w_N)'=\sum_{m=1}^{M}y_mx_m$，其中 $w_i=\sum_{m=1}^{M}y_mx_{i,m}$ 为在总账户资产中第 i 种风险资产 S_i 所占的份额或者比重$(i=1,2,\cdots,N)$；$w_0=1-e'w_A=\sum_{m=1}^{M}y_m(1-e'x_m)$ 为总账户内无风险资产的持有份额，$1-e'w_A>0$ 表示储蓄份额，$1-e'w_A<0$ 表示债务份额；而且总账户内资产的实际收益率为 $R_A\equiv r_0+w_A'(R-r_0e)=\sum_{m=1}^{M}y_mR_{x,m}$，期望收益率为 $r_A\equiv r_0+w_m'(r-r_0e)=\sum_{m=1}^{M}y_mr_{x,m}$，实际收益率的方差为 $\sigma_A^2\equiv w_m'\Sigma w_m=\sum_{m=1}^{M}y_m^2\sigma_{x,m}^2+\sum_{i>j=1}^{M}y_iy_jV_{ij}$，其中 $V_{ij}=\mathrm{Cov}(R_{x,i},R_{x,j})=x_i'\Sigma x_j(i,j=1,2,\cdots,M)$。

假设投资者的风险容忍水平为 $\alpha(0<\alpha<0.5)$，投资者对总账户资产的期望收益水平为 $\underline{r}\geqslant r_0$，用 $\underline{R}$ 表示总账户资产在 $1-\alpha$ 置信水平下的保险收益。投资者将总账户资金配置到 N 种风险资产和一种无风险资产上，并希望总账户的资产配置使得 $\underline{R}$ 尽可能高。由于对于一个含有子账户的总账户，必须首先满足子账户的收益和风险偏好，总账户的风险容忍水平 $\alpha(0<\alpha<0.5)$ 应该与子账户的风险容忍水平 $\alpha_m(m=1,2,\cdots,M)$ 有关，或者由子账户的风险容忍水平确定，即 $\alpha=\alpha(\alpha_1,\alpha_2,\cdots,\alpha_M)$，其期望收益水平也与子账户的期望

收益水平有关，显然 $\underline{r} = \sum_{m=1}^{M} y_m \underline{r}_m$。因此，在含有子账户的总账户内，风险资产的最优组合 w_A^* 应该是 MSF 有效的，且是如下规划问题的解。

$$\max_{w_A} \quad \underline{R}$$
$$\text{s.t.} \quad \begin{cases} P(R_A \leqslant \underline{R}) \leqslant \alpha = \alpha(\alpha_1, \alpha_2, \cdots, \alpha_M) \\ r_A = \underline{r} = \sum_{m=1}^{M} y_m \underline{r}_m. \end{cases} \tag{10.2}$$

当在总账户内不允许有贷款时，应该在模型(10.2)中增加约束条件 $1 - e'w_A \geqslant 0$。

通常 $\alpha(\alpha_1, \alpha_2, \cdots, \alpha_M)$ 比较复杂，而且并不唯一。因此，我们将要分析是否存在 α 和 w_A^*，使得 $w_A^* = \sum_{m=1}^{M} y_m x_m^*$。如果存在的话，则包含(心理)子账户的总账户中的投资组合将是 MSF 有效的，因此也是均值-方差有效的。

假设 10.3　市场中 N 种风险资产的收益向量服从椭球分布。

该假设包含了上述文献中采用的正态分布假设。在该假设下，账户中资产的收益率将服从位置-刻度分布，沿用第 6 章的记号，$P(R_{x,m} \leqslant \underline{R}_m) \leqslant \alpha_m$ 将等价于 $\underline{R}_m \leqslant r_{x,m} + k_{\alpha_m} \sigma_{x,m}$，$P(R_A \leqslant \underline{R}) \leqslant \alpha$ 将等价于 $\underline{R} \leqslant r_A + k_\alpha \sigma_A$，其中 k_{α_m} 和 k_α 分别由相应的风险容忍水平 α_m 和 α 以及分布生成并唯一确定。特别地，在正态分布情形下，$k_\alpha = \Phi^{-1}(\alpha)$ 即标准正态分布的下侧 α 分位点。一般地，记 $\alpha = F(k_\alpha)$ 或者 $k_\alpha = F^{-1}(\alpha)$。

因此，模型(10.1)和模型(10.2)分别可以化简为如下的单个子账户模型(10.3)与由子账户合成的总账户模型(10.4)。

$$\max_{x_m} \quad \underline{R}_m$$
$$\text{s.t.} \quad \begin{cases} \underline{R}_m \leqslant r_0 + x_m'(r - r_0 e) + k_{\alpha_m} \sqrt{x_m' \Sigma x_m} \\ r_0 + x_m'(r - r_0 e) = \underline{r}_m. \end{cases} \tag{10.3}$$

$$\max_{w_A} \quad \underline{R}$$
$$\text{s.t.} \quad \begin{cases} \underline{R} \leqslant r_0 + w_A'(r - r_0 e) + k_\alpha \sqrt{w_A' \Sigma w_A} \\ r_0 + w_A'(r - r_0 e) = \underline{r} = \sum_{m=1}^{M} y_m \underline{r}_m \\ \alpha = \alpha(\alpha_1, \alpha_2, \cdots, \alpha_M). \end{cases} \tag{10.4}$$

当在第 m 个心理子账户内不允许有贷款时，应该在模型(10.3)中增加约束条件 $1 - e'x_m \geqslant 0$。当在总账户内不允许有贷款时，应该在模型(10.4)中增加

约束条件 $1-e'w_A\geqslant 0$。

显然模型(10.3)与模型(10.4)的形式相同。分别根据模型(10.3)与模型(10.4)可以得到各个心理子账户与总账户的有效(或者在给定预期收益下最优的)投资组合策略。

那么,类似于有关文献的研究,我们将要考虑:直接由心理子账户合成的投资组合策略是否是总账户的有效投资组合?两者一致的条件是什么?不允许无风险借贷会有怎样的影响?

为方便叙述,仍沿用如下记号:

$a=r'\Sigma^{-1}r, b=r'\Sigma^{-1}e, c=e'\Sigma^{-1}e, d=ac-b^2, s_0=a-2br_0+cr_0^2.$

10.2　允许无风险借贷时的 MSF 资产配置

10.2.1　心理子账户内的 MSF 资产配置

利用第 7 章的分析结论,在没有借贷限制且借与贷利率相等情形下,如果$\underline{r}_m\geqslant r_0$,则仅当 $k_{\alpha_m}<-\sqrt{s_0}$时第 m 个心理子账户内存在唯一的也是有效的 MSF 资产配置。由模型(10.3)得到的子账户内的最优风险资产组合为

$$x_m^* = \frac{(\underline{r}_m - r_0)\Sigma^{-1}(r-r_0e)}{s_0}. \tag{10.5}$$

$x_{0,m}^*=1-e'x_m^*$ 为第 m 个心理子账户内无风险资产的持有比例。该子账户内资产的期望收益、实际收益的标准差和保险收益分别为

$$r_{x,m}^* = \underline{r}_m,\quad \sigma_{x,m}^* = \frac{\underline{r}_m - r_0}{\sqrt{s_0}},\quad \underline{R}_m^* = \underline{r}_m + \frac{k_{\alpha_m}(\underline{r}_m - r_0)}{\sqrt{s_0}}. \tag{10.6}$$

于是通过合成 $M(M\geqslant 2)$个心理子账户内的风险资产,可得到总账户内的风险资产组合为

$$\sum_{m=1}^{M} y_m x_m^* = \frac{\left(\sum_{m=1}^{M} y_m \underline{r}_m - r_0\right)\Sigma^{-1}(r-r_0e)}{s_0}. \tag{10.7}$$

10.2.2　总账户的 MSF 资产配置及与子账户策略的关系

同样利用第 7 章的结论,依据 MSF 准则,当且仅当 $k_\alpha<-\sqrt{s_0}$且 $\underline{r}\geqslant r_0$时总账户内最优的风险资产组合存在而且唯一。由模型(10.4)得到的总账户内的最优风险资产组合为

$$w_A^* = \frac{(\underline{r} - r_0)\Sigma^{-1}(r-r_0e)}{s_0}, \tag{10.8}$$

其中

$$\underline{r} = \sum_{m=1}^{M} y_m \underline{r}_m 。w_0^* = 1 - e'w_A^* = \sum_{m=1}^{M} y_m (1 - e'x_m^*)$$

为总账户内无风险资产持有的比例。与此对应，总账户内资产的期望收益、实际收益的标准差和保险收益分别为

$$r_A^* = \underline{r}, \quad \sigma_A^* = \frac{\underline{r} - r_0}{\sqrt{s_0}}, \quad \underline{R}^* = \underline{r} + \frac{k_\alpha(\underline{r} - r_0)}{\sqrt{s_0}}. \tag{10.9}$$

比较式(10.7)和式(10.8)易见，$w_A^* = \sum_{m=1}^{M} y_m x_m^*$。比较式(10.9)和式(10.6)易见，$\sigma_A = \sum_{m=1}^{M} y_m \sigma_{x,m}$，当 $\alpha_1 = \alpha_2 = \cdots = \alpha_M = \alpha$ 时，$\underline{R}^* = \sum_{m=1}^{M} y_m \underline{R}_m^*$。

于是，在允许无风险借贷情形下，我们得到如下的关系定理。

定理 10.1　如果 $\alpha_1 = \alpha_2 = \cdots = \alpha_M = \alpha < F(-\sqrt{s_0})$，则由所有心理子账户的 MSF 有效资产配置策略直接合成的策略也是总账户的 MSF 有效资产配置策略。总账户的资产配置可以通过对子账户的资产配置实现最优，总账户风险资产组合与子账户风险资产组合之间的关系可以表示为 $w_A = \sum_{m=1}^{M} y_m x_m$，实际收益率的期望值之间的关系为 $r_A = \sum_{m=1}^{M} y_m r_{x,m}$，实际收益率的标准差之间的关系为 $\sigma_A = \sum_{m=1}^{M} y_m \sigma_{x,m}$，保险收益之间的关系为 $\underline{R} = \sum_{m=1}^{M} y_m \underline{R}_m$。□

定理 10.1 表明，只要各个心理子账户的风险容忍水平与总账户的风险容忍水平一致，总账户的资产配置是可以通过子账户的资产配置实现最优的。也就是说，对于给定的 α 和 $\underline{r}$ 水平，利用单一总账户模型得到的最优组合策略与利用多个心理子账户得到的总合成账户策略具有相同的保险收益水平，在 MSF 有效前沿上两者完全一致。

然而，在实际应用中，对于不同的心理子账户$(m=1,2,\cdots,M)$，$(\alpha_m, \underline{r}_m)$往往取不同的值。那么总资产的配置能否依据心理子账户的资产配置合成得到呢？关于此问题的回答，我们有如下的定理。

定理 10.2　如果对于第 m 个心理子账户，有 $\alpha_m < F(-\sqrt{s_0})$，$\underline{r}_m \geqslant r_0$ $(m=1,2,\cdots,M)$，则由所有心理子账户的 MSF 有效资产配置策略直接合成的策略也是总账户的一个 MSF 有效资产配置策略，且总账户的风险资产组合为 $w_A^* = \sum_{m=1}^{M} y_m x_m^*$，其中 x_m^* 是由式(10.5)确定的第 m 个心理子账户的风

险资产组合。

[证明]　由于 $\underline{r}_m \geqslant r_0$，$\underline{r} = \sum_{m=1}^{M} y_m \underline{r}_m$，因此 $\underline{r} \geqslant r_0$。根据定理 7.2，对于任意的 α，只要 $\alpha < F(-\sqrt{s_0})$，就存在 MSF 有效的投资组合策略，其中的风险资产组合由式(10.8)给出，故 $w_A^* = \sum_{m=1}^{M} y_m x_m^*$。实际上，对于任意的 $\alpha \leqslant \max(\alpha_1, \alpha_2, \cdots, \alpha_M)$，均满足 $\alpha < F(-\sqrt{s_0})$。因此，由心理子账户合成的资产配置策略必是总账户中 MSF 有效的一个资产配置策略。□

在实际应用中，当存在心理子账户时想精确设定$(\alpha, \underline{r})$比较困难，但是设定$(\alpha_m, \underline{r}_m)(m=1,2,\cdots,M)$相对容易。定理 10.2 表明，在允许无风险借贷且借与贷利率相同的情形下，总账户可以通过多个心理子账户内的组合资产的合成来实现最优资产配置。对于任意的$(\alpha, \underline{r})$，由于 $\underline{r} = \sum_{m=1}^{M} y_m \underline{r}_m$，由心理子账户的最优组合资产合成的资产配置与利用单一总账户模型得到的资产配置是一致的。在允许无风险借贷且借与贷利率相同的情形下，子账户的资产配置以及由此合成的总账户的资产配置都是各自风险容忍水平下 MSF 有效的，因此也是均值-方差有效的。

10.3　不允许无风险贷款时的 MSF 资产配置

在第 8 章中我们讨论了不允许无风险贷款时单一账户的 MSF 资产配置，本节将讨论在不允许无风险贷款的情形下，如果投资者存在多个心理子账户，采取子账户策略的合成构造总账户的资产配置方案是否能实现总账户的最优资产配置？

10.3.1　当 $r_0 \geqslant \frac{b}{c}$ 时子账户策略与总账户策略的关系

假设 $r_0 \geqslant \frac{b}{c}$，不允许无风险贷款，则由第 8 章的定理 8.4 知，当且仅当 $k_\alpha < -\sqrt{s_0}$ 时，对于任意给定的期望收益 $\underline{r} \geqslant r_0$，包含无风险贷款约束的总账户模型(10.4)存在唯一的也是 MSF 有效的最优风险资产配置，可表示为

$$w_A = (\underline{r} - r_0)\Sigma^{-1}(r - r_0 e)/s_0. \tag{10.10}$$

同样，对于任意一个心理子账户$(\alpha_m, \underline{r}_m)(m=1,2,\cdots,M)$，其中 $\underline{r}_m \geqslant r_0$，当且仅当 $k_{\alpha_m} < -\sqrt{s_0}$ 时，包含无风险贷款约束的子账户模型(10.3)存在唯一的也是 MSF 有效的最优风险资产配置，可表示为

$$x_m=(\underline{r}_m-r_0)\Sigma^{-1}(r-r_0e)/s_0. \tag{10.11}$$

由于 $\underline{r}=\sum_{m=1}^{M}y_m\underline{r}_m$，显然有 $w_A=\sum_{m=1}^{M}y_mx_m$。因此，定理 10.1 和定理 10.2 的结论依然成立。也就是说，当 $r_0\geqslant\frac{b}{c}$ 时，如果投资者存在多个心理子账户，采取子账户策略的合成构造总账户的资产配置方案可以实现总账户的最优资产配置。

与 10.2 节的内容比较可以发现，当 $r_0\geqslant\frac{b}{c}$ 时，无风险贷款的约束对单个子账户和总账户的 MSF 资产配置都不起作用，即考虑无风险贷款约束与不考虑无风险贷款约束的最优资产配置是相同的。而且当 $r_0\geqslant\frac{b}{c}$ 时，无论子账户是否允许无风险贷款，不允许无风险贷款条件下的总账户资产配置策略都可以由子账户的资产配置策略合成来实现最优化。因此，我们得到如下定理。

定理 10.3　如果 $r_0\geqslant\frac{b}{c}$，且总账户及其包含的心理子账户的风险容忍水平满足

$$\alpha\leqslant\max(\alpha_1,\alpha_2,\cdots,\alpha_M)<F(-\sqrt{s_0}),$$

则无论每个独立子账户是否存在不允许无风险贷款的限制，由子账户的 MSF 有效资产配置合成的总账户资产配置一定是 MSF 有效的，因而也是均值-方差有效的。也就是说，在 MSF 准则下，包含独立心理子账户的总账户资产配置可以通过子账户的最优资产配置来实现最优。□

与定理 10.2 相比可以发现，当 $r_0\geqslant\frac{b}{c}$ 时，不允许无风险贷款并不会对总账户的投资效率产生影响。

10.3.2　当 $r_0<\frac{b}{c}$ 时子账户策略与总账户策略的关系

假设 $r_0<\frac{b}{c}$，不允许无风险贷款，则根据定理 8.2 以及定理 8.4 至定理 8.6 知，当且仅当 $k_\alpha<-\sqrt{\frac{d}{c}}$ 时，不考虑心理账户的单一总账户模型存在最优的也是 KSF 有效的风险资产配置策略。如果总账户的风险容忍水平 α 满足 $k_\alpha<-\sqrt{s_0}$，则总账户 KSF 有效的风险资产组合策略为

$$w_A=\begin{cases}\dfrac{(\underline{r}-r_0)\Sigma^{-1}(r-r_0e)}{s_0}, & \text{当 } r_0\leqslant\underline{r}\leqslant\dfrac{a-br_0}{b-cr_0}\text{时}\\ \left(\dfrac{\underline{r}c-b}{d}\right)\Sigma^{-1}r+\left(\dfrac{a-\underline{r}b}{d}\right)\Sigma^{-1}e, & \text{当}\underline{r}\geqslant\dfrac{a-br_0}{b-cr_0}\text{时}.\end{cases}\tag{10.12}$$

如果总账户的风险容忍水平满足$-\sqrt{s_0}\leqslant k_\alpha\leqslant-\sqrt{\dfrac{d}{c}}$，则 KSF 有效的风险资产组合策略为

$$w_A=\left(\frac{\underline{r}c-b}{d}\right)\Sigma^{-1}r+\left(\frac{a-\underline{r}b}{d}\right)\Sigma^{-1}e,$$

其中

$$\underline{r}\geqslant\frac{b}{c}+\frac{d}{c\sqrt{ck_\alpha^2-d}}\geqslant\frac{a-br_0}{b-cr_0}.\tag{10.13}$$

此时账户内的资产配置不包含无风险资产。在其他情形，将不存在 MSF 有效的资产组合。

接下来，我们具体地讨论总账户策略及其与子账户策略的关系。

首先，我们假设在总账户中的各个心理子账户都不允许无风险贷款，比如社保基金的投资问题。

（1）假设单个心理子账户的风险容忍水平 α_m 满足 $k_{\alpha_m}<-\sqrt{s_0}$，且期望收益满足 $r_0\leqslant\underline{r}_m\leqslant\dfrac{a-br_0}{b-cr_0}$，$m=1,2,\cdots,M$，则

$$x_m=\frac{(\underline{r}_m-r_0)\Sigma^{-1}(r-r_0e)}{s_0},m=1,2,\cdots,M.$$

由于 $r_0\leqslant\underline{r}=\sum\limits_{m=1}^{M}y_m\underline{r}_m\leqslant\dfrac{a-br_0}{b-cr_0}$，因此

$$\sum_{m=1}^{M}y_mx_m=\sum_{m=1}^{M}y_m\frac{(\underline{r}_m-r_0)\Sigma^{-1}(r-r_0e)}{s_0}=\frac{(\underline{r}-r_0)\Sigma^{-1}(r-r_0e)}{s_0}=w_A.$$

此式表明，由子账户 MSF 有效的资产组合汇总的总账户的资产组合，与在 α 满足 $k_\alpha<-\sqrt{s_0}$ 条件下的总账户的 MSF 有效资产组合一致。于是，我们有如下的定理：

定理 10.4　如果 $r_0<\dfrac{b}{c}$，总账户中的各个心理子账户都不允许无风险贷款，且$(\alpha_m,\underline{r}_m)$满足 $k_{\alpha_m}<-\sqrt{s_0}$ 和 $r_0\leqslant\underline{r}_m\leqslant\dfrac{a-br_0}{b-cr_0}$（$m=1,2,\cdots,M$），$\alpha\leqslant\max(\alpha_1,\alpha_2,\cdots,\alpha_M)$，则由子账户的 MSF 资产配置形成的总账户资产配置是 MSF 有效的，因而也是均值-方差有效的。总账户的资产配置可以通过对心理子账户进行最优资产配置来实现整体最优。□

(2) 假设单个心理子账户的风险容忍水平 α_m 满足 $k_{\alpha_m} < -\sqrt{s_0}$，且期望收益满足 $\underline{r}_m \geqslant \frac{a-br_0}{b-cr_0}$。此时，

$$x_m = \left(\frac{\underline{r}_m c - b}{d}\right)\Sigma^{-1} r + \left(\frac{a - \underline{r}_m b}{d}\right)\Sigma^{-1} e, m = 1,2,\cdots,M.$$

由于 $\underline{r} = \sum_{m=1}^{M} y_m \underline{r}_m \geqslant \frac{a-br_0}{b-cr_0}$，因此，只要 α 满足 $k_\alpha < -\sqrt{s_0}$，就有 $\sum_{m=1}^{M} y_m x_m = \sum_{m=1}^{M} y_m \left(\frac{\underline{r}_m c - b}{d}\right)\Sigma^{-1} r + \sum_{m=1}^{M} y_m \left(\frac{a - \underline{r}_m b}{d}\right)\Sigma^{-1} e = \left(\frac{\underline{r} c - b}{d}\right)\Sigma^{-1} r + \left(\frac{a - \underline{r} b}{d}\right)\Sigma^{-1} e = w_A$.

因此有如下定理。

定理 10.5　如果 $r_0 < \frac{b}{c}$，总账户中的各个心理子账户都不允许无风险贷款，且 $(\alpha_m, \underline{r}_m)$ 满足 $k_{\alpha_m} < -\sqrt{s_0}$ 和 $\underline{r}_m \geqslant \frac{a-br_0}{b-cr_0}$ $(m=1,2,\cdots,M)$，而且 $\alpha \leqslant \max(\alpha_1, \alpha_2, \cdots, \alpha_M)$，则由子账户的 MSF 资产配置形成的总账户资产配置是 MSF 有效的，因而也是均值-方差有效的。总账户的资产配置可以采取对心理子账户的最优资产配置来实现整体最优。□

值得注意的是，如果 $r_0 < \frac{b}{c}$，总账户中的各个心理子账户都不允许无风险贷款。尽管总账户的各个心理子账户的风险容忍水平一致，即 $\alpha_1 = \alpha_2 = \cdots = \alpha_M < -\sqrt{s_0}$，只要同时存在预期收益满足 $\underline{r}_m \geqslant \frac{a-br_0}{b-cr_0}$ $(m=1, 2,\cdots,l<M)$ 和 $r_0 \leqslant \underline{r}_m \leqslant \frac{a-br_0}{b-cr_0}$ $(m=l+1,l+2,\cdots,M)$ 的不同子账户，就无法确保得到与允许无风险贷款情形下的定理 10.1 相同的结论。也就是说，由心理子账户的最优资产配置汇总得到的总账户资产配置并不一定是总账户 MSF 有效的，因而也不是均值-方差有效的。因为

$$\sum_{m=1}^{l} y_m x_m + \sum_{m=l+1}^{M} y_m x_m = \sum_{m=1}^{l} y_m \frac{(\underline{r}_m - r_0)\Sigma^{-1}(r - r_0 e)}{s_0} + \sum_{m=l+1}^{M} y_m \left(\frac{\underline{r}_m c - b}{d}\right)\Sigma^{-1} r + \sum_{m=l+1}^{M} y_m \left(\frac{a - \underline{r}_m b}{d}\right)\Sigma^{-1} e,$$

其不会等于 $\left(\frac{\underline{r} c - b}{d}\right)\Sigma^{-1} r + \left(\frac{a - \underline{r} b}{d}\right)\Sigma^{-1} e$，故只要出现 $\underline{r} = \sum_{m=1}^{M} y_m \underline{r}_m \geqslant \frac{a-br_0}{b-cr_0}$，$\sum_{m=1}^{l} y_m x_m + \sum_{m=l+1}^{M} y_m x_m$ 就不会是总账户的一个 MSF 有效的风险资产组合。

(3) 假设单个心理子账户的风险容忍水平 α_m 满足 $-\sqrt{s_0}\leqslant k_{\alpha_m}<-\sqrt{\frac{d}{c}}$，且期望收益满足 $\underline{r}_m\geqslant\frac{b}{c}+\frac{d}{c\sqrt{ck_{\alpha_m}^2-d}}\left(\geqslant\frac{a-br_0}{b-cr_0}\right)$，$m=1,2,\cdots,M$。此时，

$$x_m=\left(\frac{\underline{r}_m c-b}{d}\right)\Sigma^{-1}r+\left(\frac{a-\underline{r}_m b}{d}\right)\Sigma^{-1}e,m=1,2,\cdots,M.$$

于是

$$\begin{aligned}\sum_{m=1}^{M}y_m x_m&=\sum_{m=1}^{M}y_m\left(\frac{\underline{r}_m c-b}{d}\right)\Sigma^{-1}r+\sum_{m=1}^{M}y_m\left(\frac{a-\underline{r}_m b}{d}\right)\Sigma^{-1}e\\&=\left(\frac{\underline{r}c-b}{d}\right)\Sigma^{-1}r+\left(\frac{a-\underline{r}b}{d}\right)\Sigma^{-1}e.\end{aligned}$$

其中 $\underline{r}=\sum_{m=1}^{M}y_m\underline{r}_m\geqslant\frac{a-br_0}{b-cr_0}$。故存在 α 满足 $-\sqrt{s_0}\leqslant k_\alpha\leqslant-\sqrt{\frac{d}{c}}$，使得 $\underline{r}\geqslant\frac{b}{c}+\frac{d}{c\sqrt{ck_\alpha^2-d}}$。特别地，当 $k_\alpha=-\sqrt{s_0}$ 时有 $\frac{b}{c}+\frac{d}{c\sqrt{ck_\alpha^2-d}}=\frac{a-br_0}{b-cr_0}$。在总账户中的心理子账户中，既有风险容忍水平较高的，也有较低的，即 $\min(\alpha_1,\alpha_2,\cdots,\alpha_M)\leqslant\alpha\leqslant\max(\alpha_1,\alpha_2,\cdots,\alpha_M)$，此时 $-\sqrt{s_0}\leqslant k_\alpha\leqslant-\sqrt{\frac{d}{c}}$ 条件自然满足，于是由子账户资产组合汇总得到的总账户资产组合正是总账户的一个 MSF 有效资产组合。因此有如下的定理。

定理 10.6　如果 $r_0<\frac{b}{c}$，总账户中的各个心理子账户都不允许无风险贷款，且 $(\alpha_m,\underline{r}_m)$ 满足 $-\sqrt{s_0}\leqslant k_{\alpha_m}<-\sqrt{\frac{d}{c}}$ 和 $\underline{r}_m\geqslant\frac{b}{c}+\frac{d}{c\sqrt{ck_{\alpha_m}^2-d}}$ $(m=1,2,\cdots,M)$，而且 $\min(\alpha_1,\alpha_2,\cdots,\alpha_M)\leqslant\alpha\leqslant\max(\alpha_1,\alpha_2,\cdots,\alpha_M)$，则由子账户的 MSF 资产配置形成的总账户资产配置是 MSF 有效的，因而也是均值-方差有效的。总账户的资产配置可以采取对心理子账户的最优资产配置来实现整体最优。□

同样值得注意的是，如果 $r_0<\frac{b}{c}$，总账户中的各个心理子账户都不允许无风险贷款，而且在总账户的全部心理子账户中，既存在具有较低风险容忍水平即满足 $k_{\alpha_m}<-\sqrt{s_0}$ 的心理子账户 $(m=1,2,\cdots,l<M)$，也存在具有较高风险容忍水平即满足 $-\sqrt{s_0}\leqslant k_{\alpha_m}<-\sqrt{\frac{d}{c}}$ 的心理子账户 $(m=l+1,l+2,\cdots,M)$，则由心理子账户的最优资产配置汇总得到的总账户资产配置也不一定是总账户 MSF 有效的，因而也不总是均值-方差有效的。此时尽管对所有的

心理子账户，其期望收益均满足 $\underline{r}_m \geqslant \frac{b}{c}+\frac{d}{c\sqrt{ck_{\alpha_m}^2-d}}$ $(m=1,2,\cdots,M)$，由于当 $k_{\alpha_m}<-\sqrt{s_0}$ 时有 $\frac{b}{c}+\frac{d}{c\sqrt{ck_{\alpha_m}^2-d}}<\frac{a-br_0}{b-cr_0}$，因此当出现 $\frac{b}{c}+\frac{d}{c\sqrt{ck_{\alpha_m}^2-d}}\leqslant \underline{r}_m<\frac{a-br_0}{b-cr_0}$ $(m=1,2,\cdots,l<M)$ 时，各个心理子账户的最优风险资产配置即 MSF 有效的风险资产组合将有如下形式：

$$x_m=\frac{(\underline{r}_m-r_0)\Sigma^{-1}(r-r_0e)}{s_0}，\text{其中 } m=1,2,\cdots,l<M;$$

$$x_m=\left(\frac{\underline{r}_m c-b)}{d}\right)\Sigma^{-1}r+\left(\frac{a-\underline{r}_m b}{d}\right)\Sigma^{-1}e，\text{其中 } m=l+1,l+2,\cdots,M。$$

相应地，总账户中持有的风险资产组合将为

$$\sum_{m=1}^{l} y_m x_m+\sum_{m=l+1}^{M} y_m x_m$$
$$=\sum_{m=1}^{l} y_m \frac{(\underline{r}_m-r_0)\Sigma^{-1}(r-r_0e)}{s_0}+\sum_{m=l+1}^{M} y_m\left(\frac{\underline{r}_m c-b}{d}\right)\Sigma^{-1}r+$$
$$\sum_{m=l+1}^{M} y_m\left(\frac{a-\underline{r}_m b}{d}\right)\Sigma^{-1}e.$$

注意到在账户 $m=1,2,\cdots,l$ 的资产配置中包含无风险资产，但在其他账户的资产配置中不包含无风险资产，因此上式不满足 $\left(\frac{\underline{r}c-b}{d}\right)\Sigma^{-1}r+\left(\frac{a-\underline{r}b}{d}\right)\Sigma^{-1}e$。故如果出现 $\underline{r}=\sum_{m=1}^{M} y_m \underline{r}_m \geqslant \frac{a-br_0}{b-cr_0}$，则显然总账户中由子账户合成的资产组合不在 MSF 有效前沿上，因而也不是均值–方差有效的。

其次，我们假设各个心理子账户可以不受无风险贷款的限制，但是总账户不允许无风险贷款(Das, et al., 2010)。

此时包含心理子账户的有效资产配置方案，应满足如下的模型：

$$\max_{w_A}\quad \underline{R}$$

$$\text{s.t.}\quad\begin{cases}\underline{R}\leqslant r_0+w_A'(r-r_0e)+k_\alpha\sqrt{w_A'\Sigma w_A}\\ r_0+w_A'(r-r_0e)=\underline{r}=\sum_{m=1}^{M} y_m \underline{r}_m\\ 1-e'w_A\geqslant 0\\ w_A=\sum_{m=1}^{M} y_m x_m\\ \alpha=\alpha(\alpha_1,\alpha_2,\cdots,\alpha_M)\end{cases}\qquad(10.14)$$

其中 x_m 是模型(10.3)的解。

在实际中对于包含心理子账户的总账户,因为其风险容忍水平和期望收益依赖于子账户的要求,通常由于子账户投资的相对独立性,总账户的投资策略是子账户策略的合成,而不必直接求解模型(10.14)。那么,由子账户的最优资产配置方案合成的总账户资产配置方案是否是有效的或者最优的呢?

显然,在这种情形下,由于受到不允许无风险贷款的限制,总账户的投资效率相对于允许无风险贷款的情况而言会有所损失(即同样的期望收益下投资组合的实际安全收益只可能会减少而不可能会增加)。由于总账户投资是由分账户投资组合而成的,因此总账户投资效率的损失必须由某个(或某些)分账户来承担,也就是说,分账户也将受到总账户不允许无风险贷款条件的影响,不能都实现允许无风险贷款时的最优策略。反过来,如果每个子账户都能实现允许无风险贷款时的最优策略,则合成的总账户策略不一定满足模型(10.14),从而不是总账户有效的资产配置方案。

在实践中,求解模型(10.3)得到每个心理子账户的投资组合策略,如果都不存在无风险贷款,即 $1-e'x_m^*\geqslant 0\ (m=1,2,\cdots,M)$,则有 $1-e'w_A^*=\sum_{m=1}^{M}y_m(1-e'x_m^*)\geqslant 0$,因此子账户最优策略的合成 $w_A^*=\sum_{m=1}^{M}y_mx_m^*$ 也是总账户有效的。如果对某些子账户的最优策略存在无风险贷款,即 $1-e'x_j^*<0$,则当 $\sum_{m=1}^{M}y_m(1-e'x_m^*)\geqslant 0$ 时,$w_A^*=\sum_{m=1}^{M}y_mx_m^*$ 也是总账户有效的;当 $\sum_{m=1}^{M}y_m(1-e'x_m^*)<0$ 时,$w_A^*=\sum_{m=1}^{M}y_mx_m^*$ 不是总账户的一个可行投资策略。

10.4　投资效率损失与投资效率改进

10.4.1　投资效率损失的发生条件

由定理 10.1 和定理 10.2 知,在允许无风险借贷且借与贷利率相同的条件下,由子账户的最优资产配置生成的总账户的资产配置也是最优的,不仅是 MSF 有效的,也是均值-方差有效的。这个结论与 Das 等(2010)是一致的,但后者讨论的资本市场不包含无风险资产,而且没有说明总账户的资产配置也是 MSF 有效的。

由定理 10.3 知,在不允许无风险贷款的条件下,对于 $r_0\geqslant\frac{b}{c}$ 的市场情形,由子账户的最优资产配置生成的总账户的资产配置也是最优的,不仅是

MSF 有效的，也是均值-方差有效的。因此，不允许无风险贷款不会引起投资效率的损失。与刘慧宏(2014)不同，后者并没有指明具体的市场条件。

由上节的讨论并结合图 8.2 知，在不存在无风险贷款的条件下，对于 $r_0<\frac{b}{c}$ 的市场情形，总账户的投资效率有可能无法实现无风险贷款限制条件下的最优，从而可能出现投资效率(不仅在夏普比率意义下，而且在安全首要意义下)的损失。这里安全首要意义下的投资效率采用在给定的相同期望收益和风险容忍水平下的保险收益来衡量。如果将每个心理子账户当成独立的单账户来处理，即都受到不允许无风险贷款的限制，则每个心理子账户都可能无法实现无市场摩擦条件下的投资效果，总账户和子账户的投资效率都可能有所损失。定理 10.4 至定理 10.6 指出了子账户投资策略与总账户投资策略同时实现 MSF 有效的条件。

10.4.2　投资效率改进的操作过程

在实践中对于存在子账户的总账户投资管理，即使子账户中存在无风险贷款，也可以实现总账户不出现无风险贷款。因此，对于 $r_0<\frac{b}{c}$ 的市场情形，总账户因受到无风险贷款的约束而造成的投资效率损失，只需要少数子账户分担，而且可以通过子账户与总账户之间的关联性使得受到影响的子账户数量很少，并利用一定的策略选择过程保证受影响的子账户的投资效率的损失尽可能低。相对于独立考虑子账户的投资策略选择，利用子账户的关联性进行投资策略选择可以改善子账户的投资效率。

为了使尽可能多的子账户不再承担总账户因为不允许无风险借贷而带来的投资效率损失，可以类似于刘慧宏(2014)，参照 Das(2010)的做法用如下方式得到总账户的最优投资策略：通过综合考察目标函数的改变量及无风险贷款量的影子价格，确定承担投资效率损失的子账户及其相应的无风险贷款，最终确定各个子账户最优投资策略，实现总账户投资策略的最优。具体操作过程如下。

步骤 1：在允许卖空条件下，求各个子账户的最优组合投资策略和相应的保险收益，将其分别记为 $x_j^*=(x_{1j}^*,x_{2j}^*,\cdots,x_{Nj}^*)'$ 与 $\underline{R}_j^*$，$j=1,2,\cdots,M$。如果 $\sum_{j=1}^{M}y_j(1-e'x_j^*)\geqslant 0$，则计算结束，且 $w_A^*=\sum_{m=1}^{M}y_m x_m^*$ 为总账户的最优投资策略。否则，继续。

步骤 2：把子账户分为两组，其中将不包含无风险贷款的账户放入 Ω_0 组，将包含无风险贷款的账户放入 Ω_1 组。对于 $\forall j\in\Omega_1$，增加约束条件 $x_{0j}=$

$1-e'x_j$ 重新求解最优组合投资策略,其中 $x_{0j}=-\sum_{k\neq j}y_k(1-e'x_k)/y_j$,即求解如下模型:

$$\max_{x_j}\quad \underline{R}_j$$

$$\text{s.t.}\quad\begin{cases}\underline{R}_j\leqslant r_0+x_j'(r-r_0e)+k_{\alpha_j}\sqrt{x_j'\Sigma x_j}\\ r_0+x_j'(r-r_0e)=\underline{r}_j\\ x_{0j}=1-e'x_j.\end{cases}\tag{10.15}$$

得到子账户的新的组合投资策略 x_{-j}^*,相应的目标函数记为 $\underline{R}_{0j}^*$。记 $\Delta\underline{R}_{0j}=\underline{R}_j^*-\underline{R}_{0j}^*$,$\Delta\underline{x}_{0j}=(1-e'x_{-j}^*)-(1-e'x_j^*)=e'x_j^*-e'x_{-j}^*$,$\theta_j=\dfrac{\Delta\underline{R}_{0j}}{\Delta\underline{x}_{0j}}$。

参照第6章,可知模型(10.15)的解析解为

$$x_{-j}^*=(1-x_{0j})\left[\left(\frac{m_jc-b}{d}\right)\Sigma^{-1}r+\left(\frac{a-m_jb}{d}\right)\Sigma^{-1}e\right],$$

其中
$$m_j=\frac{\underline{r}_j-r_0x_{0j}}{1-x_{0j}}.\tag{10.16}$$

步骤3:如果 $\Delta\underline{R}_{0s}=\min\limits_{j\in\Omega_1}\{\Delta\underline{R}_{0j}\}$,且 $\theta_s=\min\limits_{j\in\Omega_1}\{\theta_j\}$,则令 $x_s^*=x_{-s}^*$,而其他子账户保持本步骤开始时的最优组合策略,此时有 $\sum_{j=1}^{M}y_j(1-e'x_j^*)=0$。于是得到总账户的一个最优的风险资产投资组合策略 $w_A^*=\sum_{m=1}^{M}y_mx_m^*$。计算结束。否则,继续。

步骤4:如果 $\Delta\underline{R}_{0s}=\min\limits_{j\in\Omega_1}\{\Delta\underline{R}_{0j}\}$,$\theta_t=\min\limits_{j\in\Omega_1}\{\theta_j\}$,但 $s\neq t$,则计算满足如下条件的 x_{0s} 和 x_{0t}:

$$\begin{cases}\theta_sx_{0s}=\theta_tx_{0t},\\ x_{0s}y_s+x_{0t}y_t=-\sum_{k\neq s,t}y_k(1-e'x\_k).\end{cases}\tag{10.17}$$

然后在第 s 个子账户模型中增加约束条件 $x_{0s}=1-e'x_s$,在第 t 个子账户模型中增加约束条件 $x_{0t}=1-e'x_t$,重新得到子账户的投资策略 x_{-s}^*,x_{-t}^*,并计算新的 $\Delta\underline{R}_{0s}$、$\Delta\underline{R}_{0t}$。而其他子账户仍保持开始时的最优投资策略。重新进行步骤3。

10.5　数值算例

假设市场上有四种风险资产(刘慧宏,2014),投资期的收益向量服从Laplace分布(椭球分布之一),期望收益为:$r=(0.05,0.10,0.15,0.25)'$,协

方差矩阵为

$$\Sigma=\begin{bmatrix} 0.01 & 0.1 & -0.12 & 0.13 \\ 0.1 & 0.04 & 0.162 & -0.215 \\ -0.12 & 0.162 & 0.16 & 0.247 \\ 0.13 & -0.215 & 0.247 & 0.25 \end{bmatrix}.$$

市场上无风险资产收益率为 $r_0=0.03$。总账户包含四个子账户，各个子账户可投资资金在总账户可投资资金中的比例为 $y=(0.2,0.2,0.4,0.2)'$，子账户所能接受的期望收益水平为 $\underline{r}=(0.05,0.10,0.15,0.20)'$，总账户和子账户的风险容忍水平为 $\alpha_1=\alpha_2=\alpha_3=\alpha_4=\alpha=0.1$，对应的 $k_\alpha=-1.138$。

由此可以计算得到，$a=0.2731$，$b=2.3005$，$c=22.714$，$d=0.9105$，$s_0=0.1555$。因此 $r_0<\dfrac{b}{c}=0.1013$，$k_\alpha<-\sqrt{s_0}=-0.3943$。

10.5.1　允许无风险贷款条件下的投资策略

在允许无风险贷款条件下，分别由式(10.5)和式(10.8)求出各个子账户与总账户的最优投资策略，如表 10.1 所示，其中 S_0 至 S_4 行中数值分别为总账户和各个子账户中相应资产的权重。

表 10.1　允许无风险贷款下的投资策略

	总账户	子账户 1	子账户 2	子账户 3	子账户 4
S_0	−0.0412	0.7918	0.2711	−0.2495	−0.7701
S_1	0.3871	0.0774	0.2710	0.4646	0.6582
S_2	0.1538	0.0308	0.1077	0.1845	0.2614
S_3	0.2857	0.0571	0.2000	0.3428	0.4857
S_4	0.2146	0.0429	0.1502	0.2575	0.3648
期望收益	0.13	0.05	0.1	0.15	0.2
标准差	0.2536	0.0507	0.1775	0.3043	0.4311
保险收益	−0.1586	−0.0077	−0.1020	−0.1963	−0.2906

可以看出，总账户的各项值都是子账户对应值的关于 $y=(0.2,0.2,0.4,0.2)'$的线性组合，即通过子账户的最优投资策略可以实现总账户的最优投资策略。总账户和子账户的投资策略都位于 MSF 有效前沿上，也位于均值-方差有效前沿上。

10.5.2　不允许无风险贷款条件下的投资策略

在不允许无风险贷款的条件下，对于总账户，由于 $\underline{r}=\sum\limits_{m=1}^{M}y_m=\underline{r}_m=$

0.13,$\frac{a-br_0}{b-cr_0}=0.126$,$k_\alpha<-\sqrt{s_0}$,利用式(10.12)可以求出最优的投资策略为

$$w_A=(0.03581,0.1195,0.3046,0.2178)',\quad w_0=0.$$

可以计算出其对应的保险收益为 $\underline{R}_A=-0.1592$,投资收益的标准差为 $\sigma_A=0.2542$。显然,与允许无风险贷款相比,总账户的投资存在效率损失(不仅在夏普比率意义下,而且在安全首要意义下)。

对于独立的心理子账户,在不允许无风险贷款的情况下,其最优的投资策略也可以根据式(10.12)计算得到,相应结果列于表10.2。

表10.2　不允许无风险贷款条件下的独立账户投资策略

	总账户	子账户1	子账户2	子账户3	子账户4
S_0	0	0.7918	0.2711	0	0
S_1	0.3581	0.0774	0.2710	0.2887	0.1152
S_2	0.1195	0.0308	0.1077	−0.0232	−0.3798
S_3	0.3046	0.0571	0.2000	0.4574	0.8394
S_4	0.2178	0.0429	0.1502	0.2771	0.4253
期望收益	0.13	0.05	0.1	0.15	0.2
标准差	0.2542	0.0507	0.1775	0.3213	0.5358
保险收益	−0.1592	−0.0077	−0.1020	−0.2356	−0.4798

从表10.2可见,总账户有效投资策略与由子账户按照资产占总账户的权重合成的投资策略并不一致。也就是说,由子账户投资策略合成的总账户策略将不是有效策略。

此外,比较表10.2与表10.1可以发现,在不允许无风险贷款条件下,如果不考虑子账户的关联性,不仅总账户存在投资效率损失,而且子账户3和子账户4都会出现较大的投资效率损失。

如果把子账户视为总账户的关联账户,在总账户不允许无风险贷款条件下,并不限制每个子账户的无风险贷款,我们来看是否可以改进投资效率。

从表10.1知,子账户3和子账户4的最优投资策略包含无风险贷款,分别计算 x_{0j},$\Delta\underline{R}_{0j}$和 θ_j($j=3,4$),可知 $x_{03}=-0.1464$,$x_{04}=-0.5640$,$\Delta\underline{R}_{03}=0.0034$,$\Delta\underline{R}_{04}=0.0095$,$\theta_3=0.0330$,$\theta_4=0.0895$。于是,我们得到总账户的最优策略以及各个子账户的策略,如表10.3所示,其中子账户的投资策略合成总账户的投资策略,总账户的投资策略是MSF有效的,因而也是均值-方差有效的。

表10.3显示,子账户1、子账户2和子账户4的投资策略都是允许无风险贷款条件下的最优投资策略,不存在投资效率损失。子账户3的投资策略

相对于允许无风险贷款存在效率损失，即总账户由于不允许无风险贷款造成的投资效率损失由子账户 3 分担。显然，与独立账户投资策略相比，子账户 3 与子账户 4 的投资效率具有明显的改进，即在同样的期望收益水平和风险容忍水平下，不仅实际收益的标准差降低，而且保险收益水平明显提高。

表 10.3　不允许无风险贷款条件下的关联子账户投资策略

	总账户	子账户 1	子账户 2	子账户 3	子账户 4
S_0	0	0.7918	0.2711	−0.1464	−0.7701
S_1	0.3581	0.0774	0.2710	0.3919	0.6582
S_2	0.1195	0.0308	0.1077	0.0987	0.2614
S_3	0.3046	0.0571	0.2000	0.3902	0.4857
S_4	0.2178	0.0429	0.1502	0.2656	0.3648
期望收益	0.13	0.05	0.1	0.15	0.2
标准差	0.2542	0.0507	0.1775	0.3073	0.4311
保险收益	−0.1592	−0.0077	−0.1020	−0.1997	−0.2906

10.6　结论与政策启示

在市场条件相同的情况下，M-V 有效前沿与投资者对极端损失风险的态度无关，然而 MSF 有效前沿则因投资者对极端损失风险的态度不同而存在差别。当采用极端损失风险的容忍度(发生极端损失的概率)α 来区别不同的心理账户时，本章讨论了考虑心理账户的 MSF 模型，分别针对不允许无风险贷款、允许无风险借贷且借与贷利率相等的情形，研究了独立账户 MSF 有效策略与总账户有效策略的关系，分析了多心理账户的存在对总账户 MSF 资产配置有效性的影响。结果表明：(1) 在不存在市场摩擦的条件下，心理子账户的投资有效性与总账户的投资有效性一致；(2) 在存在市场摩擦的条件下，心理子账户的投资有效性与总账户的投资有效性可能会出现分歧，这不仅与市场收益特征有关，也与心理账户特征有关。但是，子账户愿意分担总账户因市场摩擦引起的投资效率损失，则能减少因受市场摩擦带来效率损失的子账户数量，在改善子账户投资效率的同时又能保障子账户合成的总投资策略有效。这些结论具有如下的政策启示。

第一，在国家治理层面，“中央与地方分权而治”的制度设计可以保证国家经济利益和地区经济利益同时得到改善。尤其在存在国际贸易壁垒的市场环境下，只要地方与中央在国家根本利益方面保持一致，“意志统一，一致对外”，地区经济利益受到国际贸易壁垒的影响就可以减少甚至消除。在保持国家经济利益的同时，改善地区经济利益。另一方面，在国际市场不存在贸易摩擦的理想状态下,中央不干预地方的经济治理,保持地区经济的独立运行,可以提高国家经济和地区经济的效率。

第二,在公司制企业治理层面,将利益一致的子公司集团化,实行财务集中管理、投资独立运营且集团协调、收益分成且风险分担的现代公司治理机制,可以有效防范金融危机风险,减少关联子公司因市场摩擦引起的效率损失。

第三,在社保基金的投资运营方面,由于社保基金不同账户的风险控制水平存在差异,实行分账户投资、总账户核算、收益分成的分层管理机制,可以在保证账户安全收益的同时,改善单个账户投资的效率。

总之,市场的有效性可以为公司治理创造便利,也有助于同步改善中央与地方政府治理的运作效率;在存在市场摩擦的情况下,利用资本账户的关联性,借助制度与文化的认同,可以发挥集团公司对于子公司、中央对于地方政府的保护作用,共同防御市场摩擦给资源配置效率带来的不利影响。

第 11 章　考虑背景风险的 MSF 资产配置理论

当人们在进行投资决策或者投资组合的选择时，常常同时面临许多风险。有来自风险资产或者项目自身的风险，如金融资产价格波动的风险，这些风险是可以交易的，或者是可以保险的；有来自交易市场外部的风险，如劳动收入风险、住房价格风险、健康风险等，这些风险是外生的，无法通过交易或者保险规避，被称为背景风险。

Kihlstrom 等(1981)首先将背景风险引入效用函数，分析背景风险对投资者风险厌恶态度的影响。在投资组合选择的理论模型中，如果不考虑背景风险因素，就无法解释风险厌恶者的投资决策，从而导致"股权溢价之谜"(Gollier and Pratt，1996)。Campbell(2006)指出标准的投资理论并不能在实践中解释家庭的投资决策。许多研究表明背景风险会影响投资者的投资决策。例如：Heaton 和 Lucas(2000)发现劳动力将会影响投资组合的决定；Viceira(2001)进一步指出当投资者面临劳动收入风险时有工作的投资者在股票上所分配的权重将会比失业的投资者多；Rosen 和 Wu(2004)的研究显示，身体不健康的投资者愿意把他的财富分配到低风险的资产上去；Cocco(2005)研究了包含房产的资产配置决策，发现房产对股票具有挤出效应，特别对年轻的投资者，他们的房产几乎接近其金融财富总额，直到贷款还完后才开始投资股市；Hara 等(2011)研究发现背景风险使得投资者变得更加谨慎；Eichner 和 Wagener(2012)、Alghalith(2012)以及 Alghalith 等(2016)研究发现背景风险与其他可交易风险的相关方向会影响投资组合的选择。

为了帮助投资者解决面临背景风险时的决策问题，学者们已经进行了大量的研究工作，并且给出了不同情境下考虑背景风险的投资组合模型。Menoncin(2002)最大化最终财富的期望指数效用函数，分析了考虑背景风险的投资组合问题；Arrondel 和 Arrondel(2012)在期望效用模型框架下分别讨论了不同相依情形下背景风险对投资者行为的影响，并给出经验证据。Baptista(2008)在投资组合的均值-方差分析框架中加入背景风险，讨论了背景风险存在下的最优委托资产组合管理；Baptista(2012)进一步将行为投资组合理论引入考虑背景风险的投资组合决策中，分析心理账户内资产组合有效前沿与汇总账户的资产组合有效前沿，并与传统的均值-方差结果进行了比较。

Jiang 等(2010)在投资组合的均值-方差框架下,研究了与市场风险相依的背景风险对投资组合的影响,并分析了有效投资组合的性质及背景风险存在时投资者的对冲行为。但上述文献没有考虑市场包含无风险资产的情形。Huang 和 Wang(2013)在 Jiang 等(2010)的基础上,引入无风险资产后进一步研究讨论了背景风险对均值-方差有效前沿的影响,但其中只考虑了无风险借贷利率相等的情形。Guo 等(2013)比较了考虑背景风险时的 MV 模型、M-VaR 模型以及 M-CVaR 模型的均值-方差有效前沿特征,其中包含了存在一种不允许借贷的无风险资产的情形与同时存在借和贷两种无风险资产的情形,但没有提供有效投资组合的解析表达式。郑毅(2016)则考虑了含有背景风险的均值- CVaR 投资组合有效前沿以及同时含有背景风险和交易费用的投资组合。Li 等(2015)则建立了考虑背景风险的模糊投资组合选择模型,给出了模型的数值求解方法和数值算例。Huang 和 Di(2016)采用两因素模型描述风险资产收益,在考虑背景风险时建立了类似 TSF 框架下的单期静态模型,并在正态分布假设下讨论了模型的求解。

区别于上述既有相关文献,本章将在丁元耀和卢祖帝(2015)的 MSF 模型之基础上引入背景风险因素,建立包含背景风险和借与贷两种不同无风险资产的 MSF 模型,而且考虑了贷款额度受限的条件。本章的结构如下:11.1 节在常规的假设下建立了考虑背景风险的 MSF 资产配置模型,为了模型比较,我们还建立了考虑背景风险的均值-方差模型;11.2 节给出了在期望收益既定水平下的最优资产配置的解析表达式以及适用的市场条件;11.3 节给出 MSF 有效前沿在均值-方差平面上的解析表达及其存在的条件,并比较指出了 MSF 有效前沿与均值-方差有效前沿的差别;11.4 节讨论分析了背景风险的影响;最后,11.5 节是总结与展望。

11.1 包含背景风险的 MSF 资产配置模型

11.1.1 假设与 MSF 模型的建立

假设 11.1 金融市场由 $n(n\geqslant 2)$ 种风险资产和分别可以借与贷的 2 种不同的无风险资产构成。我们的研究只考虑单个投资期的资产选择问题,即在投资期初投资者根据金融资产的收益特征进行资产配置,在整个投资期持有相同的投资组合。用随机向量 $R=(R_1,R_2,\cdots,R_n)'$ 表示投资期末 n 种风险资产的实际收益率,r_l 表示投资期初存款的固定利率水平,r_b 表示投资期初投资者取得无风险贷款的固定利率水平,$r_b>r_l$。用向量 $w=(w_1,w_2,\cdots,$

$w_n)'$表示投资者在投资期初决定持有的风险资产的一个组合，其中 w_i 表示投资者在投资期内持有资产 S_i 的资金数量占初始资金数量 W_0 的比例，$w_i>0$ 表示多头，$w_i<0$ 表示空头，$i=1,2,\cdots,n$。记 $e=(1,1,\cdots,1)'$为元素均为 1 的 $n\times 1$ 维向量。因此，$w_0=1-w'e$ 表示在投资者的资产配置中无风险资产合计所占的比例。用 w_l 和 w_b 分别表示投资者在投资期初准备存款和贷款资金的比例，则 $w_0=w_l-w_b$，$w_l\geqslant 0$，$w_b\geqslant 0$。于是，在不考虑背景风险的情况下，投资者的初始资金 W_0 在投资期末将成为

$$W=W_0(1+w'R+w_lr_l-w_br_b).$$

假设 11.2　存在一种可加的背景风险，不可参与交易。用 ε 表示因背景风险的存在而产生的收益率，则投资者在投资期末的财富将成为

$$W=W_0(1+w'R+w_lr_l-w_br_b+\varepsilon).$$

因此，投资者在投资期初进行的资产配置将带来的实际收益率为

$$R_p=w'R+w_lr_l-w_br_b+\varepsilon. \tag{11.1}$$

假设 11.3　风险资产和背景风险资产的收益率均服从正态分布。$R\sim N(r,\Sigma)$，其中 $r=(r_1,r_2,\cdots,r_n)'\equiv E(R)$，$\Sigma=(\sigma_{ij})_{n\times n}\equiv\mathrm{Cov}(R)$。$\varepsilon\sim N(r_\varepsilon,\sigma_\varepsilon^2)$，其中 $r_\varepsilon\equiv E(\varepsilon)$，$\sigma_\varepsilon^2\equiv\mathrm{Var}(\varepsilon)$。则投资者在投资期初进行的资产配置将带来的期望收益率为

$$\mu_p\equiv E(R_p)=w'r+w_lr_l-w_br_b+r_\varepsilon. \tag{11.2}$$

实际收益率的方差可以表示为

$$\sigma_p^2\equiv\mathrm{Var}(R_p)=w'\Sigma w+2w'V+\sigma_\varepsilon^2. \tag{11.3}$$

其中 $V\equiv\mathrm{Cov}(\varepsilon,R)=(v_1,v_2,\cdots,v_n)'$。

假设 11.4　投资者的资产配置遵循 MSF 准则。在 MSF 准则框架下，投资者将在一定的风险容忍水平(即实际收益低于保险收益的概率 α)下追求尽可能高的保险收益和期望收益，$0<\alpha<0.5$。

假设 11.5　投资者在市场中无风险贷款比例存在上限。以股票市场融资融券账户为例，如果融资保证金授信的比例为 L，则 $W_0\geqslant(W_0+W_0w_b)L$，$w_b\leqslant(1-L)/L$。下面用 $\theta>0$ 表示贷款比例的上限，即 $w_b\leqslant\theta$。

因此，MSF 投资者的最优资产配置可以模型化为如下的双目标规划：

$$\max\quad(\mu_p,\ \underline{R})$$

$$\text{s.t.}\quad\begin{cases}P(R_p\leqslant\underline{R})\leqslant\alpha\\ w'e+w_l-w_b=1\\ w_l\geqslant 0\\ 0\leqslant w_b\leqslant\theta.\end{cases} \tag{11.4}$$

其中 w，w_l，w_b 为决策变量。

利用假设 11.3,$P(R_p\leqslant \underline{R})\leqslant\alpha$ 等价于$\underline{R}\leqslant\mu_p+z_\alpha\sigma_p$,其中 $z_\alpha=\Phi^{-1}(\alpha)<0$ 为标准正态分布的下侧 α 分位数,因此模型(11.4)等价于

$$\max\quad(\mu_p,\ \underline{R})$$
$$\text{s. t.}\quad\begin{cases}\underline{R}\leqslant\mu_p+z_\alpha\sigma_p\\ w'e+w_l-w_b=1\\ w_l\geqslant 0\\ 0\leqslant w_b\leqslant\theta.\end{cases}\tag{11.5}$$

其中 μ_p 和 σ_p 分别满足式(11.2)和式(11.3)。

模型(11.5)的有效前沿可以通过在给定期望收益水平下求解保险收益最大化的投资组合得到,即求解如下的二次曲线规划:

$$\max\quad w'r+w_lr_l-w_br_b+r_\varepsilon+z_\alpha\sqrt{w'\Sigma w+2w'V+\sigma_\varepsilon^2}$$
$$\text{s. t.}\quad\begin{cases}w'r+w_lr_l-w_br_b+r_\varepsilon=\mu_p\\ w'e+w_l-w_b=1\\ w_l\geqslant 0\\ w_b\geqslant 0\\ \theta-w_b\geqslant 0.\end{cases}\tag{11.6}$$

上述模型即为考虑背景风险的 MSF 资产配置模型。

如果在资产配置中不包括贷款,则给定期望收益下的最优资产配置转化为求解如下模型:

$$\max\quad w'r+w_lr_l+r_\varepsilon+z_\alpha\sqrt{w'\Sigma w+2w'V+\sigma_\varepsilon^2}$$
$$\text{s. t.}\quad\begin{cases}w'r+w_lr_l+r_\varepsilon=\mu_p\\ w'e+w_l=1\\ w_l\geqslant 0.\end{cases}\tag{11.7}$$

由于模型(11.6)和模型(11.7)的形式与第 9 章的类似,且目标函数为严格的凹函数,因此均可以采用库恩-塔克条件方程判断模型的最优解及其存在条件。本书暂不考虑模型(11.7)的问题。MSF 模型(11.5)的全部最优解就构成了 MSF 有效前沿。

11.1.2　与均值-方差模型的联系

为了模型比较,假如我们把假设 11.4 中的 TSF 投资偏好改为均值-方差偏好,即投资者的资产配置遵循均值-方差准则,则投资者的最优资产配置可以模型化为如下的双目标规划:

$$\max \quad (\mu_p, -\sigma_p^2)$$
$$\text{s.t.} \quad \begin{cases} \mu_p = w'r + w_l r_l - w_b r_b + r_\varepsilon \\ \sigma_p^2 = w'\Sigma w + 2w'V + \sigma_\varepsilon^2 \\ w'e + w_l - w_b = 1 \\ w_l \geqslant 0 \\ 0 \leqslant w_b \leqslant \theta. \end{cases} \tag{11.8}$$

模型(11.8)为考虑背景风险与贷款限制的均值-方差模型。利用库恩-塔克条件方程,我们同样可以得到模型(11.8)的全部有效解,其构成了均值-方差有效前沿。

对于给定的 α,比较模型(11.5)和模型(11.8),我们可以得到如下结论:

定理 11.1　任意 MSF 有效的投资组合必是均值-方差有效的投资组合,因此 MSF 有效前沿必是均值-方差有效前沿的一部分。

[证明]　假设 $\{w_l^*, w_b^*, w^*\}$ 为模型(11.8)的一个可行的且均值-方差非有效的解,对应资产组合收益率的均值和方差分别为 μ_p^* 和 σ_p^{2*},则其必是模型(11.6)的可行解。因此,存在一个模型(11.8)和模型(11.6)的可行解 $\{w_l, w_b, w\}$,其对应资产组合收益率的均值和方差分别为 μ_p 和 σ_p^2,使得 $\mu_p \geqslant \mu_p^*$, $\sigma_p^2 \leqslant \sigma_p^{2*}$ 且其中必有一个严格不等式成立。从而对于给定的 $0<\alpha<0.5$,由于 $z_\alpha<0$,故 $\mu_p^* + z_\alpha\sigma_p^* < \mu_p + z_\alpha\sigma_p$。从而,$\{w_l^*, w_b^*, w^*\}$ 不是模型(11.6)的最优解,也不是模型(11.5)的有效解。于是,任意一个均值-方差非有效的投资组合必是 MSF 非有效的投资组合,MSF 有效的投资组合也必是均值-方差有效的投资组合,即 MSF 有效前沿必是均值-方差有效前沿的一部分。□

定理 11.2　对于给定的 $\alpha(0<\alpha<0.5)$,如果 MSF 有效前沿存在,则在均值-保险收益平面上,MSF 有效前沿可以表示为 $\underline{R} = \mu_p + z_\alpha\sqrt{\sigma_p^2}$,其中 $(\mu_p, \sigma_p^2) \in \Pi$, Π 为均值-方差有效前沿;对于给定的 $\alpha(0<\alpha<0.5)$,MSF 有效前沿在均值-方差平面上还可以表示为

$$\Pi_0 = \left\{(\mu_p, \sigma_p^2) \,\middle|\, z_\alpha < -\frac{\mathrm{d}\mu_p}{\mathrm{d}\sigma_p}, (\mu_p, \sigma_p^2) \in \Pi\right\}. \tag{11.9}$$

亦即,存在 $(\mu_p, \sigma_p^2) \in \Pi$,使得 $z_\alpha < -\frac{\mathrm{d}\mu_p}{\mathrm{d}\sigma_p}$ 是 MSF 有效前沿存在的充分必要条件。

[证明]　对于均值-方差有效前沿 Π 上的任意投资组合 $\{w_l, w_b, w\}$,其均值和方差分别满足 $\mu_p = w'r + w_l r_l - w_b r_b + r_\varepsilon$ 和 $\sigma_p^2 = w'\Sigma w + 2w'V + \sigma_\varepsilon^2$,且 $(\mu_p, \sigma_p^2) \in \Pi$。

因此,模型(11.5)可以等价地表示为

$$\max \quad (\mu_p, \underline{R})$$

$$\text{s.t.} \quad \begin{cases} \underline{R} \leqslant \mu_p + z_\alpha \sigma_p \\ (\mu_p, \sigma_p^2) \in \Pi. \end{cases}$$

于是,在均值-保险收益平面上,对于任何一个 MSF 有效的投资组合策略,均有

$$\underline{R} = \mu_p + z_\alpha \sigma_p, \quad (\mu_p, \sigma_p^2) \in \Pi.$$

于是,由定理 11.1 知,对于给定的 $\alpha(0<\alpha<0.5)$,如果在均值-方差平面上的 MSF 有效前沿 Π_0 非空,则 $\Pi_0 \subseteq \Pi$。显然,在 MSF 有效前沿 Π_0 上,$f(\mu_p)=\mu_p+z_\alpha\sigma_p$ 作为 μ_p 的函数应该是严格单调的,否则存在两个 MSF 有效组合,具有不同的期望收益和相同的保险收益,或者相同的期望收益和不同的保险收益,因此两个 MSF 有效组合中必有一个优于另一个,这与 MSF 有效组合的定义矛盾。因此,在 MSF 有效前沿上应该有 $\dfrac{\mathrm{d}f(\mu_p)}{d\mu_p}=1+z_\alpha\dfrac{\mathrm{d}\sigma_p}{\mathrm{d}\mu_p}<0$。注意到 $z_\alpha<0$,$\Pi_0\subseteq\Pi$,而在均值-方差有效前沿 Π 上又有 $\dfrac{\mathrm{d}\sigma_p}{\mathrm{d}\mu_p}>0$,因此可得 $z_\alpha<-\dfrac{\mathrm{d}\mu_p}{\mathrm{d}\sigma_p}$。即 MSF 有效前沿存在的必要条件是存在 $(\mu_p, \sigma_p^2)\in\Pi$,使得 $z_\alpha<-\dfrac{\mathrm{d}\mu_p}{\mathrm{d}\sigma_p}$。

接下来,我们采用反证法证明,如果 $(\mu_p, \sigma_p^2)\in\Pi$,且 $\dfrac{\mathrm{d}\mu_p}{\mathrm{d}\sigma_p}<-z_\alpha$,则 $(\mu_p, \sigma_p^2)\in\Pi_0$。假设存在 $(\mu_p^{(1)}, \sigma_p^{2(1)})\in\Pi$,但是 $(\mu_p^{(1)}, \sigma_p^{2(1)})\notin\Pi_0$,于是存在 $(\mu_p^{(2)}, \sigma_p^{2(2)})\in\Pi_0$,使得 $\mu_p^{(2)}+z_\alpha\sqrt{\sigma_p^{2(2)}}\geqslant\mu_p^{(1)}+z_\alpha\sqrt{\sigma_p^{2(1)}}$,$\mu_p^{(2)}\geqslant\mu_p^{(1)}$,且其中有一个严格不等式成立,从而必有 $\sigma_p^{2(1)}\geqslant\sigma_p^{2(2)}$ 和 $\mu_p^{(2)}\geqslant\mu_p^{(1)}$ 中有一个严格不等式成立。于是 $(\mu_p^{(2)}, \sigma_p^{2(2)})\in\Pi$,且其对应的投资组合在均值-方差准则下严格优于 $(\mu_p^{(1)}, \sigma_p^{2(1)})$ 对应的投资组合,这与 $(\mu_p^{(1)}, \sigma_p^{2(1)})\in\Pi$ 自相矛盾。

于是,我们得到 MSF 有效前沿存在的充分必要条件是:存在 $(\mu_p, \sigma_p^2)\in\Pi$,使得 $z_\alpha<-\dfrac{\mathrm{d}\mu_p}{\mathrm{d}\sigma_p}$。从而 MSF 有效前沿在均值-方差平面上可以用式(11.19)表示。□

定理 11.2 表明,我们可以首先求解模型(11.8)的均值-方差有效前沿,然后依据充分必要条件来得到模型(11.5)的 MSF 有效前沿及其存在条件。

为了得到模型(11.8)的均值-方差有效前沿,可以先求解如下单目标规划:

$$\min \quad \sigma_p^2 \equiv w'\Sigma w + 2w'V + \sigma_\varepsilon^2$$

$$\text{s.t.} \quad \begin{cases} w'r + w_l r_l - w_b r_b + r_\varepsilon = \mu_p \\ w'e + w_l - w_b = 1 \\ w_l \geqslant 0 \\ 0 \leqslant w_b \leqslant \theta. \end{cases} \tag{11.10}$$

因此,我们下面将先给出模型(11.10)的解,然后给出均值-方差有效前沿,最后得到 MSF 有效前沿及其存在条件。

为简化公式,我们将采用如下记号:$a \equiv \mu'\Sigma^{-1}\mu, b \equiv \mu'\Sigma^{-1}e, c \equiv e'\Sigma^{-1}e, d \equiv ac-b^2, G \equiv V'\Sigma^{-1}V, J \equiv V'\Sigma^{-1}r, K \equiv V'\Sigma^{-1}e, g \equiv \frac{1}{d}(a\Sigma^{-1}e - b\Sigma^{-1}r), h \equiv \frac{1}{d}(c\Sigma^{-1}r - b\Sigma^{-1}e), s_l \equiv a - 2br_l + cr_l^2, s_b \equiv a - 2br_b + cr_b^2$。则有 $a>0, c>0, d>0$,显然,当 $\frac{b}{c} \leqslant r_l < r_b$ 时,$\frac{d}{c} \leqslant s_l < s_b$;当 $r_l < r_b \leqslant \frac{b}{c}$ 时,$\frac{d}{c} \leqslant s_b < s_l$。

为了方便后文的理解,这里我们不妨考虑背景风险与市场风险收益具有如下的回归关系(Huang and Wang,2013;Jiang, et al.,2010):

$$\varepsilon = \beta' R + u = \beta_1 R_1 + \beta_2 R_2 + \cdots + \beta_n R_n + u.$$

其中,$\mathrm{Cov}(R_i, u) = 0, i = 1, 2, \cdots, n; E(u) = \gamma, \mathrm{Var}(u) = \sigma_u^2 \geqslant 0$。即背景风险可以分解为两个部分:与市场资产风险相关的部分以及与市场资产风险不相关的部分。于是

$$r_\varepsilon = \gamma + \beta' r = \gamma + \beta_1 r_1 + \beta_2 r_2 + \cdots + \beta_n r_n.$$

而且 $V \equiv \mathrm{Cov}(\varepsilon, R) = \mathrm{Cov}(R, R)\beta = \Sigma\beta$,即 $\beta = \Sigma^{-1}V$;$\sigma_\varepsilon^2 = \beta'\Sigma\beta + \sigma_u^2$。从而,$G \equiv V'\Sigma^{-1}V = \beta'V = \beta'\Sigma\beta, J \equiv V'\Sigma^{-1}r = \beta' r, K \equiv V'\Sigma^{-1}e = \beta' e, \gamma = r_\varepsilon - \beta' r = r_\varepsilon - J, \sigma_u^2 = \sigma_\varepsilon^2 - G$。因此,$G$ 是背景风险资产收益与市场风险资产收益的协方差的加权和,而且 $\sigma_u^2 = \sigma_\varepsilon^2 - G \geqslant 0$;$J$ 是背景风险资产的期望收益中可以由市场风险资产的期望收益解释或对冲的部分;K 表示回归(加权)系数之和;γ 是背景风险资产的收益中不可以由市场风险资产的期望收益解释或对冲的部分。

11.2　给定期望收益时的最优资产配置

本节将给出由求解模型(11.10)得到的最优资产配置及其相应的市场条件。所有结果都用显性解析式的形式给出,以方便应用操作。

11.2.1　市场条件 $r_l < r_b < \frac{b}{c}$ 情形下的最优资产配置

(1) 假设 $1+K \geqslant 0$。对于给定的期望收益率 μ_p,求解模型(11.10)可得

如下结果:

• 如果 $r_l < r_b < \frac{b}{c}$,且 $1+K \geqslant 0$,则当 $\mu_p - \gamma < (1+K)r_l - \theta(r_b - r_l)$时,最优的资产配置存在且可以表示为

$$\begin{cases} w_l = \frac{1}{s_l}[(1+K+\theta)(a-br_l) - (\mu_p - \gamma + \theta r_b)(b - cr_l)] \\ w_b = \theta \\ w = -\beta + \frac{1}{s_l}[\mu_p - \gamma - (1+K)r_l + \theta(r_b - r_l)]\Sigma^{-1}(r - r_l e). \end{cases}$$

其实际收益率的方差为

$$\sigma_p^2 = \frac{1}{s_l}[\mu_p - \gamma - (1+K)r_l + \theta(r_b - r_l)]^2 + \sigma_u^2.$$

• 如果 $r_l < r_b < \frac{b}{c}$,且 $1+K \geqslant 0$,则当$(1+K)r_l - \theta(r_b - r_l) \leqslant \mu_p - \gamma < (1+K)r_l$ 时,最优的资产配置存在且可以表示为

$$\begin{cases} w_l = \frac{1}{r_b - r_l}[(1+K)r_b - (\mu_p - \gamma)] \\ w_b = \frac{1}{r_b - r_l}[(1+K)r_l - (\mu_p - \gamma)] \\ w = -\beta. \end{cases}$$

其实际收益率的方差为 $\sigma_p^2 = \sigma_u^2$。

• 如果 $r_l < r_b < \frac{b}{c}$,且 $1+K \geqslant 0$,则当$(1+K)r_l \leqslant \mu_p - \gamma < (1+K)\frac{a - br_l}{b - cr_l}$时,最优的资产配置存在且可以表示为

$$\begin{cases} w_l = \frac{1}{s_l}[(1+K)(a-br_l) - (\mu_p - \gamma)(b - cr_l)] \\ w_b = 0 \\ w = -\beta + \frac{1}{s_l}[\mu_p - \gamma - (1+K)r_l]\Sigma^{-1}(r - r_l e). \end{cases}$$

其实际收益率的方差为 $\sigma_p^2 = \frac{1}{s_l}[\mu_p - \gamma - (1+K)r_l]^2 + \sigma_u^2$。

• 如果 $r_l < r_b < \frac{b}{c}$,且 $1+K \geqslant 0$,则当$(1+K)\frac{a - br_l}{b - cr_l} \leqslant \mu_p - \gamma < (1+K)\frac{a - br_b}{b - cr_b}$时,最优的资产配置存在且可以表示为

$$\begin{cases} w_l = 0 \\ w_b = 0 \\ w = -\beta + (\mu_p - \gamma)h + (1+K)g. \end{cases}$$

其实际收益率的方差为 $\sigma_p^2=\frac{c}{d}\left[\mu_p-\gamma-(1+K)\frac{b}{c}\right]^2+(1+K)^2\frac{1}{c}+\sigma_u^2$。

- 如果 $r_l<r_b<\frac{b}{c}$，且 $1+K\geqslant 0$，则当 $(1+K)\frac{a-br_b}{b-cr_b}\leqslant\mu_p-\gamma<(1+K)\frac{a-br_b}{b-cr_b}+\frac{\theta s_b}{b-cr_b}$ 时，最优的资产配置存在且可以表示为

$$\begin{cases}w_l=0\\ w_b=\frac{1}{s_b}[(\mu_p-\gamma)(b-cr_b)-(1+K)(a-br_b)]\\ w=-\beta+\frac{1}{s_b}[\mu_p-\gamma-(1+K)r_b]\Sigma^{-1}(r-r_be).\end{cases}$$

其实际收益率的方差为 $\sigma_p^2=\frac{1}{s_b}[\mu_p-\gamma-(1+K)r_b]^2+\sigma_u^2$。

- 如果 $r_l<r_b<\frac{b}{c}$，且 $1+K\geqslant 0$，则当 $\mu_p-\gamma\geqslant(1+K)\frac{a-br_b}{b-cr_b}+\frac{\theta s_b}{b-cr_b}$ 时，最优的资产配置存在且可以表示为

$$\begin{cases}w_l=0\\ w_b=\theta\\ w=-\beta+(\mu_p-\gamma+\theta r_b)h+(1+K+\theta)g.\end{cases}$$

其实际收益率的方差为 $\sigma_p^2=\frac{c}{d}\left[\mu_p-\gamma+\theta r_b-(1+K+\theta)\frac{b}{c}\right]^2+(1+K+\theta)^2\frac{1}{c}+\sigma_u^2$。

(2) 假设 $1+K\leqslant-\theta$。对于给定的期望收益率 μ_p，求解模型(11.10)可得如下结果：

- 如果 $r_l<r_b<\frac{b}{c}$，且 $1+K\leqslant-\theta$，则当 $\mu_p-\gamma<(1+K+\theta)\frac{a-br_l}{b-cr_l}-\theta r_b$ 时，最优的资产配置存在且可以表示为

$$\begin{cases}w_l=\frac{1}{s_l}[(1+K+\theta)(a-br_l)-(\mu_p-\gamma+\theta r_b)(b-cr_l)]\\ w_b=\theta\\ w=-\beta+\frac{1}{s_l}[\mu_p-\gamma-(1+K)r_l+\theta(r_b-r_l)]\Sigma^{-1}(r-r_le).\end{cases}$$

其实际收益率的方差为 $\sigma_p^2=\frac{1}{s_l}[\mu_p-\gamma-(1+K)r_l+\theta(r_b-r_l)]^2+\sigma_u^2$。

- 如果 $r_l<r_b<\frac{b}{c}$，且 $1+K\leqslant-\theta$，则当 $\mu_p-\gamma\geqslant(1+K+\theta)\frac{a-br_l}{b-cr_l}-\theta r_b$ 时，最优的资产配置存在且可以表示为

$$\begin{cases} w_l = 0 \\ w_b = \theta \\ w = -\beta + (\mu_p - \gamma + \theta r_b)h + (1 + K + \theta)g. \end{cases}$$

其实际收益率的方差为 $\sigma_p^2 = \frac{c}{d}\left[\mu_p - \gamma + \theta r_b - (1 + K + \theta)\frac{b}{c}\right]^2 + (1 + K + \theta)^2 \frac{1}{c} + \sigma_u^2$。

(3) 假设 $-\theta < 1 + K < 0$。对于给定的期望收益率 μ_p,求解模型(11.10)可得如下结果:

- 如果 $r_l < r_b < \frac{b}{c}$,且 $-\theta < 1 + K < 0$,则当 $\mu_p - \gamma < (1+K)r_l - \theta(r_b - r_l)$时,最优的资产配置存在且可以表示为

$$\begin{cases} w_l = \frac{1}{s_l}[(1 + K + \theta)(a - br_l) - (\mu_p - \gamma + \theta r_b)(b - cr_l)] \\ w_b = \theta \\ w = -\beta + \frac{1}{s_l}[\mu_p - \gamma - (1 + K)r_l + \theta(r_b - r_l)]\Sigma^{-1}(r - r_l e). \end{cases}$$

其实际收益率的方差为 $\sigma_p^2 = \frac{1}{s_l}[\mu_p - \gamma - (1+K)r_l + \theta(r_b - r_l)]^2 + \sigma_u^2$。

- 如果 $r_l < r_b < \frac{b}{c}$,且 $-\theta < 1 + K < 0$,则当$(1+K)r_l - \theta(r_b - r_l) \leqslant \mu_p - \gamma < (1+K)r_b$ 时,最优的资产配置存在且可以表示为

$$\begin{cases} w_l = \frac{1}{r_b - r_l}[(1 + K)r_b - (\mu_p - \gamma)] \\ w_b = \frac{1}{r_b - r_l}[(1 + K)r_l - (\mu_p - \gamma)] \\ w = -\beta. \end{cases}$$

其实际收益率的方差为 $\sigma_p^2 = \sigma_u^2$。

- 如果 $r_l < r_b < \frac{b}{c}$,且 $-\theta < 1 + K < 0$,则当$(1 + K)r_b \leqslant \mu_p - \gamma < (1+K)\frac{a - br_b}{b - cr_b} + \frac{\theta s_b}{b - cr_b}$时,最优的资产配置存在且可以表示为

$$\begin{cases} w_l = 0 \\ w_b = \frac{1}{s_b}[(\mu_p - \gamma)(b - cr_b) - (1 + K)(a - br_b)] \\ w = -\beta + \frac{1}{s_b}[\mu_p - \gamma - (1 + K)r_b]\Sigma^{-1}(r - r_b e). \end{cases}$$

其实际收益率的方差为 $\sigma_p^2=\frac{1}{s_b}[\mu_p-\gamma-(1+K)r_b]^2+\sigma_u^2$。

• 如果 $r_l<r_b<\frac{b}{c}$，且 $-\theta<1+K<0$，则当 $\mu_p-\gamma\geqslant(1+K)\frac{a-br_b}{b-cr_b}+\frac{\theta s_b}{b-cr_b}$ 时，最优的资产配置存在且可以表示为

$$\begin{cases}w_l=0\\w_b=\theta\\w=-\beta+(\mu_p-\gamma+\theta r_b)h+(1+K+\theta)g.\end{cases}$$

其实际收益率的方差为 $\sigma_p^2=\frac{c}{d}\left[\mu_p-\gamma+\theta r_b-(1+K+\theta)\frac{b}{c}\right]^2+(1+K+\theta)^2\frac{1}{c}+\sigma_u^2$。

11.2.2　市场条件 $\frac{b}{c}\leqslant r_l<r_b$ 情形下的最优资产配置

(1) 假设 $1+K\geqslant0$。对于给定的期望收益率 μ_p，求解模型(11.10)可得如下结果：

• 如果 $\frac{b}{c}<r_l<r_b$，且 $1+K\geqslant0$，则当 $\mu_p-\gamma<(1+K+\theta)\frac{a-br_l}{b-cr_l}-\theta r_b$ 时，最优的资产配置存在且可以表示为

$$\begin{cases}w_l=0\\w_b=\theta\\w=-\beta+(\mu_p-\gamma+\theta r_b)h+(1+K+\theta)g.\end{cases}$$

其实际收益率的方差为 $\sigma_p^2=\frac{c}{d}\left[\mu_p-\gamma+\theta r_b-(1+K+\theta)\frac{b}{c}\right]^2+(1+K+\theta)^2\frac{1}{c}+\sigma_u^2$。

• 如果 $\frac{b}{c}\leqslant r_l<r_b$，且 $1+K\geqslant0$，则当 $(1+K+\theta)\frac{a-br_l}{b-cr_l}-\theta r_b\leqslant\mu_p-\gamma<(1+K)r_l-\theta(r_b-r_l)$ 时，特别地，如果 $\frac{b}{c}=r_l<r_b$，则当 $\mu_p-\gamma<(1+K)r_l-\theta(r_b-r_l)$ 时，最优的资产配置存在且可以表示为

$$\begin{cases}w_l=\frac{1}{s_l}[(1+K+\theta)(a-br_l)-(\mu_p-\gamma+\theta r_b)(b-cr_l)]\\w_b=\theta\\w=-\beta+\frac{1}{s_l}[\mu_p-\gamma-(1+K)r_l+\theta(r_b-r_l)]\Sigma^{-1}(r-r_le).\end{cases}$$

其实际收益率的方差为 $\sigma_p^2=\frac{1}{s_l}[\mu_p-\gamma-(1+K)r_l+\theta(r_b-r_l)]^2+\sigma_u^2$。

• 如果$\frac{b}{c}\leqslant r_l<r_b$,且 $1+K\geqslant 0$,则当$(1+K)r_l-\theta(r_b-r_l)\leqslant \mu_p-\gamma<(1+K)r_l$ 时,最优的资产配置存在且可以表示为

$$\begin{cases} w_l=\frac{1}{r_b-r_l}[(1+K)r_b-(\mu_p-\gamma)] \\ w_b=\frac{1}{r_b-r_l}[(1+K)r_l-(\mu_p-\gamma)] \\ w=-\beta. \end{cases}$$

其实际收益率的方差为 $\sigma_p^2=\sigma_u^2$。

• 如果$\frac{b}{c}\leqslant r_l<r_b$,且 $1+K\geqslant 0$,则当 $\mu_p-\gamma\geqslant(1+K)r_l$ 时,最优的资产配置存在且可以表示为

$$\begin{cases} w_l=\frac{1}{s_l}[(1+K)(a-br_l)-(\mu_p-\gamma)(b-cr_l)] \\ w_b=0 \\ w=-\beta+\frac{1}{s_l}[\mu_p-\gamma-(1+K)r_l]\Sigma^{-1}(r-r_le). \end{cases}$$

其实际收益率的方差为 $\sigma_p^2=\frac{1}{s_l}[\mu_p-\gamma-(1+K)r_l]^2+\sigma_u^2$。

(2) 假设 $1+K\leqslant-\theta$。对于给定的期望收益率 μ_p,求解模型(11.10)可得如下结果:

• 如果$\frac{b}{c}\leqslant r_l<r_b$,且 $1+K\leqslant-\theta$,则当 $\mu_p-\gamma<(1+K)\frac{a-br_b}{b-cr_b}+\frac{\theta s_b}{b-cr_b}$ 时,最优的资产配置存在且可以表示为

$$\begin{cases} w_l=0 \\ w_b=\theta \\ w=-\beta+(\mu_p-\gamma+\theta r_b)h+(1+K+\theta)g. \end{cases}$$

其实际收益率的方差为 $\sigma_p^2=\frac{c}{d}\left[\mu_p-\gamma+\theta r_b-(1+K+\theta)\frac{b}{c}\right]^2+(1+K+\theta)^2\frac{1}{c}+\sigma_u^2$。

• 如果$\frac{b}{c}\leqslant r_l<r_b$,且 $1+K\leqslant-\theta$,则当$(1+K)\frac{a-br_b}{b-cr_b}+\frac{\theta s_b}{b-cr_b}\leqslant\mu_p-\gamma<(1+K)\frac{a-br_b}{b-cr_b}$时,最优的资产配置存在且可以表示为

$$\begin{cases} w_l = 0 \\ w_b = \dfrac{1}{s_b}[(\mu_p - \gamma)(b - cr_b) - (1+K)(a - br_b)] \\ w = \Sigma^{-1}V + \dfrac{1}{s_b}[\mu_p - \gamma - (1+K)r_b]\Sigma^{-1}(r - r_b e). \end{cases}$$

其实际收益率的方差为 $\sigma_p^2 = \dfrac{1}{s_b}[\mu_p - \gamma - (1+K)r_b]^2 + \sigma_u^2$。

- 如果$\dfrac{b}{c} \leqslant r_l < r_b$，且 $1+K \leqslant -\theta$，则当$(1+K)\dfrac{a-br_b}{b-cr_b} \leqslant \mu_p - \gamma < (1+K)\dfrac{a-br_l}{b-cr_l}$时，特别地，如果$\dfrac{b}{c} = r_l < r_b$，则当 $\mu_p - \gamma \geqslant (1+K)\dfrac{a-br_b}{b-cr_b}$时，最优的资产配置存在且可以表示为

$$\begin{cases} w_l = 0 \\ w_b = 0 \\ w = -\beta + (\mu_p - \gamma)h + (1+K)g. \end{cases}$$

其实际收益率的方差为 $\sigma_p^2 = \dfrac{c}{d}\left[\mu_p - \gamma - (1+K)\dfrac{b}{c}\right]^2 + (1+K)^2\ \dfrac{1}{c} + \sigma_u^2$。

- 如果$\dfrac{b}{c} < r_l < r_b$，且 $1+K \leqslant -\theta$，则当 $\mu_p - \gamma \geqslant (1+K)\dfrac{a-br_l}{b-cr_l}$时，最优的资产配置存在且可以表示为

$$\begin{cases} w_l = \dfrac{1}{s_l}[(1+K)(a - br_l) - (\mu_p - \gamma)(b - cr_l)] \\ w_b = 0 \\ w = -\beta + \dfrac{1}{s_l}[\mu_p - \gamma - (1+K)r_l]\Sigma^{-1}(r - r_l e). \end{cases}$$

其实际收益率的方差为 $\sigma_p^2 = \dfrac{1}{s_l}[\mu_p - \gamma - (1+K)r_l]^2 + \sigma_u^2$。

(3) 假设$-\theta < 1+K < 0$。对于给定的期望收益率 μ_p，求解模型(11.10)可得如下结果：

- 如果$\dfrac{b}{c} < r_l < r_b$，且$-\theta < 1+K < 0$，则当 $\mu_p - \gamma < (1+K+\theta)\dfrac{a-br_l}{b-cr_l} - \theta r_b$ 时，最优的资产配置存在且可以表示为

$$\begin{cases} w_l = 0 \\ w_b = \theta \\ w = -\beta + (\mu_p - \gamma + \theta r_b)h + (1+K+\theta)g. \end{cases}$$

其实际收益率的方差为 $\sigma_p^2 = \dfrac{c}{d}\left[\mu_p - \gamma + \theta r_b - (1+K+\theta)\dfrac{b}{c}\right]^2 + (1+K+\theta)^2$

$\dfrac{1}{c}+\sigma_u^2$。

• 如果$\dfrac{b}{c}\leqslant r_l<r_b$,且$-\theta<1+K<0$,则当$(1+K+\theta)\dfrac{a-br_l}{b-cr_l}-\theta r_b\leqslant\mu_p-\gamma<(1+K)r_l-\theta(r_b-r_l)$时,特别地,如果$\dfrac{b}{c}=r_l<r_b$,则当$\mu_p-\gamma<(1+K)r_l-\theta(r_b-r_l)$时,最优的资产配置存在且可以表示为

$$\begin{cases}w_l=\dfrac{1}{s_l}[(1+K+\theta)(a-br_l)-(\mu_p-\gamma+\theta r_b)(b-cr_l)]\\ w_b=\theta\\ w=-\beta+\dfrac{1}{s_l}[\mu_p-\gamma-(1+K)r_l+\theta(r_b-r_l)]\Sigma^{-1}(r-r_le).\end{cases}$$

其实际收益率的方差为$\sigma_p^2=\dfrac{1}{s_l}[\mu_p-\gamma-(1+K)r_l+\theta(r_b-r_l)]^2+\sigma_u^2$。

• 如果$\dfrac{b}{c}\leqslant r_l<r_b$,且$-\theta<1+K<0$,则当$(1+K)r_l-\theta(r_b-r_l)\leqslant\mu_p-\gamma<(1+K)r_b$时,最优的资产配置存在且可以表示为

$$\begin{cases}w_l=\dfrac{1}{r_b-r_l}[(1+K)r_b-(\mu_p-\gamma)]\\ w_b=\dfrac{1}{r_b-r_l}[(1+K)r_l-(\mu_p-\gamma)]\\ w=-\beta.\end{cases}$$

其实际收益率的方差为$\sigma_p^2=\sigma_u^2$。

• 如果$\dfrac{b}{c}\leqslant r_l<r_b$,且$-\theta<1+K<0$,则当$(1+K)r_b\leqslant\mu_p-\gamma<(1+K)\dfrac{a-br_b}{b-cr_b}$时,最优的资产配置存在且可以表示为

$$\begin{cases}w_l=0\\ w_b=\dfrac{1}{s_b}[(\mu_p-\gamma)(b-cr_b)-(1+K)(a-br_b)]\\ w=-\beta+\dfrac{1}{s_b}[\mu_p-\gamma-(1+K)r_b]\Sigma^{-1}(r-r_be).\end{cases}$$

其实际收益率的方差为$\sigma_p^2=\dfrac{1}{s_b}[\mu_p-\gamma-(1+K)r_b]^2+\sigma_u^2$。

• 如果$\dfrac{b}{c}\leqslant r_l<r_b$,且$-\theta<1+K<0$,则当$(1+K)\dfrac{a-br_b}{b-cr_b}\leqslant\mu_p-\gamma<(1+K)\dfrac{a-br_l}{b-cr_l}$时,特别地,如果$\dfrac{b}{c}=r_l<r_b$,则当$\mu_p-\gamma\geqslant(1+K)\dfrac{a-br_b}{b-cr_b}$时,最优的资产配置存在且可以表示为

$$\begin{cases} w_l = 0 \\ w_b = 0 \\ w = -\beta + (\mu_p - \gamma)h + (1+K)g. \end{cases}$$

其实际收益率的方差为 $\sigma_p^2 = \frac{c}{d}\left[\mu_p - \gamma - (1+K)\frac{b}{c}\right]^2 + (1+K)^2 \frac{1}{c} + \sigma_u^2$。

- 如果 $\frac{b}{c} < r_l < r_b$，且 $-\theta < 1+K < 0$，则当 $\mu_p - \gamma \geqslant (1+K)\frac{a-br_l}{b-cr_l}$ 时，最优的资产配置存在且可以表示为

$$\begin{cases} w_l = \frac{1}{s_l}[(1+K)(a-br_l) - (\mu_p - \gamma)(b - cr_l)] \\ w_b = 0 \\ w = -\beta + \frac{1}{s_l}[\mu_p - \gamma - (1+K)r_l]\Sigma^{-1}(r - r_l e). \end{cases}$$

其实际收益率的方差为 $\sigma_p^2 = \frac{1}{s_l}[\mu_p - \gamma - (1+K)r_l]^2 + \sigma_u^2$。

11.2.3　市场条件 $r_l < \frac{b}{c} \leqslant r_b$ 情形下的最优资产配置

（1）假设 $1+K \geqslant 0$。对于给定的期望收益率 μ_p，求解模型(11.10)可得如下结果：

- 如果 $r_l < \frac{b}{c} \leqslant r_b$，且 $1+K \geqslant 0$，则当 $\mu_p - \gamma < (1+K)r_l - \theta(r_b - r_l)$ 时，最优的资产配置存在且可以表示为

$$\begin{cases} w_l = \frac{1}{s_l}[(1+K+\theta)(a-br_l) - (\mu_p - \gamma + \theta r_b)(b - cr_l)] \\ w_b = \theta \\ w = -\beta + \frac{1}{s_l}[\mu_p - \gamma - (1+K)r_l + \theta(r_b - r_l)]\Sigma^{-1}(r - r_l e). \end{cases}$$

其实际收益率的方差为 $\sigma_p^2 = \frac{1}{s_l}[\mu_p - \gamma - (1+K)r_l + \theta(r_b - r_l)]^2 + \sigma_u^2$。

- 如果 $r_l < \frac{b}{c} \leqslant r_b$，且 $1+K \geqslant 0$，则当 $(1+K)r_l - \theta(r_b - r_l) \leqslant \mu_p - \gamma < (1+K)r_l$ 时，最优的资产配置存在且可以表示为

$$\begin{cases} w_l = \frac{1}{r_b - r_l}[(1+K)r_b - (\mu_p - \gamma)] \\ w_b = \frac{1}{r_b - r_l}[(1+K)r_l - (\mu_p - \gamma)] \\ w = -\beta. \end{cases}$$

其实际收益率的方差为 $\sigma_p^2=\sigma_u^2$。

• 如果 $r_l<\frac{b}{c}\leqslant r_b$,且 $1+K\geqslant 0$,则当 $(1+K)r_l\leqslant\mu_p-\gamma<(1+K)\frac{a-br_l}{b-cr_l}$ 时,最优的资产配置存在且可以表示为

$$\begin{cases}w_l=\frac{1}{s_l}[(1+K)(a-br_l)-(\mu_p-\gamma)(b-cr_l)]\\w_b=0\\w=-\beta+\frac{1}{s_l}[\mu_p-\gamma-(1+K)r_l]\Sigma^{-1}(r-r_le).\end{cases}$$

其实际收益率的方差为 $\sigma_p^2=\frac{1}{s_l}[\mu_p-\gamma-(1+K)r_l]^2+\sigma_u^2$。

• 如果 $r_l<\frac{b}{c}\leqslant r_b$,且 $1+K\geqslant 0$,则当 $\mu_p-\gamma\geqslant(1+K)\frac{a-br_l}{b-cr_l}$ 时,最优的资产配置存在且可以表示为

$$\begin{cases}w_l=0\\w_b=0\\w=-\beta+(\mu_p-\gamma)h+(1+K)g.\end{cases}$$

其实际收益率的方差为 $\sigma_p^2=\frac{c}{d}\left[\mu_p-\gamma-(1+K)\frac{b}{c}\right]^2+(1+K)^2\ \frac{1}{c}+\sigma_u^2$。

(2) 假设 $1+K\leqslant-\theta$。对于给定的期望收益率 μ_p,求解模型(11.10)可得如下结果:

• 如果 $r_l<\frac{b}{c}\leqslant r_b$,且 $1+K\leqslant-\theta$,则当 $\mu_p-\gamma<(1+K+\theta)\frac{a-br_l}{b-cr_l}-\theta r_b$ 时,最优的资产配置存在且可以表示为

$$\begin{cases}w_l=\frac{1}{s_l}[(1+K+\theta)(a-br_l)-(\mu_p-\gamma+\theta r_b)(b-cr_l)]\\w_b=\theta\\w=-\beta+\frac{1}{s_l}[\mu_p-\gamma-(1+K)r_l+\theta(r_b-r_l)]\Sigma^{-1}(r-r_le).\end{cases}$$

其实际收益率的方差为 $\sigma_p^2=\frac{1}{s_l}[\mu_p-\gamma-(1+K)r_l+\theta(r_b-r_l)]^2+\sigma_u^2$。

• 如果 $r_l<\frac{b}{c}\leqslant r_b$,且 $1+K\leqslant-\theta$,则当 $(1+K+\theta)\frac{a-br_l}{b-cr_l}-\theta r_b\leqslant\mu_p-\gamma$ $<(1+K+\theta)\frac{a-br_b}{b-cr_b}-\theta r_b$ 时,特别地,如果 $r_l<\frac{b}{c}=r_b$,则当 $\mu_p-\gamma\geqslant(1+K+\theta)\frac{a-br_l}{b-cr_l}-\theta r_b$ 时,最优的资产配置存在且可以表示为

$$\begin{cases} w_l = 0 \\ w_b = \theta \\ w = -\beta + (\mu_p - \gamma + \theta r_b)h + (1+K+\theta)g. \end{cases}$$

其实际收益率的方差为 $\sigma_p^2 = \frac{c}{d}\left[\mu_p - \gamma + \theta r_b - (1+K+\theta)\frac{b}{c}\right]^2 + (1+K+\theta)^2$

$\frac{1}{c} + \sigma_u^2$。

- 如果 $r_l < \frac{b}{c} < r_b$，且 $1+K \leqslant -\theta$，则当 $(1+K+\theta)\frac{a-br_b}{b-cr_b} - \theta r_b \leqslant \mu_p - \gamma$

$< (1+K)\frac{a-br_b}{b-cr_b}$ 时，最优的资产配置存在且可以表示为

$$\begin{cases} w_l = 0 \\ w_b = \frac{1}{s_b}[(\mu_p - \gamma)(b - cr_b) - (1+K)(a - br_b)] \\ w = -\beta + \frac{1}{s_b}[\mu_p - \gamma - (1+K)r_b]\Sigma^{-1}(r - r_b e). \end{cases}$$

其实际收益率的方差为 $\sigma_p^2 = \frac{1}{s_b}[\mu_p - \gamma - (1+K)r_b]^2 + \sigma_u^2$。

- 如果 $r_l < \frac{b}{c} < r_b$，且 $1+K \leqslant -\theta$，则当 $\mu_p - \gamma \geqslant (1+K)\frac{a-br_b}{b-cr_b}$ 时，最优的资产配置存在且可以表示为

$$\begin{cases} w_l = 0 \\ w_b = 0 \\ w = -\beta + (\mu_p - \gamma)h + (1+K)g. \end{cases}$$

其实际收益率的方差为 $\sigma_p^2 = \frac{c}{d}\left[\mu_p - \gamma - (1+K)\frac{b}{c}\right]^2 + (1+K)^2\ \frac{1}{c} + \sigma_u^2$。

(3) 假设 $-\theta < 1+K < 0$。对于给定的期望收益率 μ_p，求解模型(11.10)可得如下结果：

- 如果 $r_l < \frac{b}{c} < r_b$，且 $-\theta < 1+K < 0$，则当 $\mu_p - \gamma < (1+K)r_l - \theta(r_b - r_l)$ 时，最优的资产配置存在且可以表示为

$$\begin{cases} w_l = \frac{1}{s_l}[(1+K+\theta)(a - br_l) - (\mu_p - \gamma + \theta r_b)(b - cr_l)] \\ w_b = \theta \\ w = -\beta + \frac{1}{s_l}[\mu_p - \gamma - (1+K)r_l + \theta(r_b - r_l)]\Sigma^{-1}(r - r_l e). \end{cases}$$

其实际收益率的方差为 $\sigma_p^2 = \frac{1}{s_l}[\mu_p - \gamma - (1+K)r_l + \theta(r_b - r_l)]^2 + \sigma_u^2$。

• 如果 $r_l<\frac{b}{c}<r_b$,且 $-\theta<1+K<0$,则当 $(1+K)r_l-\theta(r_b-r_l)\leqslant\mu_p-\gamma<(1+K)r_b$ 时,最优的资产配置存在且可以表示为

$$\begin{cases}w_l=\frac{1}{r_b-r_l}[(1+K)r_b-(\mu_p-\gamma)]\\w_b=\frac{1}{r_b-r_l}[(1+K)r_l-(\mu_p-\gamma)]\\w=-\beta.\end{cases}$$

其实际收益率的方差为 $\sigma_p^2=\sigma_u^2$。

• 如果 $r_l<\frac{b}{c}<r_b$,且 $-\theta<1+K<0$,则当 $(1+K)r_b\leqslant\mu_p-\gamma<(1+K)\frac{a-br_b}{b-cr_b}$ 时,最优的资产配置存在且可以表示为

$$\begin{cases}w_l=0\\w_b=\frac{1}{s_b}[(\mu_p-\gamma)(b-cr_b)-(1+K)(a-br_b)]\\w=-\beta+\frac{1}{s_b}[\mu_p-\gamma-(1+K)r_b]\Sigma^{-1}(r-r_be).\end{cases}$$

其实际收益率的方差为 $\sigma_p^2=\frac{1}{s_b}[\mu_p-\gamma-(1+K)r_b]^2+\sigma_u^2$。

• 如果 $r_l<\frac{b}{c}<r_b$,且 $-\theta<1+K<0$,则当 $\mu_p-\gamma\geqslant(1+K)\frac{a-br_b}{b-cr_b}$ 时,最优的资产配置存在且可以表示为

$$\begin{cases}w_l=0\\w_b=0\\w=-\beta+(\mu_p-\gamma)h+(1+K)g.\end{cases}$$

其实际收益率的方差为 $\sigma_p^2=\frac{c}{d}\left[\mu_p-\gamma-(1+K)\frac{b}{c}\right]^2+(1+K)^2\frac{1}{c}+\sigma_u^2$。

11.3　MSF 有效前沿与均值-方差有效前沿的区别

本节依据定理 11.1 和定理 11.2,在 11.2 节的基础上给出 MSF 有效前沿在均值-方差平面上的解析表达以及其存在的条件,并指出其与均值-方差有效前沿的区别。

11.3.1　市场条件 $r_l<r_b<\frac{b}{c}$ 情形下的比较

(1) 假设 $1+K\geqslant0$。

在市场条件 $r_l<r_b<\frac{b}{c}$ 情形下，根据模型(11.10)的最优解可得，模型(11.8)的均值-方差有效前沿在均值(μ_p)-方差(σ_p^2)直角坐标系中由分段的抛物线构成，$\mu_p\geqslant\gamma+(1+K)r_l,\sigma_p^2\geqslant\sigma_u^2$。

① 在 $\gamma+(1+K)r_l\leqslant\mu_p<\gamma+(1+K)\frac{a-br_l}{b-cr_l}$ 区域，均值-方差有效前沿的抛物线方程为

$$\sigma_p^2=\frac{1}{s_l}[\mu_p-\gamma-(1+K)r_l]^2+\sigma_u^2. \tag{11.11}$$

特别地，如果 $1+K=0$，以上形式抛物线段不存在。

对于 $1+K>0$，显然在抛物线段内，有 $\frac{\mathrm{d}\sigma_p}{\mathrm{d}\mu_p}=\frac{\mu_p-\gamma-(1+K)r_l}{s_l\sigma_p}$。于是，根据定理 11.2，在此段均值-方差有效前沿上的投资组合，也是某个给定 α 水平下的 MSF 有效的投资组合的充分必要条件是

$$z_\alpha<-\frac{\mathrm{d}\mu_p}{\mathrm{d}\sigma_p}=-\frac{s_l\sigma_p}{\mu_p-\gamma-(1+K)r_l}=-\sqrt{s_l+\sigma_u^2\left(\frac{s_l}{\mu_p-\gamma-(1+K)r_l}\right)^2}.$$

特别地，如果 $\sigma_\varepsilon^2=G$，则上式等价于 $z_\alpha<-\sqrt{s_l}$。如果 $\sigma_\varepsilon^2\neq G$，则上式等价于

$$\mu_p>\gamma+(1+K)r_l+\frac{s_l\sqrt{\sigma_u^2}}{\sqrt{z_\alpha^2-s_l}}. \tag{11.12}$$

又由于在 $\gamma+(1+K)r_l\leqslant\mu_p<\gamma+(1+K)\frac{a-br_l}{b-cr_l}$ 区域，恒有

$$-\frac{\mathrm{d}\mu_p}{\mathrm{d}\sigma_p}<-\sqrt{(s_l+\sigma_u^2\left(\frac{b-cr_l}{1+K}\right)^2},$$

于是，对于 $z_\alpha<-\sqrt{s_l+\sigma_u^2\left(\frac{b-cr_l}{1+K}\right)^2}$ 的投资者，如果 $\sigma_\varepsilon^2\neq G$，则此段均值-方差有效前沿上是 MSF 有效前沿的部分为

$$\gamma+(1+K)r_l+\frac{s_l\sqrt{\sigma_u^2}}{\sqrt{z_\alpha^2-s_l}}<\mu_p<\gamma+(1+K)\frac{a-br_l}{b-cr_l}.$$

如果 $\sigma_\varepsilon^2=G$，则此段均值-方差有效前沿与任意 $z_\alpha<-\sqrt{s_l}$ 对应的 MSF 有效前沿一致。对于 $z_\alpha\geqslant-\sqrt{s_l+\sigma_u^2\left(\frac{b-cr_l}{1+K}\right)^2}$，此段均值-方差有效前沿是 MSF 非有效的。

② 在 $\gamma+(1+K)\frac{a-br_l}{b-cr_l}\leqslant\mu_p<\gamma+(1+K)\frac{a-br_b}{b-cr_b}$ 区域，均值-方差有效前沿的抛物线方程为

$$\sigma_p^2 = \frac{c}{d}\left[\mu_p - \gamma - (1+K)\frac{b}{c}\right]^2 + (1+K)^2\frac{1}{c} + \sigma_u^2. \qquad (11.13)$$

特别地,如果 $1+K=0$,以上形式抛物线段不存在。

对于 $1+K>0$,显然在抛物线段内,有 $\frac{d\sigma_p}{d\mu_p} = \frac{\mu_p - \gamma - (1+K)b/c}{\sigma_p d/c}$。于是,根据定理 11.2,在此段均值-方差有效前沿上的投资组合,也是在某个给定 α 水平下的 MSF 有效的投资组合的充分必要条件是

$$z_\alpha < -\frac{d\mu_p}{d\sigma_p} = -\frac{d}{c}\frac{\sigma_p}{\mu_p - \gamma - \frac{(1+K)b}{c}}$$

$$= -\sqrt{\frac{d}{c} + \left[(1+K)^2\frac{1}{c} + \sigma_u^2\right]\left(\frac{\frac{d}{c}}{\mu_p - \gamma - \frac{(1+K)b}{c}}\right)^2}.$$

因此,必须有

$$\mu_p > \gamma + (1+K)\frac{b}{c} + \frac{d\sqrt{(1+K)^2 + c\sigma_u^2}}{c\sqrt{cz_\alpha^2 - d}}. \qquad (11.14)$$

又由于在 $\gamma + (1+K)\frac{a-br_l}{b-cr_l} \leqslant \mu_p < \gamma + (1+K)\frac{a-br_b}{b-cr_b}$ 区域,恒有

$$-\sqrt{s_l + \sigma_u^2\left(\frac{b-cr_l}{1+K}\right)^2} \leqslant -\frac{d\mu_p}{d\sigma_p} < -\sqrt{s_b + \sigma_u^2\left(\frac{b-cr_b}{1+K}\right)^2},$$

因此,对于 $z_\alpha < -\sqrt{s_l + \sigma_u^2\left(\frac{b-cr_l}{1+K}\right)^2}$,此段均值-方差有效前沿也是 MSF 有效前沿。对于 $-\sqrt{s_l + \sigma_u^2\left(\frac{b-cr_l}{1+K}\right)^2} \leqslant z_\alpha < -\sqrt{s_b + \sigma_u^2\left(\frac{b-cr_b}{1+K}\right)^2}$,此段均值-方差有效前沿上满足不等式(11.14)的一部分在 MSF 有效前沿上。对于 $z_\alpha \geqslant -\sqrt{s_b + \sigma_u^2\left(\frac{b-cr_b}{1+K}\right)^2}$ 的投资者,此段均值-方差有效前沿上的投资组合都是 MSF 非有效的。

③ 在 $\gamma + (1+K)\frac{a-br_b}{b-cr_b} \leqslant \mu_p < \gamma + (1+K)\frac{a-br_b}{b-cr_b} + \frac{\theta s_b}{b-cr_b}$ 区域,均值-方差有效前沿的抛物线方程为

$$\sigma_p^2 = \frac{1}{s_b}[\mu_p - \gamma - (1+K)r_b]^2 + \sigma_u^2. \qquad (11.15)$$

于是,根据定理 11.2,在此段均值-方差有效前沿上的投资组合,也是某个给定 α 水平下的 MSF 有效的投资组合的充分必要条件是

$$z_\alpha < -\frac{d\mu_p}{d\sigma_p} = -\frac{s_b\sigma_p}{\mu_p - \gamma - (1+K)r_b}$$

$$=-\sqrt{s_b+\sigma_u^2\left(\frac{s_b}{\mu_p-\gamma-(1+K)r_b}\right)^2}.$$

如果 $\sigma_\varepsilon^2=G$,则上式等价于 $z_\alpha<-\sqrt{s_b}$。如果 $\sigma_\varepsilon^2\neq G$,则上式等价于

$$\mu_p>\gamma+(1+K)r_b+\frac{s_b\sqrt{\sigma_u^2}}{\sqrt{z_\alpha^2-s_b}} \tag{11.16}$$

又由于在 $\gamma+(1+K)\dfrac{a-br_b}{b-cr_b}\leqslant\mu_p<\gamma+(1+K)\dfrac{a-br_b}{b-cr_b}+\dfrac{\theta s_b}{b-cr_b}$ 区域,恒有

$$-\sqrt{s_b+\sigma_u^2\left(\frac{b-cr_b}{1+K}\right)^2}\leqslant-\frac{\mathrm{d}\mu_p}{\mathrm{d}\sigma_p}<-\sqrt{s_b+\sigma_u^2\left(\frac{b-cr_b}{1+K+\theta}\right)^2}.$$

因此,对于 $z_\alpha<-\sqrt{s_b+\sigma_u^2\left(\dfrac{b-cr_b}{1+K}\right)^2}$,此段均值-方差有效前沿也是 MSF 有效前沿。对于 $-\sqrt{s_b+\sigma_u^2\left(\dfrac{b-cr_b}{1+K}\right)^2}\leqslant z_\alpha<-\sqrt{s_b+\sigma_u^2\left(\dfrac{b-cr_b}{1+K+\theta}\right)^2}$,在此段均值-方差有效前沿上是 MSF 有效前沿的部分应满足不等式(11.16)。对于 $z_\alpha\geqslant-\sqrt{s_b+\sigma_u^2\left(\dfrac{b-cr_b}{1+K+\theta}\right)^2}$,上述均值-方差有效前沿上的投资组合都是 MSF 非有效的。

④ 在 $\mu_p\geqslant\gamma+(1+K)\dfrac{a-br_b}{b-cr_b}+\dfrac{\theta s_b}{b-cr_b}$ 区域,均值-方差有效前沿的抛物线方程为

$$\sigma_p^2=\frac{c}{d}\left[\mu_p-\gamma+\theta r_b-(1+K+\theta)\frac{b}{c}\right]^2+(1+K+\theta)^2\frac{1}{c}+\sigma_u^2. \tag{11.17}$$

显然,在 $\mu_p\geqslant\gamma+(1+K)\dfrac{a-br_b}{b-cr_b}+\dfrac{\theta s_b}{b-cr_b}$ 区域,恒有

$$-\sqrt{s_b+\sigma_u^2\left(\frac{b-cr_b}{1+K+\theta}\right)^2}\leqslant-\frac{\mathrm{d}\mu_p}{\mathrm{d}\sigma_p}<-\sqrt{\frac{d}{c}},$$

而且 $z_\alpha<-\dfrac{\mathrm{d}\mu_p}{\mathrm{d}\sigma_p}=-\dfrac{d}{c}\left[\dfrac{\sigma_p}{\mu_p-\gamma+\theta r_b-(1+K+\theta)b/c}\right]$ 等价于

$$\mu_p>\gamma-\theta r_b-\theta r_b+(1+K+\theta)\frac{b}{c}+\frac{d\sqrt{(1+K+\theta)^2+c\sigma_u^2}}{c\sqrt{cz_\alpha^2-d}}. \tag{11.18}$$

因此,根据定理 11.1 和定理 11.2 可得,对于 $z_\alpha<-\sqrt{s_b+\sigma_u^2\left(\dfrac{b-cr_b}{1+K+\theta}\right)^2}$,此段均值-方差有效前沿上的投资组合也是 MSF 有效的。对于

$-\sqrt{s_b+\sigma_u^2\left(\frac{b-cr_b}{1+K+\theta}\right)^2}\leqslant z_\alpha<-\sqrt{\frac{d}{c}}$,此段均值-方差有效前沿上的投资组合也是 MSF 有效的充分必要条件是不等式(11.18)成立。对于 $z_\alpha\geqslant-\sqrt{\frac{d}{c}}$ 的任意投资者,上述均值-方差有效前沿都是 MSF 非有效的。

综合上面的比较分析,我们得到如下定理。

定理 11.3　在市场条件 $r_l<r_b<\frac{b}{c}$ 情形下,如果 $1+K\geqslant 0$,则 MSF 有效前沿存在的充分必要条件为 $z_\alpha<-\sqrt{\frac{d}{c}}$。而且,如果 $1+K>0$,且 $\sigma_\varepsilon^2=G$,则当且仅当 $z_\alpha<-\sqrt{s_l}$ 时,均值-方差有效前沿与 MSF 有效前沿一致。如果 $1+K=0$,且 $\sigma_\varepsilon^2=G$,则当且仅当 $z_\alpha<-\sqrt{s_b}$ 时,均值-方差有效前沿与 MSF 有效前沿一致。其余场合,MSF 有效前沿仅是均值-方差有效前沿的一部分。

(2) 假设 $1+K\leqslant-\theta$。

在市场条件 $r_l<r_b<\frac{b}{c}$ 情形下,根据模型(11.10)的最优解可得,均值-方差模型(11.8)的有效前沿在均值(μ_p)-方差(σ_p^2)直角坐标系中是一段抛物线,$\mu_p\geqslant\gamma-\theta r_b+(1+K+\theta)\frac{b}{c}$,$\sigma_p^2\geqslant(1+K+\theta)^2\ \frac{1}{c}+\sigma_u^2$。均值-方差有效前沿的方程为

$$\sigma_p^2=\frac{c}{d}\left[\mu_p-\gamma+\theta r_b-(1+K+\theta)\ \frac{b}{c}\right]^2+(1+K+\theta)^2\ \frac{1}{c}+\sigma_u^2.$$

由于在此段均值-方差有效前沿上,恒有 $-\sqrt{s_b+\sigma_u^2\left(\frac{b-cr_b}{1+K+\theta}\right)^2}\leqslant-\frac{\mathrm{d}\mu_p}{\mathrm{d}\sigma_p}<-\sqrt{\frac{d}{c}}$,其中,如果 $1+K=-\theta$ 且 $\sigma_\varepsilon^2=G$,则恒有 $-\frac{\mathrm{d}\mu_p}{\mathrm{d}\sigma_p}=-\sqrt{\frac{d}{c}}$,而且 $z_\alpha<-\frac{\mathrm{d}\mu_p}{\mathrm{d}\sigma_p}$ 等价于式(11.18),因此,根据定理 11.1 和定理 11.2 可得,如果 $1+K=-\theta$ 且 $\sigma_\varepsilon^2=G$,则此段均值-方差有效前沿位于 $z_\alpha<-\sqrt{\frac{d}{c}}$ 对应的 MSF 有效前沿上。否则,如果 $1+K\leqslant-\theta$,则此段均值-方差有效前沿位于 $z_\alpha<-\sqrt{s_b+\sigma_u^2\left(\frac{b-cr_b}{1+K+\theta}\right)^2}$ 的 MSF 有效前沿上。对于 $z_\alpha\geqslant-\sqrt{\frac{d}{c}}$ 的任意投资者,上述均值-方差有效前沿都是 MSF 非有效的;对于 $-\sqrt{s_b+\sigma_u^2\left(\frac{b-cr_b}{1+K+\theta}\right)^2}\leqslant z_\alpha<-\sqrt{\frac{d}{c}}$ 的投资者,此段均值-方差有效前沿满

足式(11.18)的部分是 MSF 有效的。

从上面的比较分析，我们得到如下定理：

定理 11.4　在市场条件 $r_l<r_b<\frac{b}{c}$ 下，如果 $1+K\leqslant-\theta$，则 MSF 有效前沿存在的充分必要条件为 $z_\alpha<-\sqrt{\frac{d}{c}}$。其中，如果 $1+K=-\theta$，$\sigma_\varepsilon^2=G$，则当 $z_\alpha<-\sqrt{\frac{d}{c}}$ 时，均值-方差有效前沿与 MSF 有效前沿一致。如果 $1+K<-\theta$，则当 $z_\alpha<-\sqrt{s_b+\sigma_u^2\left(\frac{b-cr_b}{1+K+\theta}\right)^2}$ 时，均值-方差有效前沿与 MSF 有效前沿一致。其他情形下，MSF 有效前沿仅是均值-方差有效前沿的一部分。

(3) 假设 $-\theta<1+K<0$。

在市场条件 $r_l<r_b<\frac{b}{c}$ 情形下，根据模型(11.10)的最优解可以得到，模型(11.8)的均值-方差有效前沿在均值(μ_p)-方差(σ_p^2)直角坐标系中是两段相连的抛物线，$\mu_p\geqslant\gamma+(1+K)r_b$，$\sigma_p^2\geqslant\sigma_u^2$。

① 在 $\gamma+(1+K)r_b\leqslant\mu_p<\gamma+(1+K)\frac{a-br_b}{b-cr_b}+\frac{\theta s_b}{b-cr_b}$ 区域，均值-方差有效前沿抛物线方程为

$$\sigma_p^2=\frac{1}{s_b}[\mu_p-\gamma-(1+K)r_b]^2+\sigma_u^2.$$

在此段均值-方差前沿上，

$$-\frac{d\mu_p}{d\sigma_p}=-\frac{s_b\sigma_p}{\mu_p-\gamma-(1+K)r_b}<-\sqrt{s_b+\sigma_u^2\left(\frac{b-cr_b}{1+K+\theta}\right)^2},$$

当且仅当 $\sigma_\varepsilon^2=G$ 时，$-\frac{d\mu_p}{d\sigma_p}=-\sqrt{s_b}$。而且 $z_\alpha<-\frac{s_b\sigma_p}{\mu_p-\gamma-(1+K)r_b}$ 等价于式(11.16)。

因此根据定理 11.1 和定理 11.2 可得，如果 $\sigma_\varepsilon^2=G$，则当仅当 $z_\alpha<-\sqrt{s_b}$ 时，在此段均值-方差有效前沿上存在 MSF 有效前沿。如果 $\sigma_\varepsilon^2\neq G$，则当且仅当 $z_\alpha<-\sqrt{s_b+\sigma_u^2\left(\frac{b-cr_b}{1+K+\theta}\right)^2}$ 时，在此段均值-方差有效前沿上存在 MSF 有效前沿，其满足 $\gamma+(1+K)r_b+\frac{s_b\sqrt{\sigma_u^2}}{\sqrt{z_\alpha^2-s_b}}<\mu_p<\gamma+(1+K)\frac{a-br_b}{b-cr_b}+\frac{\theta s_b}{b-cr_b}$。

② 在 $\mu_p\geqslant\gamma+(1+K)\frac{a-br_b}{b-cr_b}+\frac{\theta s_b}{b-cr_b}$ 区域，均值-方差有效前沿抛物线方程为

$$\sigma_p^2=\frac{c}{d}\left[\mu_p-\gamma+\theta r_b-(1+K+\theta)\frac{b}{c}\right]^2+(1+K+\theta)^2\frac{1}{c}+\sigma_u^2.$$

在此曲线上，$-\sqrt{s_b+\sigma_u^2\left(\frac{b-cr_b}{1+K+\theta}\right)^2}\leqslant-\frac{\mathrm{d}\mu_p}{\mathrm{d}\sigma_p}<-\sqrt{\frac{d}{c}}$，$z_\alpha<-\frac{\mathrm{d}\mu_p}{\mathrm{d}\sigma_p}$等价于 $\mu_p>\gamma+(1+K+\theta)\frac{b}{c}+\frac{d\sqrt{(1+K+\theta)^2+c\sigma_u^2}}{c\sqrt{cz_\alpha^2-d}}$。因此，根据定理 11.1 和定理 11.2 可得，当 $z_\alpha<-\sqrt{s_b+\sigma_u^2\left(\frac{b-cr_b}{1+K+\theta}\right)^2}$ 时，此段均值-方差有效前沿位于 MSF 有效前沿上。当 $-\sqrt{s_b+\sigma_u^2\left(\frac{b-cr_b}{1+K+\theta}\right)^2}\leqslant z_\alpha<-\sqrt{\frac{d}{c}}$ 时，此段均值-方差有效前沿上的一部分是 MSF 有效的，期望收益满足式(11.18)。对于 $z_\alpha\geqslant-\sqrt{\frac{d}{c}}$ 的任意投资者，上述均值-方差有效前沿都是 MSF 非有效的。

综合上述分析，我们得到如下定理。

定理 11.5　在市场条件 $r_l<r_b<\frac{b}{c}$ 下，如果 $-\theta<1+K<0$，则 MSF 有效前沿存在的充分必要条件为 $z_\alpha<-\sqrt{\frac{d}{c}}$。如果 $\sigma_\varepsilon^2\neq G$，则 MSF 有效前沿与均值-方差有效前沿不一致，前者仅是后者的一部分。如果 $\sigma_\varepsilon^2=G$，则当 $z_\alpha<-\sqrt{s_b}$ 时，MSF 有效前沿与均值-方差有效前沿一致；当 $-\sqrt{s_b}\leqslant z_\alpha<-\sqrt{\frac{d}{c}}$ 时，MSF 有效前沿仅是均值-方差有效前沿的一部分。

11.3.2　市场条件 $r_l<r_b=\frac{b}{c}$ 情形下的比较

(1) 假设 $1+K\geqslant0$。

由 11.2 节有关模型(11.9)的最优解可知，在市场条件 $r_l<r_b=\frac{b}{c}$ 情形下，如果 $1+K\geqslant0$，则均值-方差有效前沿在均值(μ_p)-方差(σ_p^2)直角坐标系中由(分段)抛物线构成。

① 在 $\gamma+(1+K)r_l\leqslant\mu_p<\gamma+(1+K)\frac{a-br_l}{b-cr_l}$ 区域，均值-方差有效前沿为抛物线段，其方程为

$$\sigma_p^2=\frac{1}{s_l}[\mu_p-\gamma-(1+K)r_l]^2+\sigma_u^2.$$

特别地，如果 $1+K=0$，此段有效前沿退化消失。

易见，如果 $\sigma_\varepsilon^2=G$，则在此段均值-方差有效前沿上，恒有 $-\frac{\mathrm{d}\mu_p}{\mathrm{d}\sigma_p}=-\sqrt{s_l}$。如

果 $\sigma_\varepsilon^2 \neq G$,则在此段均值-方差有效前沿上,恒有 $-\frac{d\mu_p}{d\sigma_p} < -\sqrt{s_l + \sigma_u^2\left(\frac{b-cr_l}{1+K}\right)^2}$,

而且 $z_\alpha < -\frac{d\mu_p}{d\sigma_p}$ 等价于 $\mu_p > \gamma + (1+K)r_l + \frac{s_l\sqrt{\sigma_u^2}}{\sqrt{z_\alpha^2 - s_l}}$。

于是,根据定理 11.1 和定理 11.2 知,假设 $1+K>0$,则在此段均值-方差有效前沿上,MSF 有效前沿存在的充分必要条件为

$$z_\alpha < -\sqrt{s_l + \sigma_u^2\left(\frac{b-cr_l}{1+K}\right)^2}, \text{且 } \mu_p > \gamma + (1+K)r_l + \frac{s_l\sqrt{\sigma_u^2}}{\sqrt{z_\alpha^2 - s_l}}.$$

特别地,如果 $\sigma_\varepsilon^2 = G$,则此段均值-方差有效前沿也是 $z_\alpha < -\sqrt{s_l}$ 对应的 MSF 有效前沿的一部分,即均值-方差有效前沿与 MSF 有效前沿一致。

② 在 $\mu_p \geqslant \gamma + (1+K)\frac{a-br_l}{b-cr_l}$ 区域,均值-方差有效前沿为一段抛物线,其方程为

$$\sigma_p^2 = \frac{c}{d}\left[\mu_p - \gamma - (1+K)\frac{b}{c}\right]^2 + (1+K)^2\frac{1}{c} + \sigma_u^2.$$

易见,在此段均值-方差有效前沿上,恒有 $-\sqrt{s_l + \sigma_u^2\left(\frac{b-cr_l}{1+K}\right)^2} \leqslant -\frac{d\mu_p}{d\sigma_p} < -\sqrt{s_b}$,且 $z_\alpha < -\frac{d\mu_p}{d\sigma_p}$ 等价于 $\mu_p > \gamma + (1+K)\frac{b}{c} + \frac{d\sqrt{(1+K)^2 + c\sigma_u^2}}{c\sqrt{cz_\alpha^2 - d}}$。其中,如果 $\sigma_\varepsilon^2 = G$ 且 $1+K=0$,则恒有 $-\frac{d\mu_p}{d\sigma_p} = -\sqrt{s_b}$。如果 $\sigma_\varepsilon^2 = G$ 且 $1+K>0$,则恒有 $-\sqrt{s_l} \leqslant -\frac{d\mu_p}{d\sigma_p} < -\sqrt{s_b}$。

于是,根据定理 11.1 和定理 11.2 可得,假设 $1+K \geqslant 0$,则在此段均值-方差有效前沿上,MSF 有效前沿存在的充分必要条件是 $z_\alpha < -\sqrt{s_b}$。当 $z_\alpha < -\sqrt{s_l + \sigma_u^2\left(\frac{b-cr_l}{1+K}\right)^2}$ 时,此段均值-方差有效前沿是 MSF 有效前沿的一部分。当 $-\sqrt{s_l + \sigma_u^2\left(\frac{b-cr_l}{1+K}\right)^2} \leqslant z_\alpha < -\sqrt{s_b}$ 时,均值-方差有效前沿的一部分在 MSF 有效前沿上。特别地,如果 $\sigma_\varepsilon^2 = G$ 且 $1+K=0$,则均值-方差有效前沿也是 MSF 有效前沿。

对照可知,定理 11.3 同样适用于市场条件 $r_l < r_b = \frac{b}{c}$ 情形。

(2) 假设 $1+K \leqslant -\theta$。

在市场条件 $r_l < r_b = \frac{b}{c}$ 情形下,易见定理 11.4 同样成立。

(3) 假设 $-\theta<1+K<0$。

由上节内容可知,均值-方差有效前沿为定义在 $\mu_p\geqslant\gamma+(1+K)\dfrac{b}{c}$ 区域的一条抛物线,其方程为

$$\sigma_p^2=\frac{c}{d}\left[\mu_p-\gamma-(1+K)\frac{b}{c}\right]^2+\sigma_u^2.$$

于是,由定理 11.1 和定理 11.2 可知,如果 $\sigma_\varepsilon^2\neq G$,则均值-方差有效前沿上的投资组合是某个给定的 α 水平下 MSF 有效前沿上的投资组合的充分必要条件是

$$z_\alpha<-\frac{\mathrm{d}\mu_p}{\mathrm{d}\sigma_p}=-\frac{d}{c}\left[\frac{\sigma_p}{\mu_p-\gamma-(1+K)b/c}\right]$$

$$=-\sqrt{\frac{d}{c}+\sigma_u^2\left(\frac{d/c}{\mu_p-\gamma-(1+K)b/c}\right)^2}.$$

其等价于 $z_\alpha<-\sqrt{\dfrac{d}{c}}$,且 $\mu_p>\gamma+(1+K)\dfrac{b}{c}+\dfrac{d}{c}\dfrac{\sqrt{c\sigma_u^2}}{\sqrt{cz_\alpha^2-d}}$。

如果 $\sigma_\varepsilon^2=G$,则上述充分必要条件为 $z_\alpha<-\sqrt{\dfrac{d}{c}}$,即对于任意的 $z_\alpha<-\sqrt{\dfrac{d}{c}}$,均值-方差有效前沿与 MSF 有效前沿一致。

由于当 $r_b=\dfrac{b}{c}$ 时,$-\sqrt{\dfrac{d}{c}}=-\sqrt{s_b}$,因此定理 11.5 对于市场条件 $r_l<r_b=\dfrac{b}{c}$ 情形同样适用。

11.3.3　市场条件 $\dfrac{b}{c}<r_l<r_b$ 情形下的比较

在 $\dfrac{b}{c}<r_l<r_b$ 情形下,根据 11.2 节关于模型(11.10)的最优解,可得模型(11.8)的均值-方差有效前沿,进而利用定理 11.1 和定理 11.2,可得 MSF 模型的有效前沿、存在条件及其与均值-方差有效前沿的区别。

(1) 假设 $1+K\geqslant0$。

则模型(11.8)的均值-方差有效前沿在均值-方差直角坐标系中是一条抛物线,定义域为 $\mu_p\geqslant\gamma+(1+K)r_l$,方程为

$$\sigma_p^2=\frac{1}{s_l}[\mu_p-\gamma-(1+K)r_l]^2+\sigma_u^2.$$

显然,如果 $\sigma_\varepsilon^2=G$,则 $-\dfrac{\mathrm{d}\mu_p}{\mathrm{d}\sigma_p}=-\sqrt{s_l}$。如果 $\sigma_\varepsilon^2\neq G$,则 $-\sqrt{s_l+\sigma_u^2\left(\dfrac{b-cr_l}{1+K}\right)^2}\leqslant$

$-\frac{d\mu_p}{d\sigma_p}<-\sqrt{s_l}$，而且 $z_\alpha<-\frac{d\mu_p}{d\sigma_p}$ 等价于 $\mu_p>\gamma+(1+K)r_l+\frac{s_l\sqrt{\sigma_u^2}}{\sqrt{z_\alpha^2-s_l}}$。

因此，利用定理 11.1 和定理 11.2 可知，如果 $\sigma_\varepsilon^2=G$，则当且仅当 $z_\alpha<-\sqrt{s_l}$，MSF 有效前沿存在，且均值-方差有效前沿就是 MSF 有效前沿。如果 $\sigma_\varepsilon^2\neq G$，则当且仅当 $z_\alpha<-\sqrt{s_l+\sigma_u^2\left(\frac{b-cr_l}{1+K}\right)^2}$ 时，均值-方差有效前沿就是 MSF 有效前沿。当 $-\sqrt{s_l+\sigma_u^2\left(\frac{b-cr_l}{1+K}\right)^2}\leqslant z_\alpha<-\sqrt{s_l}$ 时，MSF 有效前沿是均值-方差有效前沿的一部分。

定理 11.6　在市场条件 $\frac{b}{c}<r_l<r_b$ 情形下，假设 $1+K\geqslant 0$，则 MSF 有效前沿存在的充分必要条件是 $z_\alpha<-\sqrt{s_l}$。如果 $\sigma_\varepsilon^2=G$，则均值-方差有效前沿也是 MSF 有效前沿。如果 $\sigma_\varepsilon^2\neq G$，且 $1+K>0$，则当 $z_\alpha<-\sqrt{s_l+\sigma_u^2\left(\frac{b-cr_l}{1+K}\right)^2}$ 时，均值-方差有效前沿也是 MSF 有效前沿。当 $-\sqrt{s_l+\sigma_u^2\left(\frac{b-cr_l}{1+K}\right)^2}\leqslant z_\alpha<-\sqrt{s_l}$ 时，MSF 有效前沿仅是均值-方差有效前沿的一部分。如果 $1+K=0$，则当 $z_\alpha<-\sqrt{s_l}$ 时，MSF 有效前沿仅是均值-方差有效前沿的一部分。

(2) 假设 $1+K\leqslant-\theta$。

模型(11.8)的均值-方差有效前沿在均值-方差直角坐标系中是一条分段抛物线，$\mu_p\geqslant\gamma-\theta r_b+(1+K+\theta)\frac{b}{c}$，$\sigma_p^2\geqslant(1+K+\theta)^2\frac{1}{c}+\sigma_u^2$。

① 在 $\gamma+(1+K+\theta)\frac{b}{c}-\theta r_b\leqslant\mu_p<\gamma+(1+K+\theta)\frac{a-br_b}{b-cr_b}-\theta r_b$ 区域，均值-方差有效前沿的抛物线方程为

$$\sigma_p^2=\frac{c}{d}\left[\mu_p-\gamma+\theta r_b-(1+K+\theta)\frac{b}{c}\right]^2+(1+K+\theta)^2\frac{1}{c}+\sigma_u^2.$$

特别地，如果 $1+K+\theta=0$，则该抛物线段不存在。假设 $1+K+\theta<0$，则有

$$-\frac{d\mu_p}{d\sigma_p}=-\frac{d}{c}\left[\frac{\sigma_p}{\mu_p-\gamma+\theta r_b-(1+K+\theta)b/c}\right]$$
$$<-\sqrt{s_b+\sigma_u^2\left(\frac{b-cr_b}{1+K+\theta}\right)^2}.$$

于是，依据定理 11.1 和定理 11.2 可得，假设 $1+K+\theta<0$，则当且仅当 $z_\alpha<-\sqrt{s_b+\sigma_u^2\left(\frac{b-cr_b}{1+K+\theta}\right)^2}$ 时，MSF 有效投资前沿存在。由于 $\mu_p>\gamma-\theta r_b+(1+$

$K+\theta)\dfrac{b}{c}+\dfrac{d\sqrt{(1+K+\theta)^2+c\sigma_u^2}}{c\sqrt{cz_\alpha^2-d}}$,因此 MSF 有效前沿是均值-方差有效前沿的一部分。对于 $z_\alpha \geqslant -\sqrt{s_b+\sigma_u^2\left(\dfrac{b-cr_b}{1+K+\theta}\right)^2}$ 的投资者,此段均值-方差前沿上的组合都是 MSF 非有效的。

② 在 $\gamma+(1+K+\theta)\dfrac{a-br_b}{b-cr_b}-\theta r_b \leqslant \mu_p < \gamma+(1+K)\dfrac{a-br_b}{b-cr_b}$ 区域,均值-方差有效前沿的抛物线方程为

$$\sigma_p^2=\frac{1}{s_b}[\mu_p-\gamma-(1+K)r_b]^2+\sigma_u^2.$$

易见,当 $\sigma_\varepsilon^2=G$ 时,当且仅当 $z_\alpha<-\sqrt{s_b}$ 时,此段均值-方差有效前沿与 MSF 有效前沿一致。当 $\sigma_\varepsilon^2 \neq G$ 时,在此段均值-方差有效前沿曲线上,有

$$-\sqrt{s_b+\sigma_u^2\left(\frac{b-cr_b}{1+K+\theta}\right)^2}\leqslant -\frac{\mathrm{d}\mu_p}{\mathrm{d}\sigma_p}<-\sqrt{s_b+\sigma_u^2\left(\frac{b-cr_b}{1+K}\right)^2},$$

且 $z_\alpha<-\dfrac{\mathrm{d}\mu_p}{\mathrm{d}\sigma_p}$ 等价于式(11.15),即 $\mu_p>\gamma+(1+K)r_b+\dfrac{s_b\sqrt{\sigma_u^2}}{\sqrt{z_\alpha^2-s_b}}$。因此,当且仅当 $z_\alpha<-\sqrt{s_b+\sigma_u^2\left(\dfrac{b-cr_b}{1+K}\right)^2}$ 时,该段均值-方差有效前沿上存在 MSF 有效的投资组合。对于 $z_\alpha<-\sqrt{s_b+\sigma_u^2\left(\dfrac{b-cr_b}{1+K+\theta}\right)^2}$ 的投资者,此段均值-方差有效前沿与 MSF 有效前沿一致。对于 $-\sqrt{s_b+\sigma_u^2\left(\dfrac{b-cr_b}{1+K+\theta}\right)^2}\leqslant z_\alpha < -\sqrt{s_b+\sigma_u^2\left(\dfrac{b-cr_b}{1+K}\right)^2}$ 的投资者,均值-方差有效前沿 $\mu_p>\gamma+(1+K)r_b+\dfrac{s_b\sqrt{\sigma_u^2}}{\sqrt{z_\alpha^2-s_b}}$ 的部分是 MSF 有效前沿。

③ 在 $\gamma+(1+K)\dfrac{a-br_b}{b-cr_b}\leqslant \mu_p<\gamma+(1+K)\dfrac{a-br_l}{b-cr_l}$ 区域,均值-方差有效前沿的抛物线方程为

$$\sigma_p^2=\frac{c}{d}\left[\mu_p-\gamma-(1+K)\frac{b}{c}\right]^2+(1+K)^2\frac{1}{c}+\sigma_u^2.$$

由于在此段抛物线上,$z_\alpha<-\dfrac{\mathrm{d}\mu_p}{\mathrm{d}\sigma_p}$ 等价于 $\mu_p>\gamma+(1+K)\dfrac{b}{c}+\dfrac{\mathrm{d}\sqrt{(1+K)^2+c\sigma_u^2}}{c\sqrt{cz_\alpha^2-d}}$,而且有

$$-\sqrt{s_b+\sigma_u^2\left(\frac{b-cr_b}{1+K}\right)^2}\leqslant-\frac{d\mu_p}{d\sigma_p}<-\sqrt{s_l+\sigma_u^2\left(\frac{b-cr_l}{1+K}\right)^2},$$

特别地，当 $\sigma_\varepsilon^2=G$ 时，上式简化为 $-\sqrt{s_b}\leqslant-\frac{d\mu_p}{d\sigma_p}<-\sqrt{s_l}$。

因此，对于 $z_\alpha\geqslant-\sqrt{s_l+\sigma_u^2\left(\frac{b-cr_l}{1+K}\right)^2}$ 的任意投资者，此段均值-方差有效前沿上的投资组合都是 MSF 非有效的。对于 $z_\alpha<-\sqrt{s_b+\sigma_u^2\left(\frac{b-cr_b}{1+K}\right)^2}$ 的投资者，此段均值-方差有效前沿上的投资组合都是 MSF 有效的，两个模型一致。对于 $-\sqrt{s_b+\sigma_u^2\left(\frac{b-cr_b}{1+K}\right)^2}\leqslant z_\alpha<-\sqrt{s_l+\sigma_u^2\left(\frac{b-cr_l}{1+K}\right)^2}$ 的投资者，此段均值-方差有效前沿的一部分是 MSF 有效前沿。

④ 在 $\mu_p\geqslant\gamma+(1+K)\frac{a-br_l}{b-cr_l}$ 区域，均值-方差有效前沿方程为

$$\sigma_p^2=\frac{1}{s_l}[\mu_p-\gamma-(1+K)r_l]^2+\sigma_u^2.$$

显然，在此段均值-方差有效前沿上，当 $\sigma_\varepsilon^2=G$ 时，$-\frac{d\mu_p}{d\sigma_p}=-\sqrt{s_l}$；当 $\sigma_\varepsilon^2\neq G$ 时，$z_\alpha<-\frac{d\mu_p}{d\sigma_p}$ 等价于 $\mu_p>\gamma+(1+K)r_l+\frac{s_l\sqrt{\sigma_u^2}}{\sqrt{z_\alpha^2-s_l}}$，而且 $-\frac{d\mu_p}{d\sigma_p}<-\sqrt{s_l}$。因此，当且仅当 $z_\alpha<-\sqrt{s_l}$ 时，在此段均值-方差有效前沿上存在 MSF 有效的投资组合，而且当 $\sigma_\varepsilon^2=G$ 时，MSF 有效前沿与均值-方差有效前沿一致；当 $\sigma_\varepsilon^2\neq G$ 时，MSF 有效前沿仅是均值-方差有效前沿的一部分。

综合整理上述分析结果，我们得到如下定理。

定理 11.7　在市场条件 $\frac{b}{c}<r_l<r_b$ 情形下，如果 $1+K\leqslant-\theta$，则 MSF 有效前沿存在的充分必要条件为 $z_\alpha<-\sqrt{s_l}$。如果 $1+K+\theta=0$ 且 $\sigma_\varepsilon^2=G$，则当且仅当 $z_\alpha<-\sqrt{s_b}$ 时，均值-方差有效前沿与 MSF 有效前沿一致。否则的话，MSF 有效前沿仅是均值-方差有效前沿的一部分。

(3) 假设 $-\theta<1+K<0$。

则模型(11.8)的均值-方差有效前沿在均值(μ_p)-方差(σ_p^2)直角坐标系中是一条分段抛物线，$\mu_p\geqslant\gamma+(1+K)r_b$，$\sigma_p^2\geqslant\sigma_u^2$。其中：

① 在 $\gamma+(1+K)r_b\leqslant\mu_p<\gamma+(1+K)\frac{a-br_b}{b-cr_b}$ 区域，均值-方差有效前沿的方程为

$$\sigma_p^2 = \frac{1}{s_b}[\mu_p - \gamma - (1+K)r_b]^2 + \sigma_u^2.$$

显然,如果 $\sigma_\varepsilon^2 = G$,则有 $-\frac{d\mu_p}{d\sigma_p} = -\sqrt{s_b}$。如果 $\sigma_\varepsilon^2 \neq G$,则 $-\frac{d\mu_p}{d\sigma_p} < -\sqrt{s_b + \sigma_u^2\left(\frac{b-cr_b}{1+K}\right)^2}$。而且 $z_\alpha < -\frac{d\mu_p}{d\sigma_p}$ 等价于 $\mu_p > \gamma + (1+K)r_b + \frac{s_b\sqrt{\sigma_u^2}}{\sqrt{z_\alpha^2 - s_b}}$。

因此,根据定理 11.1 和定理 11.2 可得:如果 $\sigma_\varepsilon^2 = G$,则当且仅当 $z_\alpha < -\sqrt{s_b}$ 时,此段均值-方差有效前沿在 MSF 有效前沿上;如果 $\sigma_\varepsilon^2 \neq G$,则当且仅当 $z_\alpha < -\sqrt{s_b + \sigma_u^2\left(\frac{b-cr_b}{1+K}\right)^2}$ 时,在此段均值-方差有效前沿上存在 MSF 有效投资组合,其满足 $\mu_p > \gamma + (1+K)r_b + \frac{s_b\sqrt{\sigma_u^2}}{\sqrt{z_\alpha^2 - s_b}}$。

② 在 $\gamma + (1+K)\frac{a-br_b}{b-cr_b} \leqslant \mu_p < \gamma + (1+K)\frac{a-br_l}{b-cr_l}$ 区域,均值-方差有效前沿方程为

$$\sigma_p^2 = \frac{c}{d}\left[\mu_p - \gamma - (1+K)\frac{b}{c}\right]^2 + (1+K)^2\frac{1}{c} + \sigma_u^2.$$

注意到,$-\sqrt{s_b + \sigma_u^2\left(\frac{b-cr_b}{1+K}\right)^2} \leqslant -\frac{d\mu_p}{d\sigma_p} < -\sqrt{s_l + \sigma_u^2\left(\frac{b-cr_l}{1+K}\right)^2}$,而且 $z_\alpha < -\frac{d\mu_p}{d\sigma_p}$ 等价于 $\mu_p > \gamma + (1+K)\frac{b}{c} + \frac{d\sqrt{(1+K)^2 + c\sigma_u^2}}{c\sqrt{cz_\alpha^2 - d}}$。因此,根据定理 11.1 和定理 11.2 可得:当 $z_\alpha < -\sqrt{s_b + \sigma_u^2\left(\frac{b-cr_b}{1+K}\right)^2}$ 时,此段均值-方差有效前沿在 MSF 有效前沿上;当 $-\sqrt{s_b + \sigma_u^2\left(\frac{b-cr_b}{1+K}\right)^2} \leqslant z_\alpha < -\sqrt{s_l + \sigma_u^2\left(\frac{b-cr_l}{1+K}\right)^2}$ 时,此段均值-方差有效前沿包含 MSF 有效前沿;当 $z_\alpha < -\sqrt{s_l + \sigma_u^2\left(\frac{b-cr_l}{1+K}\right)^2}$ 时,此段均值-方差有效前沿是 MSF 非有效的。

③ 在 $\mu_p \geqslant \gamma + (1+K)\frac{a-br_l}{b-cr_l}$ 区域,均值-方差有效前沿方程为

$$\sigma_p^2 = \frac{1}{s_l}[\mu_p - \gamma - (1+K)r_l]^2 + \sigma_u^2.$$

如果 $\sigma_\varepsilon^2 = G$,则 $-\frac{d\mu_p}{d\sigma_p} = -\sqrt{s_l}$。如果 $\sigma_\varepsilon^2 \neq G$,则 $-\sqrt{s_l + \sigma_u^2\left(\frac{b-cr_l}{1+K}\right)^2} \leqslant -\frac{d\mu_p}{d\sigma_p} < -\sqrt{s_l}$。而且 $z_\alpha < -\frac{d\mu_p}{d\sigma_p}$ 等价于 $\mu_p > \gamma + (1+K)r_l + \frac{s_l\sqrt{\sigma_u^2}}{\sqrt{z_\alpha^2 - s_l}}$。

因此，根据定理 11.1 和定理 11.2 可得：如果 $\sigma_\varepsilon^2=G$，则当且仅当 $z_\alpha<-\sqrt{s_l}$ 时，此段区间上存在 MSF 有效前沿，而且与均值-方差有效前沿完全一致；如果 $\sigma_\varepsilon^2\neq G$，则当且仅当 $z_\alpha<-\sqrt{s_l+\sigma_u^2\left(\frac{b-cr_l}{1+K}\right)^2}$ 时，此段区间上存在 MSF 有效前沿，而且与均值-方差有效前沿完全一致。当 $-\sqrt{s_l+\sigma_u^2\left(\frac{b-cr_l}{1+K}\right)^2}\leqslant z_\alpha<-\sqrt{s_l}$ 时，此段均值-方差有效前沿包含 MSF 有效前沿；当 $z_\alpha\geqslant-\sqrt{s_l}$ 时，此段均值-方差有效前沿是 MSF 非有效的。

综合上述比较分析，我们得到如下定理。

定理 11.8　在市场条件 $\frac{b}{c}<r_l<r_b$ 情形下，如果 $-\theta<1+K<0$，则 MSF 有效前沿存在的充分必要条件为 $z_\alpha<-\sqrt{s_l}$。如果 $\sigma_\varepsilon^2=G$，则当且仅当 $z_\alpha<-\sqrt{s_b}$ 时，MSF 有效前沿与均值-方差有效前沿一致。如果 $\sigma_\varepsilon^2\neq G$，则对于任意的 $z_\alpha<-\sqrt{s_l}$，MSF 有效前沿都是均值-方差有效前沿的一部分。

11.3.4　市场条件 $\frac{b}{c}=r_l<r_b$ 情形下的比较

同样地，在市场条件 $\frac{b}{c}=r_l<r_b$ 情形下，依据 11.2 节的结果，我们可得模型(11.8)的均值-方差有效前沿。再根据定理 11.1 和定理 11.2，我们可得 MSF 有效前沿及其存在的条件。

(1) 假设 $1+K\geqslant0$。

均值-方差有效前沿与在市场条件 $\frac{b}{c}<r_l<r_b$ 情形下的结果相同，在均值-方差平面上是定义在 $\mu_p\geqslant\gamma+(1+K)r_l$ 上的抛物线。因此，MSF 有效前沿及其存在条件也与市场条件 $\frac{b}{c}<r_l<r_b$ 情形下的结果相同。故在市场条件 $\frac{b}{c}=r_l<r_b$ 情形下，定理 11.6 同样适用。

(2) 假设 $1+K\leqslant-\theta$。

均值-方差有效前沿是在 $\mu_p\geqslant\gamma-\theta r_b+(1+K+\theta)\frac{b}{c}$ 上的分段抛物线。其中，在 $\gamma-\theta r_b+(1+K+\theta)\frac{b}{c}\leqslant\mu_p<\gamma+(1+K)\frac{a-br_b}{b-cr_b}$ 区间上，均值-方差有效前沿与在市场条件 $\frac{b}{c}=r_l<r_b$ 情形下的结果相同。

其中，在 $\mu_p\geqslant\gamma+(1+K)\frac{a-br_b}{b-cr_b}$ 区间上，均值-方差有效前沿方程为

$$\sigma_p^2 = \frac{c}{d}\left[\mu_p - \gamma - (1+K)\frac{b}{c}\right]^2 + (1+K)^2\frac{1}{c} + \sigma_u^2.$$

而且在该区间的均值-方差有效前沿上，$-\sqrt{s_b+\sigma_u^2\left(\frac{b-cr_b}{1+K}\right)^2} \leqslant -\frac{\mathrm{d}\mu_p}{\mathrm{d}\sigma_p} < -\sqrt{s_l}$，且 $z_\alpha < -\frac{\mathrm{d}\mu_p}{\mathrm{d}\sigma_p}$ 等价于 $\mu_p > \gamma + (1+K)\frac{b}{c} + \frac{\mathrm{d}\sqrt{(1+K)^2+c\sigma_u^2}}{c\sqrt{cz_\alpha^2-d}}$。特别地，如果 $\sigma_\varepsilon^2 = G$，则 $-\sqrt{s_b} \leqslant -\frac{\mathrm{d}\mu_p}{\mathrm{d}\sigma_p} = -\sqrt{s_l}$。

因此，根据定理 11.1 和定理 11.2 知，在市场条件 $\frac{b}{c} = r_l < r_b$ 情形下，如果 $1+K \leqslant -\theta$，则 MSF 有效前沿存在的充分必要条件为 $z_\alpha < -\sqrt{s_l}$。如果 $\sigma_\varepsilon^2 = G$，则当且仅当 $z_\alpha < -\sqrt{s_b}$ 时，MSF 有效前沿与均值方差有效前沿相同。如果 $\sigma_\varepsilon^2 \neq G$，则 MSF 有效前沿仅是均值-方差有效前沿的一部分。即在市场条件 $\frac{b}{c} = r_l < r_b$ 情形下，定理 11.7 同样适用。

(3) 假设 $-\theta < 1+K < 0$。

均值-方差有效前沿与在市场条件 $\frac{b}{c} < r_l < r_b$ 情形下的结果相同，因此 MSF 有效前沿及其存在条件也与市场条件 $\frac{b}{c} < r_l < r_b$ 情形下的结果相同。故在市场条件 $\frac{b}{c} = r_l < r_b$ 情形下，定理 11.8 同样适用。

11.3.5 市场条件 $r_l < \frac{b}{c} < r_b$ 情形下的比较

类似地，在市场条件 $r_l < \frac{b}{c} < r_b$ 情形下，在 11.2 节的基础上可以得到均值-方差有效前沿，从而进一步利用定理 11.1 和定理 11.2 即可以得到 MSF 有效前沿及其存在的条件。

(1) 假设 $1+K \geqslant 0$。

均值-方差有效前沿在均值(μ_p)-方差(σ_p^2)平面上是一条(分段)抛物线，定义域为 $\mu_p \geqslant \gamma + (1+K)r_l$。

① 在 $\gamma + (1+K)r_l \leqslant \mu_p < \gamma + (1+K)\frac{a-br_l}{b-cr_l}$ 区域，均值-方差有效前沿方程为

$$\sigma_p^2 = \frac{1}{s_l}[\mu_p - \gamma - (1+K)r_l]^2 + \sigma_u^2.$$

特别地，如果 $1+K=0$，则此段区间不存在。

如果 $1+K>0$，但 $\sigma_\varepsilon^2=G$，则抛物线退化为直线，此时在此段均值-方差有效前沿上有 $-\frac{\mathrm{d}\mu_p}{\mathrm{d}\sigma_p}=-\sqrt{s_l}$，于是由定理 11.1 和定理 11.2 得，当且仅当 $z_\alpha<-\sqrt{s_l}$ 时，在此区间存在 MSF 有效前沿，并且 MSF 有效前沿与均值-方差有效前沿完全相同。

如果 $1+K>0$，但 $\sigma_\varepsilon^2\neq G$，则在此段均值-方差有效前沿上有

$$-\frac{\mathrm{d}\mu_p}{\mathrm{d}\sigma_p}<-\sqrt{s_l+\sigma_u^2\left(\frac{b-cr_l}{1+K}\right)^2},$$

且 $z_\alpha<-\frac{\mathrm{d}\mu_p}{\mathrm{d}\sigma_p}$ 等价于 $\mu_p>\gamma+(1+K)r_l+\frac{s_l\sqrt{\sigma_u^2}}{\sqrt{z_\alpha^2-s_l}}$。于是，根据定理 11.1 和定理 11.2 知，当且仅当 $z_\alpha<-\sqrt{s_l+\sigma_u^2\left(\frac{b-cr_l}{1+K}\right)^2}$ 时，此段均值-方差有效前沿上存在 MSF 有效前沿。

② 在 $\mu_p\geqslant\gamma+(1+K)\frac{a-br_l}{b-cr_l}$ 区域，均值-方差有效前沿方程为

$$\sigma_p^2=\frac{c}{d}\left[\mu_p-\gamma-(1+K)\frac{b}{c}\right]^2+(1+K)^2\frac{1}{c}+\sigma_u^2.$$

在此段均值-方差有效前沿上，恒有 $-\sqrt{s_l+\sigma_u^2\left(\frac{b-cr_l}{1+K}\right)^2}\leqslant-\frac{\mathrm{d}\mu_p}{\mathrm{d}\sigma_p}<-\sqrt{\frac{d}{c}}$，且 $z_\alpha<-\frac{\mathrm{d}\mu_p}{\mathrm{d}\sigma_p}$ 等价于 $\mu_p>\gamma+(1+K)\frac{b}{c}+\frac{\mathrm{d}\sqrt{(1+K)^2+c\sigma_u^2}}{c\sqrt{cz_\alpha^2-d}}$。其中，如果 $\sigma_\varepsilon^2=G$ 且 $1+K=0$，则恒有 $-\frac{\mathrm{d}\mu_p}{\mathrm{d}\sigma_p}=-\sqrt{\frac{d}{c}}$。如果 $\sigma_\varepsilon^2=G$ 且 $1+K>0$，则恒有 $-\sqrt{s_l}\leqslant-\frac{\mathrm{d}\mu_p}{\mathrm{d}\sigma_p}<-\sqrt{\frac{d}{c}}$。于是，由定理 11.1 和定理 11.2 可得，如果 $\sigma_\varepsilon^2=G$ 且 $1+K=0$，则当且仅当 $z_\alpha<-\sqrt{\frac{d}{c}}$ 时，MSF 有效前沿存在，而且 MSF 有效前沿与均值-方差有效前沿完全相同。如果 $\sigma_\varepsilon^2=G$ 且 $1+K>0$，则当 $z_\alpha<-\sqrt{s_l}$ 时，MSF 有效前沿与均值-方差有效前沿相同。

综合上述分析，我们得到如下定理。

定理 11.9　在市场条件 $r_l<\frac{b}{c}<r_b$ 情形下，如果 $1+K\geqslant0$，则 MSF 有效前沿存在的充分必要条件为 $z_\alpha<-\sqrt{\frac{d}{c}}$。其中，如果 $\sigma_\varepsilon^2=G$ 且 $1+K=0$，则 MSF 有效前沿与均值-方差有效前沿一致。如果 $\sigma_\varepsilon^2=G$ 且 $1+K>0$，则当且仅当 $z_\alpha<-\sqrt{s_l}$ 时，MSF 有效前沿与均值-方差有效前沿一致。其余存在

的场合下,MSF 有效前沿只是均值-方差有效前沿的一部分。

(2) 假设 $1+K\leqslant-\theta$。

均值-方差有效前沿在均值-方差平面上是一条分段抛物线,定义域为 $\mu_p\geqslant\gamma-\theta r_b+(1+K+\theta)\dfrac{b}{c}$。

① 在 $\gamma-\theta r_b+(1+K+\theta)\dfrac{b}{c}\leqslant\mu_p<\gamma+(1+K+\theta)\dfrac{a-br_b}{b-cr_b}-\theta r_b$ 区域,均值-方差有效前沿方程为

$$\sigma_p^2=\frac{c}{d}\left[\mu_p-\gamma+\theta r_b-(1+K+\theta)\frac{b}{c}\right]^2+(1+K+\theta)^2\frac{1}{c}+\sigma_u^2.$$

这里,当 $1+K+\theta=0$ 时,上述区间消失。

由于 $1+K+\theta<0$,$\dfrac{d\sigma_p}{d\mu_p}=\dfrac{c}{d}\left[\dfrac{\mu_p-\gamma+\theta r_b-(1+K+\theta)b/c}{\sigma_p}\right]$。因此,在此段均值-方差有效前沿上,恒有 $-\dfrac{d\mu_p}{d\sigma_p}\leqslant-\sqrt{s_b+\sigma_u^2\left(\dfrac{b-cr_b}{1+K+\theta}\right)^2}$;$z_\alpha<-\dfrac{d\mu_p}{d\sigma_p}$ 等价于 $\mu_p>\gamma-\theta r_b+(1+K)\dfrac{b}{c}+\dfrac{d\sqrt{(1+K)^2+c\sigma_u^2}}{c\sqrt{cz_\alpha^2-d}}$。

于是,依据定理 11.1 和定理 11.2 得,MSF 有效前沿在此区间存在的充分必要条件是 $z_\alpha<-\sqrt{s_b+\sigma_u^2\left(\dfrac{b-cr_b}{1+K+\theta}\right)^2}$,且 $\mu_p>\gamma+(1+K)\dfrac{b}{c}+\dfrac{d\sqrt{(1+K)^2+c\sigma_u^2}}{c\sqrt{cz_\alpha^2-d}}$。

② 在 $\gamma+(1+K+\theta)\dfrac{a-br_b}{b-cr_b}-\theta r_b\leqslant\mu_p<\gamma+(1+K)\dfrac{a-br_b}{b-cr_b}$ 区域,均值-方差有效前沿方程为

$$\sigma_p^2=\frac{1}{s_b}[\mu_p-\gamma-(1+K)r_b]^2+\sigma_u^2.$$

显然,$\dfrac{d\sigma_p}{d\mu_p}=\dfrac{1}{s_b}\left[\dfrac{\mu_p-\gamma-(1+K)r_b}{\sigma_p}\right]$。在此段均值-方差有效前沿上,当 $\sigma_\varepsilon^2=G$ 时,有 $-\dfrac{d\mu_p}{d\sigma_p}=-\sqrt{s_b}$。当 $\sigma_\varepsilon^2\neq G$ 时,$-\sqrt{s_b+\sigma_u^2\left(\dfrac{b-cr_b}{1+K+\theta}\right)^2}\leqslant-\dfrac{d\mu_p}{d\sigma_p}<-\sqrt{s_b+\sigma_u^2\left(\dfrac{b-cr_b}{1+K}\right)^2}$,且 $z_\alpha<-\dfrac{d\mu_p}{d\sigma_p}$ 等价于 $\mu_p>\gamma+(1+K)r_b+\dfrac{s_b\sqrt{\sigma_u^2}}{\sqrt{z_\alpha^2-s_b}}$。

于是,依据定理 11.1 和定理 11.2 可得,当 $\sigma_\varepsilon^2=G$ 时,此段均值-方差有效前沿在 $z_\alpha<-\sqrt{s_b}$ 的 MSF 有效前沿上。当 $\sigma_\varepsilon^2\neq G$ 时,此段均值-方差有效前沿在 $z_\alpha<-\sqrt{s_b+\sigma_u^2\left(\dfrac{b-cr_b}{1+K+\theta}\right)^2}$ 的 MSF 有效前沿上。当 $z_\alpha\geqslant$

$-\sqrt{s_b+\sigma_u^2\left(\frac{b-cr_b}{1+K}\right)^2}$时，此段均值-方差有效前沿是 MSF 非有效的。

③ 在 $\mu_p \geqslant \gamma+(1+K)\frac{a-br_b}{b-cr_b}$ 区域，均值-方差有效前沿方程为

$$\sigma_p^2=\frac{c}{d}\left[\mu_p-\gamma-(1+K)\frac{b}{c}\right]^2+(1+K)^2\frac{1}{c}+\sigma_u^2.$$

容易得到，在此段抛物线上，恒有 $-\sqrt{s_b+\sigma_u^2\left(\frac{b-cr_b}{1+K}\right)^2} \leqslant -\frac{\mathrm{d}\mu_p}{\mathrm{d}\sigma_p} < -\sqrt{\frac{d}{c}}$。而且，$z_\alpha < -\frac{\mathrm{d}\mu_p}{\mathrm{d}\sigma_p}$ 等价于 $\mu_p > \gamma+(1+K)\frac{b}{c}+\frac{\mathrm{d}\sqrt{(1+K)^2+c\sigma_u^2}}{c\sqrt{cz_\alpha^2-d}}$。

于是，依据定理 11.1 和定理 11.2 可得，此段均值-方差有效前沿在 $z_\alpha < -\sqrt{s_b+\sigma_u^2\left(\frac{b-cr_b}{1+K+\theta}\right)^2}$ 的 MSF 有效前沿上。当且仅当 $z_\alpha < -\sqrt{\frac{d}{c}}$，此段均值-方差有效前沿存在 MSF 有效前沿的部分。

综合上述分析，我们得到如下定理。

定理 11.10　在市场条件 $r_l < \frac{b}{c} < r_b$ 情形下，如果 $1+K \leqslant -\theta$，则 MSF 有效前沿存在的充分必要条件为 $z_\alpha < -\sqrt{\frac{d}{c}}$。而且当且仅当 $1+K+\theta=0$，$\sigma_\varepsilon^2=G$，$z_\alpha < -\sqrt{s_b}$ 时，MSF 有效前沿与均值方程有效前沿一致。

(3) 假设 $-\theta < 1+K < 0$。

均值-方差有效前沿在均值(μ_p)-方差(σ_p^2)平面上是一条分段抛物线，定义域为 $\mu_p \geqslant \gamma+(1+K)r_b$。

① 在 $\gamma+(1+K)r_b \leqslant \mu_p < \gamma+(1+K)\frac{a-br_b}{b-cr_b}$ 区域，均值-方差有效前沿方程为

$$\sigma_p^2=\frac{1}{s_b}[\mu_p-\gamma-(1+K)r_b]^2+\sigma_u^2.$$

可见，$-\frac{\mathrm{d}\mu_p}{\mathrm{d}\sigma_p} < -\sqrt{s_b+\sigma_u^2\left(\frac{b-cr_b}{1+K}\right)^2}$。其中当且仅当 $\sigma_\varepsilon^2=G$ 时，$-\frac{\mathrm{d}\mu_p}{\mathrm{d}\sigma_p} = -\sqrt{s_b}$。而且，$z_\alpha < -\frac{\mathrm{d}\mu_p}{\mathrm{d}\sigma_p}$ 等价于 $\mu_p > \gamma+(1+K)r_b+\frac{s_b\sqrt{\sigma_u^2}}{\sqrt{z_\alpha^2-s_b}}$。

因此，根据定理 11.1 和定理 11.2 可得，在此段均值-方差有效前沿上，当且仅当 $z_\alpha < -\sqrt{s_b+\sigma_u^2\left(\frac{b-cr_b}{1+K}\right)^2}$ 时存在 MSF 有效前沿。特别地，如果 $\sigma_\varepsilon^2=G$，则当且仅当 $z_\alpha < -\sqrt{s_b}$ 时此段均值-方差有效前沿也是 MSF 有效的。

② 在 $\mu_p \geqslant \gamma+(1+K)\dfrac{a-br_b}{b-cr_b}$ 区域,均值-方差有效前沿方程为

$$\sigma_p^2=\frac{c}{d}\left[\mu_p-\gamma-(1+K)\frac{b}{c}\right]^2+(1+K)^2\frac{1}{c}+\sigma_u^2.$$

可见,$-\sqrt{s_b+\sigma_u^2\left(\dfrac{b-cr_b}{1+K}\right)^2}\leqslant-\dfrac{\mathrm{d}\mu_p}{\mathrm{d}\sigma_p}<-\sqrt{\dfrac{d}{c}}$。于是,根据定理 11.1 和定理 11.2 可得,在此段均值-方差有效前沿上,当且仅当 $z_\alpha<-\sqrt{\dfrac{d}{c}}$ 时,存在 MSF 有效前沿。而且,当且仅当 $z_\alpha<-\sqrt{s_b+\sigma_u^2\left(\dfrac{b-cr_b}{1+K}\right)^2}$ 时,此段均值-方差有效前沿位于 MSF 有效前沿上。

综合上述分析,我们得到如下定理。

定理 11.11　在市场条件 $r_l<\dfrac{b}{c}<r_b$ 情形下,如果 $-\theta<1+K<0$,则 MSF 有效前沿存在的充分必要条件为 $z_\alpha<-\sqrt{\dfrac{d}{c}}$。特别地,如果 $\sigma_\varepsilon^2=G$,则当且仅当 $z_\alpha<-\sqrt{s_b}$ 时,MSF 有效前沿与均值方程有效前沿一致。其余情形下,MSF 有效前沿只是均值-方差有效前沿的一部分。

11.4　背景风险对 MSF 资产配置的影响分析

在第 9 章中我们通过直接求解最优 MSF 投资组合的方式,给出了没有考虑背景风险情形下的 MSF 有效前沿(丁元耀和卢祖帝,2015)。由于背景风险不存在时,$\varepsilon\equiv0$,从而有 $V\equiv0$,$\sigma_\varepsilon^2=G=J=K=0$,因此,依据 11.4 节关于 MSF 有效前沿的讨论,我们容易发现:即使在背景风险不存在的特殊情形下,本章关于最优资产配置和 MSF 有效前沿的结论也是成立的。也就是说,不考虑背景风险的 MSF 有效前沿也可以被视为考虑背景风险的 MSF 有效前沿的一种特殊形式来对待。

本节将依据 11.3 节的 MSF 资产配置有效前沿理论,进一步分析引入两种特殊类型的背景风险会对投资者的 MSF 资产配置以及 MSF 有效前沿所产生的影响。

11.4.1　完全不相关的背景风险的影响分析

假设投资者面临背景风险 ε,而且背景风险与市场风险资产的收益完全不相关,则 $\varepsilon=u$,即 $\beta=V=0$。因此,$G=J=K=0$;$r_\varepsilon=\gamma$,$\sigma_\varepsilon^2=\sigma_u^2>0$。

(1) 市场条件 $r_l<r_b<\frac{b}{c}$ 的情形。

由 11.3 节可知，均值-方差有效前沿为

$$\begin{cases}\sigma_p^2=\frac{1}{s_l}(\mu_p-\gamma-r_l)^2+\sigma_\varepsilon^2,\text{当 }\gamma+r_l\leqslant\mu_p<\gamma+\frac{a-br_l}{b-cr_l}\text{ 时}\\ \sigma_p^2=\frac{c}{d}\left(\mu_p-\gamma-\frac{b}{c}\right)^2+\frac{1}{c}+\sigma_\varepsilon^2,\text{当 }\gamma+\frac{a-br_l}{b-cr_l}\leqslant\mu_p<\gamma+\frac{a-br_b}{b-cr_b}\text{ 时}\\ \sigma_p^2=\frac{1}{s_b}(\mu_p-\gamma-r_b)^2+\sigma_\varepsilon^2,\text{当 }\gamma+\frac{a-br_b}{b-cr_b}\leqslant\mu_p<\gamma+\frac{a-br_b}{b-cr_b}+\frac{\theta s_b}{b-cr_b}\text{ 时}\\ \sigma_p^2=\frac{c}{d}\left(\mu_p-\gamma-\frac{b}{c}-\theta\left(\frac{b}{c}-r_b\right)\right)^2+(1+\theta)^2\frac{1}{c}+\sigma_\varepsilon^2,\\ \qquad\text{当 }\mu_p\geqslant\gamma+\frac{a-br_b}{b-cr_b}+\frac{\theta s_b}{b-cr_b}\text{ 时.}\end{cases}$$

(11.19)

随着期望收益的增大，持有风险资产组合的比重以及贷款的比重越来越大。对应的有效资产配置策略可以由 11.2 节的公式算出。

经研究发现，与不考虑背景风险相比，当存在与市场风险资产不相关的背景风险时，均值-方差有效前沿的几何形状不会改变，只是在均值-方差平面上的位置发生了平移，即坐标原点从(0, 0)平移到(r_ε, σ_ε^2)。根据 11.2 节的结果进一步比较可以发现，零均值的完全不相关背景风险的存在，不改变均值-方差有效的资产配置，非零均值的完全不相关背景风险的存在将改变投资者的投资组合策略。特别地，正均值($\gamma>0$)的完全不相关风险是替代的，负均值($\gamma<0$)的完全不相关风险是互补的。

Gollier 和 Pratt(1996)证明了对于具有风险脆弱效用的投资者而言，非公平背景风险的出现会增加对其他的与之相互独立的风险的厌恶，即背景风险是其他风险的替代品。相反地，Guiggin(2003)证明了对于广泛的一类广义效用的投资者，独立背景风险则是互补品，即由于独立背景风险的存在，投资者会减少对其他风险的厌恶。那么，独立背景风险的存在是否会影响 MSF 有效的资产配置呢？其具有替代效应，还是互补效应呢？为了便于对下面分析的理解，可以设想 $r_\varepsilon=0$。

① 在式(11.19)的曲线上，当 $\gamma+r_l<\mu_p<\gamma+\frac{a-br_l}{b-cr_l}$ 时，有 $-\frac{\mathrm{d}\mu_p}{\mathrm{d}\sigma_p}<-\sqrt{s_l+\sigma_\varepsilon^2(b-cr_l)^2}$，且对于任意的 $z_\alpha<-\sqrt{s_l+\sigma_\varepsilon^2(b-cr_l)^2}$，当且仅当 $\mu_p>\gamma+r_l+\frac{s_l\sigma_\varepsilon}{\sqrt{z_\alpha^2-s_l}}$ 时，$z_\alpha<-\frac{\mathrm{d}\mu_p}{\mathrm{d}\sigma_p}$。因此，依据定理 11.1 和定理 11.2 知，对于 $-\sqrt{s_l+\sigma_\varepsilon^2(b-cr_l)^2}\leqslant z_\alpha<-\sqrt{s_l}$，由于不相关背景风险的存在，MSF 投资者

不再投资无风险资产,该区间上的均值-方差有效资产配置即包含无风险存款的策略都是 MSF 非有效的,而且 σ_ε^2 越大,投资者越偏好于对风险资产的投资。即使当 $z_\alpha<-\sqrt{s_l+\sigma_\varepsilon^2(b-cr_l)^2}$ 时,由于不相关背景风险的存在,MSF 有效前沿也仅是不包含背景风险时的 MSF 有效前沿的一部分,在 MSF 有效前沿上剔除了无风险存款比重较小的一部分资产配置。

此外,在此部分 MSF 有效前沿上,由于风险资产的投资权重为 $w=(1-w_l)\dfrac{\Sigma^{-1}(r-r_le)}{b-cr_l}$,其中 w_l 为无风险资产的投资权重,因此不相关背景风险的存在,只可能影响资本在无风险资产和风险资产之间的配置,不可能影响资本在风险资产之间的配置。

② 在式(11.19)的曲线上,当 $\gamma+\dfrac{a-br_l}{b-cr_l}\leqslant\mu_p<\gamma+\dfrac{a-br_b}{b-cr_b}$ 时,有效资产配置中不含有无风险存款和贷款,且有 $-\sqrt{s_l+\sigma_\varepsilon^2(b-cr_l)^2}\leqslant-\dfrac{\mathrm{d}\mu_p}{\mathrm{d}\sigma_p}<-\sqrt{s_b+\sigma_\varepsilon^2(b-cr_b)^2}$。因此,依据定理 11.1 和定理 11.2 可知,对于 $-\sqrt{s_l+\sigma_\varepsilon^2(b-cr_l)^2}\leqslant z_\alpha<-\sqrt{s_b+\sigma_\varepsilon^2(b-cr_b)^2}$ 的投资者,MSF 有效的资产配置是不进行无风险存款和无风险贷款;但对于 $-\sqrt{s_b+\sigma_\varepsilon^2(b-cr_b)^2}\leqslant z_\alpha<-\sqrt{s_b}$ 的投资者,不含有无风险存款和贷款的资产配置策略是 MSF 非有效的。特别地,即使当 $-\sqrt{s_l}\leqslant z_\alpha<-\sqrt{s_b}$ 时,不含有无风险存款和贷款的风险资产配置策略是 MSF 非有效的。

③ 在式(11.19)的曲线上,当 $\gamma+\dfrac{a-br_b}{b-cr_b}\leqslant\mu_p<\gamma+\dfrac{a-br_b}{b-cr_b}+\dfrac{\theta s_b}{b-cr_b}$ 时,有

$$-\sqrt{s_b+\sigma_\varepsilon^2(b-cr_b)^2}\leqslant-\frac{\mathrm{d}\mu_p}{\mathrm{d}\sigma_p}<-\sqrt{s_b+\sigma_\varepsilon^2\left(\frac{b-cr_b}{1+\theta}\right)^2}.$$

因此,对于 $-\sqrt{s_b+\sigma_\varepsilon^2(b-cr_b)^2}\leqslant z_\alpha<-\sqrt{s_b+\sigma_\varepsilon^2\left(\dfrac{b-cr_b}{1+\theta}\right)^2}$ 的投资者,MSF 有效的资产配置是贷款并持有风险资产。但对于 $-\sqrt{s_b+\sigma_\varepsilon^2\left(\dfrac{b-cr_b}{1+\theta}\right)^2}\leqslant z_\alpha<-\sqrt{s_b}$ 的投资者,不充分贷款的资产配置策略都是 MSF 非有效的。特别地,即使当 $-\sqrt{s_l}\leqslant z_\alpha<-\sqrt{s_b}$ 时,不充分贷款的资产配置策略都是 MSF 非有效的。

此外,在此部分 MSF 有效前沿上,由于风险资产的投资权重为 $w=(1+w_b)\dfrac{\Sigma^{-1}(r-r_be)}{b-cr_b}$,其中 w_b 为无风险借贷资产的权重(财务杠杆),因此不相关

背景风险的存在，只可能影响资本在无风险资产和风险资产之间的配置，并不影响在风险资产之间的配置。

④ 在式(11.19)的曲线上，当 $\mu_p \geqslant \gamma+\frac{a-br_b}{b-cr_b}+\frac{\theta s_b}{b-cr_b}$ 时，有

$$-\sqrt{s_b+\sigma_\varepsilon^2\left(\frac{b-cr_b}{1+\theta}\right)^2} \leqslant -\frac{\mathrm{d}\mu_p}{\mathrm{d}\sigma_p}<-\sqrt{\frac{d}{c}}.$$

因此，对于 $-\sqrt{s_b+\sigma_\varepsilon^2\left(\frac{b-cr_b}{1+\theta}\right)^2} \leqslant z_\alpha<-\sqrt{\frac{d}{c}}$，MSF 有效前沿仅是 $\mu_p>\gamma+(1+\theta)\frac{b}{c}-\theta r_b+\frac{d\sqrt{(1+\theta)^2+c\sigma_\varepsilon^2}}{c\sqrt{cz_\alpha^2-d}}$ 上的部分均值-方差有效前沿。MSF 有效资产配置策略是全额贷款并持有风险资产组合。特别地，当 $z_\alpha=-\sqrt{s_b}$ 时，MSF 有效前沿为定义在 $\mu_p>\gamma+(1+\theta)\frac{b}{c}-\theta r_b+\frac{d\sqrt{(1+\theta)^2+c\sigma_\varepsilon^2}}{c(b-cr_b)}>\gamma+\frac{a-br_b}{b-cr_b}+\frac{\theta s_b}{b-cr_b}$ 上的部分均值-方差有效前沿。

综合上述分析，与不考虑背景风险的结果比较，我们得到如下结论。

第一，在市场条件 $r_l<r_b<\frac{b}{c}$ 情形下，完全不相关或者独立的背景风险的存在，没有改变 MSF 有效前沿存在的充分必要条件，即 $z_\alpha<-\sqrt{\frac{d}{c}}$。

第二，在市场条件 $r_l<r_b<\frac{b}{c}$ 情形下，完全不相关或者独立的背景风险的存在，影响 MSF 有效前沿的范围，也影响 MSF 有效资产配置。特别地，在此市场情形下，完全不相关背景风险与金融市场的资产风险一定是互补的，即由于背景风险的存在，投资者不会增加对无风险资产的持有。而且，完全不相关背景风险不影响资本在风险资产之间的配置。

(2) 市场条件 $r_l<\frac{b}{c}\leqslant r_b$ 的情形。

由 11.3 节可知，均值-方差有效前沿为

$$\begin{cases}\sigma_p^2=\frac{1}{s_l}(\mu_p-\gamma-r_l)^2+\sigma_\varepsilon^2, & \text{当 } \gamma+r_l \leqslant \mu_p<\gamma+\frac{a-br_l}{b-cr_l} \text{ 时} \\ \sigma_p^2=\frac{c}{d}\left(\mu_p-\gamma-\frac{b}{c}\right)^2+1/c+\sigma_\varepsilon^2, & \text{当 } \mu_p \geqslant \gamma+\frac{a-br_l}{b-cr_l} \text{ 时.}\end{cases} \tag{11.20}$$

在均值-方差有效前沿上，随着期望收益的增大，对无风险资产的持有比重会下降，且不包含无风险贷款的资产配置。而且当 $\mu_p \geqslant \gamma+\frac{a-br_l}{b-cr_l}$ 时，所有的最

优资产配置中不包含无风险存款。均值-方差有效的资产配置均可由 11.2 节的公式确定。

经研究发现,与不存在背景风险的结果相比,完全不相关背景风险的存在没有改变均值-方差有效前沿在均值-方差平面上的几何形状,只使其位置发生了平移,坐标原点从(0, 0)平移到$(r_\varepsilon, \sigma_\varepsilon^2)$。根据 11.2 节的结果比较可以发现,非零均值的完全不相关背景风险的存在,会改变均值-方差投资者的投资策略。正均值的背景风险使投资者对风险资产的持有更加谨慎,即存在替代效应;负均值的背景风险使投资者对风险资产的持有更加乐观,即存在互补效应。

下面考察完全不相关的背景风险对 MSF 有效前沿的影响。

由 11.3 节的相关内容知,MSF 有效前沿存在的充分必要条件是 $z_\alpha < -\sqrt{\dfrac{d}{c}}$。而且当 $z_\alpha < -\sqrt{s_l + \sigma_\varepsilon^2 (b - cr_l)^2}$ 时,在均值-方差有效前沿 $\mu_p > \gamma + r_l + \dfrac{s_l \sigma_\varepsilon}{\sqrt{z_\alpha^2 - s_l}}$ 上的部分是 MSF 有效前沿。当 $-\sqrt{s_l + \sigma_\varepsilon^2 (b - cr_l)^2} \leqslant z_\alpha < -\sqrt{\dfrac{d}{c}}$ 时,在均值-方差有效前沿 $\mu_p > \gamma + \dfrac{b}{c} + \dfrac{d}{c}\dfrac{\sqrt{1 + c\sigma_\varepsilon^2}}{\sqrt{cz_\alpha^2 - d}}$ 上的部分是 MSF 有效前沿。显然,当 $-\sqrt{s_l + \sigma_\varepsilon^2 (b - cr_l)^2} \leqslant z_\alpha < -\sqrt{s_l}$ 时,由于完全不相关的背景风险的存在,任何包含无风险资产的资产配置方案已经不再是 MSF 有效的。

因此,在市场条件 $r_l < \dfrac{b}{c} \leqslant r_b$ 情形下,通过比较后我们同样可以发现:

第一,不相关背景风险的存在,没有改变 MSF 有效前沿存在的充分必要条件,即 $z_\alpha < -\sqrt{\dfrac{d}{c}}$。

第二,完全不相关或者独立的背景风险的存在,影响 MSF 有效前沿的范围,也影响 MSF 有效资产配置。特别地,完全不相关背景风险与金融市场的资产风险一定是互补的,即由于完全不相关背景风险的存在,投资者会减少对无风险资产的持有。

(3) 市场条件 $\dfrac{b}{c} \leqslant r_l < r_b$ 的情形。

由 11.3 节可知,均值-方差有效前沿为

$$\sigma_p^2 = \frac{1}{s_l}[\mu_p - \gamma - r_l]^2 + \sigma_\varepsilon^2, \quad \mu_p \geqslant \gamma + r_l. \tag{11.21}$$

显然,均值-方差有效前沿式(11.21)只是不存在背景风险时的均值-方

差有效前沿在均值-方差直角坐标系中的位移，相当于坐标系的原点从(0，0)平移到$(\gamma, \sigma_\varepsilon^2)$。同样参考11.2节，当存在正均值的完全不相关的背景风险时，均值-方差投资者可能会增加对风险资产的持有比重，背景风险表现出互补效应。当存在负均值的完全不相关的背景风险时，均值-方差投资者可能会增加对无风险资产的借出或储蓄比重，背景风险表现出替代效应。

由11.3节知，在市场条件$\frac{b}{c} \leqslant r_l < r_b$情形下，MSF有效前沿存在的充分必要条件是$z_\alpha < -\sqrt{s_l}$。当$z_\alpha < -\sqrt{s_l + \sigma_u^2\left(\frac{b-cr_l}{1+K}\right)^2}$时，均值-方差有效前沿也是MSF有效前沿。当$-\sqrt{s_l + \sigma_u^2\left(\frac{b-cr_l}{1+K}\right)^2} \leqslant z_\alpha < -\sqrt{s_l}$时，MSF有效前沿仅是均值-方差有效前沿上$\mu_p > \gamma + r_l + \frac{s_l \sigma_\varepsilon}{\sqrt{z_\alpha^2 - s_l}}$的一部分，其中无风险资产比例较小的资产配置被排除在MSF有效前沿之外。

因此，在市场条件$\frac{b}{c} \leqslant r_l < r_b$情形下，通过比较后我们有如下发现。

第一，完全不相关或者独立的背景风险的存在，没有改变MSF有效前沿存在的充分必要条件，即$z_\alpha < -\sqrt{s_l}$。

第二，完全不相关或者独立的背景风险的存在，影响MSF有效前沿的范围，也影响MSF有效资产配置。但是，由于完全不相关背景风险的存在，投资者不会减少对无风险资产的持有，而只会减少对市场风险资产的持有，即完全不相关或者独立的背景风险是金融市场的资产风险的替代品。

总之，综合上述分析，我们得到如下结论：完全不相关或者独立的背景风险的存在，不影响均值-方差有效资产配置或均值-方差投资者决策行为，也不影响MSF有效前沿存在的充分必要条件，但是影响MSF有效资产配置或者安全首要投资者的决策行为。在$r_l < \frac{b}{c}$的市场情形下，完全不相关或者独立的背景风险的存在，减少了投资者对其他风险的厌恶，即背景风险是互补品。在$r_l \geqslant \frac{b}{c}$的市场情形下，完全不相关或者独立的背景风险的存在，增加了投资者对其他风险的厌恶，即背景风险是替代品。因此，完全不相关的背景风险既可能是互补的，也可能是替代的，其不仅取决于投资者的效用或决策准则，也取决于金融市场自身。

11.4.2　可完全对冲的背景风险的影响分析

假设投资者面临背景风险ε，而且背景风险与市场资产收益完全相关，

则 $u=0,\gamma=0,\beta\neq 0$,且 $\varepsilon=\beta' R=\beta_1 R_1+\beta_2 R_2+\cdots+\beta_n R_n$。因此,$r_\varepsilon=\beta' r=J$,$\sigma_\varepsilon^2=G>0$。

(1) 市场条件 $r_l<r_b<\frac{b}{c}$的情形。

根据 11.3 节的内容可知,如果 $1+K>0$,则均值-方差有效前沿为

$$\begin{cases}\sigma_p^2=\dfrac{1}{s_l}(\mu_p-(1+K)r_l)^2,\ \text{当}(1+K)r_l\leqslant\mu_p<(1+K)\dfrac{a-br_l}{b-cr_l}\ \text{时}\\[2ex] \sigma_p^2=\dfrac{c}{d}\left(\mu_p-(1+K)\dfrac{b}{c}\right)^2+(1+K)^2\dfrac{1}{c},\\ \qquad\text{当}(1+K)\dfrac{a-br_l}{b-cr_l}\leqslant\mu_p<(1+K)\dfrac{a-br_b}{b-cr_b}\ \text{时}\\[2ex] \sigma_p^2=\dfrac{1}{s_b}(\mu_p-(1+K)r_b)^2,\\ \qquad\text{当}(1+K)\dfrac{a-br_b}{b-cr_b}\leqslant\mu_p<(1+K)\dfrac{a-br_b}{b-cr_b}+\dfrac{\theta s_b}{b-cr_b}\ \text{时}\\[2ex] \sigma_p^2=\dfrac{c}{d}\left(\mu_p-(1+K)\dfrac{b}{c}-\theta(\dfrac{b}{c}-r_b)\right)^2+(1+K+\theta)^2\dfrac{1}{c},\\ \qquad\text{当}\ \mu_p\geqslant(1+K)\dfrac{a-br_b}{b-cr_b}+\dfrac{\theta s_b}{b-cr_b}\ \text{时.}\end{cases}\tag{11.22}$$

相应地,MSF 有效前沿存在的充分必要条件是 $z_\alpha<-\sqrt{\frac{d}{c}}$。特别地,如果 $1+K>0$,则当且仅当 $z_\alpha<-\sqrt{s_l}$时,MSF 有效前沿与均值-方差有效前沿完全一致。

如果 $-\theta<1+K\leqslant 0$,则均值-方差有效前沿为

$$\begin{cases}\sigma_p^2=\dfrac{1}{s_b}(\mu_p-(1+K)r_b)^2,\\ \qquad\text{当}(1+K)r_b\leqslant\mu_p<(1+K)\dfrac{a-br_b}{b-cr_b}+\dfrac{\theta s_b}{b-cr_b}\ \text{时}\\[2ex] \sigma_p^2=\dfrac{c}{d}\left(\mu_p-(1+K)\dfrac{b}{c}-\theta\left(\dfrac{b}{c}-r_b\right)\right)^2+(1+K+\theta)^2\dfrac{1}{c},\\ \qquad\text{当}\ \mu_p\geqslant(1+K)\dfrac{a-br_b}{b-cr_b}+\dfrac{\theta s_b}{b-cr_b}\ \text{时.}\end{cases}\tag{11.23}$$

相应地,MSF 有效前沿存在的充分必要条件是 $z_\alpha<-\sqrt{\frac{d}{c}}$。有效的资产配置方案中只包含市场风险资产和贷款的组合策略。特别地,当且仅当 $z_\alpha<$

$-\sqrt{s_b}$ 时，MSF 有效前沿与均值-方差有效前沿完全一致。

如果 $1+K\leqslant-\theta$，则均值-方差有效前沿为

$$\sigma_p^2=\frac{c}{d}\left(\mu_p-(1+K)\frac{b}{c}-\theta\left(\frac{b}{c}-r_b\right)\right)^2+(1+K+\theta)^2\frac{1}{c},$$

$$\mu_p\geqslant(1+K)\frac{b}{c}+\theta\left(\frac{b}{c}-r_b\right).$$

相应地，MSF 有效前沿存在的充分必要条件是 $z_\alpha<-\sqrt{\frac{d}{c}}$。有效的资产配置方案中只包含市场风险资产和全额贷款的组合策略。特别地，如果 $1+K=-\theta$，则 MSF 有效前沿与均值-方差有效前沿完全一致。

我们已经知道，在不存在背景风险时，均值-方差有效前沿可以表示为式(11.22)在 $K=0$ 时的特殊形式；$z_\alpha<-\sqrt{s_l}$ 时的 MSF 有效前沿与均值-方差有效前沿相同；$-\sqrt{s_l}\leqslant z_\alpha<-\sqrt{s_b}$ 时的 MSF 有效前沿是均值-方差有效前沿上 $\mu_p\geqslant\frac{b}{c}+\frac{d}{c\sqrt{cz_\alpha^2-d}}$ 的部分；$-\sqrt{s_b}\leqslant z_\alpha<-\sqrt{\frac{d}{c}}$ 时的 MSF 有效前沿是均值-方差有效前沿上 $\mu_p\geqslant\frac{b}{c}+\theta\left(\frac{b}{c}-r_b\right)+\frac{(1+\theta)d}{c\sqrt{cz_\alpha^2-d}}$ 的部分。因此，可完全对冲的背景风险的存在，不影响 MSF 有效前沿存在的充分必要条件，但是由于引起均值-方差有效前沿发生改变，从而也引起 MSF 有效前沿发生变化。进一步比较容易发现，如果 $1+K\leqslant0$，则可完全对冲的背景风险的存在，会减少投资者对风险资产的厌恶；无论是均值-方差投资者还是安全首要投资者，有效前沿中均不包括其构成中有无风险资产的策略以及纯粹的风险资产组合策略，而仅有风险资产与贷款的组合策略，即此类背景风险是互补的。如果 $1+K>0$，$z_\alpha<-\sqrt{s_l}$，则在均值-方差（或者均值-标准差）平面上，因可完全对冲的背景风险的存在，均值-方差有效前沿（也是 MSF 有效前沿）将向右（$K>0$）或者向左（$K<0$）偏移，同时包含无风险资产的策略空间增大（$K>0$）或者减小（$K<0$），从而背景风险可以是替代的（$K>0$）也可以是互补的（$K<0$）。

特别地，如果市场上只有一种风险资产，则 $K>0$（$K<0$）蕴含背景风险与市场风险正相关（负相关）。因此上述分析表明，完全相关的背景风险的影响与背景风险和其他风险的相关方向有关。正相关的背景风险减少资产配置中对风险资产组合的持有偏好，负相关背景风险则增加资产配置中对风险资产组合的持有偏好。这与 Alghalith 等(2016)的观点是一致的。

(2) 市场条件 $r_l<\frac{b}{c}<r_b$ 的情形。

根据 11.3 节的内容可知,如果 $1+K\geqslant 0$,则均值-方差有效前沿为

$$\begin{cases}\sigma_p^2=\dfrac{1}{s_l}(\mu_p-(1+K)r_l)^2,\ 当(1+K)r_l\leqslant\mu_p<(1+K)\dfrac{a-br_l}{b-cr_l}时\\ \sigma_p^2=\dfrac{c}{d}\left(\mu_p-(1+K)\dfrac{b}{c}\right)^2+(1+K)^2\dfrac{1}{c},\\ \qquad 当\mu_p\geqslant(1+K)\dfrac{a-br_l}{b-cr_l}时.\end{cases}\tag{11.24}$$

如果 $-\theta<1+K<0$,则均值-方差有效前沿为

$$\begin{cases}\sigma_p^2=\dfrac{1}{s_b}(\mu_p-(1+K)r_b)^2,\ 当(1+K)r_b\leqslant\mu_p<(1+K)\dfrac{a-br_b}{b-cr_b}时\\ \sigma_p^2=\dfrac{c}{d}\left(\mu_p-(1+K)\dfrac{b}{c}\right)^2+(1+K)^2\dfrac{1}{c},\ 当\mu_p\geqslant(1+K)\dfrac{a-br_b}{b-cr_b}时.\end{cases}\tag{11.25}$$

如果 $1+K\leqslant-\theta$,则均值-方差有效前沿为

$$\begin{cases}\sigma_p^2=\dfrac{c}{d}\left(\mu_p-(1+K)\dfrac{b}{c}-\theta\left(\dfrac{b}{c}-r_b\right)\right)^2+(1+K+\theta)^2\dfrac{1}{c},\\ \qquad 当(1+K)\dfrac{b}{c}+\theta\left(\dfrac{b}{c}-r_b\right)\leqslant\mu_p<(1+K)\dfrac{a-br_b}{b-cr_b}+\dfrac{\theta s_b}{b-cr_b}时;\\ \sigma_p^2=\dfrac{1}{s_b}(\mu_p-(1+K)r_b)^2,\\ \qquad 当(1+K)\dfrac{a-br_b}{b-cr_b}+\dfrac{\theta s_b}{b-cr_b}\leqslant\mu_p<(1+K)\dfrac{a-br_b}{b-cr_b}时;\\ \sigma_p^2=\dfrac{c}{d}\left(\mu_p-(1+K)\dfrac{b}{c}\right)^2+(1+K)^2\dfrac{1}{c},\ 当\mu_p\geqslant(1+K)\dfrac{a-br_b}{b-cr_b}时.\end{cases}\tag{11.26}$$

类似地,经过对比分析,我们可以发现,可完全对冲的背景风险的存在,不影响 MSF 有效前沿存在的充分必要条件 $z_\alpha<-\sqrt{\dfrac{d}{c}}$。但是由于引起均值-方差有效前沿发生了改变,从而也引起 MSF 有效前沿发生了变化。特别地,满足 $1+K\leqslant 0$ 的背景风险总是互补的;$1+K>0$ 的背景风险,和市场其他风险可能是互补的,也可能是替代的,取决于背景风险与市场其他风险的相关方向和相关程度。通常,负相关的风险是互补的,正相关的风险是替代的。

(3) 市场条件$\dfrac{b}{c}<r_l<r_b$ 情形。

根据 11.3 节的内容可知,如果 $1+K\geqslant 0$,则均值-方差有效前沿为

$$\sigma_p^2=\frac{1}{s_l}(\mu_p-(1+K)r_l)^2,\mu_p\geqslant(1+K)r_l.\tag{11.27}$$

MSF 有效前沿存在的充分必要条件是 $z_\alpha < -\sqrt{s_l}$，且 MSF 有效前沿与均值-方差有效前沿一致。

如果 $-\theta < 1+K < 0$，则均值-方差有效前沿为

$$\begin{cases} \sigma_p^2 = \dfrac{1}{s_b}(\mu_p - (1+K)r_b)^2, \text{ 当}(1+K)r_b \leqslant \mu_p < (1+K)\dfrac{a-br_b}{b-cr_b} \text{ 时} \\ \sigma_p^2 = \dfrac{c}{d}\left(\mu_p - (1+K)\dfrac{b}{c}\right)^2 + (1+K)^2\dfrac{1}{c}, \\ \qquad \text{当}(1+K)\dfrac{a-br_b}{b-cr_b} \leqslant \mu_p < (1+K)\dfrac{a-br_l}{b-cr_l} \text{ 时} \\ \sigma_p^2 = \dfrac{1}{s_l}(\mu_p - (1+K)r_l)^2, \text{ 当 } \mu_p \geqslant (1+K)\dfrac{a-br_l}{b-cr_l} \text{ 时.} \end{cases} \tag{11.28}$$

与此同时，MSF 有效前沿存在的充分必要条件是 $z_\alpha < -\sqrt{s_l}$。当且仅当 $z_\alpha < -\sqrt{s_b}$ 时，MSF 有效前沿与均值-方差有效前沿一致。

如果 $1+K \leqslant -\theta$，则均值-方差有效前沿为

$$\begin{cases} \sigma_p^2 = \dfrac{c}{d}\left(\mu_p - (1+K)\dfrac{b}{c} - \theta\left(\dfrac{b}{c} - r_b\right)\right)^2 + (1+K+\theta)^2\dfrac{1}{c}, \\ \qquad \text{当}(1+K)\dfrac{b}{c} + \theta\left(\dfrac{b}{c} - r_b\right) \leqslant \mu_p < (1+K)\dfrac{a-br_b}{b-cr_b} + \dfrac{\theta s_b}{b-cr_b} \text{ 时} \\ \sigma_p^2 = \dfrac{1}{s_b}(\mu_p - (1+K)r_b)^2, \\ \qquad \text{当}(1+K)\dfrac{a-br_b}{b-cr_b} + \dfrac{\theta s_b}{b-cr_b} \leqslant \mu_p < (1+K)\dfrac{a-br_b}{b-cr_b} \text{ 时} \\ \sigma_p^2 = \dfrac{c}{d}\left(\mu_p - (1+K)\dfrac{b}{c}\right)^2 + (1+K)^2\dfrac{1}{c}, \\ \qquad \text{当}(1+K)\dfrac{a-br_b}{b-cr_b} \leqslant \mu_p < (1+K)\dfrac{a-br_l}{b-cr_l} \text{ 时} \\ \sigma_p^2 = \dfrac{1}{s_l}(\mu_p - (1+K)r_l)^2, \text{ 当 } \mu_p \geqslant (1+K)\dfrac{a-br_l}{b-cr_l} \text{ 时.} \end{cases} \tag{11.29}$$

与此同时，MSF 有效前沿存在的充分必要条件是 $z_\alpha < -\sqrt{s_l}$。特别地，如果 $1+K+\theta=0$，则当且仅当 $z_\alpha < -\sqrt{s_b}$ 时，MSF 有效前沿与均值-方差有效前沿一致。如果 $1+K+\theta<0$，则 MSF 有效前沿仅是均值-方差有效前沿的一部分。

由于不存在背景风险时的均值-方差有效前沿为式(11.27)在 $K=0$ 时的特殊形式，因此，与不存在背景风险相比，我们容易发现在市场条件 $\dfrac{b}{c} < r_l$

$<r_b$ 情形下:第一,可完全对冲的背景风险的存在,影响均值-方差有效前沿和 MSF 有效前沿,但不会改变 MSF 有效前沿存在的充分必要条件;第二,满足 $1+K<0$ 的背景风险,只可能减少而不可能增加对其他风险资产的厌恶,因而是互补的。满足 $1+K\geqslant 0$ 的背景风险,既可能是替代的($K>0$)也可能是互补的($K<0$)。

总之,综合上述分析,我们得到如下结论:可完全对冲的背景风险,不影响 MSF 有效前沿存在的充分必要条件,但影响均值-方差有效前沿和 MSF 有效前沿,影响投资者在资产配置时对风险资产的厌恶趋向。可完全对冲的背景风险,与其他风险资产可能是互补的也可能是替代的,这与背景风险和其他风险的相关方向以及相关程度有关。

11.5 总结与展望

考虑存在利差和贷款限制的金融市场,本章研究了面对收入背景风险的投资者如何进行资产的有效配置,从理论上证明了均值-方差模型和 MSF 模型有效前沿之间的联系与区别,给出了有效资产配置的封闭解析表达式,讨论了 MSF 有效前沿的存在条件,分析和解释了与市场风险资产相互独立的背景风险以及两者完全相关的背景风险对 MSF 投资者行为的影响。

理论研究结果表明:第一,无论是与市场风险资产完全不相关的非零均值的背景风险,还是完全相关的可对冲的背景风险,其存在都不影响 MSF 有效前沿存在的充分必要条件,却都影响 MSF 有效前沿,影响 MSF 有效资产配置或者 MSF 投资者的决策行为。第二,与市场风险资产完全不相关的零均值的背景风险,不影响 MSF 投资者的资产配置决策行为。第三,在基于 MSF 模型的分析框架下,无论背景风险与金融市场风险是否相关,背景风险都既可能是互补的,也可能是替代的,这不仅与金融市场自身有关,也与背景风险和金融市场风险的相关方向以及相关程度有关。

这些理论结果可以为投资者的决策提供参考。但是能否更好地解释具体的经济现象,还需要结合实际的经验数据进行检验,尤其是关于背景风险对投资者风险厌恶趋向的影响方向即互补或替代效应的检验研究。通过对金融市场风险与背景风险的观测,我们能够加深对投资行为主体的决策心理趋势的理解,其对于市场监控和预警能够起到辅助作用。

附　　录

附录 A　模型(9.4)的求解

说明:定理 9.1 至定理 9.3 的证明用到模型(9.4)的解。

令 $\omega_{02}=\omega_{01}+e'\omega-1$,则求解模型(9.4)等价于求解如下模型:

$$\max_{\omega_{01},\omega} \quad R_{\min}=r_b+(r_l-r_b)\omega_{01}+(r-r_be)'\omega+k_\alpha\sqrt{\omega'\Sigma\omega}$$

$$\text{s. t.}\quad \begin{cases}(r_l-r_b)\,\omega_{01}+(r-r_be)'\omega+r_b-m=0\\ \omega_{01}\geqslant 0\\ \omega_{01}+e'\omega-1\geqslant 0\\ \theta-(\omega_{01}+e'\omega-1)\geqslant 0.\end{cases} \tag{A1}$$

构造拉格朗日函数:

$$\begin{aligned}L=&r_b+(r_l-r_b)\,\omega_{01}+(r-r_be)'\omega+k_\alpha\sqrt{\omega'\Sigma\omega}\\&+\lambda[(r_l-r_b)\,\omega_{01}+(r-r_be)'\omega+r_b-m]\\&+\gamma\omega_{01}+\beta(\omega_{01}+e'\omega-1)+\delta(\theta-e'\omega-\omega_{01}+1),\end{aligned}$$

则模型(A1)的库恩-塔克(K-T)条件方程如下:

$$(1+\lambda)(r_l-r_b)+\gamma+\beta-\delta=0, \tag{A2}$$

$$k_\alpha\frac{\Sigma\omega}{\sqrt{\omega'\Sigma\omega}}+(1+\lambda)(r-r_be)+\beta e-\delta e=0, \tag{A3}$$

$$(r_l-r_b)\,\omega_{01}+(r-r_be)'\omega+r_b-m=0, \tag{A4}$$

$$\omega_{01}\geqslant 0, \tag{A5}$$

$$\omega_{01}+e'\omega-1\geqslant 0, \tag{A6}$$

$$\theta-e'\omega-\omega_{01}+1\geqslant 0, \tag{A7}$$

$$\gamma\geqslant 0, \tag{A8}$$

$$\gamma\omega_{01} = 0, \tag{A9}$$

$$\beta \geqslant 0, \tag{A10}$$

$$\beta(\omega_{01} + e'\omega - 1) = 0, \tag{A11}$$

$$\delta \geqslant 0, \tag{A12}$$

$$\delta(\theta + 1 - e'\omega - \omega_{01}) = 0. \tag{A13}$$

A. 1. 假设 $\beta=0$。

此时,K-T 条件式(A10)和式(A11)成立,K-T 条件式(A2)和式(A3)分别成为

$$(1+\lambda)(r_l - r_b) + \gamma - \delta = 0, \tag{A14}$$

$$z_\alpha \frac{\Sigma\omega}{\sqrt{\omega'\Sigma\omega}} + (1+\lambda)(r - r_b e) - \delta e = 0. \tag{A15}$$

由式(A15)得:

$$\omega = -\sqrt{\omega'\Sigma\omega}/k_\alpha[(1+\lambda)\Sigma^{-1}(r - r_b e) - \delta\Sigma^{-1}e], \tag{A16}$$

$$e'\omega = -\sqrt{\omega'\Sigma\omega}/k_\alpha[(1+\lambda)(b - r_b c) - \delta c], \tag{A17}$$

$$k_\alpha^2 = c\delta^2 - 2(1+\lambda)(b - r_b c)\delta + (1+\lambda)^2 s_b. \tag{A18}$$

(A. 1. 1) 如果 $\delta=0$,则 K-T 条件式(A12)、式(A13)成立,由式(A14)得

$$1 + \lambda = \gamma/(r_b - r_l) \geqslant 0. \tag{A19}$$

因而由 K-T 条件式(A8)和式(A18)可得

$$k_\alpha = -(1+\lambda)\sqrt{s_b}. \tag{A20}$$

且因 $k_\alpha<0$,故由式(A19)和式(A20)得 $\gamma>0$。再由 K-T 条件式(A9)得 $\omega_{01}=0$。此时 K-T 条件式(A5)成立,K-T 条件式(A4)成为

$$(r - r_b e)'\omega = m - r_b. \tag{A21}$$

再结合式(A16)、式(A20)和公式(A21)得

$$\sqrt{\omega'\Sigma\omega} = (m - r_b)/\sqrt{s_b}. \tag{A22}$$

将式(A22)和式(A20)代入式(A16)得

$$\omega = (m - r_b)\Sigma^{-1}(r - r_b e)/s_b. \tag{A23}$$

由式(A20)和式(A19)可得

$$\gamma = -k_\alpha(r_b - r_l)/\sqrt{s_b}, \quad \lambda = -1 - k_\alpha/\sqrt{s_b}. \tag{A24}$$

将式(A23)代入 K-T 条件式(A6)得

$$(m - r_b)(b - r_b c) \geqslant s_b. \tag{A25}$$

显然式(A22)成立必须 $m \geqslant r_b$，如果 $r_b \geqslant b/c$ 则式(A25)不成立，因此当 $r_b \geqslant b/c$ 时不存在满足 K-T 条件式(A6)的解。如果 $r_b < b/c$，则当且仅当 $m \geqslant (a - br_b)/(b - cr_b)$ 时式(A22)和式(A25)均成立。为了保证 K-T 条件式(A7)成立，必须有 $m \leqslant (a - br_b)/(b - cr_b) + \theta s_b/(b - cr_b)$。

于是当 $r_b \geqslant b/c$ 时，不存在包含 $\beta = 0$ 和 $\delta = 0$ 的解能满足所有 K-T 条件。当 $r_b < b/c$ 时，如果 $(a - br_b)/(b - cr_b) \leqslant m \leqslant (a - br_b)/(b - cr_b) + \theta s_b/(b - cr_b)$，则存在包含 $\beta = 0$ 和 $\delta = 0$ 的解能满足所有 K-T 条件，此时 $\omega_{01} = 0$，ω 由式(A23)给出。对应的目标函数值为

$$R_{\min} = R_{\min}^{(1)} \equiv m + k_\alpha(m - r_b)/\sqrt{s_b}. \tag{A26}$$

(A.1.2) 如果 $\delta > 0$，则 K-T 条件式(A12)成立，且 K-T 条件式(A13)成立必须有

$$\theta + 1 - e'\omega - \omega_{01} = 0. \tag{A27}$$

此时 K-T 条件式(A6)和 K-T 条件式(A7)成立。结合式(A27)和式(A4)可得

$$(r - r_l e)'\omega = m - r_l + \theta(r_b - r_l). \tag{A28}$$

(A.1.2a) 如果 $\gamma = 0$，则 K-T 条件式(A8)和式(A9)成立，且由式(A14)得

$$1 + \lambda = -\delta/(r_b - r_l) < 0. \tag{A29}$$

代入式(A18)得

$$k_\alpha^2 = (1 + \lambda)^2[(b - r_l c)^2 + d]/c. \tag{A30}$$

于是得

$$1 + \lambda = k_\alpha/\sqrt{d/c + c(b/c - r_l)^2}, \tag{A31}$$

$$\delta=-k_\alpha(r_b-r_l)/\sqrt{d/c+c(b/c-r_l)^2}. \tag{A32}$$

将式(A29)代入式(A16)可得 $\omega=-\sqrt{\omega'\Sigma\omega}(1+\lambda)\Sigma^{-1}(r-r_le)/k_\alpha$,于是

$$(r-r_le)'\omega=-s_l\sqrt{\omega'\Sigma\omega}(1+\lambda)/k_\alpha. \tag{A33}$$

式(A33)和式(A28)在 $m>r_l$ 时矛盾。

(A.1.2b)如果 $\gamma>0$,则 K-T 条件式(A8)成立,且由 K-T 条件式(A9)成立得 $\omega_{01}=0$,K-T 条件式(A5)成立。结合 K-T 条件式(A4)和式(A16)得

$$-\sqrt{\omega'\Sigma\omega}/k_\alpha[(1+\lambda)s_b-\delta(b-r_bc)]=m-r_b. \tag{A34}$$

再结合式(A27)和式(A17),可得

$$-\sqrt{\omega'\Sigma\omega}/k_\alpha[(1+\lambda)(b-r_bc)-\delta c]=1+\theta. \tag{A35}$$

记 $\Delta=(1+\lambda)^2(b-r_bc)^2-c[(1+\lambda)^2s_b-k_\alpha^2]=ck_\alpha^2-(1+\lambda)^2d$,则当且仅当 $\Delta\geqslant 0$,存在满足方程(A18)的 λ 与 δ,且由式(A36)给出,

$$\delta=\delta_{1,2}=[(1+\lambda)(b-r_bc)\pm\sqrt{\Delta}]/c. \tag{A36}$$

其中,δ_1 的公式中取+,δ_2 的公式中取-。结合式(A35)可得 $\Delta>0$ 且

$$\delta=\delta_2=[(1+\lambda)(b-r_bc)-\sqrt{\Delta}]/c. \tag{A37}$$

将式(A37)代入式(A14)得 $\gamma=(1+\lambda)(b-r_lc)/c-\sqrt{\Delta}/c$。显然,当 $r_b\geqslant\frac{b}{c}$ 时,$\delta_2<0$ 不满足 K-T 条件式(A12)。当 $r_b<\frac{b}{c}$ 时,由 $\delta=\delta_2>0$ 可得 $1+\lambda>-k_\alpha/\sqrt{s_b}>0$,此时 $\gamma>0$。

由式(A35)和式(A34)可得

$$-\sqrt{\omega'\Sigma\omega}/k_\alpha(1+\lambda)=[(mc-b)-\theta(b-r_bc)]/d. \tag{A38}$$

将式(A37)代入式(A35)可得

$$-\sqrt{\omega'\Sigma\omega}/k_\alpha=(1+\theta)/\sqrt{ck_\alpha^2-(1+\lambda)^2d}. \tag{A39}$$

将式(A37)、式(A38)和公式(A39)代入式(A16)可以解得

$$\omega=\frac{mc-b}{d}\Sigma^{-1}r+\frac{a-mb}{d}\Sigma^{-1}e+\theta\left(\frac{r_bc-b}{d}\Sigma^{-1}r+\frac{a-r_bb}{d}\Sigma^{-1}e\right). \tag{A40}$$

式(A38)成立必须有 $m>b/c+\theta(b/c-r_b)$,结合 $\delta=\delta_2>0$ 得

$$m > (a-br_b)/(b-cr_b)+\theta s_b/(b-cr_b). \tag{A41}$$

此时,由式(A37)至式(A39)和式(A14)可以解得唯一的(λ,δ,γ)满足 K-T 条件。对应的目标函数值为

$$R_{\min} = R_{\min}^{(2)} \equiv m + k_\alpha \sqrt{(1+\theta)^2/c + c[m-b/c-\theta(b/c-r_b)]^2/d}. \tag{A42}$$

A. 2. 假设 $\beta>0$。

此时,K-T 条件式(A10)成立,且 K-T 条件式(A11)成立等价于

$$\omega_{01} + e'\omega - 1 = 0. \tag{A43}$$

式(A43)满足 K-T 条件式(A6)和 K-T 条件式(A7)。结合 K-T 条件式(A12)和 K-T 条件式(A13)得 $\delta=0$。将式(A43)代入 K-T 条件式(A4)得

$$(r-r_l e)'\omega = m - r_l. \tag{A44}$$

K-T 条件式(A2)等价于

$$1+\lambda = (\gamma+\beta)/(r_b-r_l) > 0. \tag{A45}$$

由 K-T 条件式(A3)得

$$\omega = -\sqrt{\omega'\Sigma\omega}/k_\alpha[(1+\lambda)\Sigma^{-1}(r-r_b e)+\beta\Sigma^{-1}e], \tag{A46}$$

$$e'\omega = -\sqrt{\omega'\Sigma\omega}/k_\alpha[(1+\lambda)(b-r_b c)+\beta c], \tag{A47}$$

$$k_\alpha^2 = c\beta^2 + 2(1+\lambda)(b-r_b c)\beta + (1+\lambda)^2 s_b. \tag{A48}$$

(A. 2. 1) 假设 $\gamma=0$。此时 K-T 条件式(A8)和 K-T 条件式(A9)成立。将式(A45)代入式(A46)得

$$\omega = -\sqrt{\omega'\Sigma\omega}\,(1+\lambda)\Sigma^{-1}(r-r_l e)/k_\alpha. \tag{A49}$$

再将式(A49)代入式(A44)得

$$-\sqrt{\omega'\Sigma\omega}\,(1+\lambda)/k_\alpha = (m-r_l)/s_l. \tag{A50}$$

于是

$$\omega = (m-r_l)\Sigma^{-1}(r-r_l e)/s_l. \tag{A51}$$

代入式(A43)可得

$$\omega_{01} = 1 - (m - r_l)(b - r_l c)/s_l. \tag{A52}$$

由式(A45)和式(A48)可得

$$1 + \lambda = - k_\alpha / \sqrt{d/c + c(b/c - r_l)^2}, \tag{A53}$$

$$\beta = - k_\alpha (r_b - r_l) / \sqrt{d/c + c(b/c - r_l)^2}. \tag{A54}$$

由 K-T 条件式(A5)和式(A52)得

$$(m - r_l)(b - r_l c) \leqslant s_l. \tag{A55}$$

由式(A50)和式(A55)得 $r_l \geqslant b/c$ 且 $m > r_l$,或者 $r_l < b/c$ 且 $r_l < m \leqslant (a - r_l b)(b - r_l c)$。对应的目标函数值为 $R_{\min} = R_{\min}^{(3)} \equiv m + k_\alpha (m - r_l)/\sqrt{s_l}$。

(A.2.2) 假设 $\gamma > 0$。此时 K-T 条件式(A8)成立,且由 K-T 条件式(A9)得$\omega_{01} = 0$。K-T 条件式(A4)成为

$$(r - r_b e)'\omega = m - r_b. \tag{A56}$$

由式(A43)和式(A46)得

$$- \sqrt{\omega'\Sigma\omega}[(1 + \lambda)(b - r_b c) + c\beta]/k_\alpha = 1. \tag{A57}$$

记 $\Delta = (1+\lambda)^2 (b - r_b c)^2 - c[(1+\lambda)^2 s_b - k_\alpha^2] = c k_\alpha^2 - (1+\lambda)^2 d$。当且仅当 $k_\alpha \leqslant -(1+\mu)\lambda \sqrt{d/c}$时 $\Delta \geqslant 0$,存在满足方程(A48)的 λ 与 β 由式(A58)给出,

$$\beta = \beta_{1,2} = [-(1 + \lambda)(b - r_b c) \pm \sqrt{\Delta}]/c. \tag{A58}$$

因此结合式(A57)得 $c\beta + (1+\lambda)(b - r_b c) = \sqrt{\Delta} > 0$,即 $\Delta = c k_\alpha^2 - (1+\lambda)^2 d > 0$ 且有

$$\beta = \beta_1 = [-(1 + \lambda)(b - r_b c) + \sqrt{\Delta}]/c. \tag{A59}$$

由式(A46)和式(A56)得

$$- \sqrt{\omega'\Sigma\omega}[(1 + \lambda)\ s_b + \beta(b - r_b c)]/k_\alpha = m - r_b, \tag{A60}$$

由式(A57)和式(A60)得

$$- \sqrt{\omega'\Sigma\omega}/k_\alpha(1 + \lambda) = (mc - b)/d. \tag{A61}$$

于是必须 $mc - b > 0$,即 $m > b/c$。

将式(A59)代入式(A57)得

$$-\sqrt{\omega'\Sigma\omega}/k_\alpha\ \sqrt{ck_\alpha^2-(1+\lambda)^2 d}=1. \tag{A62}$$

于是由式(A59)、式(A61)和式(A62)可解得

$$1+\lambda=-k_\alpha(mc-b)/\sqrt{[d^2+d(mc-b)^2]/c}, \tag{A63}$$

$$c\beta=-k_\alpha/\sqrt{[d^2+d(mc-b)^2]/c}[d-(mc-b)(b-r_b c)]. \tag{A64}$$

代入式(A45)得

$$\gamma=-k_\alpha/\sqrt{[d^2+d(mc-b)^2]/c}[m(b-cr_l)-(a-br_l)]. \tag{A65}$$

将式(A61)、式(A63)和式(A64)代入式(A46)得

$$\omega=(mc-b)\Sigma^{-1}r/d+(a-mb)\Sigma^{-1}e/d. \tag{A66}$$

由式(A64)知，$\beta>0$ 当且仅当 $d-(mc-b)(b-r_b c)>0$ 成立，即

$$(a-br_b)-m(b-cr_b)>0. \tag{A67}$$

由式(A65)知，$\gamma>0$ 当且仅当

$$m(b-cr_l)-(a-br_l)>0. \tag{A68}$$

相应的目标函数值为

$$R_{\min}=R_{\min}^{(4)}\equiv m+k_\alpha\ \sqrt{1/c+c(m-b/c)^2/d}. \tag{A69}$$

(A.2.2a) 若 $b-r_b c=0$，即 $r_b=b/c>r_l$，则由式(A67)和式(A68)要求

$$m>(a-br_l)/(b-cr_l)>b/c.$$

(A.2.2b) 若 $b-r_l c=0$，即 $r_b>b/c=r_l$，则由式(A68)得 $-d/c>0$，矛盾。

(A.2.2c) 若 $b-r_b c>0$，即 $r_l<r_b<b/c$，则由式(A67)和式(A68)有

$$b/c<(a-br_l)/(b-cr_l)<m<(a-br_b)/(b-cr_b).$$

(A.2.2d) 若 $b-r_b c<0$，且 $b-r_l c>0$，即 $r_b>b/c>r_l$，则由于 $(a-br_b)/(b-cr_b)<b/c$，故根据式(A67)和式(A68)有

$$m>(a-br_l)/(b-cr_l)>b/c.$$

(A.2.2e) 若 $b-r_b c<0$ 且 $b-r_l c<0$，即 $r_b>r_l>b/c$，则式(A67)和式(A68)不能同时成立，因为 $(a-br_l)/(b-cr_l)<(a-br_b)/(b-cr_b)<b/c$。

A.3. 模型的解。

通过整理和概括上述求解 K-T 条件方程组的结果，可以得到模型(A1)

的解,将其代入 $\omega_{02}=\omega_{01}+e'\omega-1$,便得到模型(A4)的解。

(A.3.1) 如果 $b/c\leqslant r_l<r_b$,则当且仅当 $m>r_l$ 时存在唯一的一组$(\lambda,\gamma,\beta,\delta)$以及分别由式(A52)和式(A51)给出的 ω_{01} 和 ω 满足所有的 K-T 条件,对应的目标函数值为 $R_{\min}=R_{\min}^{(3)}\equiv m+k_\alpha(m-r_l)/\sqrt{s_l}$,因此也是模型(A1)的最优解。

(A.3.2) 如果 $r_l<b/c\leqslant r_b$,则

(A.3.2a) 当 $r_l<m\leqslant(a-r_lb)(b-r_lc)$时存在唯一的一组$(\lambda,\gamma,\beta,\delta)$以及分别由式(A52)和式(A51)给出的 ω_{01} 和 ω 满足所有的 K-T 条件,对应的目标函数值为 $R_{\min}=R_{\min}^{(3)}$,因此也是模型(A1)的最优解。

(A.3.2b) 当 $m>(a-br_l)/(b-cr_l)$时存在唯一的一组$(\lambda,\gamma,\beta,\delta)$以及 $\omega_{01}=0$和由式(A66)确定的 ω 满足所有的 K-T 条件,对应的目标函数值为 $R_{\min}=R_{\min}^{(4)}$,因此也是模型(A1)的最优解。

(A.3.3) 如果 $r_l<r_b<b/c$,则

(A.3.3a) 当 $r_l<m\leqslant(a-r_lb)(b-r_lc)$时,模型(A1)的最优解为由式(A52)和式(A51)给出的 ω_{01} 和 ω,其对应的目标函数值为 $R_{\min}=R_{\min}^{(3)}$。

(A.3.3b) 当$(a-br_l)/(b-cr_l)<m<(a-br_b)/(b-cr_b)$时,模型(A1)的最优解为 $\omega_{01}=0$ 和由式(A66)确定的 $\omega=(mc-b)\Sigma^{-1}r/d+(a-mb)\Sigma^{-1}e/d$,目标函数值为 $R_{\min}=R_{\min}^{(4)}$。

(A.3.3c) 当$(a-br_b)/(b-cr_b)\leqslant m\leqslant(a-br_b)/(b-cr_b)+\theta s_b/(b-cr_b)$时,模型(A1)的最优解为 $\omega_{01}=0$ 和由式(A23)确定的 $\omega=(m-r_b)\Sigma^{-1}(r-r_be)/s_b$,其对应的目标函数值为 $R_{\min}=R_{\min}^{(1)}$。

(A.3.3d) 当 $m>(a-br_b)/(b-cr_b)+\theta s_b/(b-cr_b)$时,模型(A1)的最优解为由 $\omega_{01}=0$ 和由式(A40)确定的 ω,其对应的目标函数值为 $R_{\min}=R_{\min}^{(2)}$。

附录 B 模型(9.21)的求解

说明：定理 9.6 至定理 9.12 的证明用到模型(9.21)的解。

令 $\omega_{02}=\omega_{01}+e'\omega-1$，则求解模型(9.21)等价于求解如下模型(B1)：

$$\max_{\omega_{01},\omega} \quad R_{\min}=r_b+(r_l-r_b)/\omega_{01}+(r-r_be)'+k_\alpha/\ \sqrt{\omega'\Sigma\omega}$$

$$\text{s.t.}\quad \begin{cases}(r_l-r_b)\ \omega_{01}+(r-r_be)'\omega+r_b-E\geqslant 0\\ \omega_{01}\geqslant 0\\ \omega_{01}+e'\omega-1\geqslant 0\\ \theta-(\omega_{01}+e'\omega-1)\geqslant 0.\end{cases} \tag{B1}$$

构造拉格朗日函数：

$$\begin{aligned}L=&r_b+(r_l-r_b)\ \omega_{01}+(r-r_be)'\omega+k_\alpha\ \sqrt{\omega'\Sigma\omega}\\ &+\lambda[(r_l-r_b)\ \omega_{01}+(r-r_be)'\omega+r_b-E]\\ &+\gamma\omega_{01}+\beta(\omega_{01}+e'\omega-1)+\delta(\theta-e'\omega-\omega_{01}+1).\end{aligned}$$

则模型(B1)的库恩-塔克(K-T)条件方程如下：

$$(1+\lambda)(r_l-r_b)+\gamma+\beta-\delta=0, \tag{B2}$$

$$k_\alpha\frac{\Sigma\omega}{\sqrt{\omega'\Sigma\omega}}+(1+\lambda)(r-r_be)+\beta e-\delta e=0, \tag{B3}$$

$$(r_l-r_b)\ \omega_{01}+(r-r_be)'\omega+r_b-E\geqslant 0, \tag{B4}$$

$$\omega_{01}\geqslant 0, \tag{B5}$$

$$\omega_{01}+e'\omega-1\geqslant 0, \tag{B6}$$

$$\theta-e'\omega-\omega_{01}+1\geqslant 0, \tag{B7}$$

$$\gamma\geqslant 0, \tag{B8}$$

$$\gamma\omega_{01}=0, \tag{B9}$$

$$\beta\geqslant 0, \tag{B10}$$

$$\beta(\omega_{01}+e'\omega-1)=0, \tag{B11}$$

$$\delta \geqslant 0, \tag{B12}$$

$$\delta(\theta + 1 - e'\omega - \omega_{01}) = 0, \tag{B13}$$

$$\mu \geqslant 0, \tag{B14}$$

$$\lambda[(r_l - r_b)\,\omega_{01} + (r - r_b e)'\omega + r_b - m] \geqslant 0. \tag{B15}$$

B. 1. 如果 $\lambda>0$。

则 K-T 条件式(B14)成立,且由 K-T 条件式(B4)和式(B15)得

$$(r_l - r_b)\,\omega_{01} + (r - r_b e)'\omega + r_b - E = 0. \tag{B16}$$

(B. 1. 1) 假设 $\beta=0$, 则 K-T 条件式(B10)和式(B11)成立,K-T 条件式(B2)和式(B3)分别成为

$$(1+\lambda)(r_l - r_b) + \gamma - \delta = 0, \tag{B17}$$

$$k_\alpha \frac{\Sigma\omega}{\sqrt{\omega'\Sigma\omega}} + (1+\lambda)(r - r_b e) - \delta e = 0. \tag{B18}$$

由式(B18)得

$$\omega = -\sqrt{\omega'\Sigma\omega}/k_\alpha[(1+\lambda)\Sigma^{-1}(r - r_b e) - \delta\Sigma^{-1}e], \tag{B19}$$

$$e'\omega = -\sqrt{\omega'\Sigma\omega}/k_\alpha[(1+\lambda)(b - r_b c) - \delta c], \tag{B20}$$

$$k_\alpha^2 = c\delta^2 - 2(1+\lambda)(b - r_b c)\delta + (1+\lambda)^2 s_b. \tag{B21}$$

(B. 1. 1a) 如果 $\delta=0$,则 K-T 条件式(B12)、式(B13)成立,由式(B17)得

$$1 + \lambda = \gamma/(r_b - r_l) \geqslant 0, \tag{B22}$$

因而由 K-T 条件式(B8)和式(B21)可得

$$k_\alpha = -(1+\lambda)\sqrt{s_b}. \tag{B23}$$

且因 $k_\alpha<0$ 故由式(B22)得 $\gamma>0$。再由 K-T 条件式(B9)得 $\omega_{01}=0$,此时 K-T 条件式(B5)成立,式(B16)成为

$$(r - r_b e)'\omega = E - r_b. \tag{B24}$$

再结合式(B19)、式(B23)和式(B24)得

$$\sqrt{\omega'\Sigma\omega} = (E - r_b)/\sqrt{s_b}. \tag{B25}$$

将式(B25)和式(B23)代入式(B19)得

$$\omega = (E - r_b)\Sigma^{-1}(r - r_b e)/s_b. \tag{B26}$$

由式(B23)和式(B22)可得

$$\gamma = -k_\alpha(r_b - r_l)/\sqrt{s_b}, \quad \lambda = -1 - k_\alpha/\sqrt{s_b}. \tag{B27}$$

将式(B26)代入 K-T 条件式(B6)得

$$(E - r_b)(b - r_b c) \geqslant s_b. \tag{B28}$$

显然式(B25)成立必须有 $E > r_b$,而 $\lambda > 0$ 必须有 $k_\alpha < -\sqrt{s_b}$。

如果 $r_b \geqslant b/c$ 则式(B28)不成立,因此当 $r_b \geqslant b/c$ 时不存在满足 K-T 条件式(B6)的解。如果 $r_b < b/c$,则当且仅当 $E \geqslant (a - br_b)/(b - cr_b)$ 时式(B25)和公式(B28)均成立。为了保证 K-T 条件式(B7)成立,必须有 $E \leqslant (a - br_b)/(b - cr_b) + \theta s_b/(b - cr_b)$。

于是当 $r_b \geqslant b/c$ 时,不存在包含 $\beta = 0$ 和 $\delta = 0$ 的解能满足所有的 K-T 条件。当 $r_b < b/c$ 时,如果 $(a - br_b)/(b - cr_b) \leqslant E \leqslant (a - br_b)/(b - cr_b) + \theta s_b/(b - cr_b)$,则存在包含 $\beta = 0$ 和 $\delta = 0$ 的解能满足所有的 K-T 条件,此时 $\omega_{01} = 0$,ω 由式(B26)给出。对应的投资组合的期望值为 $m = E$,保险收益即目标函数值为

$$R_{\min} = E + k_\alpha(E - r_b)/\sqrt{s_b}. \tag{B29}$$

(B.1.1b) 如果 $\delta > 0$,则 K-T 条件式(B12)成立,且 K-T 条件式(B13)成立必须

$$\theta + 1 - e'\omega - \omega_{01} = 0. \tag{B30}$$

此时 K-T 条件式(B6)和 K-T 条件式(B7)成立。结合式(B30)和式(B16)可得

$$(r - r_l e)'\omega = E - r_l + \theta(r_b - r_l). \tag{B31}$$

如果 $\gamma = 0$,则由式(B17)得 $1 + \lambda < 0$,矛盾。

如果 $\gamma > 0$,则 K-T 条件式(B8)成立,由 K-T 条件式(B9)得 $\omega_{01} = 0$,K-T 条件式(B5)也成立。结合式(B16)和式(B19)得

$$-\sqrt{\omega'\Sigma\omega}/k_\alpha[(1 + \lambda)s_b - \delta(b - r_b c)] = E - r_b. \tag{B32}$$

结合式(B31)和式(B20)可得

$$-\sqrt{\omega'\Sigma\omega}/k_\alpha[(1+\lambda)(b-r_bc)-\delta c]=1+\theta. \tag{B33}$$

记 $\Delta=(1+\lambda)^2(b-r_bc)^2-c[(1+\lambda)^2s_b-k_\alpha^2]=ck_\alpha^2-(1+\lambda)^2d$,则当且仅当 $\Delta\geqslant 0$ 时,存在满足式(B21)的 λ 与 δ:

$$\delta=\delta_{1,2}=[(1+\lambda)(b-r_bc)\pm\sqrt{\Delta}]/c. \tag{B34}$$

结合式(B33)可得 $\Delta>0$ 且

$$\delta=\delta_2=[(1+\lambda)(b-r_bc)-\sqrt{\Delta}]/c. \tag{B35}$$

由式(B33)和式(B32)可得

$$-\sqrt{\omega'\Sigma\omega}/k_\alpha(1+\lambda)=[(Ec-b)-\theta(b-r_bc)]/d. \tag{B36}$$

将式(B35)代入式(B33)可得

$$-\sqrt{\omega'\Sigma\omega}/k_\alpha=(1+\theta)/\sqrt{ck_\alpha^2-(1+\lambda)^2d}. \tag{B37}$$

将式(B35)、式(B36)和式(B37)代入式(B19)可以解得

$$\omega=\frac{Ec-b}{d}\Sigma^{-1}r+\frac{a-Eb}{d}\Sigma^{-1}e+\theta\left(\frac{r_bc-b}{d}\Sigma^{-1}r+\frac{a-r_bb}{d}\Sigma^{-1}e\right). \tag{B38}$$

将式(B35)代入式(B17)得 $\gamma=(1+\lambda)(b-r_lc)/c-\sqrt{\Delta}/c$。

显然,如果 $r_b\geqslant b/c$,则 $\delta_2<0$,矛盾。如果 $r_b<b/c$,由式(B36)成立可得 $E>b/c+\theta(b/c-r_b)>b/c$,将式(B37)代入式(B36)得

$$(1+\lambda)^2\{(1+\theta)^2+d[(Ec-b)/d-\theta(b-r_bc)/d]^2\}$$
$$=[(Ec-b)/d-\theta(b-r_bc)/d]^2ck_\alpha^2,$$
$$\Delta\{(1+\theta)^2/d+[(Ec-b)/d-\theta(b-r_bc)/d]^2\}=ck_\alpha^2(1+\theta)^2/d.$$

于是代入 $\delta_2>0$ 可得 $E>(a-br_b)/(b-cr_b)+\theta s_b/(b-cr_b)$,且此时有 $\gamma>0$。此外,$\lambda>0$ 必须有 $k_\alpha<-\sqrt{d/c}\sqrt{1+(1+\theta)^2d/[(Ec-b)-\theta(b-r_bc)]^2}$。对应投资组合的期望收益率为 $\mu=E$,保险收益率即目标函数值为

$$R_{\min}=E+k_\alpha\sqrt{(1+\theta)^2/c+c[E-b/c-\theta(b/c-r_b)]^2/d}. \tag{B39}$$

(B.1.2) 假设 $\beta>0$。此时 K-T 条件式(B10)成立,且 K-T 条件式(B11)成立等价于

$$\omega_{01} + e'\omega - 1 = 0. \tag{B40}$$

式(B40)满足 K-T 条件式(B6)和 K-T 条件式(B7)。结合 K-T 条件式(B12)和 K-T 条件式(B13)得 $\delta=0$。将式(B40)代入式(B16)得

$$(r - r_l e)'\omega = E - r_l. \tag{B41}$$

K-T 条件式(B2)等价于

$$1 + \lambda = (\gamma + \beta)/(r_b - r_l) > 0. \tag{B42}$$

由 K-T 条件式(B3)得

$$\omega = -\sqrt{\omega'\Sigma\omega}/k_\alpha[(1+\lambda)\Sigma^{-1}(r - r_b e) + \beta\Sigma^{-1}e], \tag{B43}$$

$$e'\omega = -\sqrt{\omega'\Sigma\omega}/k_\alpha[(1+\lambda)(b - r_b c) + \beta c], \tag{B44}$$

$$k_\alpha^2 = c\beta^2 + 2(1+\lambda)(b - r_b c)\beta + (1+\lambda)^2 s_b。 \tag{B45}$$

(B.1.2a) 如果 $\gamma=0$,则 K-T 条件式(B8)和 K-T 条件式(B9)成立。将式(B42)代入式(B43)得

$$\omega = -\sqrt{\omega'\Sigma\omega}\,(1+\lambda)\Sigma^{-1}(r - r_l e)/k_\alpha. \tag{B46}$$

再将式(B46)代入式(B41)得

$$-\sqrt{\omega'\Sigma\omega}\,(1+\lambda)/k_\alpha = (E - r_l)/s_l. \tag{B47}$$

于是

$$\omega = (E - r_l)\Sigma^{-1}(r - r_l e)/s_l. \tag{B48}$$

代入式(B40)可得

$$\omega_{01} = 1 - (E - r_l)(b - r_l c)/s_l. \tag{B49}$$

由式(B42)和式(B45)可得

$$1 + \lambda = -k_\alpha/\sqrt{d/c + c(b/c - r_l)^2}, \tag{B50}$$

$$\beta = -k_\alpha(r_b - r_l)/\sqrt{d/c + c(b/c - r_l)^2}. \tag{B51}$$

由 K-T 条件式(B5)和式(B49)得

$$(E - r_l)(b - r_l c) \leqslant s_l. \tag{B52}$$

由式(B47)和式(B52)得 $r_l \geqslant b/c$ 且 $E > r_l$,或者 $r_l < b/c$ 且 $r_l < E \leqslant (a - r_l b)(b - r_l c)$。对应的投资组合的期望收益率为 $\mu = E$,保险收益率

即目标函数值为 $R_{\min}=E+k_\alpha(E-r_l)/\sqrt{s_l}$。此时,由式(B50)和 $\lambda>0$ 知,$k_\alpha<-\sqrt{d/c}\sqrt{1+(b-r_lc)^2/d}=-\sqrt{s_l}$为上述满足 K-T 条件的解存在的充分必要条件。

(B.1.2b) 如果 $\gamma>0$,则 K-T 条件式(B8)成立,且由式(B9)得 $\omega_{01}=0$。式(B16)成为

$$(r-r_be)'\omega=E-r_b. \tag{B53}$$

由式(B40)和式(B43)得

$$-\sqrt{\omega'\Sigma\omega}[(1+\lambda)(b-r_bc)+c\beta]/k_\alpha=1. \tag{B54}$$

记 $\Delta=(1+\lambda)^2(b-r_bc)^2-c[(1+\lambda)^2s_b-k_\alpha^2]=ck_\alpha^2-(1+\lambda)^2d$,则当且仅当 $k_\alpha\leqslant-(1+\lambda)\sqrt{d/c}$时 $\Delta\geqslant0$,且存在满足方程(B45)的 λ 与 β 由式(B55)给出:

$$\beta=\beta_{1,2}=[-(1+\lambda)(b-r_bc)\pm\sqrt{\Delta}]/c. \tag{B55}$$

因此结合式(B54)得 $c\beta+(1+\lambda)(b-r_bc)=\sqrt{\Delta}>0$,即 $\Delta=ck_\alpha^2-(1+\lambda)^2d>0$ 且

$$\beta=\beta_1=[-(1+\lambda)(b-r_bc)+\sqrt{\Delta}]/c. \tag{B56}$$

由式(B43)和式(B44)得

$$-\sqrt{\omega'\Sigma\omega}[(1+\lambda)s_b+\beta(b-r_bc)]/k_\alpha=E-r_b. \tag{B57}$$

由式(B54)和式(B57)得

$$-\sqrt{\omega'\Sigma\omega}/k_\alpha(1+\lambda)=(Ec-b)/d. \tag{B58}$$

于是必须有 $Ec-b>0$,即 $E>b/c$。

将式(B56)代入式(B54)得

$$-\sqrt{\omega'\Sigma\omega}/k_\alpha\sqrt{ck_\alpha^2-(1+\lambda)^2d}=1. \tag{B59}$$

于是由式(B56)、式(B58)和式(B59)可解得

$$1+\lambda=-k_\alpha(Ec-b)/\sqrt{[d^2+d(Ec-b)^2]/c}, \tag{B60}$$

$$c\beta=-k_\alpha/\sqrt{[d^2+d(Ec-b)^2]/c}[d-(Ec-b)(b-r_bc)]. \tag{B61}$$

代入式(B42)得

$$\gamma = -k_\alpha / \sqrt{[d^2 + d(Ec-b)^2]/c}[E(b-cr_l)-(a-br_l)]. \quad \text{(B62)}$$

将式(B58)、式(B60)和式(B61)代入式(B43)得

$$\omega = (Ec-b)\Sigma^{-1}r/d + (a-Eb)\Sigma^{-1}e/d. \quad \text{(B63)}$$

由式(B61)知，$\beta>0$ 当且仅当 $d-(Ec-b)(b-r_bc)>0$ 成立，即

$$(a-br_b)-E(b-cr_b)>0. \quad \text{(B64)}$$

由式(B62)知，$\gamma>0$ 当且仅当

$$E(b-cr_l)-(a-br_l)>0. \quad \text{(B65)}$$

相应投资组合的期望收益率为 $\mu=E$，保险收益率即目标函数值为

$$R_{\min} = E + k_\alpha / \sqrt{1/c + c(E-b/c)^2/d}. \quad \text{(B66)}$$

由式(B60)知 $\lambda>0$ 要求 $k_\alpha<-\sqrt{d/c}\sqrt{1+d/(Ec-b)^2}$。

如果 $b-r_bc=0$ 即 $r_b=b/c>r_l$，则式(B64)和式(B65)要求 $E>(a-br_l)/(b-cr_l)>b/c$。如果 $b-r_lc=0$ 即 $r_b>b/c=r_l$，则由式(B65)得 $-d/c>0$，矛盾。如果 $b-r_bc>0$ 即 $r_l<r_b<b/c$，则式(B64)和式(B65)要求 $b/c<(a-br_l)/(b-cr_l)<E<(a-br_b)/(b-cr_b)$。如果 $b-r_bc<0$ 且 $b-r_lc>0$，即 $r_b>b/c>r_l$，则由于$(a-br_b)/(b-cr_b)<b/c$，故式(B64)和式(B65)要求 $E>(a-br_l)/(b-cr_l)>b/c$。如果 $b-r_bc<0$ 且 $b-r_lc<0$，即 $r_b>r_l>b/c$，则式(B64)和式(B65)不能同时成立，因为$(a-br_l)/(b-cr_l)<(a-br_b)/(b-cr_b)<b/c$。

因此，上述满足 K-T 条件的解仅对于 $r_b\geqslant b/c>r_l$ 且 $E>(a-br_l)/(b-cr_l)$ 和 $r_l<r_b<b/c$ 且$(a-br_l)/(b-cr_l)<E<(a-br_b)/(b-cr_b)$的情形成立。

B.2. 如果 $\lambda=0$。

则 K-T 条件式(B14)和 K-T 条件式(B15)成立。

(B.2.1) 假设 $\beta=0$，则 K-T 条件式(B10)和式(B11)成立，K-T 条件式(B2)和式(B3)分别成为

$$\gamma-\delta = r_b - r_l > 0, \quad \text{(B67)}$$

$$z_\alpha \frac{\Sigma\omega}{\sqrt{\omega'\Sigma\omega}} + (r-r_be) - \delta e = 0. \quad \text{(B68)}$$

由式(B17)和K-T条件式(B8)、式(B9)及式(B12)得 $\gamma>0$ 和 $\omega_{01}=0$。由式(B68)得

$$\omega=-\sqrt{\omega'\Sigma\omega}/k_a[\Sigma^{-1}(r-r_b e)-\delta\Sigma^{-1}e], \tag{B69}$$

$$k_a^2=c\delta^2-2(b-r_b c)\delta+s_b. \tag{B70}$$

(B.2.1a)如果 $\delta=0$,则K-T条件式(B12)、式(B13)成立,由式(B67)和式(B70)得

$$\gamma=r_b-r_l,\quad k_a=-\sqrt{s_b}. \tag{B71}$$

由K-T条件式(B4)、式(B6)和式(B7)得

$$(r-r_b e)'\omega\geqslant E-r_b,\quad 1\leqslant e'\omega\leqslant 1+\theta. \tag{B72}$$

代入式(B69)得

$$\sqrt{\omega'\Sigma\omega}\geqslant(E-r_b)/\sqrt{s_b},\quad \sqrt{s_b}\leqslant\sqrt{\omega'\Sigma\omega}\,(b-r_b c)\leqslant\sqrt{s_b}\,(1+\theta). \tag{B73}$$

因此,当 $r_b\geqslant b/c$ 时或者当 $r_b<b/c$ 且 $E>(a-r_b b)/(b-r_b c)+\theta s_b/(b-r_b c)$ 时,式(B73)不成立。当 $r_b<b/c$ 时,由式(B73)和式(B69)可得,如果 $r_l<E\leqslant(a-r_b b)/(b-r_b c)$,则 $\omega=l\hat{\omega}$,其中 $\forall l\in 1,1+\theta$;如果 $(a-r_b b)/(b-r_b c)<E\leqslant(a-r_b b)/(b-r_b c)+\theta s_b/(b-r_b c)$,则 $\omega=l\hat{\omega}$,其中 $\forall l\in[(E-r_b)(b-r_b c)/s_b,1+\theta]$,$\hat{\omega}=\Sigma^{-1}(r-r_b e)/(b-r_b c)$。满足K-T条件的解对应的目标函数值均为 $R_{\min}=r_b$。

(B.2.1b)如果 $\delta>0$,则K-T条件式(B12)成立,且K-T条件式(B13)成立必须有

$$\theta+1-e'\omega-\omega_{01}=0. \tag{B74}$$

此时K-T条件式(B6)和K-T条件式(B7)成立。由 $\omega_{01}=0$、式(B74)和式(B69)得

$$-\sqrt{\omega'\Sigma\omega}/k_a[(b-r_b c)-\delta c]=1+\theta, \tag{B75}$$

显然必须有 $r_b<b/c$。由 $\omega_{01}=0$、式(B69)和K-T条件式(B4)得

$$-\sqrt{\omega'\Sigma\omega}/k_a[s_b-\delta(b-r_b c)]\geqslant E-r_b. \tag{B76}$$

记 $\Delta_1=(b-r_bc)^2-c(s_b-z_\alpha^2)=ck_\alpha^2-d$，则当且仅当 $k_\alpha\leqslant-\sqrt{d/c}$ 时，式(B70)有解：

$$\delta=\delta_{1,2}\equiv(b-r_bc\pm\sqrt{\Delta_1})/c. \tag{B77}$$

显然 $\delta=\delta_1$ 和 $\Delta_1=0$ 时式(B77)均不满足式(B75)，因此 $\Delta_1>0,\delta=\delta_2$。由 $\delta_2>0$ 得 $-\sqrt{s_b}<k_\alpha<0$，代入式(B67)得 $\gamma=\delta_2+r_b-r_l=b/c-r_l-\sqrt{\Delta_1}/c$。结合 $\Delta_1>0$ 得 $-\sqrt{s_b}<k_\alpha<-\sqrt{d/c}$；代入式(B75)得

$$-\sqrt{\omega'\Sigma\omega}/k_\alpha=(1+\theta)/\sqrt{\Delta_1}. \tag{B78}$$

代入式(B76)得 $E\leqslant r_b+(1+\theta)(b-r_bc+d/\sqrt{\Delta_1})/c$；代入式(B69)得

$$\omega=(1+\theta)/\sqrt{\Delta_1}[\Sigma^{-1}(r-r_be)-(b/c-r_b-\sqrt{\Delta_1}/c)\Sigma^{-1}e]. \tag{B79}$$

对应投资组合的期望收益率为 $\mu=b/c+(b/c-r_b)\theta+(1+\theta)d(c\sqrt{\Delta_1})^{-1}$，代入式(B79)得

$$\omega=\frac{\mu c-b}{d}\Sigma^{-1}r+\frac{a-\mu b}{d}\Sigma^{-1}e+\theta\left(\frac{r_bc-b}{d}\Sigma^{-1}r+\frac{a-r_bb}{d}\Sigma^{-1}e\right). \tag{B80}$$

相应的保险收益率即目标函数值为

$$R_{\min}=b/c+(b/c-r_b)\theta-(1+\theta)\sqrt{\Delta_1}/c. \tag{B81}$$

(B2.2) 假设 $\beta>0$，则 K-T 条件式(B10)成立，由 K-T 条件式(B11)得

$$\omega_{01}+e'\omega-1=0. \tag{B82}$$

此时 K-T 条件式(B6)和式(B7)同时满足，而且由 K-T 条件式(B12)和式(B13)得 $\delta=0$。于是由 K-T 条件式(B3)得

$$\omega=-\sqrt{\omega'\Sigma\omega}/k_\alpha[\Sigma^{-1}(r-r_be)+\beta\Sigma^{-1}e], \tag{B83}$$

$$k_\alpha^2=c\beta^2+2(b-r_bc)\beta+s_b. \tag{B84}$$

当且仅当 $k_\alpha\leqslant-\sqrt{d/c}$ 时，式(B84)存在如下解：

$$\beta=\beta_{1,2}\equiv(-b+r_bc\pm\sqrt{\Delta_1})/c. \tag{B85}$$

(B.2.2a) 若 $k_\alpha=-\sqrt{d/c}$，则 $\beta=(-b+r_bc)/c=-b/c+r_b$，因此当 $r_b\leqslant b/c$ 时，不存在 $\beta>0$ 满足式(B84)。当 $r_b>b/c$ 时，$\beta=-b/c+r_b>0$，代入式

(B83)和式(B82)可得 $e'\omega=0$ 和 $\omega_{01}=1$,从而由 K-T 条件式(B9)得 $\gamma=0$,代入式(B2)得 $r_l=b/c$。此时,由 K-T 条件式(B4)和式(B83)可得 $\omega=k\Sigma^{-1}(r-r_le)$,其中 $\forall\, k\geqslant(E-r_l)/s_l$,对应的目标函数值为 $R_{\min}=r_l$。

(B.2.2b) 当 $r_b<b/c$ 且 $k_\alpha<-\sqrt{d/c}$时,$\beta_2<0$;且 $\beta=\beta_1>0$ 必须有 $-\sqrt{s_b}<k_\alpha<-\sqrt{d/c}$。将 $\beta=\beta_1$ 代入式(B67)得 $\gamma=b/c-r_l-\sqrt{\Delta_1}/c$,且仅当 $-\sqrt{s_l}\leqslant k_\alpha<-\sqrt{d/c}$时 $\gamma\geqslant0$。由于当 $r_l<r_b<b/c$ 时 $s_b<s_l$,因此当且仅当 $-\sqrt{s_b}<k_\alpha<-\sqrt{d/c}$时存在 $\beta>0$ 和 $\gamma\geqslant0$ 同时成立,且 $\gamma>0$,从而由 K-T 条件式(B9)得 $\omega_{01}=0$。于是代入式(B83)和式(B82)得

$$-\sqrt{\omega'\Sigma\omega}/k_\alpha\sqrt{\Delta_1}=1, \tag{B86}$$

$$\omega=[\Sigma^{-1}(r-r_be)+(-b+r_bc+\sqrt{\Delta_1})\Sigma^{-1}e/c]/\sqrt{\Delta_1}. \tag{B87}$$

对应的目标函数值为

$$R_{\min}=b/c-\sqrt{\Delta_1}/c. \tag{B88}$$

再代入式(B83)和 K-T 条件式(B4)得

$$r_l<E\leqslant(b+d/\sqrt{\Delta_1})/c. \tag{B89}$$

记对应投资组合的期望收益率为 $\mu=(b+d/\sqrt{\Delta_1})/c$,则式(B87)和式(B88)也等价于

$$\omega=\frac{\mu c-b}{d}\Sigma^{-1}r+\frac{a-\mu b}{d}\Sigma^{-1}e,\quad R_{\min}=(\mu b-a)/(\mu c-b). \tag{B90}$$

(B.2.2c) 当 $r_b\geqslant b/c$ 且 $k_\alpha<-\sqrt{d/c}$时,如果 $r_l\geqslant b/c$,虽然 $\beta=\beta_1>0$,但是由 K-T 条件式(B2)得到的 $\gamma<0$ 不满足 K-T 条件式(B8),因此取 $\beta=\beta_2$。当且仅当 $-\sqrt{s_b}<k_\alpha<-\sqrt{d/c}$时 $\beta_2>0$,代入 K-T 条件式(B2)得到 $\gamma=b/c-r_l+\sqrt{\Delta_1}/c$,当且仅当 $k_\alpha\leqslant-\sqrt{s_l}$时 $\gamma\geqslant0$。注意到此时 $s_b>s_l$,因此当且仅当 $-\sqrt{s_b}<k_\alpha\leqslant-\sqrt{s_l}$,存在 $\beta=\beta_2>0$ 和 $\gamma\geqslant0$;代入式(B83)和式(B82)得

$$-\sqrt{\omega'\Sigma\omega}/k_\alpha(-\sqrt{\Delta_1})=1-\omega_{01}, \tag{B91}$$

再代入 K-T 条件式(B4)得

$$\omega_{01}(r_l - b/c + d/c/\sqrt{\Delta_1}) \geqslant E - b/c + d/c/\sqrt{\Delta_1}. \tag{B92}$$

如果 $\gamma>0$,则由 K-T 条件式(B9)得 $\omega_{01}=0$,公式(B91)矛盾。

如果 $\gamma=0$,则由式(B2)得 $\beta=r_b-r_l$,由 $\beta_2=r_b-r_l$ 得 $0=r_l-b/c-\sqrt{\Delta_1}/c$,于是 $k_\alpha=-\sqrt{s_l}$。此时如果 $r_l=b/c$,则 $\Delta_1=0$ 出现矛盾。如果 $r_l>b/c$,则 $\omega_{01}=1+k,\omega=-k\Sigma^{-1}(r-r_le)/(b-r_lc)$,$\forall k\geqslant[E(r_lc-b)+a-r_lb]/s_l-1$ 满足所有 K-T 条件,此时期望收益率 $\mu=r_l-ks_l/(b-cr_l)$,目标函数值为 $R_{\min}=r_l$。

如果 $r_l<b/c$,若取 $\beta=\beta_2$,则 $\gamma=b/c-r_l+\sqrt{\Delta_1}/c>0$,由 K-T 条件式(B9)得 $\omega_{01}=0$,与式(B82)矛盾。但此时 $\beta=\beta_1>0$,由 K-T 条件式(B2)得 $\gamma=b/c-r_l-\sqrt{\Delta_1}/c$,当且仅当$-\sqrt{s_l}\leqslant k_\alpha<-\sqrt{d/c}$时 $\gamma\geqslant 0$。当$-\sqrt{s_l}<k_\alpha<-\sqrt{d/c}$时,有 $\gamma>0$,由 K-T 条件式(B9)得 $\omega_{01}=0$,代入式(B83)和式(B82)及 K-T 条件式(B4)可得$-\sqrt{\omega'\Sigma\omega}/k_\alpha=1/\sqrt{\Delta_1}$,$\omega=[\Sigma^{-1}(r-r_be)+(-b+r_bc+\sqrt{\Delta_1})\Sigma^{-1}e/c]/\sqrt{\Delta_1}$, 以及 $r_l<E\leqslant(b+d/\sqrt{\Delta_1})/c$,对应投资组合的期望收益率为 $\mu=(b+d/\sqrt{\Delta_1})/c$,保险收益为 $R_{\min}=b/c-\sqrt{\Delta_1}/c=(\mu b-a)/(\mu c-b)$。当 $k_\alpha=-\sqrt{s_l}$时,有 $\gamma=0,\beta=\beta_2=r_b-r_l$,代入公式(B83)和公式(B82)以及 K-T 条件式(B4)得 $\omega_{01}=1-k$, $\omega=k\Sigma^{-1}(r-r_le)/(b-r_lc)$, $\forall k\in((E-r_l)(b-cr_l)/s_l,1]$,$r_l<E\leqslant(a-br_l)/(b-cr_l)$满足所有 K-T 条件。此时期望收益率为 $\mu=r_l+ks_l/(b-cr_l)$,目标函数值为 $R_{\min}=r_l$。

B.3. 总结上述过程,即可以得到模型(9.21)的最优解及其存在的充分必要条件。

(B.3.1) 如果 $r_l=b/c$,则对任意的 $E>r_l$,模型(9.21)存在有限的全局最优解的充分必要条件是 $k_\alpha\leqslant-\sqrt{s_l}$。当 $k_\alpha=-\sqrt{s_l}$时,模型有无穷多个最优解:$\omega_{01}=1,\omega=k\Sigma^{-1}(r-r_le),\omega_{02}=0$,其中 $\forall k\geqslant(E-r_l)/s_l$,最优解对应的目标函数值为 $R_{\min}=r_l$。当 $k_\alpha<-\sqrt{s_l}$时,模型有唯一的最优解:$\omega_{01}=1,\omega=(E-r_l)\Sigma^{-1}(r-r_le)/s_l,\omega_{02}=0$,最优解对应的目标函数值为 $R_{\min}=E+k_\alpha(E-r_l)/\sqrt{s_l}$,期望收益率为 $\mu=E$。

(B.3.2) 如果 $b/c<r_l<r_b$，则对任意的 $E>r_l$，模型(9.21)存在有限的全局最优解的充分必要条件是 $k_\alpha \leqslant -\sqrt{s_l}$。当 $k_\alpha=-\sqrt{s_l}$ 时，模型有无穷多个最优解：$\omega_{01}=1+k$，$\omega_{02}=0$，$\omega=-k\Sigma^{-1}(r-r_le)/(b-r_lc)$，其中 $\forall k \geqslant [E(r_lc-b)+a-r_lb]/s_l-1$，最优解对应的目标函数值为 $R_{\min}=r_l$，期望收益率为 $\mu=r_l-ks_l/(b-r_lc)$。当 $k_\alpha<-\sqrt{s_l}$ 时，模型有唯一的最优解：$\omega_{01}=1-(E-r_l)(b-r_lc)/s_l$，$\omega_{02}=0$，$\omega=(E-r_l)\Sigma^{-1}(r-r_le)/s_l$，最优解对应的目标函数值为 $R_{\min}=m+k_\alpha(m-r_l)/\sqrt{s_l}$，期望收益率为 $\mu=E$。

(B.3.3) 如果 $r_l<b/c\leqslant r_b$，$E>(a-r_lb)/(b-r_lc)$ 等价于 $-\sqrt{s_l}<-\sqrt{d/c}\sqrt{1+d/(Ec-b)^2}$，因此

(B.3.3a) 当 $k_\alpha<-\sqrt{s_l}$ 时，如果 $r_l<E\leqslant(a-r_lb)/(b-r_lc)$，则模型(9.21)存在唯一的有限的全局最优解：$\omega_{01}=1-(E-r_l)(b-r_lc)/s_l$，$\omega=(E-r_l)\Sigma^{-1}(r-r_le)/s_l$，$\omega_{02}=0$，最优解对应的目标函数值为 $R_{\min}=\mu+k_\alpha(\mu-r_l)/\sqrt{s_l}$，期望收益为率 $\mu=E$。如果 $E>(a-r_lb)/(b-r_lc)$，则模型(9.21)存在唯一的有限的全局最优解：$\omega_{01}=0$，$\omega=(Ec-b)\Sigma^{-1}r/d+(a-Eb)\Sigma^{-1}e/d$，$\omega_{02}=0$，最优解对应的目标函数值为 $R_{\min}=E+k_\alpha\sqrt{1/c+c(E-b/c)^2/d}$，期望收益率为 $\mu=E$。

(B.3.3b) 当 $k_\alpha=-\sqrt{s_l}$ 时，如果 $r_l<E<(a-br_l)/(b-cr_l)$，则模型(9.21)存在无穷多个有限的全局最优解：$\omega_{01}=1-k$，$\omega=k\Sigma^{-1}(r-r_le)/(b-r_lc)$，$\omega_{02}=0$，其中 $\forall k\in((E-r_l)(b-cr_l)/s_l,1)$，最优解对应的目标函数值为 $R_{\min}=r_l$，期望收益率为 $\mu=r_l+ks_l/(b-cr_l)$。如果 $E\geqslant(a-br_l)/(b-cr_l)$，则模型(9.21)存在唯一的全局有限最优解：$\omega_{01}=0$，$\omega_{02}=0$，$\omega=(Ec-b)\Sigma^{-1}r/d+(a-Eb)\Sigma^{-1}e/d$，对应的目标函数值为 $R_{\min}=E+k_\alpha\sqrt{1/c+c(E-b/c)^2/d}$，期望收益率为 $\mu=E$。

(B.3.3c) 当 $-\sqrt{s_l}<k_\alpha<-\sqrt{d/c}\sqrt{1+d/(Ec-b)^2}$ 时，如果 $r_l<E\leqslant(a-r_lb)(b-r_lc)$，则模型(9.21)不存在有限的全局最优解。由于 $(b+d/\sqrt{\Delta_1})/c$

$>(a-br_l)/(b-cr_l)$，如果 $E>(b+d/\sqrt{\Delta_1})/c$，则模型(9.21)存在唯一的有限的全局最优解 $\omega_{01}=0,\omega_{02}=0,\omega=(Ec-b)\Sigma^{-1}r/d+(a-Eb)\Sigma^{-1}e/d$，对应的目标函数值为 $R_{\min}=E+k_\alpha\sqrt{1/c+c(E-b/c)^2/d}$，最优投资组合的期望收益率为 $\mu=E$。如果 $(a-br_l)/(b-cr_l)<E\leqslant(b+d/\sqrt{\Delta_1})/c$，则 $E+k_\alpha\sqrt{1/c+c(E-b/c)^2/d}\leqslant b/c-\sqrt{\Delta_1}/c$，因此模型(9.21)存在唯一的有限的全局最优解：

$$\omega_{01}=0,\quad \omega_{02}=0,$$

$$\omega=[\Sigma^{-1}(r-r_be)+(-b+r_bc+\sqrt{\Delta_1})\Sigma^{-1}e/c]/\sqrt{\Delta_1},$$

对应的目标函数值为 $R_{\min}=b/c-\sqrt{\Delta_1}/c$，期望收益率为 $\mu=(b+d/\sqrt{\Delta_1})/c$。

(B.3.3d)当 $-\sqrt{d/c}\sqrt{1+d/(Ec-b)^2}\leqslant k_\alpha<-\sqrt{d/c}$ 时，当且仅当 $(a-br_l)/(b-cr_l)<E\leqslant(b+d/\sqrt{\Delta_1})/c$ 时，模型(9.21)存在唯一的有限的全局最优解：

$$\omega_{01}=0,\quad \omega=[\Sigma^{-1}(r-r_be)+(-b+r_bc+\sqrt{\Delta_1})\Sigma^{-1}e/c]/\sqrt{\Delta_1},\quad \omega_{02}=0,$$

对应的目标函数值为 $R_{\min}=b/c-\sqrt{\Delta_1}/c$，期望收益率为 $\mu=(b+d/\sqrt{\Delta_1})/c$。

(B.3.4) 如果 $r_l<r_b<b/c$，则有以下不同情形。

(B.3.4a)当 $k_\alpha<-\sqrt{s_l}$ 时。如果 $r_l<E\leqslant(a-r_lb)/(b-r_lc)$，则模型(9.21)存在唯一的有限的全局最优解：$\omega_{01}=1-(E-r_l)(b-r_lc)/s_l,\omega=(E-r_l)\Sigma^{-1}(r-r_le)/s_l,\omega_{02}=0$，对应的目标函数值为 $R_{\min}=E+k_\alpha(E-r_l)\sqrt{s_l}$，期望收益率为 $\mu=E$。如果 $(a-br_l)/(b-cr_l)<E<(a-br_b)/(b-cr_b)$，则 $-\sqrt{s_l}<-\sqrt{d/c}\sqrt{1+d/(Ec-b)^2}$，模型(9.21)存在唯一的有限的全局最优解：$\omega_{01}=0,\omega_{02}=0,\omega=(Ec-b)\Sigma^{-1}r/d+(a-Eb)\Sigma^{-1}e/d$，目标函数值为 $R_{\min}=E+k_\alpha\sqrt{1/c+c(E-b/c)^2/d}$，期望收益率为 $\mu=E$。如果 $(a-br_b)/(b-cr_b)\leqslant E\leqslant(a-br_b)/(b-cr_b)+\theta s_b/(b-cr_b)$，则模型(9.21)存在唯一的有限的全局最优解：$\omega_{01}=0,\omega=(E-r_b)\Sigma^{-1}(r-r_be)/s_b,\omega_{02}=(E-r_b)(b-r_bc)/s_b-1$，目

标函数值为 $R_{\min}=E+k_\alpha(E-r_b)/\sqrt{s_b}$，期望收益率为 $\mu=E$。如果 $E>(a-br_b)/(b-cr_b)+\theta s_b/(b-cr_b)$，则模型(9.21)存在唯一的有限的全局最优解：

$$\omega=\frac{Ec-b}{d}\Sigma^{-1}r+\frac{a-Eb}{d}\Sigma^{-1}e+\theta\left(\frac{r_bc-b}{d}\Sigma^{-1}r+\frac{a-r_bb}{d}\Sigma^{-1}e\right),$$

$$\omega_{01}=0,\quad \omega_{02}=\theta,$$

目标函数值为 $R_{\min}=E+k_\alpha\sqrt{(1+\theta)^2/c+c[E-b/c-\theta(b/c-r_b)]^2/d}$，期望收益率为 $\mu=E$。

(B.3.4b) 当 $-\sqrt{s_l}\leqslant k_\alpha<-\sqrt{s_b}$ 时。如果 $(a-br_l)/(b-cr_l)<E<(a-br_b)/(b-cr_b)$，则由于 $-\sqrt{s_l}<-\sqrt{d/c}\sqrt{1+d/(Ec-b)^2}<-\sqrt{s_b}$，故(i) 当 $-\sqrt{s_l}\leqslant k_\alpha<-\sqrt{d/c}\sqrt{1+d/(Ec-b)^2}$ 时，模型(9.21)存在唯一的有限的全局最优解 $\omega_{01}=0,\omega=(Ec-b)\Sigma^{-1}r/d+(a-Eb)\Sigma^{-1}e/d,\omega_{02}=0$，目标函数值为 $R_{\min}=E+k_\alpha\sqrt{1/c+c(E-b/c)^2/d}$，期望收益率为 $\mu=E$。(ii) 当 $-\sqrt{d/c}\sqrt{1+d/(Ec-b)^2}\leqslant k_\alpha<-\sqrt{s_b}$ 时，模型(9.21)存在唯一的有限的全局最优解：$\omega_{01}=0,\omega=(E-r_b)\Sigma^{-1}(r-r_be)/s_b,\omega_{02}=(E-r_b)(b-r_bc)/s_b-1$，期望收益率为 $\mu=E$，目标函数值为 $R_{\min}=E+k_\alpha(E-r_b)/\sqrt{s_b}$。如果 $(a-br_b)/(b-cr_b)\leqslant E\leqslant(a-br_b)/(b-cr_b)+\theta s_b/(b-cr_b)$，则模型(9.21)存在唯一的有限的全局最优解：$\omega_{01}=0,\omega=(E-r_b)\Sigma^{-1}(r-r_be)/s_b$，$\omega_{02}=(E-r_b)(b-r_bc)/s_b-1$，目标函数值为 $R_{\min}=E+k_\alpha(E-r_b)/\sqrt{s_b}$，期望收益率为 $\mu=E$。如果 $E>(a-br_b)/(b-cr_b)+\theta s_b/(b-cr_b)$，则 $-\sqrt{s_b}<-\sqrt{d/c}\sqrt{1+(1+\theta)^2d/[(Ec-b)-\theta(b-r_bc)]^2}$，模型(9.21)存在唯一的有限的全局最优解：

$$\omega_{01}=0,\quad \omega_{02}=\theta,$$

$$\omega=\frac{Ec-b}{d}\Sigma^{-1}r+\frac{a-Eb}{d}\Sigma^{-1}e+\theta\left(\frac{r_bc-b}{d}\Sigma^{-1}r+\frac{a-r_bb}{d}\Sigma^{-1}e\right),$$

期望收益率为 $\mu=E$，目标函数值为

$$R_{\min}=E+k_\alpha\sqrt{(1+\theta)^2/c+c[E-b/c-\theta(b/c-r_b)]^2/d}.$$

(B.3.4c) 当 $k_\alpha=-\sqrt{s_b}$ 时。如果 $r_l<E\leqslant(a-r_bb)/(b-r_bc)$，则模型

(9.21)存在无穷多全局最优解：$\omega_{01}=0,\omega=l\hat{\omega},\omega_{02}=l-1$，其中$\forall l\in 1,1+\theta$，$\hat{\omega}=\Sigma^{-1}(r-r_b e)/(b-r_b c)$，对应的目标函数值为$R_{\min}=r_b$。如果$(a-r_b b)/(b-r_b c)<E\leqslant(a-r_b b)/(b-r_b c)+\theta s_b/(b-r_b c)$，则模型(9.21)也存在无穷多全局最优解：$\omega_{01}=0,\omega=l\hat{\omega},\omega_{02}=l-1$，其中$\forall l\in[(E-r_b)(b-r_b c)/s_b,1+\theta]$，对应的目标函数值为$R_{\min}=r_b$。如果$E>(a-br_b)/(b-cr_b)+\theta s_b/(b-cr_b)$，则模型(9.21)存在唯一的全局最优解：$\omega_{01}=0,\omega=\frac{Ec-b}{d}\Sigma^{-1}r+\frac{a-Eb}{d}\Sigma^{-1}e+\theta\left(\frac{r_b c-b}{d}\Sigma^{-1}r+\frac{a-r_b b}{d}\Sigma^{-1}e\right),\omega_{02}=\theta$，对应的目标函数值为$R_{\min}=E+k_\alpha\sqrt{(1+\theta)^2/c+c[E-b/c-\theta(b/c-r_b)]^2/d}$，期望收益率为$\mu=E$。

(B.3.4d)当$-\sqrt{s_b}<k_\alpha<-\sqrt{d/c}\sqrt{1+(1+\theta)^2 d/[(Ec-b)-\theta(b-r_b c)]^2}$且$(a-br_b)/(b-cr_b)+\theta s_b/(b-cr_b)<E\leqslant(b+d/\sqrt{\Delta_1})/c+\theta(b-r_b c+d/\sqrt{\Delta_1})/c$时。

此时模型(9.21)存在唯一的全局最优解：

$$\omega=(1+\theta)/\sqrt{\Delta_1}[\Sigma^{-1}(r-r_b e)-(b/c-r_b-\sqrt{\Delta_1}/c)\Sigma^{-1}e],$$

$$\omega_{01}=0,\quad \omega_{02}=\theta,$$

目标函数值为$R_{\min}=b/c-\sqrt{\Delta_1}/c+\theta(b/c-r_b+\sqrt{\Delta_1}/c)$，期望收益率为$\mu=b/c+(b/c-r_b)\theta+(1+\theta)d(c\sqrt{\Delta_1})^{-1}$。如果$E>(b+d/\sqrt{\Delta_1})/c+\theta(b-r_b c+d/\sqrt{\Delta_1})/c$，则模型(9.21)存在唯一的全局最优解：

$$\omega_{01}=0,$$

$$\omega=\frac{Ec-b}{d}\Sigma^{-1}r+\frac{a-Eb}{d}\Sigma^{-1}e+\theta\left(\frac{r_b c-b}{d}\Sigma^{-1}r+\frac{a-r_b b}{d}\Sigma^{-1}e\right),$$

$$\omega_{02}=\theta,$$

目标函数值为$R_{\min}=E+k_\alpha\sqrt{(1+\theta)^2/c+c[E-b/c-\theta(b/c-r_b)]^2/d}$，期望收益率为$\mu=E$。

(B.3.4e)当$-\sqrt{d/c}\sqrt{1+(1+\theta)^2 d/[(Ec-b)-\theta(b-r_b c)]^2}\leqslant k_\alpha<$

$-\sqrt{d/c}$且$(a-br_b)/(b-cr_b)+\theta s_b/(b-cr_b)<E\leqslant(b+d/\sqrt{\Delta_1})/c+\theta(b-r_bc+d/\sqrt{\Delta_1})/c$时。

此时模型(9.21)存在唯一的全局最优解:

$$\omega=(1+\theta)/\sqrt{\Delta_1}\left[\Sigma^{-1}(r-r_be)-(b/c-r_b-\sqrt{\Delta_1}/c)\Sigma^{-1}e\right],$$

$$\omega_{01}=0,\quad \omega_{02}=\theta,$$

目标函数值为$R_{\min}=b/c-\sqrt{\Delta_1}/c+\theta(b/c-r_b+\sqrt{\Delta_1}/c)$,期望收益率为$\mu=b/c+(b/c-r_b)\theta+(1+\theta)d(c\sqrt{\Delta_1})^{-1}$。

(B.3.4f) 当$-\sqrt{s_b}<k_a<-\sqrt{d/c}$且$r_b<E\leqslant(b+d/\sqrt{\Delta_1})/c+\theta(b-r_bc+d/\sqrt{\Delta_1})/c$时。

此情形同(B.3.4e)。

除上述情形以外,模型(9.21)不存在有限的全局最优解。

附录C 一个引理

说明:关于命题9.4的证明,用到如下引理。

引理 $(1+\theta)^2/c+c[\mu-b/c-\theta(b/c-r_b)]^2/d\geqslant(\mu-r_b)^2/s_b$,其中等号成立当且仅当$\mu=(a-br_b)/(b-cr_b)+\theta s_b/(b-cr_b)$。

证明 $d+(b-r_bc)^2=ac-b^2+b^2-2bcr_b+c^2r_b^2=c(a-br_b+cr_b^2)=cs_b$,

$$
\begin{aligned}
&(1+\theta)^2/c+c[\mu-b/c-\theta(b/c-r_b)]^2/d-(\mu-r_b)^2/s_b\\
&=(cds_b)^{-1}[ds_b(1+\theta)^2+s_b(\mu c-b)^2-2\theta s_b(\mu c-b)(b-r_bc)\\
&\quad+\theta^2s_b(b-r_bc)^2-cd(\mu-r_b)^2]\\
&\propto ds_b+2ds_b\theta+\theta^2ds_b+s_b(\mu c-b)^2-2\theta s_b(\mu c-b)(b-r_bc)\\
&\quad+\theta^2s_b(b-r_bc)^2-cd(\mu-r_b)^2\\
&\propto\theta^2s_b^2+2\theta s_b[d/c-(\mu-b/c)(b-r_bc)]+c^{-1}ds_b\\
&\quad+c^{-1}s_b(\mu c-b)^2-d(\mu-r_b)^2\\
&=\theta^2s_b^2+2\theta s_b[d/c-(\mu-b/c)(b-r_bc)]+c^{-2}[d-(\mu c-b)(b-r_bc)]^2
\end{aligned}
$$

$$= [\theta s_b + d/c - (\mu - b/c)(b - r_b c)]^2$$

$$= [(1+\theta)\, s_b - (b - r_b c)(\mu - r_b)]^2.$$

于是$(1+\theta)^2/c+c[\mu-b/c-\theta(b/c-r_b)]^2/d\geqslant(\mu-r_b)^2/s_b$，且等号成立当且仅当$(1+\theta)\, s_b-(b-r_bc)(\mu-r_b)=0$，即$\mu=(a-br_b)/(b-cr_b)+\theta s_b/(b-cr_b)$。□

参 考 文 献

[1] Acerbi, C. and D. Tasche. On the coherence of expected shortfall [J]. Journal of Banking and Finance, 2002, 26(7): 1487-1503.

[2] Adam, A. and M. Houkari and J. P. Laurent. Spectral risk measures and portfolio selection [J]. Journal of Banking & Finance, 2008, 32(9):1870-1882.

[3] Albrecht, P. Risk Measures [M]. Hoboken: John Wiley & Sons, Ltd, 2006.

[4] Alexander, G. J. and A. M. Baptista. Portfolio selection with mental accounts and delegation [J]. Journal of Banking and Finance, 2011, 35: 2637-2656.

[5] Alexander, G. J. and A. M. Baptista. Economic implecations of using a mean-VaR model for portfolio selection: A comparision with mean-variance analysis [J]. Journal of Economic Dynamics & Control, 2002, 26(7-8): 1159-1193.

[6] Alghalith, M. The impact of background risk [J]. Physica A: Statistical Mechanics and its Applications, 2012, 391: 6506-6508.

[7] Alghalith, M. , et al. A General Optimal Investment Model in the Presence of Background Risk [R]. MPRA Paper No. 70644,2016.

[8] Arrondel, L. and H. Arrondel. Porfolio Choice with a Correlated Background Risk: Theory and Evidence [R]. Working Paper, No 2012-16, DELTA ,2012.

[9] Artzner, P. , F. Delbaen, J. M. Eber and D. Heath. Coherent

measures of risk [J]. Mathematical Finance, 1999, 9: 203-228.

[10] Arzac, E. Utility analysis of chance-constrained portfolio selection [J]. Journal of Finance and Quantitative Analysis, 1974, 9(6): 993-1007.

[11] Arzac E. and V. Bawa. Portfolio choice and equilibrium in capital markets with safety-first investors [J]. Journal of Financial Economics, 1977, 4: 277-288.

[12] Baptista, A. M. Optimal delegated portfolio management with background risk [J]. Journal of Banking & Finance, 2008, 32: 977-985.

[13] Baptista, A. M. Portfolio selection with mental accounts and background risk [J]. Journal of Banking & Finance, 2012, 36: 968-980.

[14] Barbosa, A. and M. Ferreira. Beyond Coherence and Extreme Losses: Root Lower Partial Moment as a Risk Measure [J/OL]. SSRN Electronic Journal, 2004 [2021-05-10]. http://dx.doi.org/10.2139/ssrn.609221.

[15] Basak, S. and G. Chabakauri. Dynamic mean-variance asset allocation [J]. Review of Financial Studies, 2010, 23: 2970-3016.

[16] Bawa, V. S. Optimal rules for ordering uncertain prospects [J]. Journal of Financial Economics, 1975, 2(1): 95-121.

[17] Bawa, V. S. Safety-first, stochastic dominance, and optimal portfolio choice [J]. Journal of Financial and Quantitative Analysis, 1978, 13(2): 255-271.

[18] Bawa, V. and E. Lindenberg. Capital market equilibrium in a mean-lower partial moment framework [J]. Journal of Financial Economics, 1977, 5: 189-200.

[19] Bayraktar, E. and V. R. Young. Minimizing the probability of lifetime ruin under borrowing constraints [J]. Insurance: Mathematics and Economics, 2007, 46 (1): 196-221.

[20] Bell, D. Risk, return and utility [J]. Management Science, 1995, 41: 23-30.

[21] Bellini, F., B. Klar, A. Müller and E. R. Gianin. Generalized quantiles as risk measures [J]. Insurance Mathematics & Economics, 2014, 54 (1): 41-48.

[22] Bertsimas, D., G. J. Lauprete and A. Samarov. Shortfall as a risk measure: properties, optimization and applications [J]. Journal of Economic Dynamics & Control, 2004, 28: 1353-1381.

[23] Björk, T., A. Murgoci and X. Y. Zhou. Mean-variance portfolio optimization with state-dependent risk aversion [J]. Mathematical Finance, 2013, 24 (1): 1-24.

[24] Black, F. Capital market equilibrium with restricted borrowing[J]. Journal of Business, 1972, 45: 444-455.

[25] Brandtner, M. Conditional value-at-risk, spectral risk measures and (non-) diversification in portfolio selection problems—A comparison with mean-variance analysis[J]. Journal of Banking & Finance, 2013, 37(12), 5526-5537.

[26] Campbell, J. Y. Household finance [J]. Journal of Finance, 2006, 61: 1553-1604.

[27] Cheng, S., Y. Liu and S. Wang. Progress in risk measurement [J]. Advanced Modelling and Optimization, 2004, 6(1): 1-20.

[28] Chiu, M. C. and D. Li. Asset-liability management under the safety-first principle [J]. Optimization Theory and Applications, 2009, 143: 455-478.

[29] Chiu M. C., H. Y. Wong and D. Li. Roy's safety-first portfolio principle in financial risk management of disastrous events [J]. Risk Analysis,

2012, 32(11): 1856-1872.

[30] Cocco, J. F. Portfolio choice in the presence of housing [J]. Review of Financial Studies, 2005, 18: 535-567.

[31] Danielsson, J. and C. G. de Vries. Value at risk and extreme returns [R]. London School of Economics, Financial Markets Group, Discussion paper no. 273, 1998.

[32] Danielsson, J. , et al. Comparing risk measures [R/OL]. Working Paper, 2005 [2021-05-10]. http:// www. gloriamundi. org /picsresources / djsd2. pdf.

[33] Das, S. , H. Markowitz, J. Scheid and M. Statman. Portfolio optimization with mental accounts [J]. Journal of Financial and Quantitative Analysis, 2010, 45: 311-334.

[34] Deng, X. , Z. Li and S. Wang. A minimax portfolio selection strategy with equilibrium [J]. European Journal of Operational Research, 2005, 166: 278-292.

[35] Diez-Canedo, J. M. On the equivalence between the safety first and min-variance criterion for portfolio selection [J]. European Journal of Operational Research, 1982, 10, 2: 144-150.

[36] Ding, Y. Portfolio selection under maximum minimum criterion [J]. Quality & Quantity, 2006, 40(3): 457-468.

[37] Ding, Y. Efficient Portfolio and Conditions for Its Existence under Modified Safety-First Criterion [C]. Proceedings of 15th International Conference on IE&EM'2008, 2008, A: 356-360.

[38] Ding, Y. and B. Zhang. Risky asset pricing based on safety first fund management [J]. Quantitative Finance, 2009a, 9(3):353-361.

[39] Ding, Y. and B. Zhang. Optimal portfolio of safety-first models

[J]. Journal of Statistical Planning and Inference, September, 2009b, 139(9): 2952-2962.

[40] Ding, Y. and H. Liu. Optimal Portfolios of Safety-First Model including Riskless Asset [M]. Conference Proceedings of The 4TH International Institute of Statistics & Management Engineering Symposium. Sydney: Aussino Academic Publishing House, 2011a: 212-218.

[41] Ding, Y. and H. Liu. Optimal Portfolio of Liability and Risky Projects under Safety First Rule [C]. Proceedings of 2011 Fourth International Conference on Business Intelligence and Financial Engineering. IEEE Computer Society, 2011b: 300-304.

[42] Ding, Y. and W. Yu. Portfolio Selection Based on MSF Model [M]. 2012 IEEE 5TH International Conference on Management Engineering & Technology of Statistics, Piscataway: IEEE Press, 2012: 66-68.

[43] Ding, Y. and Z. Lu. The optimal portfolios based on a modified safety-first rule with risk-free saving [J]. Journal of Industrial and Management Optimization, 2016, 12(1): 83-102.

[44] Ding, Y. and Z. Lu. How's the performance of the optimized portfolios by safety-first rules: Theory with empirical comparisons [J]. Journal of Industrial & Management Optimization, 2020, 16(6): 2703-2721.

[45] Durand, R. B., H. Jafarpour, C. Klüppelberg and R. Maller. Maximize the sharpe ratio and minimize a VaR [J]. Journal of Wealth Management, 2010, 13(1): 91-102.

[46] Eichner, T. and A. Wagener. Tempering effects of (dependent) background risks: A mean-variance analysis of portfolio selection [J]. Journal of Mathematical Economics, 2012, 48(6): 422-430.

[47] Elton, E. and M. Gruber. Modern Portfolio Theory and Investment

Analysis [M]. New York: Wiley, 1987: 230-254.

[48] Emmer, S., M. Kratz and D. Tasche. What is the best risk measure in practice? A comparison of standard measures [J]. Jouranl of Risk, 2015, 18(2): 31-60.

[49] Engels, M. Portfolio Optimization: Beyond Markowitz [D]. Master's Thesis, Leiden University, the Netherlands, 2004.

[50] Fishburn, P. C. Mean-risk analysis with risk associated with below target returns [J]. American Economic Review, 1975, 67: 116-126.

[51] Föllmer, H. and A. Schied. Convex measures of risk and trading constraints [J]. Finance and Stochastics, 2002, 6(4): 429-447.

[52] Gao, J., K. Zhou, D. Li and X. Cao. Dynamic mean-lpm and mean-cvar portfolio optimization in continuous-time [J]. SIAM Journal on Control and Optimization, 2017, 55 (3): 1819-1861.

[53] Giorgi, E. Reward-risk portfolio selection and stochastic dominance [J]. Journal of Banking & Finance, 2005, 29(4): 895-926.

[54] Gollier, C. and J. W. Pratt. Risk vulnerability and the tempering effect of background risk [J]. Econometrica, 1996, 64: 1109-1123.

[55] Gordon, J. A. and M. Baptista. Economic implications of using a mean-VaR model for portfolio selection: A comparison with mean-variance analysis [J]. Journal of Economic Dynamics and Control, 2002, 26: 1159-1193.

[56] Gotoh, J. and H. Konno. Third degree stochastic dominance and mean risk analysis [J]. Management Science, 2000, 46: 289-301.

[57] Gressis, N. and W. A. Remaley. Comment: "Safety-first—An expected utility principle" [J]. Journal of Financial and Quantitative Analysis, 1974, 9(6): 1057-1061.

[58] Guiggin, J. Background risk in generalized expected utility theory [J]. Economic Theory, 2003, 22(3): 607-611.

[59] Guo, X. , W. K. Wong and L. X. Zhu. Comparisons and Characterizations of the Mean-Variance, Mean-VaR, Mean-CVaR Models for Portfolio Selection with Background Risk [R]. MPRA paper No. 51827, 2013.

[60] Hagigi, H. and B. Kluger. Assessing return and risk of pension funds' portfolios by the Telser safety-first approach [J]. Journal of Business Finance and Accounting, 1987, 14(2): 241-253.

[61] Haley, M. R. and M. K. McGee. Tilting safety first and the sharpe portfolio [J]. Finance Research Letters, 2006, (3): 173-180.

[62] Hara, C. , J. Huang and C. Kuzmics. Effects of background risks on cautiousness with an application to a portfolio choice problem [J]. Journal of Economic Theory, 2011, 146(1): 346-358.

[63] Harlow, W. and R. Rao. Asset pricing in a generalized mean-lower partial moment framework: Theory and evidence [J]. Journal of Financial and Quantitative Analysis, 1989, 24: 285-311.

[64] Harlow, W. V. Asset allocation in a downside risk framework [J]. Financial Analysis Journal, 1991, 47: 28-40.

[65] Healton, J. and D. Lucas. Portfolio choice and asset prices: The importance of entrepreneurial risk [J]. Journal of Finance, 2000, 55(3): 1163-1198.

[66] Hogan, W. and J. Warren. Computation of the efficient boundary In the E-S portfolio selection model [J]. Journal of Financial and Quantitative Analysis, 1972, 7(4): 1881-1896.

[67] Hogan, W. and J. Warren. Toward the development of an equilibrium capital-market model based on semivariance [J]. Journal of Financial and

Quantitative Analysis, 1974, 9(1): 1-11.

[68] Huang, X. Portfolio selection with a new definition of risk [J]. European Journal of Operational Research, 2008, 186: 351-357.

[69] Huang, X. and H. Di. Uncertain portfolio selection with background risk [J]. Applied Mathematics and Computation, 2016, 276: 284-296.

[70] Huang, H. H. and C. P. Wang. Portfolio selection and portfolio frontier with background risk [J], North American Journal of Economics and Finance, 2013, 26: 177-196.

[71] Jia, Z. and M. Bai. Mean-risk model for uncertain portfolio selection with background risk [J]. Journal of Computational & Applied Mathematics, 2017, 330: 59-69.

[72] Jiang, C. ,Y. Ma and Y. An. An analysis of portfolio selection with background risk [J]. Journal of Banking & Finance, 2010, 34 (12): 3055-3060.

[73] Jiang, C. , Y. Ma and Y. An. International portfolio selection with exchange rate risk: A behavioural portfolio theory perspective [J]. Journal of Banking & Finance, 2013, 37: 648-659.

[74] Kataoka, S. A stochastic programming model [J]. Econometrica, 1963, 31: 181-196.

[75] Keel, A. and H. Müller. Efficient portfolios in the asset liability context [J]. Astin Bulletin, 1995, 25(1): 33-48.

[76] Kenyon, C. M. , S. Savage and B. Ball. Equivalence of linear deviation about the mean and mean absolute deviation about the men objective functions [J]. Operation Research Letters, 1999, 24: 181-185.

[77] Kijima, M. and M. Ohnishi. Mean-risk analysis of risk aversion and wealth effects on optimal portfolios with multiple investment opportunities

[J]. Annals of Operations Research, 1993, 45, 147-163.

[78] Kihlstrom, R., D. Romer and S. Williams. Risk aversion with random initial wealth [J]. Econometrica, 1981, 49: 911-920.

[79] Konno, H. Portfolio Optimization using L1 Risk Function [R]. IHSS Report, Institute of Human and Social Sciences, Tokyo Institute of Technology, 1988:88-89.

[80] Konno, H. Piecewise linear risk function and portfolio optimization [J]. Journal of Operations Research Society of Japan, 1990, 33: 139-156.

[81] Konno, H., H. Waki and A. Yuuki. Portfolio optimization under lower partial risk measures [J]. Asia-Pacific Financial Markets, 2002: 127-140.

[82] Konno, H. and H. Yamazaki. Mean absolute deviation portfolio optimization model and its application to Tokyo stock market [J]. Management Science, 1991, 37: 519-553.

[83] Kroll, Y., H. Levy and H. Markowitz. Mean-variance versus direct utility maximization [J]. Journal of Finance, 1984, 39: 47-61.

[84] Landsman, Z. and E. A. Valdez. Tail conditional expectations for elliptical distributions [J]. North American Actuarial Journal, 2003, 7(4): 55-71.

[85] Levy, H. Stochastic dominance: Investment Decision Making under Uncertainty [M]. Dordrecht: Kluwer Academic Publishers, 1998.

[86] Levy, H. and Y. Kroll. Ordering uncertain options with borrowing and lending [J]. Journal of Finance, 1978, 33(2): 553-574.

[87] Levy, H. and M. Levy. The safety first expected utility model: Experimental evidence and economic implications [J]. Journal of Banking & Finance, 2009, 33(8): 1494-1506.

[88] Levy, H. and H. Markowitz. Approximating expected utility by a function of mean and variance [J]. American Economic Review, 1979, 69: 308-317.

[89] Levy, H. and M. Sarnat. Safety first: An expected utility principle [J]. Journal of Financial and Quantitative Analysis, 1972, 7(3): 1829-1834.

[90] Li, D., T. Chan and W. Ng. Safety-first dynamic portfolio selection [J]. Dynamics of Continuous, Discrete and Impulsive Systems, 1998, 4: 585-600.

[91] Li, D. and W. Ng. Optimal dynamic portfolio selection: Multi-period mean-variance formulation [J]. Mathematical Finance, 2000, 10: 387-406.

[92] Li, T., W. Zhang and W. Xu. A fuzzy portfolio selection model with background risk [J]. Applied Mathematics and Computation, 2015, 256: 505-513.

[93] Li, Z. F., J. Yao and D. Li. Behavior patterns of investment strategies under Roy's safety-first principle [J]. Quarterly Review of Economics and Finance, 2010, 50: 167-179.

[94] Lin, C. and H. Wu. Multiperiod Telser's safety-first portfolio selection with regime switching [J]. Discrete Dynamics in Nature and Society, 2018.

[95] Lintner, J. Security prices, risk and maximal gain from diversification [J]. Journal of Finance, 1965, 30: 587-615.

[96] Maller, R. A. and D. A. Turkington. New light on the portfolio allocation problem [J]. Mathematical Methods of Operational Research, 2002, 56: 501-511.

[97] Markowitz, H. Portfolio selection [J]. Journal of Finance, 1952,

7：77-91.

[98] Markowitz，H. Portfolio Selection：Efficient Diversification of Investments [M]. New York：John Wiley & Sons，1959.

[99] Markowitz，H. Mean-Variance Analysis in Portfolio Choice and Capital Markets [M]. New York：Blackwell，1987.

[100] Menoncin，F. Optimal portfolio and background risk：An exact and an approximated solution [J]. Insurance：Mathematics and Economics，2002，31：249-265.

[101] Merton，R. C. An analytic derivation of the efficient portfolio frontier [J]. Journal of Financial and Quantitative Analysis，1972，7：1851-1872.

[102] Mossin，J. Equilibrium in a capital asset market [J]. Econometrica，1966，35：768-783.

[103] Norkin，V. I. and S. V. Boyko. Safety-first portfolio selection [J]. Cybernetics and Systems Analysis，2012，48：180-191.

[104] Obiols-Homs F. On borrowing limits and welfare [J]. Economic Review Dynamics，2011，14(2)：279-294.

[105] Ogryczak，W. and A. Ruszczynski. From stochastic dominance to mean-risk models：Semideviations as risk measures [J]. European Journal of Operation Research，1999，116：33-55.

[106] Ogryczak，W. and A. Ruszczynski. On consistency of stochastic dominance and mean-semideviation models [J]. Mathematical Programming，Series B，2001，89：217-232.

[107] Okunev，J. A comparative study of Gini's mean difference and mean variance in portfolio analysis [J]. Accounting and Finance，1988：1-16.

[108] Olson，D. and J. Bley. Asset allocation with differential borrowing and lending rates [J]. Review of Economics and Finance，2008，17，629-643.

[109] Ortobelli, L. S. and S. T. Rachev. Safety-first analysis and stable paretian approach to portfolio choice theory [J]. Mathematical and Computer Modelling, 2001, 34: 1037-1072.

[110] Ou, J. Theory of portfolio and risk based on incremental entropy [J]. Journal of Risk Finance, 2005, 6: 31-39.

[111] Pedersen, C. S. and S. E. Satchell. An extended family of financial-risk measures [J]. The Geneva Papers on Risk and Insurance Theory, 1998, 23: 89-117.

[112] Pyle, D. H. and S. Turnovsky. Safety-first and expected utility maximization in mean-standard deviation portfolio analysis [J]. Review of Economics and Statistics, 1970, 52(1): 75-81.

[113] Rockafellar, R. T. and S. Uryasev. Optimization of conditional Value-at-Risk [J]. Journal of Risk, 2000, 2: 21-41.

[114] Rockafellar, R. T., S. Uryasev and M. Zabarankin. Deviation Measures in Risk Analysis and Optimization [R]. Research Report 2002-7, Risk Management and Financial Engineering Lab/Center for Applied Optimization, University of Florida, Gainesville, 2002.

[115] Roll, R. A critique of the asset pricing theory's tests: Part 1[J]. Journal of Financial Economics, 1977, 4:129-176.

[116] Rosen, H. S. and S. Wu. Portfolio choice and health status [J]. Journal of Financial Economics, 2004, 72(3): 457-484.

[117] Rothschild, M. and J. Stiglitz. Increasing risk: I. A definition [J]. Journal of Economic Theory, 1970, 2(3): 225-243.

[118] Roy, A. D. Safety-first and the holding of assets [J]. Econometrica, 1952, 20 (3): 431-449.

[119] Sadjadi, S. J., M. B. Aryanezhad and B. F. Moghaddam. A dy-

namic programming approach to solve efficient frontier [J]. Mathematical Methods of Operations Research, 2004, 60(2): 203-214.

[120] Schnabel, J. The safety-first principle and capital market equilibrium [J]. Atlantic Economic Journal, 1979, 7(3): 35-39.

[121] Shalit, H. and S. Yitzhaki. Mean-Gini portfolio theory, and the pricing of risky assets [J]. Journal of Finance, 1984, 39(5): 1449-1468.

[122] Shalit, H. and S. Yitzhakix. Evaluating the mean-Gini approach to portfolio selection [J]. International Journal of Finance, 1994, 1(2): 16-31.

[123] Shalit, H. and S. Yitzhaki. The mean-Gini efficient portfolio frontier [J]. Journal of Financial Research, 2005, 28(1): 59-75.

[124] Sadjadi, S. J., M. B. Aryanezhad and B. F. Moghaddam. A dynamic programming approach to solve efficient frontier [J]. Mathematical Methods of Operations Research, 2004, 60(2): 203-214.

[125] Sharpe, W. F. A simplified model for portfolio analysis [J]. Management Science, 1963, 9: 277-293.

[126] Sharpe, W. F. Capital asset prices: A theory of market equilibrium under conditions of risk [J]. Journal of Finance, 1964, 29: 425-442.

[127] Sharpe, W. F. Mutual fund performance [J]. Journal of Business, 1966, 39(1):119-138.

[128] Sharpe, W. F. A linear programming approximation for the general portfolio analysis problem [J]. Journal of Financial and Quantitative Analysis, 1971, 6: 1263-1275.

[129] Sharpe, W. F. and L. G. Tint. Liabilities—A new approach [J]. Journal of Portfolio Management, 1990: 5-10.

[130] Sharpe, W. F. The Sharpe ratio [J]. Journal of Portfolio Manage-

ment, 1994, 21(1): 49-58.

[131] Shefrin, H. and M. Statman. Behavioral portfolio theory [J]. Journal of Financial and Quantitative Analysis, 2000, 35: 127-151.

[132] Song, Y. and J. A. Yan. Risk measures with comonotonic subadditivity or convexity and respecting stochastic orders [J]. Insurance: Mathematics and Economics, 2009, 45(3): 459-465.

[133] Steinbach, M. C. Markowitz revisited: Mean-variance models in financial portfolio analysis [J]. SIAM Review, 2001, 43: 31-85.

[134] Studer, G. Maximum Loss For Measurement of Market Risk [D]. Swiss Federal Institute of Technology, Doctor Disertation No. 12397, 1997:19.

[135] Telser , L. Safety first and hedging [J]. Review of Economic Studies, 1955, 23: 1-16.

[136] Tobin , J. Liquidity preference as behavior towards risk [J]. Review of Economic Studies, 1958, 25: 65-86.

[137] Vernic, R. Multivariate skew-normal distributions with applications in insurance [J]. Insurance: Mathematics and Economics, 2006, 38: 413-426.

[138] Viceira, L. M. Efficient portfolio choice for long-horizon investors with nontradable labour income [J]. Journal of Finance, 2001, 56: 433-470.

[139] Von Neumann, J. and O. Morgenstern. Theory of Games and Economic Behavior [M]. Princeton: Princeton University Press,1944.

[140] Wang, R. , V. Bignozzi and A. Tsakanas. How superadditive can a risk measure be? [J]. SIAM Journal on Financial Mathematics, 2015, 6: 776-803.

[141] Wang, S. and Y. Xia. Portfolio Selection and Asset Pricing [M].

New York: Springer, 2002.

[142] Xue, H. G., C. X. Xu and Z. X. Feng. Mean-variance portfolio optimal problem under concave transaction cost [J]. Applied Mathematics and Computation, 2006, 174(1): 1-12.

[143] Xia, Y., S. Wang and X. Deng. A compromise solution to mutual funds portfolio selection with transaction costs [J]. European Journal of Operational Research, 2001, 134(3): 564-581.

[144] Yamai, Y. and T. Yoshiba. Comparative analysis of expected shortfall and Value-at-Risk (2): Expected utility maximization and tail risk [J]. Monetary and Economic Studies, 2002, 20(2): 95-115.

[145] Yao, H., Y. Li and R. Benson. A smooth non-parametric estimation framework for safety-first portfolio optimization [J]. Quantitative Finance, 2015, 15(11): 1865-1884.

[146] Yitzhaki, S. Stochastic dominance, mean-variance, and Gini's mean difference [J]. American Economic Review, 1982, 72(1): 178-185.

[147] Young, M. R. A minimax portfolio selection rule with linear programming solution [J]. Management Science, 1998, 44: 673-683.

[148] Zangwill, W. Nonlinear Programming: A Unified Approach [M]. New York: Prentice Hall, 1979.

[149] Zenios, S. and P. Kang. Mean-absolute deviation portfolio optimization for mortgage-based securities [J]. Annal of Operations Research, 1993, 45: 433-450.

[150] Zhang, W. G., Xiao, W. L. and Wang, Y. L. A fuzzy portfolio selection method based on possibilistic mean and variance [J]. Soft Computing, 2009, 13(6): 627-633.

[151] Zhang, S., S. Wang and X. Deng. Portfolio selection theory with

different interest rates for borrowing and lending [J]. Journal of Global Optimization，2004，28，67-95.

[152] Zhou，X. and D. Li. Continuous time mean-variance portfolio selection：A stochastic LQ framework [J]. Applied Mathematics and Optimization，2000，42：19-33.

[153] Zhou，K.，Gao，J.，Li，D. and Cui，X. Dynamic mean-var portfolio selection in continuous time [J]. Quantitative Finance，2017，17(10)：1631-1643.

[154] Zhu，S.，D. Li and S. Wang. Myopic efficiency in multi-period portfolio selection with mean-variance formulation [C]. Lecture Notes in Decision Sciences II：Financial Systems Engineering [A]. Hong Kong：Global Link Publisher，2003.

[155] 常浩，荣喜民. 借贷利率限制下的效用投资组合 [J]. 系统工程学报，2012，27(1)：26-34.

[156] 陈学华，杨辉耀. 基于 Expected Shortfall 的投资组合优化模型 [J]. 管理科学，2003，(4)：55-59.

[157] 陈彦斌，徐绪松. 基于风险基金的资本资产定价模型 [J]. 经济研究，2003，(12):34-42.

[158] 丁元耀，贾让成. 均值-级差型组合投资优化选择模型 [J]. 预测，1999，(4):64-65.

[159] 丁元耀. 不允许卖空的组合投资决策 [J]. 运筹与管理，2002，11(1)：92-97.

[160] 丁元耀. 概率风险准则下的组合投资决策 [J]. 统计与决策，2003，(4):22-23.

[161] 丁元耀. 风险度量比较与投资组合选择模型的理论研究 [D]. 中国人民大学博士论文，2006.

[162] 丁元耀. 社保基金投资组合选择的安全准则模型及其求解[M]. //覃正，韩景倜. 2008 中国发展进程中的管理科学与工程：卷I. 上海：上海财经大学出版社，2008：304-308.

[163] 丁元耀，张波. KSF 投资组合选择模型的若干结果 [M]. //汪同三，张守一. 21 世纪数量经济学：第九卷. 北京：中国统计出版社，2008：175-181.

[164] 丁元耀，卢祖帝. 安全首要准则下的借贷约束与不确定风险投资[J]，系统科学与数学，2015，35(12)：1529-1545.

[165] 法雷尔，雷哈特. 投资组合管理：理论及其应用 [M]. 北京：机械工业出版社，2000.

[166] 付云鹏，马树才，宋琪. 基于可能性均值-方差模型的社保基金投资组合研究 [J]. 经济与管理评论，2013(3)：111-114.

[167] 高全胜. 金融市场风险计量与优化 [J]. 武汉工业学院学报，2004，23(3)：80-83.

[168] 郭文旌，周幼英，胡奇英. 带有初始风险证券的最优组合投资[J]. 系统工程学报，2003，(5)：391-396＋425.

[169] 胡利琴，曾子岚. 从 VaR 到 ES——现代金融风险度量模型的新发展 [J]. 统计与决策，2003(12)：19-20.

[170] 金秀，王佳. 基于动态损失厌恶投资组合优化模型及实证研究[J]. 运筹与管理，2014，23(1)：188-195.

[171] 李华，李兴斯. 证券投资组合理论的一种新模型及其应用 [J]. 运筹与管理，2003，12(6)：83-86.

[172] 李佳，徐维军，张卫国. 含有背景风险的双目标投资组合选择模型[J]. 运筹与管理，2017，26(4)：118-123.

[173] 李淼，胡永宏. 基于可信性理论的 Mean-CVaR 投资组合优化 [J]. 统计与信息论坛，2016，31 (12)：23-29.

[174] 李仲飞，陈国俊. 对投资组合选择的 Telser 安全首要模型的一些讨论 [J]. 系统工程理论与实践，2005(4)：8-14.

[175] 李仲飞，姚京. 安全第一准则下的动态资产组合选择 [J]. 系统工程理论与实践，2004(1)：41-45＋75.

[176] 梁四安，李琼. 证券组合 Shortfall 风险度量方法研究 [J]. 上海经济研究，2005(9)：51-56.

[177] 林旭东，巩前锦. 正态条件下均值- CVaR 有效前沿的研究 [J]. 管理科学，2004(3)：52-55.

[178] 刘小茂，李楚霖，王建华. 风险资产的均值- CVaR 有效前沿(II) [J]. 管理工程学报，2005，19(1)：1-5.

[179] 刘志新，牟旭涛. 投资组合最大损失最小化模型研究 [J]. 系统工程理论与实践，2000(12)：22-25.

[180] 刘慧宏，丁元耀. 基于 KSF 模型的外来务工人员社会保障组合制度设计 [J]. 运筹与管理，2011，20(3)：146-149.

[181] 刘慧宏. 社保基金分账户投资策略 [J]. 宁波大学学报(人文社科版)，2014(4)：90-94.

[182] 刘慧宏，丁元耀. 社保基金的最优组合投资策略研究 [J]. 科技与管理，2015，17(2)：81-86.

[183] 刘宣会. 摩擦市场的均值-离差证券组合选择模型 [J]. 经济数学，2003，20(2)：21-26.

[184] 刘渝琳，李俊强. 基于均值- VaR 模型社保基金最优投资组合的构建 [J]. 广东商学院学报，2008(3)：37-42.

[185] 陆家骝. 现代金融经济学 [M]. 大连：东北财经大学出版社，2004.

[186] 卢祖帝，赵泉水. 上海股票市场的投资组合分析：基于均值-绝对偏差的折中方法 [J]. 管理科学学报，2001，4(1)，12-27.

[187] 吕锋,倪志红. 组合投资在 E-Sh 风险下的有效边界 [J]. 系统工程理论方法应用，1995，14(2)：35-39.

[188] 马永开，唐小我. Beta 值证券组合投资决策模型研究 [J]. 数量经济技术经济研究，1998，(11)：29-32.

[189] 马永开，唐小我. 不允许卖空的多因素证券组合投资决策模型 [J]. 系统工程理论与实践，2000a(2)：37-43.

[190] 马永开，唐小我. 允许持有无风险资产的 β 值证券组合投资决策模型研究 [J]. 系统工程理论与实践，2000b(12)：26-31+72.

[191] 彭越，杨永愉. 市场摩擦条件下基于谱风险度量的投资组合优化模型 [J]. 北京化工大学学报:自然科学版，2012，39(6):117-123.

[192] 苏辛,谢尚宇,周勇. 金融风险度量的建模理论与方法的一些进展及其应用 [J]. 运筹与管理，2018，1：185-199.

[193] 荣喜民,张喜彬,张世英. 组合投资模型研究 [J]. 系统工程学报，1998，13(1)：81-88.

[194] 荣喜民，武丹丹,张奎廷. 基于均值- VaR 的投资组合最优化 [J]. 数理统计与管理，2005，5：96-103.

[195] 唐小我，马永开，曾勇,等. 现代组合预测和投资组合决策方法及应用 [M]. 北京:科学出版社，2003.

[196] 王建华，孙曼曼，王传美,等. 基于分块矩阵的均值-方差投资组合模型 [J]. 统计与决策，2014，22：17-19.

[197] 王明涛. 证券投资风险计量、预测与控制 [M]. 上海:上海财经大学出版社，2003，38-63.

[198] 文凤华,马超群,巢剑雄. 风险度量新趋势分析 [J]. 湖南大学学报(自然科学版)，2001，28(6)：122-127.

[199] 徐玖平,李军. 多目标决策的理论与方法 [M]. 北京：清华大学出版社，2005.

[200] 徐绪松，王频，侯成琪. 基于不同风险度量的投资组合模型的实证比较 [J]. 武汉大学学报（理学版），2004，50(3)：311-314.

[201] 姚海祥，李仲飞，马庆华. 基于均值和风险的投资组合选择 [M]. 北京：科学出版社，2017.

[202] 姚海祥，易建新，李仲飞. 奇异方差-协方差矩阵的 n 种风险资产有效边界的特征 [J]. 数量经济技术经济研究，2005，22(1)：108-114.

[203] 姚京，李仲飞. 从管理风险的角度看金融风险度量 [J]. 数理统计与管理，2010，29(4)：736-742.

[204] 易江，李楚霖. 用安全第一标准选择多期风险资产组合 [J]. 管理工程学报，2001，15 (3)：60-62.

[205] 张卫国. 现代投资组合理论——模型、方法与应用 [M]. 北京：科学出版社，2007.

[206] 张卫国，聂赞坎. 无风险资产有限借入的不相关证券组合有效集的解析表示 [J]. 应用数学，2001，14(4)：112-115.

[207] 张卫国，陈云霞，杜倩，等. 基于可变安全第一准则和交易约束的投资组合调整模型 [J]. 系统工程，2011，29(5)：1-6.

[208] 赵贞玉，欧阳令南. 基于 M-Semi A. D. 组合投资模型及对上海股市实证研究 [J]. 中国管理科学，2004(1)：20-23.

[209] 郑承利，姚银红. 基于几种风险测度的多阶段组合优化研究 [J]. 运筹与管理，2017a，26(11)：35-41.

[210] 郑承利，姚银红. 基于高阶一致风险测度的组合优化 [J]. 系统管理学报，2017b，26(5)：857-868.

[211] 郑毅. 含有背景风险的均值-CVaR 投资组合 [D]. 辽宁大学硕士学位论文，2016.

[212] 郑勇，刘超. 基于熵度量风险的投资组合优化模型——来自深证 100 的数据分析 [J]. 山东财经大学学报，2014(4)：29-35.

后　记

本书是作者在宁波大学商学院工作期间主持的国家社会科学基金项目(后期资助)"最优资源配置理论研究:模型及其比较"(项目编号:16FJY002)的研究成果,也是对作者多年来在投资组合理论领域的研究成果所进行的梳理、总结和补充。在本书内容的研究过程中,课题组成员张波教授(中国人民大学)、卢祖帝教授(南安普顿大学)和刘慧宏博士(宁波大学)以不同方式在不同程度上参与了讨论和交流。张波教授和卢祖帝教授在课题的申请和研究过程中还给予了热心指导与鼓励支持。其中,张波教授参与了第5章的合作研究,卢祖帝教授参与了第8章和第9章的合作研究,刘慧宏博士参与了第10章的讨论。感谢宁波大学商学院数量经济所的同事在多次学术沙龙中参与讨论并进行点评。感谢五位匿名评审专家在对课题成果评审时提出的中肯意见和修改建议,帮助我们在力所能及的范围内对研究成果进行了修改和完善。感谢我的硕士研究生韩逸轩同学,在本书中的图形编辑过程中他提供了帮助。本书的部分内容曾经得到浙江省自然科学基金项目"改进的安全首要投资组合理论研究"(项目编号:LY12G01006)的经费资助,在此一并致谢。

在本项目的结题准备中,得到了张聪群教授的极大鼓励和热情帮助,也得到了北京大学出版社裴蕾老师的友好支持,在此对他们的帮助和支持表示诚挚的谢意。由于疫情原因,在项目结题后本人没有能够根据出版社的要求对书稿进行及时修订,延误了出版时间。我的挚友张聪群教授,在此期间不厌其烦地提醒、批评与鼓励,方使我了却一桩心事。本书能够出版,还要特别感谢宁波大学商学院、国家社会科学基金的经费资助以及北京大学出版社的大力支持。

本书的部分成果已经在国内外学术期刊公开发表。在书稿的形成过程中,笔者参考了许多国内外的研究文献,但由于能力和学术水平所限,书中可能存在一些疏漏与不足,恳请读者批评指正。

最后,我要感谢我的妻子和女儿。在书稿撰写期间,我的妻子从宁波大学的马列学院转到外语学院,工作虽然辛苦但仍给我很大的支持和鼓励;我的女儿硕士毕业并走上工作岗位,工作勤奋且能自食其力。

丁元耀

2020 年 11 月 23 日